COURS

DE

LITTÉRATURE CELTIQUE

VIII

OUVRAGES DE M. H. D'ARBOIS DE JUBAINVILLE

EN VENTE

A la librairie THORIN ET FILS, 4, rue Le Goff, à Paris

ALBERT FONTEMOING, Successeur

COURS DE LITTÉRATURE CELTIQUE. Tome I-VIII. In-8°.
Chaque volume se vend séparément : 8 fr.
Tome I : Introduction à l'étude de la littérature celtique. 1883. 1 vol.
— II : Le cycle mythologique irlandais, et la mythologie celtique. 1884. 1 vol.
— III, IV : Les Mabinogion (contes gallois), traduits en entier, pour la première fois, en français, avec un commentaire explicatif et des notes critiques, par J. Loth, professeur à la Faculté des lettres de Rennes. 1889. 2 vol.
Ouvrage couronné par l'Académie française (prix Langlois).
— V : L'Epopée celtique en Irlande, avec la collaboration de MM. Georges Dottin, maître de conférences à la Faculté des lettres de Dijon; Maurice Grammont, agrégé de l'Université; Louis Duvau, maître de conférences à l'Ecole des Hautes-Etudes; Ferdinand Lot, ancien élève de l'Ecole des Chartes. 1892. T. Ier, 1 vol.
N. B. — Le tome VI (Epopée celtique en Irlande, t. II) est sous presse.
— VII, VIII : Etudes sur le droit celtique. 2 vol.

LES PREMIERS HABITANTS DE L'EUROPE, d'après les écrivains de l'antiquité et les travaux des linguistes. *Seconde édition*, corrigée et considérablement augmentée par l'auteur, avec la collaboration de G. Dottin, secrétaire de la rédaction de la *Revue celtique*. 2 vol. grand in-8° raisin.
Tome I : 1° Peuples étrangers à la race indo-européenne (habitants des cavernes, Ibères, Pélasges, Étrusques, Phéniciens); — 2° Indo-Européens, P. I (Scythes, Thraces, Illyriens, Ligures). 1889. 1 vol.   10 »
— II : Les Hellènes, les Italiotes, les Gaulois, les Germains. 1892. 1 vol.   12 »

ESSAI D'UN CATALOGUE DE LA LITTÉRATURE ÉPIQUE DE L'IRLANDE, précédé d'une étude sur les manuscrits en langue irlandaise conservés dans les îles Britanniques et sur le continent. 1883. 1 vol. in-8°.   12 »

RECHERCHES SUR L'ORIGINE DE LA PROPRIÉTÉ FONCIÈRE et des noms de lieux habités en France (période celtique et période romaine). Avec la collaboration de M. G. Dottin. 1891. 1 fort vol. gr. in-8° raisin, avec Tables. 16 »

HISTOIRE DES DUCS ET DES COMTES DE CHAMPAGNE. 1859-1869. 6 tomes en 7 volumes in-8°. (*Epuisé.*)   52 50

CATALOGUE D'ACTES DES COMTES DE BRIENNE (950-1350). 1872. Gr. in-8°, 48 pages.   3 50

INVENTAIRE SOMMAIRE DES ARCHIVES COMMUNALES ANTÉRIEURES A 1790.
VILLE DE BAR-SUR-SEINE. Grand in-4°.   5 »

TOULOUSE. — IMP. A. CHAUVIN ET FILS, RUE DES SALENQUES, 28.

COURS
DE
LITTÉRATURE CELTIQUE

PAR

H. D'ARBOIS DE JUBAINVILLE
MEMBRE DE L'INSTITUT

TOME VIII

PARIS
LIBRAIRIE THORIN ET FILS
ALBERT FONTEMOING, Successeur
LIBRAIRE DES ÉCOLES FRANÇAISES D'ATHÈNES ET DE ROME
DU COLLÈGE DE FRANCE, DE L'ÉCOLE NORMALE SUPÉRIEURE
ET DE LA SOCIÉTÉ DES ÉTUDES HISTORIQUES
4, RUE LE GOFF, 4

1895

ÉTUDES
SUR
LE DROIT CELTIQUE

PAR

H. D'ARBOIS DE JUBAINVILLE
MEMBRE DE L'INSTITUT, PROFESSEUR AU COLLÈGE DE FRANCE

AVEC LA COLLABORATION DE

Paul COLLINET
DOCTEUR EN DROIT
AVOCAT A LA COUR D'APPEL DE PARIS

TOME SECOND

PARIS
LIBRAIRIE THORIN ET FILS
ALBERT FONTEMOING, Successeur
LIBRAIRE DES ÉCOLES FRANÇAISES D'ATHÈNES ET DE ROME
DU COLLÈGE DE FRANCE, DE L'ÉCOLE NORMALE SUPÉRIEURE
ET DE LA SOCIÉTÉ DES ÉTUDES HISTORIQUES
4, RUE LE GOFF, 4

1895

PRÉFACE

J'ai débuté dans la carrière de l'érudition, il y a longtemps déjà, par des mémoires sur l'histoire du droit, et, après un voyage circulaire fait sous l'empire d'une irrésistible curiosité dans les domaines les plus divers : histoire politique et administrative, archéologie, diplomatique, géographie, linguistique, je me retrouve à mon point de départ avec les deux volumes dont aujourd'hui, en compagnie de M. Paul Collinet, je présente au public le second.

Je ne conseillerai à personne d'imiter les exemples d'instabilité que je n'ai cessé de donner par mes publications ; je serais au désespoir si à ce point de vue quelqu'un de mes élèves me prenait pour modèle. Evidemment si mes études juridiques n'avaient été longtemps interrompues, mes travaux sur le droit auraient une valeur qui leur manque. Je suis donc fort loin de considérer comme définitives les recherches sur le droit celtique, dont je livre la seconde partie aux rares amateurs de ce genre d'érudition.

Le but de l'ouvrage que je termine est d'attirer l'attention sur l'intérêt que présente le droit irlandais, dont un monument fondamental est la collection canonique compilée, vers l'an 700 de notre ère, à l'aide de documents plus anciens. On a de ce recueil un manuscrit qui remonte au huitième siècle. Un texte, antérieur suivant moi à la collection canonique irlandaise, est compris dans la section du *Senchus Môr*, qui est publiée dans le présent volume; c'est le traité de la saisie mobilière privée immédiate, dont la traduction, imprimée en italique, occupe ici, avec le commentaire et diverses interpolations, les pages 199-216.

La traduction de la première partie du *Senchus Môr*, qui se trouve aux pages 14-219, est souvent une paraphrase peu littérale; littérale, la traduction serait fréquemment inintelligible; telle que je la donne, elle peut être quelquefois arbitraire. Le mot à mot imprimé aux pages 271-348 permet de la contrôler et l'index qui commence à la page 349 est à la disposition de ceux qui voudront étudier à fond le sens du texte irlandais. Je ne doute pas que dans mon interprétation ils ne trouvent beaucoup à reprendre.

Mon ambition serait de provoquer sur le droit

celtique d'autres travaux meilleurs que les miens. Les érudits qui ont écrit sur le droit celtique se divisent en général en trois catégories : les uns n'ont pas de connaissances juridiques et ne comprennent rien aux questions de droit; tel un savant celtiste de premier ordre qui a publié sur le droit maternel un article récent dans la *Zeitschrift der Savigny Stiftung* ; une seconde classe se compose de juristes qui connaissent le droit anglais moderne, mais n'ont aucune notion ni des langues celtiques, ni d'histoire du droit; une troisième classe comprend tel savant qui a fait de l'histoire du droit sa spécialité, qui s'est acquis par là une célébrité légitime, mais qui, n'ayant des langues celtiques aucune notion, donne pour base à ses théories une traduction dont les contresens lui échappent.

Des jeunes gens qui connaîtraient à la fois le gallois et l'irlandais du moyen âge et qui auraient fait une étude suffisamment approfondie du droit romain, du droit grec et des lois germaniques rédigées au temps des dynasties mérovingienne et carolingienne, trouveraient dans les textes juridiques irlandais et gallois, une mine encore inexplorée où il y a mille découvertes à faire. Je serais en mesure d'en citer ici bien des exemples. En voici quelques-uns :

Le droit gallois du moyen âge pourrait être l'objet d'études analogues à celles que l'on fait aujourd'hui sur le droit égyptien pendant l'empire romain. Comme la langue galloise, le droit gallois a conservé des éléments primitifs dont le caractère celtique peut être attesté par la comparaison avec le droit irlandais; à côté de ces débris barbares, il contient certainement des éléments qui, empruntés à la civilisation romaine, sont un témoignage de la domination exercée en Grande-Bretagne par la Rome impériale pendant près de quatre siècles; enfin, il faut y démêler des traces d'une végétation postérieure néo-celtique.

La législation du mariage irlandais qui offre une incontestable originalité, le droit qui règle les deux ordres de cheptel, l'un servile, l'autre libre, tous deux base du système féodal, mériteraient une étude approfondie, etc., etc.

Puisse cet appel être entendu ! Puisse-t-il susciter des livres supérieurs aux miens et qui les fassent oublier ! En jetant ce cri, je remplis mon devoir de professeur; si à ce cri il y a une réponse, j'aurai rempli ma tâche et obtenu dans ma chaire le plus beau succès qui puisse couronner honorablement la carrière d'un maître.

ERRATA

P. 5, l. 7, *au lieu de* jours, *lisez* nuits.

P. 17, l. 19, *au lieu de* lendemain, *lisez* surlendemain.

P. 48, dans la liste des classes de l'aristocratie irlandaise l'*aire ard* manque.

P. 216, l. 2, *au lieu de* caution *lisez* otage.

P. 225, *au mot* Caution *ôtez* 216.

P. 238, *au mot* Otages *ajoutez* 216.

P. 251, col. 1, l'art. inbleogain, *parent*, doit être supprimé.

P. 272, l. 13, *au lieu de* riuch, *lisez* driuch.

P. 275, l. 5, *au lieu de* uathaib, *lisez* uathaid.

P. 281, l. 6, forme demande *est la traduction d*'acair.

P. 298, l. 2, *au lieu de* chose, *lisez* ne *et supprimez la virgule*.

P. 317, l. 3, *au lieu de* ruth, *lisez* rud.

P. 368, l. 17, *au lieu de* IMM-CHOMMUS, *lisez* IMM-CHOMUS.

TROISIÈME PARTIE

TRADUCTION ET COMMENTAIRE
DE LA PREMIÈRE SECTION
DU TRAITÉ DE LA SAISIE MOBILIERE
DANS LE *SENCHUS MOR*

OBSERVATIONS PRÉLIMINAIRES

DIVISIONS DU *SENCHUS MOR*.

Le *Senchus Môr* est divisé en sept livres. Ils traitent : le premier de la saisie mobilière (1); le second des ôtages (2); le troisième du contrat d'éducation (3); le quatrième du contrat de cheptel qui donnait naissance à la vassalité franche (4); le cinquième du contrat de cheptel qui produisait la vassalité servile (5); le sixième du

---

(1) *Ancient Laws of Ireland*, t. I, p. 64-305; t. II, p. 2-131.
(2) *Ibid.*, t. II, p. 132-145.
(3) *Ibid.*, t. II, p. 146-193.
(4) *Ibid.*, t. II, p. 194-221.
(5) *Ibid.*, t. II, p. 222-341.

mariage (1) : le septième des contrats en général (2). Le gouvernement de l'Irlande a publié ces sept livres, et, à la suite, il a donné quelques autres traités, parmi lesquels certains présentent une grande analogie comme style, comme mode de rédaction, avec le *Senchus Môr*, et ont été glosés de la même façon ; ils ont pour objet : 1° la saisie immobilière (3) ; 2° les contrats (c'est un supplément au livre VII du *Senchus Môr*) (4) ; 3° la copropriété entre les membres inférieurs, *aithec, comaithec*, de la tribu (5) ; 4° la propriété des abeilles (6); 5° les eaux qui appartiennent en commun à plusieurs personnes (7); 6° la réparation des crimes (8) ; 7° les degrés de parenté (9).

Ces sept traités, comme le *Senchus Môr*, nous offrent un texte fort court et probablement fort ancien accompagné de gloses plus récentes et très

---

(1) *Ancient Laws of Ireland*, t. II, p. 342-409. Plus *Appendix*, p. 410-421.

(2) *Ibid.*, t. III, p. 2-79.

(3) *Din techtugad*, littéralement « de la possession. » (*Ibid.*, t. IV, p. 2-33).

(4) *Béscna* littéralement « coutume » (*ibid.*, p. 32-65).

(5) *Breatha comaithchesa*, « jugements sur la situation collective des preneurs de cheptel » (*ibid.*, p. 68-159).

(6) *Bech-bretha*, « jugements sur abeilles » (*ibid.*, p. 162-203).

(7) *Coibnius uisci*, « communauté d'eau » (*ibid.*, p. 206-223).

(8) *Do breitheamnus for na uile cin doni gaeh cintach*, « du jugement sur tout crime commis par n'importe qui » (*ibid.*, p. 240-261).

(9) *De fodlaib cinéoil tûaithi*, « de la distinction des familles dans la cité » (*ibid.*, p. 282-295).

développées. On peut considérer comme beaucoup moins anciens les traités sans glose au nombre de quatre (1) qui, avec les sept premiers traités dont nous venons de parler, et un cinquième et dernier traité dont nous allons dire un mot, ont fourni la matière du tome IV des *Ancient Laws of Ireland*. Le cinquième et dernier traité (p. 372-387) n'a pas de titre, et les éditeurs l'ont intitulé « Succession ; » il paraît être une paraphrase des règles fondamentales de l'organisation familiale telles qu'elles sont données dans le cinquième livre du *Senchus Môr*, t. II, p. 278, l. 18-25 (cf. t. IV, p. 374, l. 4-9 où *fo gnimaib* pour *sognimach*), et les gloses qu'il contient (t. IV, p. 374, l. 10-22) ne sont pas assez nombreuses pour autoriser à le placer dans une autre catégorie que les quatre traités modernes.

Le « Livre d'Aicill, » *Lebar Aicle* (t. III, p. 82-561) est glosé comme le *Senchus Môr ;* mais la glose a cela de particulier qu'elle forme partie intégrante

---

(1) Ils concernent : 1° le droit d'asile dans les enclos, *maighne*, des nobles (*Ancient Laws of Ireland*, t. IV, p. 226-237, cf. ci-dessous, p. 30) ; 2° l'expropriation des immeubles en payement de la composition pour crime : *Téd an fearann a cintaib*, littéralement, « s'en va la terre à cause de crimes » (*ibid.*, p. 264-273) ; 3° la distinction des espèces de terre, *Fodla tire* (*ibid.*, p. 276-279) ; 4° la distinction des classes dans la société irlandaise ; le titre est *Crith gabhlach*, littéralement « payement fourchu » : « payement » parce que le principal intérêt de ce traité est de donner les bases du tarif de la composition ; « fourchu » parce que le jurisconsulte irlandais se figure la société comme une fourche dont le manche se termine par plusieurs branches correspondant chacune à une classe de citoyens (*ibid.*, p. 298-369).

de l'ouvrage dont elle ne peut être séparée, tellement que sans la glose, le texte du *Lebar Aicle* n'offrirait souvent aucun sens. On peut supposer que cet ouvrage, qui se présente comme un recueil des principes du droit sur toute espèce de matières, est l'œuvre d'un jurisconsulte qui a voulu faire concurrence à l'auteur du *Senchus Mór*.

Un travail sur l'ensemble de tous ces traités serait au-dessus de nos forces.

Nous allons commencer l'étude du traité de la saisie qui forme le premier livre du *Senchus Mór*.

Ce traité est divisé en deux parties ; l'une, qui a fourni la presque totalité du tome premier des Anciennes Lois de l'Irlande, est intitulée : « Des quatre espèces de saisie mobilière (1). » Le titre de la seconde partie est : « De la fourrière légale, » mais cette partie ne concerne pas seulement la fourrière ; c'est aussi un supplément à la première partie. Nous laisserons de côté cette seconde partie qui occupe les pages 1-131 du tome II des Anciennes Lois de l'Irlande ; ici nous nous bornerons à étudier 1° la première et principale section de la première partie, 2° le début de la seconde section de cette partie.

Dans la première partie du traité de la saisie

---

(1) *Di cethàr-shlicht athgabala*, littéralement « de quadruple espèce de saisie. » M. Whitley Stokes a établi que la leçon donnée par l'édition est défectueuse.

mobilière on peut en effet distinguer deux sections : la première section est un recueil de règles qui concernent les cinq espèces de saisie mobilière (t. I, p. 64-251 de l'édition). Dans la seconde section (p. 250-305) l'auteur étudie trois questions dont l'intérêt juridique est médiocre : pourquoi la saisie mobilière qui comporte un délai de cinq jours estelle plus fréquente que l'autre? pourquoi la saisie mobilière s'appelle-t-elle, en irlandais, *athgabail*, c'est-à-dire ressaisie? pourquoi dit-on qu'il y a quatre espèces de saisie mobilière (1)? Il y a dans la seconde section, malgré la stérilité du sujet, quelques indications intéressantes dont il a été fait déjà et dont il pourra être fait ultérieurement usage (2); mais, ici, la première section de la première partie et le premier article de la seconde section de cette partie (t. I, p. 64-255) suffiront à nous occuper.

Pour bien comprendre les divisions de la première section, il faut se rappeler que le droit irlandais distingue deux catégories fondamentales de saisie mobilière : 1° celle où l'objet saisi restait quelque temps entre les mains du débiteur avant que le créancier pût l'enlever ; 2° celle où le créancier enlevait immédiatement l'objet saisi et le mettait en fourrière (3).

(1) *Etudes sur le droit celtique*, t. I, p. 261-262.
(2) *Etudes sur le droit celtique*, t. I, p. 274-278, 351.
(3) *Etudes sur le droit celtique*, t. I, p. 263-268.

La première section (t. I, p. 64-251) renferme trois titres : 1° Généralités (p. 64-121) ; 2° Saisie mobilière sans enlèvement immédiat et avec délais tant après le commandement qu'après signification de la saisie (p. 120-207) ; 3° Saisie mobilière avec enlèvement immédiat (p. 208-251) ; et treize chapitres. Les trois premiers chapitres appartiennent au titre I : Généralités ; les chapitres IV à VIII appartiennent au titre II : Saisie sans enlèvement immédiat et avec délais ; les chapitres IX à XIII appartiennent au titre III : Saisie avec enlèvement immédiat.

Voici le sujet de chacun des chapitres.

Chap. Ier : « Origine légendaire de la saisie mobilière ; combien d'espèces de saisie mobilière faut-il distinguer ? » (p. 64-85) ; — chap. II : « Recueil de principes généraux applicables aux diverses espèces de saisie mobilière » (p. 84-113) ; — chap. III : « Du jeûne qui précède la saisie mobilière en certains cas » (p. 112-121). Ici se termine le titre premier.

Le titre II comprend : chap. IV : « Saisie avec délais d'une nuit » (p. 120-145) ; — chap. V : « Saisie avec délais de deux nuits » (p. 144-155) ; — chap. VI : « Saisie avec délais de trois nuits » (p. 150-183) ; — chap. VII : « Saisie avec délais de cinq nuits » (p. 182-193) ; — chap. VIII : « Saisie avec délais de dix nuits » (p. 192-207). C'est la fin du titre II.

Puis vient le titre III : chap. IX : « De la saisie immédiate, mais avec répit en fourrière; généralités » (p. 208-215) ; — chap. X : « Saisie immédiate avec répit d'une nuit en fourrière » (p. 214-231) ; — chap. XI : « Saisie immédiate avec répit de trois nuits en fourrière » (p. 230-237) ; — chap. XII : « Saisie immédiate avec répit de cinq nuits en fourrière » (p. 236-247) ; — chap. XIII : « Saisie immédiate avec répit de dix nuits en fourrière » (p. 246-251). Ce chapitre du *Senchus Môr* est le dernier du titre III et il clôt la première section de la première partie du livre premier.

SENCHUS MÔR.

TITRE PREMIER.

GÉNÉRALITÉS.

CHAPITRE PREMIER.

ORIGINE LÉGENDAIRE DE LA SAISIE MOBILIÈRE. COMBIEN D'ESPÈCES DE SAISIE MOBILIÈRE FAUT-IL DISTINGUER.

Le chapitre Ier, qui a la prétention de nous apprendre comment la saisie mobilière a été établie en Irlande, se divise en trois articles : le premier est consacré au résumé d'un procès évidemment imaginaire qui, suivant la doctrine de l'auteur, nous ferait remonter à l'origine même de la saisie (p. 64-78). Le second article nous donne le nom du juge arbitral qui aurait rendu les premiers jugements en matière de saisie (p. 78). Le troisième article raconte quand et par qui auraient été établis les divers délais pendant lesquels les objets saisis restent tant au domicile du saisi qu'en fourrière (p. 78).

Le premier article met en présence deux personnages fictifs : Cond et Fergus. Cond est dit « au premier contrat, » parce qu'il est l'auteur du premier contrat mentionné dans le *Senchus Mór*. Fergus est surnommé « mangeur de pré » parce que ses vaches mangent l'herbe d'un pré litigieux. Fergus avait dans sa clientèle ou dans sa parenté un certain Echaid « aux lèvres jaunes, » qui fut tué par un parent ou un client de Cond : il est surnommé « aux lèvres jaunes » ou « livides, » c'est-à-dire « le mort, » parce que son rôle dans l'affaire est d'être mort : de là demande en dommages-intérêts par Fergus. Cond accorda la réparation exigée par Fergus, c'est le « premier contrat dont il soit fait mention dans le *Senchus Mór*. » De là le surnom porté par Cond.

La réparation consentie par Cond « au premier contrat » consista en ceci : 1° Une femme libre nommée Dorn, qui faisait partie de la famille ou de la clientèle de Cond fut livrée à Fergus pour le servir comme esclave ; 2° un pâturage qui appartenait à Cond, et qu'on appelait « terre des vaches de Cond » fut abandonné à Fergus ; or celui-ci le fit pâturer par ses vaches, d'où son surnom de « Mangeur de pré. » La paix semblait rétablie définitivement entre les deux parties, quand un événement imprévu ralluma la discorde. Dorn dit en face à Fergus une vérité insultante. Fergus, dans un accès de colère, tua Dorn. La famille (*fine* en irlandais) de Dorn est personnifiée par le récit dans un certain Finé; Finé prit les armes pour venger le meurtre de Dorn et causa de grands maux à Fergus. Mais celui-ci attaqua Finé et le tua dans une île du lac Rudraidé, aujourd'hui Dundrum-Bay au comté de Down en Ulster.

A l'époque où eurent lieu le meurtre de Dorn et celui de Finé, Cond ne pouvait en tirer vengeance, il était mort; mais il avait laissé un héritier. Celui-ci voulut obtenir une réparation. A cette fin, il envoya un mandataire nommé Assal dans le pré cédé précédemment par Cond à Fergus. Dans ce pré paissaient des vaches qui appartenaient à Fergus : d'où pour Fergus, a-t-on dit, le surnom de « Mangeur de pré. » Ces vaches étaient sous la garde du pâtre Mug, fils de Nuadu. Conformément aux instructions de l'héritier de Cond, Assal saisit, en présence du pâtre Mug, trois des vaches de Fergus. Sans aucun délai, il les emmena et les mit en fourrière chez le saisissant, c'est-à-dire chez l'héritier de Cond, sur les bords de la Boyne. Mais, dès la nuit suivante, elles s'échappèrent et vinrent retrouver leurs veaux à l'étable, chez Fergus. Assal, mandataire de l'héritier de Cond, s'apercevant de cet accident, se rendit à l'étable de Fergus le lendemain au point du jour, et, au lieu de trois vaches, il en emmena six, c'est-à-dire le double. Quand le saisi reprend les objets saisis, il doit la peine du vol, le double (*Ancient Laws of Ireland*, t. II, p. 78-80) (1). Qu'allait-il arriver ? Allait-on voir les deux parties prendre les armes ?

Heureusement Fergus mourut sur les entrefaites. Coirpré, héritier de Fergus, était un homme pacifique qui aimait la justice et avait l'habitude de la pratiquer. On le surnommait « Coutumier de justice, » en irlandais, *gnáth-choir*. Il est, dit-on, un des sages auxquels on doit l'usage de laisser, la plupart du temps, pendant quelques jours, au domicile du débiteur, les objets saisis par le créancier (2). Au lieu de venir, les armes à la main, attaquer l'héritier de Cond et essayer de lui reprendre les six vaches, il lui offrit de paraître devant arbitre (3), et, comme témoignage de sa bonne volonté, il lui fit accepter des gages en échange des six vaches enlevées par Assal. Au jour convenu, Coirpré et l'héritier de Cond se présentèrent devant un arbitre. L'arbitre fut Sen fils d'Aigé (« Vieux » fils de « Chef ») ; il reconnut qu'une réparation était due à l'héritier de Cond pour les meurtres de Dorn et de Finé, commis par Fergus. La sentence détermina en quoi consisterait cette réparation. Elle condamna Coirpré à rendre à l'héritier de Cond le pré qui avait été cédé par Cond à Fergus,

(1) *Etudes sur le droit celtique*, t. I, p. 203-206.
(2) *Senchus Mór*, art. 25. *Ancient Laws of Ireland*, t. I, p. 150, l. 21, 22 ; p. 152, l. 1 ; p. 156, l. 13-19.
(3) Probablement à l'expiration d'un délai de quarante nuits. *Etudes sur le droit celtique*, t. I, p. 145-150.

en dédommagement du meurtre d'Echaid « aux lèvres jaunes. » Coirpré justifia son surnom de « Coutumier de justice, » *gnáth-choir*, en exécutant cette sentence. L'héritier de Cond rentra en possession du pâturage cédé par son auteur à Fergus dit le Mangeur de pré.

Remarquons que, dans la procédure qui précède cette solution, il y a deux saisies. D'abord, une saisie de trois vaches, *gabail*; ensuite une saisie de six vaches ; celle-ci est une ressaisie, *athgabail*. Or, *athgabail* est le nom de la saisie mobilière irlandaise. Telle serait l'origine de ce nom. La première fois que la saisie mobilière a été pratiquée en Irlande, il y a eu une ressaisie, *athgabail;* depuis, le nom de ressaisie, *athgabail*, est resté à la procédure de la saisie mobilière.

Ce récit a été inventé pour satisfaire le désir de trouver une étymologie à un terme technique de droit (1). Les surnoms de Cond dit « au premier contrat, » de Fergus dit « le Mangeur de pré, » de Coirpré dit « le Coutumier de justice, » d'Echaid « aux lèvres jaunes, » ont été fabriqués en même temps que cette fable juridique. Les glossateurs ont confondu Cond « au premier contrat » et Fergus « Mangeur de pré » avec deux personnages de la

---

(1) Le mot *athgabail*, en vieux breton *adgabael* (*Revue celtique*, t. VII, p. 237-240), remonte en celtique à une date trop reculée pour avoir pu être atteinte par la mémoire des juristes irlandais du moyen âge; cf. *Etudes de droit celtique*, t. I, p. 257, note 1.

littérature épique : Cond *Cét-chathach* (1), et Fergus *Mac Lethi* (2). C'est une erreur évidente. Le grand intérêt de la fable juridique, par laquelle débute le *Senchus Mór*, est de nous montrer en action la procédure d'une époque où la juridiction des magistrats n'était pas obligatoire ; cette procédure consistait en actes personnels des parties suivant des règles déterminées. Mais ces actes et ces règles n'étaient imposées que par le respect de la coutume et par la crainte d'être obligé de recourir soit au duel entre les deux parties, soit à une guerre entre leurs familles, ressource extrême et redoutée, même en ces temps où la vie de l'homme était menacée par bien plus de dangers et les morts violentes infiniment plus fréquentes qu'aujourd'hui.

Cet exposé rendra plus facile l'intelligence du morceau qui suit :

Art. I, t. I, p. 64, l. 2-23 ; p. 66-76 ; p. 78, l. 1-10.

« 1. Trois vaches blanches, — 2. Assal [man-
» dataire de l'héritier de Cond] les emmena —
» 3. devant Mug, fils de Nuadu : — 4. par saisie
» avec enlèvement : — 5. afin qu'elles dormissent
» la nuit — 6. à Ferté sur la Boyne.
» — 7. Elles échappèrent au saisissant et à son

---

(1) *Cours de littérature celtique*, t. V, p. 375-382, 385-390, 398.
(2) *Cours de littérature celtique*, t. V, p. 72, 89, 509.

» mandant — 8. elles avaient laissé leurs veaux :
» — 9. le lait blanc tachait la terre.

» — 10. Assal les alla chercher — 11. en sorte
» qu'il emmena six vaches laitières, — 12. à la
» maison au point du jour.

» — 13. Ensuite des gages furent donnés à
» cause d'elles — 14. par Coirpré le Coutumier de
» justice — 15. pour saisie, pour ressaisie, —
» 16. pour garde par le saisissant, pour garde par
» lui et par son mandant, — 17. pour coopéra-
» tion par le mandant qui avait vu, pour ratifica-
» tion par le mandant.

» — 18. La terre des vaches de Cond au-pre-
» mier-contrat — 19. où Assal saisit tant de bêtes
» à cornes — 20. avait été acquise par Fergus
» Mangeur-de-pré — 21. en vengeance de la
» grosse injure à lui infligée — 22. par le meur-
» tre d'Echaid aux-lèvres-jaunes.

» — 23. Dorn avait été donnée à Fergus en
» servage. — 24. Elle meurt à cause de sa véra-
» cité — 25. concernant la difformité dans le
» visage de Fergus.

» — 26. Fergus fit un exploit — 27. au lac
» Rudraidé contre Finé — 28. en le tuant à cause
» de ses grands crimes.

» — 29. Et cependant sa terre revint en pos-
» session — 30. de l'héritier de Cond. »

Telle est notre traduction du texte irlandais :
Voici le texte même :

1. Teora ferba fira
2. do-su-acht Asal
3. ar Mug, mac Nûadat,
4. gabail co toxal,
5. co foetar aidchi
6. Fertai for Boind.
7. Asluiset hûadaib :
8. facubsat a laegu,
9. [f]laith find for tellraig.
10. Etha a n-iarair
11. co tocta sé delechaib
12. treibi ar toidriuch.
13. Gellta dib iarom
14. la Coirpre n-Gnâthchoir
15. di gabail, di athgabail,
16. di détiu, di chomdétiu,
17. di aircsiu, di aititiu.
18. Tir bó Chuind Chét-choraig,
19. a-sa n-gabaid il-benda,
20. berta Fergus Fér-glethech,
21. i n-digail a-throm-greise
22. di guin Ech[d]ach Belbuidi.
23. Bretha Dorn i n-ansâiri ;
24. do-ceirr i n-a firindi
25. sich i n-gnuis Fergusa.
26. Ferais Fergus ferechtus
27. Finech il-loch Rudraidiu

TITRE I, CHAP. I, ART. 2, ORIGINE DE LA SAISIE. 17

28. di marbad a mâr-cinta.

29. Taisic a thir — imurgu fo selbi
30. hi Cuind comorbae (1).

Ce morceau est en vers allittérés, mais irréguliers qui violent deux des règles fondamentales de la versification irlandaise : ils ne sont pas divisés en quatrains, le nombre des syllabes n'est pas fixe.

Ils composent le premier article du chap. Ier.

ART. 2, p. 78, l. 11-13; p. 78, l. 22-p. 80, l. 5.

« Sen mac Aigé (« Vieux » fils de « Chef »)
» porta les premiers jugements sur saisie, jusqu'à
» une assemblée de provinces tenue par trois
» races libres qui se partageaient cette île » (2).

Sen mac Aigé est aussi l'auteur supposé d'une décision mentionnée au chap. IV, art. 19, p. 120; il aurait jugé que, lorsque le délai de la saisie est fixé par l'usage à une nuit, le débiteur ne peut exiger un délai de trois nuits; le débiteur, en ce cas, doit seulement être attendu jusqu'au lendemain, c'est-à-dire qu'il a droit au jour franc.

On ne peut séparer l'article 2 du suivant :

ART. 3, p. 78, l. 13-21 ; p. 80, l. 5-p. 84, l. 8.

« Dans cette assemblée, ces trois races décidè-

---

(1) L'ortographe donnée ici à ce morceau est un peu plus ancienne que celle des manuscrits.

(2) Sur cette assemblée, voir *Etudes sur le droit celtique*, t. I, p. 294, 324.

» rent ce qui suit : 1° Une nuit pour toute chose
» très pressée ; 2° Trois nuits pour les choses pres-
» sées ; 3° Cinq nuits contre un défendeur capable
» ou *sui juris ;* 4° Dix nuits contre celui qui a droit
» à prolongation de délai ; 5° Deux nuits par
» femmes demanderesses ; 6° Douze par elles à
» propos de champ ; 7° Trois nuits par roi deman-
» deur, c'est-à-dire trois nuits seulement dans son
» royaume, afin qu'il se débarrasse rapidement de
» la circonscription appelée *túath* (1) ; 8° Treize
» nuits par lui quand il passe la frontière, afin que
» chacun trouve de quoi payer ; car témoignage
» de roi l'emporte sur tout autre, son témoignage
» est décisif contre tout droit invoqué par un autre
» noble, à moins que ce noble ne soit un de ses
» deux égaux, le docteur en science profane, ou
» l'évêque ; » (une glose intercalée dans le texte
ajoute « le pèlerin. »)

Les sujets traités dans les quatre derniers paragraphes de cet article ont été déjà étudiés dans
notre précédent volume, auquel on peut se reporter. Pour les §§ 5 et 6, concernant la saisie féminine, voir les pages 258-260. Les délais de la saisie pratiquée par le roi contre le débiteur qui ne
lui paye pas une redevance (§§ 7 et 8) sembleraient

---

(1) Sur la circonscription appelée *túath*, voir *Etudes sur le droit celtique,* t. I, p. 101-104.

devoir être fixés d'après les règles exposées *ibid.*, p. 366-368; mais, suivant le § 8 de l'art. 3, les délais ou le répit en fourrière sont portés de trois nuits à treize quand la saisie est pratiquée hors du territoire de la cité où le roi est domicilié, tandis que l'art. 33 § 2 et l'art. 47 § 3 étudiés aux p. 366-368 précitées, élèvent de trois à dix nuits seulement la durée des délais et du répit; c'est une des contradictions si fréquentes dans le *Senchus Mór*. Sur la valeur du témoignage des rois (§ 8), on peut se référer à ce qui a été dit dans notre précédent volume, p. 110.

Des huit paragraphes que nous avons distingués dans l'article 3, les plus importants sont les quatre premiers. Ils concernent les quatre espèces de saisie qu'annonce le titre placé en tête du premier livre du *Senchus Mór* : « Des quatre espèces de saisie mobilière. » Sur l'origine des quatre espèces de saisie, nous avons un autre texte au chap. IV, art. 25, p. 150, 152. On y lit qu'Ailill, fils de Maga, rendait sans délai des jugements sur saisie; mais que Coirpré Gnàthchoir intervint; Coirpré exigea que le défendeur eût un délai d'une nuit, de trois, de cinq ou de dix nuits. Le premier délai de trois nuits aurait été donné à des guerriers sommés de fournir des hommes pour l'armée d'Ailill, fils de Maga. Ailill, fils de Maga, est le roi épique de Connaught, adversaire du roi épique d'Ulster Conchobar, et du héros Cûchulainn, c'est-à-dire de l'Agamemnon et de l'Achille irlandais. Ici nous sortons de l'hypothèse juridique pour entrer dans l'histoire légendaire de l'Irlande. Ailill est le chef d'une ligue du Connaught, du Leinster et du Munster contre l'Ulster, où régnait Conchobar. L'assemblée de trois races libres dont parle l'article 2 serait peut-être l'assemblée des guerriers du Connaught, du Munster et du Leinster pour attaquer l'Ulster lors de la guerre légendaire dont le récit est connu sous le nom de *Táin bó Cúailnge* (1). Il ne faut pas prendre au sérieux l'assertion de l'auteur du *Senchus Mór*, quand il rapporte à une décision de cette assemblée l'origine des délais de la saisie. Les origines juridiques n'ont jamais de date précise à ces époques reculées, et la légende ne peut nous apprendre comment et quand a commencé une institution.

Les quatre premiers paragraphes de l'article 3 correspondent chacun à deux chapitres, l'un du titre deuxième « Saisie avec délais, » l'autre du titre troisième « Saisie avec enlèvement immédiat. » On trouvera, en effet, le développement du premier paragraphe, « Saisie d'une nuit, » au titre II, chap. IV, art. 20, p. 122-145, et au titre III, chap. X, art. 38-40, p. 214-231. Pour le deuxième paragraphe, « Saisie de trois nuits, il faut se reporter au titre II, chap. VI, art. 25-30, p. 150-183, et au titre III, chap. XI, art. 41-43, p. 230-237. Pour le troisième paragraphe « Saisie de cinq nuits, »

---

(1) Cf. *Etudes sur le droit celtique*, t. I, p. 339.

voir le titre II, chap. VII, art. 31-32, p. 182-193, et le titre III, chap. XII, art. 44-46, p. 236-247. Pour le quatrième paragraphe, consultez le titre II, chap. VIII, art. 33-35, p. 192-207, et le titre III, chap. XIII, art. 47, p. 246-251.

Ces quatre espèces de saisie, celles d'un, de trois, de cinq et de dix nuits, — ou jours francs, — se pratiquent, en effet, on l'a déjà vu, suivant deux systèmes. L'un de ces systèmes comporte (titre II, chap. IV, VI, VII, VIII, p. 122-207) maintien de l'objet saisi aux mains du défendeur pendant un délai de durée égale au nombre de nuits qui donne son nom à l'espèce de saisie dont il s'agit : une nuit, trois nuits, cinq nuits, dix nuits ; l'enlèvement et la mise en fourrière n'ont lieu qu'après l'expiration de ce délai ; l'autre système (titre III, chap. X-XIII, p. 214-251) est caractérisé par l'enlèvement immédiat de l'objet saisi, qui aussitôt est mis en fourrière. Dans l'un et l'autre système, les droits du défendeur sur l'objet saisi restent intacts en fourrière pendant le nombre de jours désigné par le nom de l'espèce de saisie qui a été pratiquée : une nuit, trois nuits, cinq nuits, dix nuits. Une fois ce délai expiré, le défendeur commence à perdre par fractions, et nuit par nuit, ses droits sur l'objet saisi, qui finit par devenir propriété du saisissant.

CHAPITRE II.

RECUEIL DE PRINCIPES GÉNÉRAUX APPLICABLES AUX DIFFÉRENTES ESPÈCES DE SAISIE MOBILIÈRE.

Art. 4, p. 84, l. 9-26.

« Ne peut ni enlever les objets saisis ni former
» le lien de droit sans lequel il n'y a pas de saisie,
» quiconque n'est pas accompagné d'un savant
» orateur capable d'adresser la parole à l'assem-
» blée dite *airecht*, en sorte que ce soit contre œil
» qu'on paye, car chez les Fêné personne ne témoi-
» gne d'une chose qu'il n'aurait pas remarquée.
» Est exclus du bénéfice de l'assemblée dite *airecht*
» quiconque ne sait cela. »

Cet article émet deux hypothèses : 1re hypothèse, saisie avec enlèvement immédiat ; — 2e hypothèse, saisie sans enlèvement immédiat ; l'objet saisi reste temporairement entre les mains du défendeur. En ce deuxième cas, le résultat de la saisie est de créer entre les deux parties un lien de droit dont l'effet est d'ôter au défendeur la libre disposition de l'objet saisi. Le défendeur devient gardien de l'objet saisi jusqu'au moment où, s'il ne donne pas au créancier soit payement, soit au moins des sûretés, le créancier enlèvera l'objet saisi.

Que l'enlèvement soit immédiat ou non, le créancier doit se faire accompagner d'un avocat, *sui thengthad*, dit le texte légal, littéralement « docteur qui a une langue. » Ailleurs, « avocat » se dit *aigned* (1). L'avocat amené par le demandeur a un double rôle : il assiste à la saisie, qu'elle soit faite dans l'une ou l'autre forme ; il constate *de visu* que le demandeur a procédé régulièrement. Telle est la première partie de sa tâche. La seconde partie est de se présenter devant l'assemblée, *airecht* (2), qui jugera de la validité de la saisie, et là de raconter ce qu'il a vu. Pour remplir la première partie de cette tâche, il faut savoir le droit. Celui qui ne connaît pas à fond toutes les règles, dont la violation entraînerait la nullité de la saisie, ne verra pas si ces règles sont observées. Pour s'acquitter de la seconde partie de cette tâche, il faut connaître l'art de parler en public. Celui qui n'a pas une certaine habitude de la parole ne saura pas exposer aux juges comment la saisie s'est opérée.

(1) T. I, p. 90, l. 30; p. 92, l. 28-33; p. 288, l. 21, 33, 34, p. 290, l. 32; ; t. II, p. 80, l. 16-30; p. 84, l. 6, 8. Cf. *Etudes sur le droit celtique*, t. I, p. 328.

(2) Cf. *Etudes sur le droit celtique*, t. I, p. 293-294.

L'avocat est, en même temps, un témoin. S'il n'est pas témoin, s'il n'a pas vu, sa parole est sans valeur. Tel est le sens du brocard de droit : « C'est contre œil qu'on payera. » Voilà pourquoi l'auteur cite un autre brocard : « Chez les Féné, personne ne témoigne d'une chose qu'il n'aurait pas remarquée. »

Un témoin suffit quand on signifie saisie, et ce témoin est l'avocat. Si l'on enlève l'objet saisi, il faut un second témoin outre l'avocat, t. I, p. 288, l. 19-21 ; t. II, p. 122, l. 27-28 ; p. 124, l. 5.

Remarquons bien que l'expression propre pour désigner l'avocat n'est pas employée ici. Cette expression est *aigned*, au génitif *aigneda*. Il en sera question plus loin (art. 6, p. 90, l. 30).

Art. 5, p. 84, l. 27-32 ; p. 86, 88 ; p. 90, l. 1-28.

« Ne peuvent saisir ceux qui sont incapables :
» 1° de faire partie de l'assemblée dite *airecht* ;
» 2° de servir de caution ; 3° de contracter ; enfin
» les chefs de l'assemblée dite *airecht*. Ne peuvent
» procéder à une saisie, ni l'esclave, ni le pâtre,
» ni le fou, ni le serf appelé *fuidir*, ni l'homme
» qui s'est placé sous la protection d'autrui. »

Pour saisir valablement, il faut d'abord remplir trois conditions :

1° faire partie de l'assemblée dite *airecht*, c'est-à-dire de l'assemblée des citoyens, de l'assemblée qui exerce les pouvoirs judiciaires et législatifs dans la cité, *tuath*, — en d'autres termes être citoyen.

2° pouvoir être caution, *rath*, c'est-à-dire offrir assez de solvabilité pour que le défendeur soit certain d'être remis en possession des objets saisis et de recevoir, en outre, des dommages-intérêts dans le cas où, allant devant arbitre, il gagnerait son procès (1).

Celui qui est capable de donner caution c'est, dans le sens propre du mot, celui qui est appelé *urrad*. On trouve ce mot au livre II du *Senchus Mór*, t. II, p. 190, l. 1 : accompagné d'*urchonn* « pleinement *sui juris* » il y désigne l'homme qui a l'entière responsabilité de ses actes, *urrad urchonn*. Comparez *cond*, art. 2, § 3 (t. I, p. 78, l. 14), art. 8 (p. 102, l. 24). Celui qui ne peut donner caution est, dans le sens propre du mot, celui qui est appelé *deorad*. Voyez la glose, p. 86, l. 2. *Deorad* a pris le sens d' « étranger, » et *urrad* celui de « natif d'Irlande. » Mais il ne suffit pas d'être Irlandais pour pouvoir saisir ; il faut avoir la solvabilité correspondant à l'importance de la saisie. C'est ce que dit l'art. 14, p. 102, l. 26-28 :

« On ne peut entamer de procès si l'on ne pos-
» sède l'équivalent des bêtes mises en fourrière

---

(1) Cf. *Etudes sur le droit celtique*, t. I, p. 109-110.

» jusqu'au moment où l'on établit par témoin la
» régularité de la saisie. »

Le *deorad* ne peut pratiquer de saisie que si un *urrad* l'accompagne et prend la responsabilité de l'opération. Voir la glose, p. 104, l. 29-30. Outre le *deorad*, la glose (p. 86, l. 1-2) nomme quatre catégories d'individus incapables de donner caution, en irlandais *bard*, *lethcerd*, *cáinte*, *muirchuirt*. Ce sont autant de catégories d'insolvables. Le barde, en Irlande, est celui qui se mêle de littérature, mais qui n'a pas fait d'études (O'Donovan, supplément à O'Reilly, au mot *Bard*); il n'a besoin ni de savoir lire, ni de savoir ce que c'est que le pied d'un vers (O'Davoren, au mot *Eolus*; Whitley Stokes, *Three irish glossaries*, p. LXVI, 81). Le *lethcerd* est le demi-savant, le demi-artiste, trop peu capable ou trop peu instruit pour gagner grand'chose. Le *cáinte* est le sorcier qui, par ses incantations, jette *un sort* sur les gens, comme on dit en français. Le *muirchuirt*, littéralement « celui qui a fait un tour sur mer, » est l'étranger qui est arrivé par mer et qui, ayant fait naufrage, devient une sorte d'esclave (1); le maître du *muirchuirt* est responsable quand celui-ci commet un crime ou un délit, art. 26, p. 156, l. 30 (2).

---

(1) Sur les avantages que peut présenter la situation du naufragé, voir *Etudes sur le droit celtique*, t. I, p. 354, note 5.

(2) Au fond, la seconde catégorie d'incapables, ceux qui ne peuvent être caution, fait double emploi avec la troisième, ceux

La troisième condition qu'il faut remplir pour pouvoir pratiquer une saisie est d'être capable de former un contrat, *naidm*, ce qui suppose la capacité d'aliéner; en effet, pratiquer une saisie, c'est former un contrat, *naidm*, d'un genre particulier, qui peut faire faire au saisissant une perte considérable : si le demandeur a pratiqué la saisie sans en avoir le droit ou sans observer les formes légales, il peut être condamné à payer au défendeur des dommages-intérêts ou amendes fixées par la coutume, et dont le chiffre est fort élevé.

Qui donc est incapable de contracter, c'est-à-dire d'aliéner? La glose répond premièrement : fils de père vivant, *mac beo athar*, p. 86, l. 8. Chez les Irlandais, comme à Rome, le fils reste soumis à la puissance paternelle tant que son père vit, pourvu que celui-ci conserve sa capacité juridique (1). D'autres textes ajoutent la femme mariée, l'esclave, le moine; ceux-ci ne peuvent contracter sans le concours d'un tiers qui, pour la femme, est son père, son tuteur ou son mari; pour l'esclave, son maître; pour le moine, son abbé; enfin le fou, la folle, sont absolument incapables de contracter. Voyez introduction au *Senchus Môr*, I, p. 50, l. 32-33, p. 52, l. 1-2. Comparez les prescriptions contenues

---

qui ne peuvent contracter. Voyez la collection canonique irlandaise, l. XXXIV, c. 3; 2º édition de Wasserschleben, p. 122 : « *Sinodus Hibernensis* : Non est dignus fidejussor fieri servus, nec *peregrinus* nec brutus... »

(1) *Études sur le droit celtique*, t. I, p. 246-250, 272, 273.

au cinquième et au septième livre du *Senchus Mór*, *Ancient Laws of Ireland*, t. II, p. 288, l. 5-8 ; t. III, p. 8 et 10. De ces documents, le plus ancien est le passage du livre V (t. II, p. 288) auquel nous renvoyons. Il ne parle pas du moine ni de son abbé. Quant à la femme, la personne dont il lui faut le concours suivant ce document n'est pas le mari, c'est la « tête de conseil, » *cenn comuirle*, expression qui, outre le mari, comprend le père et les agnats (1).

Il y a une quatrième condition faute de laquelle on ne peut saisir. Celle-ci est négative. Il faut que le saisissant ne soit pas chef de l'assemblée qui jugera la validité de la saisie.

La pratique de la saisie est interdite aux chefs de l'assemblée ; ils doivent la faire pratiquer par un mandataire. Ces hauts personnages sont le docteur, le roi, l'héritier présomptif du roi, parce que, dit la glose, ce sont des gens contre lesquels il est difficile de soutenir une discussion dans l'assemblée (p. 86, l. 9-10). Les chefs de l'assemblée ne peuvent être ni demandeur ni défendeur. En cas de procès les concernant, ils sont remplacés, soit en demandant, soit en défendant, par un agent dit *aithech fortha* (t. II, p. 94, l. 1 ; p. 120, l. 13).

---

(1) *Etudes sur le droit celtique*, t. I, p. 246, note 2. Voyez aussi la collection canonique irlandaise publiée par Wasserschleben, XXXIV, c. 3 ; 2ᵉ édit., p. 122 ; *Etudes sur le droit celtique*, t. I, p. 250, note 4 de la page 249.

L'*aithech* est celui qui a reçu un cheptel. La partie de la population qui recevait des cheptels et qui se plaçait ainsi dans la vassalité des chefs était nombreuse, il y avait donc beaucoup d'*aithech*; mais l'*aithech fortha* est élevé en dignité au-dessus des autres *aithech*. Le mot *fortha* semble signifier : « qui est dessus. »

Le texte continue par une énumération qui fait double emploi avec la troisième des énonciations précédentes : « Ne peuvent saisir ceux qui sont incapables de contracter. » En effet, le texte nous dit : Ne peut procéder à une saisie : 1° l'esclave, *mug*; 2° le pâtre, *buachail*; 3° le fou, *fulla*; 4° le serf, appelé *fuidir*; 5° l'homme placé sous la protection d'autrui.

Le cas de l'homme placé sous la protection d'autrui paraît avoir beaucoup frappé l'auteur du *Senchus Môr*. Il y revient dans l'article 13, p. 102, l. 26, et p. 104, l. 24-27. Nous y voyons que l'homme placé sous la protection d'autrui ne peut engager de procès. Cet homme est dans une situation inférieure. « L'homme placé sous la protection d'autrui, » c'est une expression générale qui comprend l'esclave, le serf, le fils, la femme, l'enfant mis chez un père nourricier ou chez un professeur, etc., et qui spécialement désigne le fils adoptif, *mac foesma*, littéralement « fils de protection (1). »

---

(1) *Etudes sur le droit celtique*, t. I, p. 250.

Art. 6, p. 90, l. 29-31 ; p. 92-102, l. 1-5.

« Car il est dû cinq bêtes à cornes de composi-
» tion pour toute saisie pratiquée irrégulièrement
» ou après que le défendeur a offert des sûretés
» suffisantes. Sont exceptés le trois dangers aux-
» quels l'avocat échappe par une faveur de la loi :
» 1° quand il forme le lien de la saisie pour une
» dette qui n'a pas existé ; 2° quand il forme ce
» lien pour une dette qui a existé, mais qui est
» éteinte ; 3° quand il enlève l'objet saisi du clos
» d'un noble privilégié capable de protéger cet
» objet, c'est-à-dire quand il enlève cet objet à un
» protecteur capable de lui donner un abri, mais
» qu'il ignore l'existence de cette protection. En
» effet, si un objet saisi est enlevé du lieu où il
» est placé sous la protection d'un noble privilégié,
» il faut que le saisissant paye le prix de l'honneur
» du protecteur et ramène les objets saisis au lieu
» d'où il les a enlevés, sauf à lui le droit d'opérer
» une autre saisie (cf. ci-dessus, p. 3, note 1). »

Cinq bêtes à cornes, c'est-à-dire deux génisses
de deux ans, *samaisc*, et trois veaux ou génisses
d'un an, *colptach*. Ces cinq bêtes valent deux vaches (p. 92, l. 6-7). Telle est l'amende due au défendeur par le demandeur qui saisit irrégulière-

ment. D'après la glose, ce chiffre est un maximum. L'amende est égale à moitié de la valeur des objets saisis, pourvu que cette moitié ne dépasse pas cinq bêtes à cornes. La règle qui punit d'une amende de cinq bêtes à cornes au profit du défendeur toute saisie pratiquée irrégulièrement, se trouve répétée dans deux autres passages du traité de la saisie, au t. II, p. 48, l. 11-12; p. 70, l. 1-2 :

« 1° Cinq bêtes à cornes sont la réparation de
» toute saisie irrégulière, à moins que le deman-
» deur ne soit protégé par la nécessité, l'igno-
» rance ou la difficulté (1). »

La nécessité, *deithbere;* l'ignorance, *ainfis;* la difficulté, *aincheas,* produisent des exceptions : on appelle l'exception *turbaid.* Mais dans les trois cas prévus par l'article 6, il n'y a pas *turbaid* pour le demandeur qu'un avocat n'accompagne pas.

« 2° Cinq bêtes à cornes sont la réparation du
» délit, *cin*, commis par tout homme *sui juris* ou
» capable, *sochond*, qui saisit injustement et con-
» trairement au droit. Tout homme *sui juris* et
» capable, qui envoie un incapable, *econd*, prati-
» quer la saisie, est responsable du délit commis
» par l'incapable. »

(1) C'est lè *smacht;* voyez *Etudes sur le droit celtique*, t. I, p. 138, 139.

Les sûretés suffisantes qui arrêtent la saisie consistent en gage, *gell*, et en caution, *arach* (t. I, p. 92, l. 10; cf. p. 118, l. 5-6, l. 20-26). Le défendeur a, pour offrir ces sûretés, tout le temps qui s'écoule entre la saisie opérée entre ses mains et l'enlèvement des objets saisis (t. I, p. 176, l. 29-30; t. II, p. 96 note).

La loi ecclésiastique irlandaise a, sur les gages et les cautions, des dispositions curieuses : elle décide que le gage ne doit pas dépasser le cinquième de la dette (1), et elle interdit le cautionnement aux clercs, tout en admettant qu'ils puissent cautionner valablement. Les clercs qui ont cautionné quelqu'un devront payer si le débiteur principal est insolvable. Si, pour se soustraire à cette obligation, ils recourent aux armes, c'est-à-dire au duel extra-judiciaire, ils sont exclus de l'Eglise (2).

Les dangers auxquels l'avocat échappe par une faveur spéciale seraient inévitables pour tout autre. Celui qui, n'étant pas avocat, saisit, soit pour une dette qui n'a jamais existé, soit pour une dette éteinte, celui qui enlève un objet placé sous la protection d'un noble privilégié, celui-là devra payer les cinq bêtes à cornes réglementaires. Il

---

(1) Livre XXXIII, c. 9; 2ᵉ édit. de Wasserschleben, p. 120 : Sinodus Hibernensis statuit quintam partem debiti in pignus restitui, ut in lege dicitur (*Deutéronome*, c. 24, v. 10).

(2) Livre XXXIV, c. 2, 2ᵉ édit. de Wasserschleben, p. 122; cf. *Etudes sur le droit celtique*, t. I, p. 46.

objectera en vain sa bonne foi. Il n'a qu'un moyen d'éviter ce danger, c'est de prendre la précaution de se faire accompagner par un avocat (p. 92, l. 28-32). On voit cependant, en deux autres endroits (t. I, p. 282, l. 18, et t. II, p. 52, l. 6), ceci : 1° si le saisissant établit sa bonne foi, l'amende doit être réduite à moitié ; 2° si le saisissant prouve que l'irrégularité commise par lui est le résultat d'une impossibilité morale de faire autrement, *aincheas*, l'amende peut être abaissée au quart.

Quels sont les nobles privilégiés dans l'enclos duquel on ne peut saisir? Ce sont les nobles dont le rang est supérieur à celui du demandeur, à la garantie qu'offre le demandeur (*a glinne*, t. II, p. 48, l. 16). Les plébéiens ne peuvent pratiquer la saisie dans l'enclos d'aucun noble, les nobles de rang inférieur ne peuvent pratiquer la saisie dans l'enclos des nobles de classe plus élevée qu'eux. L'enclos, *faithce*, dont il s'agit ici est celui qui touche la maison d'habitation.

Cet enclos a quelque chose de sacré ; le violer expose à payer le prix de l'honneur du propriétaire (1). La composition dûe par le saisissant est conforme à la dignité du propriétaire de l'enclos.

La noblesse irlandaise, *flaith*, se compose de maîtres ou chefs (*aire* au nominatif singulier, *airig* au nominatif pluriel), qui ont des vassaux de con-

---

(1) De là le traité intitulé *Maighne* qui a été mentionné plus haut, p. 3, note. Cf. ci-dessous, p. 82.

dition servile, *dóer céile* au singulier. L'ensemble des vassaux d'un chef s'appelle *déis*. Suivant l'importance de sa *déis*, le chef s'appelle : 1° *Aire forgill* ; 2° *Aire tuisi* ; 3° *Aire ard* ; 4° *Aire désa*. Au-dessus de l'*aire forgill*, qui forme la plus élevée de ces quatre classes, se place le roi, qui forme une cinquième classe, et l'ensemble de ces cinq classes, qu'on peut élever à sept en distinguant trois catégories de rois, compose la noblesse ou *flaith* (1).

Le prix de l'honneur du roi était de sept femmes esclaves ou *cumal*. Celui qui aurait eu l'audace de saisir des biens appartenant à un roi devrait le prix de l'honneur du roi, c'est-à-dire sept femmes esclaves. Depuis le triomphe du christianisme, l'évêque était assimilé au roi. De là, dans la collection canonique irlandaise, la disposition suivante :

« Sinodus hibernensis ait : omnis qui ausus fuerit ea quae sunt regis aut episcopi furari aut rapere... septem ancillarum pretium reddat (2). »

Celui qui aurait saisi dans l'enclos du roi ou de l'évêque les vaches d'un tiers, placées dans cet enclos sous la protection du roi ou de l'évêque, aurait dû la même composition que si le roi ou l'évêque eût été propriétaire de ces vaches.

---

(1) *Flath otha airig desa co ruice rig*, art. 41, p. 230, l. 5-6. Glose : *Na graid flatha uili sin*, p. 230, l. 16. *Etude sur le droit celtique*, t. I, p. 97 et suiv., et ci-dessous, p. 48.

(2) Livre XLVIII, c. 5, 2ᵉ édition de Wasserschleben, p. 204.

Art. 7, p. 102, l. 6-22.

« Cinq bêtes à cornes sont acquises par le créan-
» cier à la déchéance, *lobad*, du saisi. Ainsi l'a
» jugé Morand. Le créancier acquiert ensuite trois
» bêtes à cornes par nuit, si le débiteur ne paye
» pas ; cette acquisition se produit jusqu'à épuise-
» ment du droit du débiteur, à moins qu'un obsta-
» cle insurmontable n'empêche celui-ci de remplir
» ses obligations. »

Quand un objet saisi a été enlevé par le créancier saisissant, il est mis en fourrière. Le lieu où
il est mis en fourrière s'appelle *forus* = * *for-fos*,
composé dont le second terme est *foss*, « rési-
dence. »
L'arrivée en fourrière sert de point de départ à
un répit dont la durée est égale au nombre de nuits
dont le chiffre caractérise la saisie : une, trois, cinq,
dix, deux. Pendant ce répit, le débiteur reste propriétaire des objets saisis. Une fois ce répit terminé,
commence pour lui une autre période, *lobad*, que
nous traduisons par « déchéance ; » pendant cette
période, les objets saisis deviennent propriété du
créancier ; celui-ci acquiert la première nuit cinq
bêtes à cornes et chacune des nuits suivantes trois
bêtes à cornes, jusqu'à ce qu'il soit devenu propriétaire de la totalité des objets saisis et qu'il y

ait *totim* (1), c'est-à-dire déchéance complète du défendeur.

Mais entre le moment de la mise en fourrière et la déchéance complète, *totim*, *tuitim* (dans la langue ordinaire « chute »), il s'est écoulé deux intervalles pendant lesquels la loi opposait résistance à ce phénomène de déchéance ; le premier intervalle est le *di-thim*, littéralement *dé-chute*. Pendant cet intervalle, sorte de répit, le débiteur reste propriétaire intégral des objets saisis ; puis pendant un second intervalle, *lobad*, il est dépouillé de sa propriété au profit du créancier, mais ce n'est pas tout d'un coup, il perd son droit morceau par morceau, nuit par nuit — ou jour par jour.

Le débiteur, pendant le *dithim*, ou répit, n'a qu'une manière d'éviter la perte de sa propriété saisie, c'est de payer son créancier (2). Toutefois, ce principe n'est pas absolu. La coutume prévoit des cas d'excuse légitime, des circonstances où les délais sont prolongés. C'est ce que le texte légal appelle *deithbere*, « nécessité, » et que nous avons traduit par « obstacle insurmontable. »

Le juge auquel on attribue la fixation du nombre de bêtes à cornes acquises au créancier la première nuit est Morand. Tandis que Sen mac Aigé et Coirpré Gnâthchoir, les jurisconsultes mentionnés

---

(1) *Totim*, au génitif *totma*, t. I, p. 102, l. 16.
(2) Sur la fourrière et ses effets, cf. *Etudes sur le droit celtique*, t. I, p. 275-279.

plus haut, paraissent des personnages imaginaires, Morand semble appartenir à l'histoire ; en tout cas, il appartient à la littérature épique. Il avait un collier appelé *sín* qui contrôlait la justice de ses jugements. Quand Morann rendait un jugement conforme à la vérité, son collier était large et lui mettait le cou à l'aise. Quand, au contraire, un jugement de Morand était inique, son collier se rétrécissait et lui serrait le cou (1).

Il est question de Morand dans un épisode de la grande épopée irlandaise dont le titre est *Táin bó Cúailnge*. Cet épisode est le combat de Ferdiad contre Cûchulainn. Cûchulainn tient seul tête aux guerriers de quatre des cinq grandes provinces d'Irlande qui envahissent la cinquième de ces provinces, l'Ulster, alors sans défense. Cûchulainn offre de se battre contre le plus brave champion de l'armée envahissante. Medb, la reine de Connaught, qui est l'âme de la coalition, veut décider le héros Ferdiad à répondre à ce défi. Elle lui fait plusieurs promesses ; entre autres choses, elle lui promet la main de sa fille Findabar. Ferdiad ne se contente pas de la parole de la reine, il lui demande de s'obliger par serment, de jurer par le soleil et la lune, par la mer et la terre (2) ; enfin, il

---

(1) Glossaire de Cormac, au mot *sín*. Whitley Stokes, *Three irish glossaries*, p. 41 ; traduction, p. 152 ; cf. p. 108. *Beitraege* de Kuhn, t. VIII, p. 345, 489.

(2) Comparez le serment de Loégairé, *Etudes sur le droit celtique*, t. I, p. 24.

exige des cautions, *drách* ou *ráth*, il lui en faut six (« six contrats, » *sé curu*), et la reine les lui accorde; dans le nombre est Morand (1).

Morand était fils de Coirpré Caitt-chend, c'est-à-dire « à la tête-de-chat, » roi d'Irlande au premier siècle de l'ère chrétienne (2). Son père s'était emparé du trône après la mort de Crimthann nia Nair (3), fils de Lugaid Reoderg (4), c'est-à-dire d'un des personnages épiques associés par la légende au héros Cûchulainn. Crimthann avait laissé sa femme enceinte d'un fils. L'usurpation de Coirpré au détriment de ce fils fut punie de deux manières : 1° son règne fut une période de famine : il n'y avait qu'un grain dans chaque épi de blé, qu'un gland sur chaque chêne et les vaches ne donnaient plus de lait; 2° les enfants du roi naissaient difformes, avec une sorte de casque sur la tête.

Coirpré les faisait jeter à l'eau. Déjà deux avaient été ainsi noyés, quand il en vint un troisième difforme comme les autres. Conformément aux ordres du roi, les domestiques de ce prince jetèrent dans la mer le pauvre enfant, mais un coup de vague détacha le casque, et l'enfant, sou-

---

(1) *Livre de Leinster*, p. 81, col. 2; cf. O'Curry, *Manners and customs*, t. III, p. 416, 418.

(2) Gabaid Corpre Caittchend rige hErend, i. athair Moraind. — Lebar Gabala, dans le *Livre de Leinster*, p. 23, col. 2, l. 9.

(3) Sur Crimthann, voyez *Cours de littérature celtique*, t. II, p. 363-365.

(4) Sur ce personnage, voyez *Cours de littérature celtique*, t. II, p. 364, 374, 375; t. V, p. 512, Lugaid aux ceintures rouges.

levé par l'eau, montra sa tête nue, puis il parla :
« Dure est la vague, » dit-il, *garg bé tond*. Les domestiques, étonnés, sautèrent à la mer et en tirèrent l'enfant. Celui-ci parla encore : « Ne me levez pas si haut, froid est le vent, » *nach am turcbaid, uár bé gáeth*.

Les domestiques n'osèrent pas le ramener chez le roi, ils le déposèrent à la porte du forgeron Maen. Maen, sortant de sa maison, trouva l'enfant, le prit, rentra et pria sa femme d'allumer une chandelle pour voir quel cadeau Dieu leur avait envoyé. Quand la femme eut fait ce que désirait son mari, l'enfant parla une troisième fois : « Brillante est la chandelle, » dit-il, *solus bé caindell*. Maen l'éleva comme son fils et un jour le rendit au roi (1).

A cause de son père nourricier, Morand est surnommé « fils de Maen, » Mac-Main.

Après la mort de l'usurpateur Coirpré Caittchend, Morand traita avec Feradach Find-fhechtnach, fils posthume du Crimthann nia Nair et roi légitime d'Irlande ; il lui rendit la couronne et devint son principal conseiller (2).

---

(1) *Livre de Leinster*, p. 126, col. 2, et analyse de M. R. Atkinson, p. 31. C'est la troisième partie du morceau intitulé : « Quels sont les trois enfants qui parlèrent aussitôt après leur naissance ? » Ce morceau se trouve aussi au Collège de la Trinité de Dublin, ms. coté H. 2. 16, col. 808-810. — Sur Morand, Cf. *Cours de littérature celtique*, t. I, p. 273-278 ; t. V, p. 512 ; t. VII, p. 243.

(2) Feradach Findfochtnach mac Crimthaind regnat annis XXIII a Temair. Morand mac Main in hoc tempore claruit. *Annales de Tigernach*, édit. d'O'Conor, p. 25.

Art. 8.

« Ne gagne rien le dormeur (p. 102, l. 23,
» p. 104, l. 1-6). »

C'est-à-dire : celui qui laisse passer les délais légaux sans accomplir les actes prescrits est victime de sa négligence. Tel est le débiteur saisi qui ne prend soin de payer avant l'époque où les objets mobiliers, saisis sur lui et enlevés par le créancier, deviennent propriété de ce dernier ; sa négligence lui fait perdre son bien. De même le créancier saisissant : quand le créancier saisissant a enlevé les objets saisis et les a mis en fourrière, il doit revenir chez son débiteur et lui faire connaître en quel endroit il a transporté les objets saisis ; on appelle cette notification *fasc* (1) ; si le créancier oublie de faire cette notification ou s'il ne la fait pas dans la forme solennelle déterminée par l'usage (2), la saisie devient irrégulière et le créancier doit une amende de cinq bêtes à cornes au profit du débiteur saisi. Voyez ci-dessus, p. 30, article 6, *Ancient Laws of Ireland*, t. I, p. 90, lignes 29 et suivantes ; t. II, p. 48, l. 11 ; p. 70, l. 1.

(1) T. I, p. 258, l. 13, cf. p. 270, l. 30 ; p. 264, l. 23, cf. p. 288, l. 9 ; p. 266, l. 18, cf. p. 298, l. 6 ; et surtout, p. 268, l. 11 et suiv., cf. p. 302, l. 9 et suiv. Sur cette notification, voyez *Etudes sur le droit celtique*, t. I, p. 263, 265.

(2) T. I, p. 268, l. 15-16 ; p. 302, l. 27-31. Sur la forme de cette notification, voyez *Etudes sur le droit celtique*, t. I, p. 277, 278.

Art. 9. p. 102, l. 23-24; p. 104, l. 6-8.

« Ne peut enlever les objets saisis le créancier
» incapable de former avec son débiteur le lien
» de droit qui est le résultat de la saisie réguliè-
» rement faite. »

Cette règle a été déjà donnée ci-dessus, p. 22,
24 dans l'article 4 (*Ancient Laws of Ireland*, t. I,
p. 84, l. 9) et dans l'article 5 (*ibid.*, p. 84, l. 27-29).

Art. 10, p. 102, l. 24; p. 104, l. 8-10.

« Ne gagne rien celui qui, à la capacité juridi-
» que, joint des jambes. »

En d'autres termes celui qui, ayant la capacité
juridique, peut marcher, est sans excuse quand il
ne remplit pas les formalités légales. S'il ne pouvait
marcher, la difficulté physique d'agir serait une excuse et donnerait lieu à une exception, *turbaid*.

Art. 11, p. 102, l. 24-25; p. 104, l. 18-19.

« Que chacun fasse ce que demande son intérêt. »

Au créancier à faire la notification, *fasc*, qui suit
l'enlèvement; au débiteur à payer sa dette dans le
délai voulu. Autrement, chacun d'eux subira les
conséquences de son inaction. Le premier devra

au second une amende de cinq bêtes à cornes, le second perdra tout droit sur les biens meubles qui ont été saisis.

Art. 12, p. 102, l. 25 ; p. 104, l. 19-24.

« Que le saisissant mettant le bétail en four-
» rière l'enferme sans le trop serrer dans des han-
» gars aux heures fixées par l'usage. »

Sur les règles de la fourrière, voir principalement *Ancient Laws of Ireland*, t. II, p. 2-12.

Art. 13., p. 102, l. 26 ; p. 104, l. 24-27).

« Celui qui est placé sous la protection d'autrui
» ne peut entamer un procès. »

Cette règle a déjà été donnée dans l'article 5 (p. 84, l. 27-29 ; se reporter ci-dessus, aux p. 24, 29).

Art. 14, p. 102, l. 26-28 ; p. 104, l. 27-34.

« Ne peut engager la procédure de la saisie
» celui qui n'est pas en position de donner, en
» échange des bêtes en fourrière, une valeur équi-
» valente, jusqu'au moment où sont produits les
» témoins qui attestent la régularité de la saisie. »

C'est un développement des principes posés dans l'article 5 (p. 84, l. 27-29, ci-dessus, p. 24-29). Nous avons dit, en expliquant cet article, les conditions de solvabilité que doit présenter le saisissant.

Art. 15, p. 104, l. 35-38 ; p. 106, l. 1 ; p. 112, l. 13.

« On ne peut procéder par saisie mobilière con-
» tre esclave, ni serf, ni fou, ni berger, ni pâtre,
» ni charretier pour les contraindre à payer soit
» une dette personnelle, soit la dette d'un membre
» de leur famille, soit une dette de la cité (*túath*) ;
» mais on leur place le pied dans des entraves, on
» leur met une corde au cou. Pendant qu'ils cou-
» chent ensemble, la seule nourriture à laquelle
» ils aient droit est celle des pauvres ou c'est un
» pain long et mince, sauf le bon pain des jours
» de fête, avec son assaisonnement, jusqu'à ce
» que leurs chefs soient contraints à s'acquitter de
» leurs obligations légitimes. »

Cet article fait pendant à la seconde partie de l'article 5 (p. 84, l. 28-29). La seconde partie de l'article 5 nous apprend que ni esclave, ni pâtre, ni fou, ni serf, ni aucun homme placé sous protection d'autrui ne peuvent pratiquer de saisie. Réciproquement, leurs biens mobiliers ne peuvent être saisis. Ils sont juridiquement incapables (cf. ci-dessus, p. 27, 29).

L'article 3 prévoit trois hypothèses concernant ces individus :

1° Il s'agit de leur dette personnelle. La glose ajoute que, par dette personnelle, on entend la dette contractée non seulement par le défendeur, mais aussi par son père et son grand-père (p. 106, l. 14) ; car le fils, le père et le grand-père sont juridiquement la même personne (1).

2° Il s'agit d'une dette résultant d'un crime ou délit commis par un parent en ligne collatérale. Voir la glose, p. 106, l. 15. Le parent en ligne collatérale s'appelle, en matière de saisie, *inbleogan*. Les règles qui le concernent sont exposées principalement au t. II des *Anciens Laws of Ireland*, p. 14, 16, 44, 64, 98, 122. Les membres de la famille sont responsables des dettes qui résultent des délits ou crimes commis par leurs collatéraux jusqu'au quatrième degré, compté à la façon du droit canonique (Voir à ce sujet les principes posés dans notre précédent volume, p. 190-197).

3° La cité tout entière peut être débitrice par l'effet d'une convention qui l'a obligée au payement d'une redevance, ou à l'acquittement d'un service de guerre ou autre, quand elle n'a pas payé cette redevance, ou fait ce service (Voir la glose, p. 106, l. 15-18. Comparez *Etudes sur le droit celtique*, t. I, p. 126-128).

Ni dans l'une ni dans l'autre de ces trois hypothèses, on ne peut procéder par voie de saisie mobilière contre l'homme de dernière classe ni du

---

(1) *Etudes sur le droit celtique*, t. I, p. 244-247.

fou. Mais on peut les arrêter, les tenir prisonniers en les attachant par le pied ou par le cou, à charge de les nourrir, mais très médiocrement, jusqu'à ce que les chefs aient payé pour leurs subordonnés. La règle est donnée t. IV, p. 240, l. 9 et 12 : « sa dette sur son chef, » *a chin for a flaith*, et quand il n'y a pas de chef, littéralement « de tête » on s'adresse au roi, *cach dichenn co ri[g]* (1).

(1) *Etudes sur le droit celtique*, t. I, p. 63, 192.

CHAPITRE III.

DU JEÛNE QUI PRÉCÈDE LA SAISIE MOBILIÈRE EN CERTAINS CAS (1).

Art. 16; p. 112, l. 14-p. 116, l. 13.

« Commandement précède toute saisie chez les
» *Féne* (2) à moins que les demandeurs ne soient
» des personnes *nemed* [agissant contre des per-
» sonnes *nemed*], où [des personnes de classe in-
» férieure] agissant contre des personnes *nemed*.
» En ces deux cas, jeûne précède saisie. Le
» défendeur qui ne répond pas au jeûne en don-
» nant un gage, fait défaut à toutes ses obliga-
» tions; celui qui est ainsi capable de tout n'est
» payé ni par Dieu ni par homme. »

On donne le nom de *nemed*, c'est-à-dire de « sa-

---

(1) Sur la date où ce chapitre a été composé, voir *Études sur le droit celtique*, t. I, p. 369-371 ; cf. *ibid.*, p. 169.
(2) C'est-à-dire chez les Irlandais.

cré, » aux membres de la noblesse, *flaith*, et à diverses catégories de personnes qui sont assimilées à la noblesse. Ainsi est *nemed* le *fili* ou homme de lettres, le membre du clergé, celui qui dans le métier des armes, ou dans un art mécanique, comme celui de forgeron ou de charpentier, arrive aux échelons supérieurs de la hiérarchie sociale. Le *nemed* a droit, en cas d'insulte grave, à une réparation qui consiste à payer le prix de son honneur, *enechlann*, *lóg enig* (cf. ci-dessous, p. 82).

Adresser un commandement de payer, *aurfocre*, à une personne *nemed*, serait insulter à cette personne, lui donner le droit d'exiger le prix de son honneur, c'est-à-dire une somme au moins double de l'amende à laquelle donnent lieu les autres irrégularités de procédure en matière de saisie. En effet, l'amende ordinaire en matière de saisie est de cinq bêtes à cornes. Or l'échelon inférieur de la *flaith* ou noblesse, dans le sens rigoureux du mot, est celui où se trouve l'*aire désa* (1), pour lequel le prix de l'honneur est fixé à dix bêtes à cornes. Dix bêtes à cornes, c'est donc l'amende la moins élevée que le demandeur devrait au défendeur noble dans le cas où il aurait la hardiesse de lui adresser un commandement de payer. C'est un minimum, car voici le tarif du prix de l'honneur de la *flaith* :

---

(1) Flatha otha airig desa co ruice rig. *Ancient Laws of Ireland*, t. I, p. 230, l. 5-6. Glose : Na graid flatha, uili sin. *Ibidem*, l. 16.

Roi suprême d'Irlande, *ri rurech* : 28 femmes esclaves (*cumal*), valant au total 140 bêtes à cornes (*sét*).

Roi de chacune des cinq grandes provinces (*rure*) : 21 femmes esclaves, ou 105 bêtes à cornes.

Roi de petite province (*rí*) : sept femmes esclaves ou 35 bêtes à cornes.

Aire forgill : six femmes esclaves ou trente bêtes à cornes.

Aire tuisi : quatre femmes esclaves ou vingt bêtes à cornes.

Aire désa : deux femmes esclaves ou dix bêtes à cornes (1).

Venir jeûner devant la porte d'un débiteur est une façon polie de réclamer payement d'une créance sans insulter ce débiteur ni contracter par là une dette énorme envers lui.

Le débiteur contre lequel un créancier jeûne doit immédiatement ou le payer, ou lui livrer des gages comme garantie soit d'un payement ultérieur s'il reconnaît la dette, soit de comparution prochaine devant arbitre s'il conteste la dette. Autrement il est considéré comme faisant défaut à toutes ses obligations, et comme capable de tous les crimes ; or « celui qui est capable de tout, » dit le texte légal, littéralement « celui qui supporte tout, n'est payé ni par Dieu ni par homme. » C'est une sorte d'excommunication ou de mise

---

(1) Cf. **Etudes sur le droit celtique**, t. I, p. 97-100, 110.

hors la loi, dans une société où la sanction pénale consiste toujours en une composition, c'est-à-dire où le crime contre les personnes ne produit qu'une créance pécuniaire.

La locution négative « ni par Dieu ni par homme, » *o Dia na duine*, correspond à la locution affirmative « par Dieu et par homme, » *o Dia ocus duine*, qui se trouve dans un traité des contrats imprimé au tome IV, pages 32-64 (1) des *Ancient Laws of Ireland;* et on rencontre trois fois dans le *Senchus Mór* la formule équivalente « selon Dieu et homme » *iar n-Dia ocus duine* (2). Le glossateur a partout compris que par « Dieu, » *Dia*, il fallait entendre le « droit canonique » et par « homme, » *duine*, le « droit civil. »

Pour le passage qui nous occupe, la glose de « par Dieu, » *o Dia*, est : « en ce qui concerne la *pénitence canonique*, » *im pennait* (3); la glose de « homme, » *duine*, est : « en ce qui concerne la réparation due pour crime, » la composition, *wehrgeld*, en irlandais : *im sric* (4). Ailleurs la glose de « par Dieu » est : « de l'église, » *na hecailsi*; celle de « homme » est : « du peuple » « de la cité », *na tuaithi* (5).

Quant à la formule « selon Dieu et homme, » le

---

(1) Voir p. 32, l. 21 et p. 34, l. 13.
(2) T. I, p. 268, l. 9; t. II, p. 2, l. 8; t. III, p. 22, l. 13.
(3) T. I, p. 114, l. 32.
(4) T. I, p. 116, l. 1. Cf. *Etudes sur le droit celtique*, t. I, p. 88.
(5) T. IV, p. 34, l. 13.

premier terme est glosé une première fois par :
« en présence de Dieu, c'est-à-dire de l'église »
fia Dia .i. na ecailsi (1) ; une seconde fois par : « à
l'église » *do eclais* (2) (ici il s'agit d'un payement
prescrit par le droit canonique). Le second terme
« homme » est glosé une fois comme précédemment par : « du peuple, » « de la cité, » *na tuaithi;*
la seconde fois par : « à son chef » *di a fhlaith* (3) ;
il s'agit d'un payement prescrit par le droit civil.

Ainsi « droit canonique » est le sens du mot *Dia*
« Dieu, » « droit civil » le sens du mot *duine*
« homme, » dans la langue du droit irlandais à la
date de la glose et vraisemblablement à la date
où ont été rédigés les passages précités du *Senchus
Mór*, bien que dans les formules consacrées, *o Dia
ocus duine*, « par Dieu et homme, » *o Dia na duine*,
« par Dieu ni homme, » le mot *Dia* ait pu originairement se rapporter à la notion de la justice divine
et du droit ecclésiastique, tels qu'on les concevait
à une époque antérieure au christianisme.

Art. 17, p. 116, l. 14-33 ; p. 118, l. 1-3.

« Si quelqu'un est assez hardi pour ne pas s'ac-
» quitter de ce qu'il doit à son créancier qui jeûne,
» voici son jugement chez les Fêné : il paye le

---

(1) T. I, p. 300, l. 28.
(2) T. III, p. 24, l. 3-4.
(3) T. I, p. 300, l. 29 ; t. III, p. 2, l. 44.

» double de la dette pour laquelle on a jeûné. »

Ce document paraît être en vers :

> Inti loinges nad oigi (1) — réir di troscud,
> Issi a breith la Féni (2) : — asren diabul
> Noich ar-a-troiscther airi.

Les deux premiers vers sont de onze syllabes en deux hémistiches, dont le premier a sept syllabes et le second quatre; le dernier vers a sept syllabes seulement comme les deux premiers hémistiches de chacun des deux vers précédents. La décision ainsi libellée semble de prime abord contredire celle qui précède et l'adoucir considérablement dans l'intérêt du débiteur. L'article 16 a prononcé une sorte de mise hors la loi contre le débiteur qui refuse de répondre à la sommation présentée sous forme de jeûne par son créancier : le créancier récalcitrant donne à tous ses débiteurs le droit de lui refuser payement. L'article 17 inflige une peine qui paraît bien moins dure : la dette que le défendeur ne veut pas payer sera doublée. Mais il ne faut pas se faire illusion. L'article 17 est en réalité un développement de l'article 16.

La peine du double est la peine du vol : elle est empruntée au droit romain. Le mot *diabul* est

---

(1) Dans l'édition : *oige*.
(2) La grammaire exigerait *Féniu* (*Grammatica celtica*, 2ᵉ édit., p. 232).

dans le droit irlandais le terme consacré pour désigner cette peine. C'est un mot hybride dont la première partie est l'irlandais *dia-* « deux » et dont la seconde partie *-bul* est identique à la seconde partie du latin *du-plum* (1). Ainsi, quand un noble, ayant reçu la sommation polie qui consiste à jeûner devant sa porte, refuse de payer son créancier ou de lui donner des gages, il est considéré comme voleur.

Il est « le chef indigne » *aire eisindraic* qui ne remplit pas son devoir (2) et que menace de dégradation une règle insérée dans l'introduction du *Senchus Mór* (cf. précédent volume, p. 126) :

« Il y a quatre dignitaires de la cité qui sont dé-
» gradés et deviennent petits : le rôi qui rend un
» faux jugement, l'évêque qui tombe, le *file* qui
» trompe, le noble indigne, car ils ne remplissent
» point leurs devoirs. On ne leur doit pas de com-
» position, *dire*, pour les crimes que l'on commet
» contre eux (t. I, p. 54, l. 7-10, p. 154, l. 13-14).

La glose explique les mots « chef indigne » par
« tout membre de la noblesse qui commet vol et
» larcin » (t. I, p. 54, l. 22-23).

La composition pour crime qui n'est pas due au

---

(1) Cf. *Etudes sur le droit celtique*, t. I, p. 203-206; t. II, p. 11, 12.

(2) Nad *oiget a mamu* « qui ne *remplissent* pas leurs devoirs » : L'article 17 se sert du même verbe : nad *oige* réir di troscud.

chef indigne est appelée dans le texte *dire*; cette expression paraît comprendre ici la totalité de la réparation due à tout chef qui conserve sa dignité.

On distingue, dans cette réparation deux éléments : 1° le prix de l'honneur, *enech-lann*; 2° le montant du dommage matériel; en cas de meurtre, le prix du corps, *coirp-dire* (1). Il semble donc, si nous nous en rapportons au texte, que, dans le cas où le chef est indigne, celui qui le tue ne doit à sa famille aucune partie de la composition fixée par l'usage; c'est évidemment le droit le plus ancien. Suivant la glose, où a pénétré un droit plus moderne et plus indulgent, le chef indigne n'a plus droit au prix de son honneur, mais le droit à la réparation du dommage matériel ne lui est point enlevé (t. I, p. 54, l. 23-26).

Art. 18; p. 118, l. 4-28; p. 120, l. 1-17.

« Si le créancier jeûne après que le débiteur
» lui a fait des offres régulières, sa créance n'existe
» plus par décision des Fêné. L'offre légale qui,
» en cas de jeûne, doit être faite par le débiteur
» chez les Fêné est, soit d'une caution qui garan-
» tira que le débiteur ne fera pas défaut, soit d'un
» gage pris parmi les objets mobiliers qui se trou-
» vent dans la maison de celui contre qui l'on
» jeûne. »

(1 *Etudes sur le droit celtique*, t. I, p. 88.

La pénalité contenue dans la première partie de cet article ne fait pas double emploi avec le principe posé dans l'article 6 (1). Ce principe est, qu'en matière de saisie, les irrégularités graves commises par le créancier saisissant donnent lieu à une amende de cinq bêtes à cornes au profit du débiteur ; et une des irrégularités graves prévues consiste à pratiquer la saisie quand le débiteur a offert des gages et des cautions (t. I, p. 90, l. 29 et 30 ; p. 92, lignes 10 et 11). Mais tandis qu'en matière de saisie ordinaire, ne pas tenir compte des offres de gages et de cautions faites par le débiteur, expose le créancier à une amende de cinq bêtes à cornes au profit de son adversaire, il y a, en cas de jeûne, une règle plus dure : la peine dont est frappé le créancier est la perte de sa créance.

La glose nous apprend que celui qui jeûne peut aussi encourir l'amende de cinq bêtes à cornes au profit du défendeur, et que cette amende peut même s'augmenter du prix de l'honneur du défendeur. Cela arrive dans le cas où le défendeur vient à prouver qu'il ne doit pas ce qu'on lui réclame (t. I, p. 118, l. 11-12). Il a droit d'exiger du demandeur cinq bêtes à corne d'amende, plus le prix de son honneur, à lui défendeur insulté par le jeûne du demandeur qui le présente au public comme un débiteur de mauvaise foi.

(1) *Ancient Laws of Ireland*, t. I, p. 90, l. 29 ; ci-dessus, p. 30.

TITRE II.

SAISIE SANS ENLÈVEMENT IMMÉDIAT ET AVEC DÉ-
LAIS TANT APRÈS LE COMMANDEMENT QU'APRÈS
LA SIGNIFICATION DE SAISIE.

CHAPITRE IV.

SAISIE AVEC DÉLAIS D'UNE NUIT.

Art. 19, t. I, p. 120, l. 19-33; p. 122, l. 1-8.

« § 1. Sen, avec raison, jugea que le délai d'une
» nuit ne pourrait s'étendre au delà de la deuxième
» nuit (t. I, p. 120, l. 19, 21-28). »

Sen mac Aige, « Vieux fils de Chef, » a déjà été mentionné ci-dessus, p. 17, dans l'article 2 (*Ancient Laws of Ireland*, t. I, p. 78. l. 11).

C'est l'auteur légendaire du jugement qui a fixé la durée des délais de la saisie. La formule qu'on lui attribue ici paraît peu claire. Elle n'a que le tort d'exposer trop brièvement le principe de droit qu'elle prétend énoncer. Ce principe est que le délai d'une nuit donné au défendeur expire le surlendemain du jour où la saisie a été signifiée. Après un jour franc le demandeur se présentera de nouveau, et cette fois pour enlever les objets saisis mais laissés entre les mains du défendeur.

Pour continuer à détenir les objets saisis, le défendeur, à moins de recourir aux armes, n'a qu'une ressource, c'est de donner des gages au demandeur. Or, le délai pendant lequel il peut donner des gages prend fin le matin du second jour après celui où la saisie a été faite. Au moment où le demandeur arrive et va exécuter l'enlèvement des objets saisis l'avant-veille, le défendeur peut encore arrêter la marche de la procédure en offrant des gages. Tel est le sens du § 3 ci-dessous.

« § 2. Le prix de l'honneur ne supporte pas de
» délai (p. 120, l. 19-20, 28-32). »

Cette maxime est citée ici à contresens, puisque nous sommes dans le titre qui traite de la saisie avec délais. Elle est, au contraire, insérée fort à propos au titre III, qui traite de la saisie avec enlèvement immédiat, chapitre X, art. 40, p. 228, l. 16-17 ; chap. XI, art. 43, p. 236, l. 11 (1). Si l'on s'en rapporte au glossateur, il faut ici modifier le brocard de droit par une petite addition et dire :

---

(1) Cf. *Ancient Laws of Ireland*, t. II, p. 100, l. 7.

« Le prix de l'honneur ne supporte pas de délai *dont la durée dépasse une nuit* (p. 120, l. 31). »
C'est une allusion à la règle qui veut qu'en cas de viol d'une vierge le coupable saisi pour payement du prix de l'honneur de la vierge ait droit aux délais d'une nuit, comme nous le verrons plus bas, article 20, § 36 ; mais la règle relative au viol d'une vierge contredit le principe général qui veut que, lorsqu'il s'agit du prix de l'honneur, le saisissant procède par enlèvement immédiat (1).

« § 3. Serait injuste le jugement d'assemblée
» qui autoriserait le défendeur à garder plus d'une
» nuit (2) l'objet saisi, quand la saisie est déter-
» minée par les causes qui vont être énumérées
» (p. 120, l. 20-21 ; p. 122, l. 4, 5). »

Art. 20, p. 122-144.

« *La saisie comporte délai d'une nuit* [lors-
» que le but du demandeur est d'obtenir, savoir] :
» (p. 122, l. 1 ; p. 126, l. 12). »

Avant d'entamer l'énumération des cas énoncés dans cet article, rappelons-nous quand, en principe, les délais sont réduits à une nuit.

On l'a vu sommairement dans l'article 3 (p. 78, l. 13), ci-dessus, p. 17-18.

---

(1) *Etudes sur le droit celtique*, t. I, p. 371-376.
(2) La première nuit ne compte pas.

C'est lorsqu'il s'agit pour le demandeur d'obtenir une chose pressée. Qu'est-ce en général qu'une chose pressée? Le glossateur a cherché (p. 80, l. 7 et suivantes) à nous donner, sur ce point intéressant, une notion précise; il commence par un exemple. Voilà deux vaches; l'une donne du lait, l'autre est pleine et ses mamelles se sont taries. Laquelle sera pressée? Ce sera celle qui donne du lait; le demandeur qui veut l'obtenir ne devra que les délais d'une nuit au défendeur. Mais, si c'est une vache pleine que réclame le demandeur, les délais seront de trois nuits.

Pourquoi cette différence? Parce que le lait produit tous les jours par la vache laitière est un objet d'utilité immédiate, tandis que le veau porté par la vache pleine ne pourra être mangé qu'au bout de plusieurs semaines, sinon de plusieurs mois.

Il y a, continue le glossateur, quatre catégories de choses pressées : 1° les objets d'alimentation qu'on réclame au débiteur pour les consommer immédiatement sans être obligé d'en demander l'équivalent à un tiers qui ne les doit pas; 2° la part à laquelle on a droit dans la possession indivise, quand on veut faire cesser l'indivision; 3° ce qui doit servir à payer une dette résultant de crime ou délit, quand cette dette est immédiatement exigible; 4° toute chose non fongible à laquelle le demandeur a droit et dont il a un besoin tel que, s'il n'était pas immédiatement mis en possession de son bien, il serait obligé d'emprunter l'équivalent.

Nous allons passer à l'énumération des causes de saisie à l'occasion desquelles les délais sont d'une nuit. Les premiers objets dont il va être question, § 1-7, appartiennent à la quatrième catégorie.

« § 1. *Vêtement pour fête* (p. 122, l. 9; p. 126,
» l. 14-15). »

Le glossateur donne comme exemples de fête : 1° l'assemblée solennelle du printemps, c'est-à-dire celle qui a lieu le 1er mai, jour de la fête païenne de Belténé (1) ; 2° les solennités chrétiennes.

« § 2. *Armes pour bataille* (p. 122, l. 9; p. 126,
» l. 15-16). »

Il s'agit du duel qui était, en droit irlandais, une procédure extrajudiciaire (2). Le mot *nith*, « bataille, » du texte pourrait ailleurs être traduit par « homicide, » mais il est ici glosé par *debaid* « querelle » et par *comrac* « rencontre, combat. » *Debaid* et *comrac* sont employés avec sens de duel dans la langue du droit. Pour *debaid*, voyez le Livre d'Aicill, *Ancient Laws*, t. III, p. 278, l. 8; pour *comrac*, consultez le même traité au même volume, p. 296, l. 20; p. 302, l. 8; le traité de la saisie immobilière, t. IV, p. 32, l. 4, 11 et 12, et le traité de la saisie mobilière, t. I, p. 154, l. 6. Quand il y a plusieurs combattants de chaque côté, l'expression

---

(1) *Etudes sur le droit celtique*, t. I, p. 295-297, 299-305.
(2) *Etudes sur le droit celtique*, t. I, p. 36-74 (cf. ci-dessous, § 3, 35).

technique pour bataille est *cath*, comme on le peut voir au Livre d'Aicill, t. III, p. 214, l. 12 et suiv.

« § 3. *Cheval pour course* (p. 122, l. 9-10;
» p. 126, l. 16-17). »

Le cheval destiné à une course est un objet pressé, quand la course est sur le point d'avoir lieu. Il y avait des courses de chevaux en Irlande aux trois grandes assemblées annuelles : du premier mai, fête de Belténe ; du premier août, fête de Lug (1) ; du premier novembre ou *samain*.

« § 4. *Bœuf pour labourer* (p. 122, l. 10;
» p. 126, l. 17-18. »

Ce bœuf est un objet pressé quand est arrivé le moment de labourer, par exemple au printemps.

« § 5. *Vache laitière* (p. 122, l. 10; p. 126,
» l. 18-19), »

en tout temps

« § 6. *Cochon gras* (p. 122, l. 10; p. 126,
» l. 19-20), »

quand est venu le moment de le tuer.

« § 7. *Mouton en laine* (p. 122, l. 11 ; p. 126,
» l. 20-21), »

à l'époque où on le tond.

---

(1) *Etudes sur le droit celtique*, t. I, p. 310-314, 321.

Sauf ces cas urgents, la saisie des bestiaux exige les délais de cinq nuits (art. 32, § 19-25, p. 184, l. 13-15; p. 190, l. 2-18), ou de trois (ci-dessus, p. 58).

« § 8. *Jeûne de roi* (p. 122, l. 11 ; p. 126,
» l. 21-23).

» § 9. *Nourriture de chef* (p. 122, l. 11 ; p. 126,
» l. 23-26).

» § 10. *Omission de repas* (p. 122, l. 11 ; p. 126,
» l. 26-28). »

Le roi a faim, on ne lui a pas servi le repas (en droit féodal français « la procuration ») qu'on lui doit. On a eu le même tort à l'égard d'un chef de rang moins élevé. Les redevances dues au roi et aux autres suzerains, dont on avait reçu des cheptels, se payaient en nature (voir notre précédent volume, p. 128). Il s'agit, dans ces trois paragraphes, de la première catégorie des choses pressées.

Il y a ici une observation à faire. Quand le roi veut agir par saisie contre son sujet qui ne s'acquitte pas de ses obligations envers lui, le sujet a droit aux délais de trois nuits ; on l'a vu ci-dessus, p. 18, art. 3 (p. 78, l. 16 ; p. 82, l. 1) ; on le verra plus bas, art. 26, § 12, 13 (p. 156, l. 32-33, et p. 162, l. 7-19), où, d'une façon générale, la saisie exercée par le suzerain contre son vassal est classée parmi les saisies qui comportent délai de trois nuits ; comment se fait-il qu'ici ce délai de trois nuits soit réduit à une nuit ?

Une première explication, — je crois, la vraie, — c'est qu'il y a là contradiction ; c'est que le *Senchus Môr* est une compilation dans laquelle on a placé les uns à la suite des autres des morceaux de provenances différentes, sans faire à ces morceaux les modifications nécessaires pour les mettre d'accord. Un de ces morceaux est la nomenclature des cas où la saisie comporte délai d'une nuit avant enlèvement des objets saisis, c'est notre article 20 (p. 122-126) ; un autre morceau se compose des articles 26 (p. 156), 27 (p. 162), 28 (p. 166, 168), 29 (p. 174, 176), qui contiennent la nomenclature des cas où les délais sont de trois nuits. Or, ces deux morceaux se contredisent. Cette contradiction est reconnue par une glose fort ancienne, car elle a pénétré dans le texte de l'article 26. Cet article, où commence la nomenclature des causes de saisie avec délais de trois nuits, terminait cette nomenclature comme il suit : « Ta suzeraineté, le salaire de » ta dignité (ou, si l'on veut, le produit de ton fief), » l'omission de fournir le repas ou les moisson- » neurs dus au bailleur du cheptel par celui qui a » reçu le cheptel (1). » La glose a consisté en deux additions, l'une au milieu, l'autre à la fin ; et la rédaction s'est trouvée modifiée ainsi : « Ta suzeraineté, le salaire de ta dignité, *mais* l'omission de fournir le repas ou les moissonneurs dus au bailleur du cheptel par celui qui a reçu le cheptel *comporte*

---

(1) Cf. *Etudes sur le droit celtique*, t. I, p. 127, 128.

délai d'une nuit bien que cette omission soit placée dans la liste des cas où les délais sont de trois nuits. »

Les mots en italiques sont une interpolation.

Les glossateurs ont proposé deux explications différentes qui supposent toutes deux le maintien du texte primitif. L'une est que les §§ 8, 9, 10, de l'article 20 se réfèrent à l'hypothèse où le service féodal est dû conjointement par plusieurs débiteurs et où il a été fait par un seul; alors il s'agirait dans ces paragraphes non pas de l'action exercée par le suzerain contre son vassal, mais de l'action exercée par celui des vassaux qui, ayant seul supporté toute la charge, veut se faire indemniser par un de ses codébiteurs (p. 126, l. 23, 25). Ce serait dans cette hypothèse que la durée des délais ne dépasserait pas une nuit, ci-dessus, p. 58, 2°.

Une autre explication est que la négligence du vassal donnerait lieu à deux saisies; l'une, avec délai d'une nuit, contraindrait le vassal à fournir le repas, les moissonneurs; l'autre, avec délai de trois nuits, le forcerait, à titre pénal, soit à s'acquitter de la redevance une seconde fois, soit à payer le prix de l'honneur du suzerain (p. 162, l. 16-17). Cette théorie est imitée de celle qui est exposée dans l'article 30 (p. 182, l. 2-3, 15-17), où l'on voit qu'en certaines circonstances la saisie comporte délai d'une nuit pour la restitution, *aithgin* (1), du principal et délai de trois nuits

---

(1) Cf. *Etudes sur le droit celtique*, t. I, p. 92.

quand il s'agit de dommages-intérêts supplémentaires, de *smacht* (1), d'*enechlann* (2) ; mais, dans cet article, il n'est pas question des obligations du vassal envers le suzerain.

« § 11. *Mobilier d'église* (p. 122, l. 12 ; p. 126,
» l. 28-30) (3), »

au moment où l'on en a besoin pour dire la messe. Ce paragraphe et les § 13-17 nous ramènent à la quatrième catégorie des choses pressées, ci-dessus, p. 58.

« § 12. *Coopération de chaque musique* (p. 122,
» l. 12 ; p. 126, l. 30-31) ; »

ce qui se trouve manquer à un instrument au moment de jouer, par exemple des cordes à une harpe, peut être l'objet d'une saisie dont les délais durent une nuit chacun.

« § 13. *Mobilier de maison de chacun* (p. 122,
» l. 12 ; p. 126, l. 32-33). »

La glose donne comme exemple des couvertures et des coussins.

« § 14. *Ce qui est de droit dans le lieu* [où se

---

(1) *Etudes sur le droit celtique*, t. I, p. 138, 139.
(2) *Etudes sur le droit celtique*, t. I, p. 110, 135.
(3) *Etudes sur le droit celtique*, t. I, p. 357.

» *fait un festin dû à un chef*] (p. 122, l. 13 ;
» p. 126, l. 32-33 ; p. 128, l. 1-2). »

Les deux paragraphes suivants donnent des exemples :

« § 15. *Fourchette et chaudron* (p. 122, l. 13 ;
» p. 128, l. 2-4).

» § 16. *Pétrin et tamis* (p. 122, l. 13 ; p. 128,
» l. 4-5.

» § 17. *Enlèvement de sac de chef* (p. 122, l. 14 ;
» p. 128, l. 5-7). »

Il semble qu'il s'agit de contraindre à restitution le vassal qui a emprunté le sac du chef pour mesurer une certaine quantité de grains au moment de la livraison.

Le sac, en irlandais *miach*, est une mesure dont le contenu en froment est une monnaie de compte évaluée à un scrupule par la glose du *Senchus Mór* (t. II, p. 238, l. 20 ; p. 246, l. 10, 27 ; p. 248, l. 16). Il y a des veaux qui valent un sac de froment (t. II, p. 238, l. 10). D'autres valent deux sacs (t. II, p. 244, l. 24) ; trois sacs (t. II, p. 248, l. 6) ; quatre sacs (t. II, p. 248, l. 24) ; six sacs (t. II, p. 250, l. 19). Une belle vache peut valoir huit sacs d'orge préparé pour faire de la bière, plus un sac de froment. Elle est estimée huit scrupules (t. II, p. 250-252). Le scrupule, équivalent du sac, est un vingt-quatrième de l'once ; il pèse 1 gramme 137 milligrammes ; ç'aurait été la valeur d'un veau médiocre ; un beau veau aurait valu six fois autant. Le pouvoir de l'or aurait été au moins décuple de ce qu'il est aujourd'hui (1).

Les §§ 11-17 donnent lieu à une difficulté : comment le propriétaire des objets mobiliers saisis a-t-il cessé de les détenir et se trouve-t-il réduit à employer la procédure de la saisie pour en recouvrer la possession. Il ne s'agit pas ici de vol. Le vol donne lieu à la restitution du double (2), dont il n'est nullement ici question. Le propriétaire n'a pu guère se dessaisir que par un prêt ou un dépôt. Or, ces deux hypothèses sont prévues au titre III, de la saisie sans délais. Il est question du prêt, *airleciud*, à l'article 38, § 11 ; p. 214, l. 26 ; p. 218, l. 27-29. Le dépôt, *aithne*, est mentionné à l'article 39, § 16; p. 226, l. 32 ; p. 228, l. 1-2. La saisie, dans ces deux cas, est d'une nuit sans délais, c'est-à-dire que sans commandement préalable, le créancier se présente, déclare saisir, et enlève immédiatement ce qu'il a saisi. Il semble donc encore que nous sommes ici en présence d'une contradiction entre les règles de la saisie avec délais et celles de la saisie sans délais (3) ; cf. ci-dessous, p. 68, 72, 86.

« § 18. *Nettoyage de route* (p. 122, l. 14 ; » p. 128, l. 7-9).

---

(1) Cf. *Etudes sur le droit celtique*, t. I, p. 290, notes 1, 2, 3; p. 335, note 1.

(2) *Etudes sur le droit celtique*, t. I, p. 206 ; cf. ci-dessus, p. 51.

(3) *Etudes sur le droit celtique*, t. I, p. 361-369.

» § 19. *Nettoyage de l'endroit où se tient l'as-*
» *semblée publique périodique dite* aenach (p. 122,
» l. 14; p. 128, l. 9-11). »

Les délais de la saisie sont d'une nuit quand le nettoyage est pressé. Il faut passer sur la route immédiatement pour faire un voyage ou une expédition militaire et la route est obstruée par des ronces ou des épines. Le chef veut obliger ses vassaux à faire ce travail, il procède par saisie contre les récalcitrants. Le nettoyage de l'emplacement des assemblées (1) s'obtient de la même façon.

Il faut comparer les §§ 18 et 19 de l'article 20, avec les §§ 5 et 6 de l'article 26, p. 156, l. 28; p. 158, l. 28-29; p. 160, l. 1. On y voit que les délais de trois nuits sont ceux auxquels a droit l'homme que l'on veut contraindre à faire une route ou un emplacement d'assemblée. Or, qu'est-ce que faire une route, dit le glossateur; c'est la nettoyer. L'action dont il s'agit est celle qui s'exerce pour exiger l'amende due par celui qui n'a pas nettoyé les routes, *smacht nemglanta na rot*. Pour emplacement de l'assemblée, art. 20 § 19, il s'agit aussi de nettoyage; le chef n'a pas le droit d'imposer à ses subordonnés des charges nouvelles. Il y a donc contradiction évidente entre l'article 26, qui parle de délais de trois nuits, et l'article 20, qui réduit ces délais à une nuit chacun.

---

(1) *Etudes sur le droit celtique*, t. I, p. 293-321.

Le glossateur se tire de la difficulté sous l'art. 20, § 19, en supposant que le cas dont il s'agit dans cet article est celui où, deux frères étant obligés à faire en commun le nettoyage, un seul y a travaillé, et celui-ci veut se faire indemniser par l'autre; le frère paresseux que son frère actionne n'a droit qu'aux délais d'un jour (p. 128, l. 9-10). Dans l'article 26, il s'agirait de l'action exercée par le chef contre son vassal récalcitrant; celui-ci aurait droit à un délai de trois nuits.

On peut, à la rigueur, admettre cette conciliation entre les deux textes. Mais quand du titre II, consacré à la saisie avec délais, nous passons au titre III, qui concerne la saisie sans délais et avec enlèvement immédiat, l'article 42, § 8, p. 230, l. 23; p. 232, l. 17-18, mentionne la route, *rot*, c'est-à-dire le chemin bordé de fossés *im a-m-bi clad*. La saisie qui la concerne comporte une saisie de trois nuits sans délai. Or, cette route est précisément celle qui donne lieu à une saisie de trois nuits avec délais, voyez art. 26, § 5, p. 158, l. 28-29. La glose qui concerne la saisie de trois nuits avec délais donne le détail caractéristique; c'est un chemin bordé de fossés : *da cladh ime*. Il y a donc ici contradiction entre le titre III, saisie avec enlèvement immédiat, et le titre II, saisie avec délais.

Rappelons ce que dans le volume précédent, p. 364-365, on a dit des contradictions entre les deux traités primitifs de la saisie; cf. ci-dessus, p. 66, et ci-dessous, p. 72, 86.

« § 20. *Pour éloigner une troupe d'étrangers* » *qui viennent par mer* (p. 122, l. 14-15 ; p. 128, » l. 12-23). »

Il s'agit soit d'empêcher leur débarquement, soit de les surveiller après leur débarquement, soit de leur fournir des vivres, de crainte d'être pillé par eux (cf. § 84, p. 142, l. 10-11). Les membres de la tribu sont mis en réquisition à cet effet. Quand un seul membre de la tribu a fourni des vivres, il a une action en restitution contre ses concitoyens. L'action en restitution des vivres fournis comporte délai d'une nuit quant au principal, de trois nuits quant aux dommages-intérêts (p. 182, l. 1, 7, 8). Le § 84 concerne un sujet analogue.

« § 21. *Pour* [*faire cesser*] *l'occupation d'une* » *portion de terrain par un vagabond* [*qui prétend* » *s'y établir*] (p. 122, l. 15 ; p. 128, l. 24). »

On peut procéder contre lui par saisie mobilière et le conduire par force hors du territoire. En ce cas, les délais sont d'une nuit. La loi irlandaise indique aussi une autre procédure contre le vagabond ; c'est la saisie immobilière avec délai de trois nuits (t. IV, p. 28), au lieu de trente, qui est le délai de la saisie immobilière contre les gens à domicile connu (1).

---

(1) *Etudes sur le droit celtique*, t. 1, p. 288.

« § 22. *Pour le droit à l'étang* (p. 122, l. 15;
» p. 128, l. 26 ; p. 130, l. 1-2). »

Il s'agit d'un étang qui appartient en commun aux membres de la famille. Le moment est venu de s'en servir : le but de la procédure est de contraindre celui qui est en possession de l'étang à s'en dessaisir au profit d'un autre membre de la famille. — 2ᵉ catégorie de la p. 58 ci-dessus.

« § 23. *Pour règle concernant un cours d'eau*
» (p. 122, l. 16 ; p. 130, l. 2-5). »

Il s'agit d'un droit de pêche et de son exercice immédiat.

Les procès dont il est question dans ces deux articles sont au nombre des jugements de famille et d'eau dont il est question dans l'article 35 (p. 182, l. 1, 6, 7). La saisie qui a pour but l'obtention de l'objet litigieux comporte délai d'une nuit. La saisie pratiquée lorsqu'on demande des dommages-intérêts comporte délai de trois nuits.

Les huit paragraphes suivants concernent les soins à donner aux malades, et se rattachent aussi à la liste des procès de famille ou en partage (ci-dessus, p. 58) dont nous reparlerons aux §§ 30-31.

« § 24. *Pour maladie de chacun ;*
» § 25. *Pour procurer au malade un médecin ;*
» § 26. *Pour procurer au malade sa nourriture ;*
» § 27. *Pour lui procurer son mobilier ;*

« § 28. *Pour lui procurer sa maison régulière ;*
» § 29. *Pour éloigner de lui les choses défendues*
» *par médecin* (p. 122, l. 16-18 ; p. 130, l. 5-29). »

Il n'est pas besoin de commentaire pour comprendre que tous ces cas sont pressants. Comme exemple du mobilier nécessaire à un malade, la glose cite les couvertures, les coussins, le lit (p. 130, l. 16).

Ce sont là des idées qu'on trouve ailleurs ; ce qui suit est plus original. La maison du malade, continue la glose, doit être percée de quatre portes afin qu'on puisse voir le malade de tous côtés, et sur l'aire il doit y avoir de l'eau. Il ne faut y laisser entrer ni femmes, ni chiens, ni fous, ni sorciers.

« § 30. *Pour droit sur une forteresse* (p. 122,
» l. 18-19 ; p. 130, l. 29-30). »

Il s'agit de la forteresse, *dun*, qui appartient en commun à une famille, et du droit qu'a sur cette forteresse chacun des membres de la famille.

« § 31. *Pour droit sur une maison indivise entre*
» *cohéritiers* (p. 122, l. 19 ; p. 130, l. 30-32. »

Ce paragraphe et le précédent expriment chacun une conséquence d'un principe énoncé à l'article 30 (p. 182, l. 1, 6), c'est que les procès de famille comportent délai d'une nuit, quand la saisie a pour objet le principal de la créance, et délai de trois nuits lorsque le créancier réclame, outre le principal, des dommages et intérêts. On a trouvé une doctrine analogue dans la glose des § 22 et 23. Suivant la glose du § 31, le droit dont il s'agit est de demander partage (cf. ci-dessus, p. 58).

Si cette doctrine est exacte, il y a ici contradiction avec le § 1er de l'article 38 (p. 214, l. 19-20, et p. 216, l. 7-13), suivant lequel la saisie faite pour obtenir partage ne comporte aucun délai, et il est accordé en tout au défendeur une nuit de répit en fourrière. L'article 35, § 21, p. 200. l. 29, et p. 202, l. 12-17, décide que les délais sont de dix nuits en cas de partage de terre, ce qui contredit plus encore la règle de l'article 38. Encore une observation qui confirme ce que nous avons dit dans le volume précédent, p. 361 et suivantes, quand nous avons parlé du désaccord flagrant qui existe dans le *Senchus Môr* entre les deux traités primitifs de la saisie ; cf. ici-même, p. 66, 68, 86.

« § 32. *Pour recouvrer un chariot en temps de*
» *charroi* (p. 122, l. 19, 20; p. 130, l. 32; p. 132,
» l. 1-2).

» § 33. *Pour droit sur pré au moment de la*
» *récolte des herbages* (p. 122, l. 20; p. 124, l. 1;
» p. 132, l. 2-11). »

Il est clair qu'il y a urgence dans les deux cas.

« § 34. *Pour faire sortir les bestiaux du pré*
» *clos contigu à la maison* (p. 124, l. 1; p. 132,
» l. 12-14).

» § 35. *Pour les ramener de pâturage éloigné*
» (p. 124, l. 1 ; p. 132, l. 14-15. Cf. § 67). »

On les faisait sortir du clos contigu à la maison le premier mai, jour de la fête de *Beltene* (1) ; on les conduisait aussitôt pâturer à distance dans un autre clos, d'où on les ramenait le premier novembre, jour de la fête de *samain* (2). Il est question de ce clos éloigné au t. IV, p. 20, l. 3 ; p. 22, l. 38-40.

« § 36. *Pour prix d'honneur de vierge* (p. 124,
» l. 1-2 ; p. 132, l. 15-18). »

On voit combien les femmes tenaient originairement peu de place dans la société irlandaise. La règle que « prix d'honneur ne souffre pas de délai » ne s'applique pas à elles. Celui qui a violé une vierge et qui, n'ayant pas payé l'indemnité légale, est poursuivi, a droit aux délais d'une nuit. Le prix de l'honneur de la vierge paraît être égal à l'indemnité qu'on doit en se mariant par le procédé que le Livre d'Aicill appelle « enlèvement sans permission, » *fuatach dichmairc* (t. III, p. 540, l. 1), en d'autres termes, quand la femme qu'on épouse n'a pas été donnée par ses parents, et, comme on dit en droit irlandais, n'est pas femme « de contrat, » *urnadma* (t. III, p. 398, l. 1-8 ; cf. t. II,

---

(1) *Etudes sur le droit celtique*, t. I, p. 299-305 ; cf. ci-dessus, p. 59, § 1 ; p. 60, § 3 ; ci-dessous, p. 76, § 43.
(2) *Etudes sur le droit celtique*, t. I, p. 317-320 ; cf. ci-dessus, p. 60, § 3 ; ci-dessous, p. 76, § 43.

p. 346, l. 8) (1), mais est femme « d'enlèvement, » *foxail* (t. II, p. 400, l. 27).

Le prix de l'honneur de la vierge est ou de trois femmes esclaves, ou de la moitié du prix de l'honneur de son père (t. II, p. 404, l. 23-24, p. 406, l. 1) si par ce second mode de calcul on arrive à une somme plus élevée, ce qui a lieu si c'est une fille de roi (cf. ci-dessus, p. 48).

Quand c'est une femme mariée qui a été violée, le prix de l'honneur est égal : 1° à la moitié du prix de l'honneur du mari, si la femme mariée est une épouse de premier rang, *cétmuinter;* 2° au quart, si c'est une femme de rang inférieur, une concubine (t. II, p. 406, l. 4-12) (2); dans ces deux cas, les délais sont allongés; au lieu d'une nuit, ils durent trois nuits (art. 27, § 34; p. 162, l. 26; p. 166, l. 16-17). Si la femme meurt des suites de l'enlèvement ou du viol, outre le prix de l'honneur, le coupable doit le prix du corps, *coirp-dire*.

« § 37. *Pour salaire* (p. 124, l. 2; 132,
» l. 18-19.) »

La glose nous apprend que l'usage fixait le prix de la fabrication des objets au dixième de leur va-

---

(1) Quand les mots *ben urnadma*, « femme de contrat, » s'opposent à *cét-munter*, « première femme, » ils veulent dire « concubine légale, » par opposition à « épouse de premier rang. » *Cours de littérature celtique*, t. I, p. 227.

(2) Sur cette distinction, voir *Etudes sur le droit celtique*, t. I, p. 227-229.

leur. De plus, l'ouvrier était nourri pendant son travail. Aujourd'hui le prix des façons est beaucoup plus élevé. C'est un des aspects sous lequel se manifeste la différence énorme entre notre civilisation et celle du *Senchus Mór*.

« § 38. *Pour avoir rasé* (p. 124, l. 2 ; p. 132,
» l. 19-20). »

Le salaire auquel le barbier avait droit consistait : 1° dans le huitième d'un pain ; 2° en un morceau de lard long comme la moitié d'un couteau.

« § 39. *Pour bénédiction* (p. 124, l. 2-3 ; p. 132,
» l. 25-29). »

L'ouvrier qui avait terminé la fabrication d'un objet devait donner à cet objet sa bénédiction. Autrement, on pouvait exiger de lui une indemnité égale au septième de la nourriture qu'il avait reçue pendant son travail ; si, pour le contraindre à payer cette indemnité, on procédait à une saisie, il avait droit aux délais d'une nuit.

« § 40. *Pour recouvrer outils de charpentier*
» (p. 124, l. 3 ; p. 132, l. 30).

» § 41. *Pour recouvrer outils de forgeron* (p. 124,
» l. 3).

» 42. *Pour recouvrer le chaudron de la maison*
» *du cultivateur* (p. 124, l. 3-4 ; p. 132, l. 30-31 ;
» p. 134, l. 1). »

Suivant la glose, il s'agit ici du *briuga* ou *bruighfer*, sur lequel on peut voir ci-dessus, *Etudes sur le droit celtique*, t. I, p. 108.

L'urgence de la saisie des objets mentionnés dans les § 40-42 n'a pas besoin d'être justifiée. Ces objets rentrent dans la quatrième catégorie des objets nécessaires : les objets qui appartiennent au demandeur et dont il a un tel besoin que, s'il ne pouvait les reprendre, il serait obligé d'emprunter l'équivalent (voir ci-dessus, p. 58). La même observation s'applique aux paragraphes qui suivent.

« § 43. *Pour recouvrer le grand chaudron de*
» *chaque saison* (p. 124, l. 4; p. 134, l. 1-2). »

C'est le chaudron qui servait à préparer les aliments lors des quatre grandes fêtes trimestrielles. Il y avait en Irlande quatre grandes fêtes : *Beltene, Lugnasad, samain, oi-melc*; chacune marquait la fin d'une saison et le commencement d'une autre (1).

« § 44. *Pour recouvrer une baratte* (p. 124, l. 4;
» p. 134, l. 2-3).

» § 45. *Pour recouvrer une cruche* (p. 124, l. 4;
» p. 134, l. 3-4).

» § 46. *Pour recouvrer une tasse* (p. 124, l. 5;
» p. 134, l. 5).

---

(1) *Etudes sur le droit celtique*, t. I, p. 295-296; ci-dessus, p. 59, 60, 73.

TITRE II, CHAP. IV, ART. 20, DÉLAIS D'UNE NUIT. 77

» § 47. *Pour recouvrer tout vase qui n'est pas*
» *immeuble* (p. 124, l. 5; p. 134, l. 5-7). »

Le vase qui est immeuble échappe à la saisie mobilière.

Les objets énumérés dans les paragraphes 43-47 appartiennent à la quatrième catégorie des objets pressés (voir ci-dessus, p. 58). Il en est de même pour les objets dont il est question dans le paragraphe suivant.

« § 48. *Pour recouvrer les sept objets précieux*
» *de maison de chef* (p. 124, l. 5-6; p. 134,
» l. 7-11). »

Ces objets sont énumérés dans un quatrain que la glose nous a conservé : chaudron, cuve, grand gobelet, petit gobelet, rênes, bride, broche (p. 134, l. 10-11).

« § 49. *Pour droit concernant le blé* (p. 124,
» l. 6; p. 134, l. 13). »

Suivant la glose, il s'agit ici de contestations relatives à la dimension des meules ou tas de gerbes, c'est-à-dire peut-être des cas où quelqu'un accuse son voisin de lui avoir pris une partie d'une meule de blé.

« § 50. *Pour fruit d'arbre* (p. 124, l. 6).
» § 51. *Pour blé mûr* (p. 124, l. 6; p. 134,
» l. 14-19). »

L'urgence va de soi : dans ces trois paragraphes il s'agit d'objets d'alimentation, première catégorie des objets pressés (voir ci-dessus, p. 58).

« § 52. *Pour forêt* (p. 124, l. 7; p. 134, » l. 20-24). »

La législation relative aux délits forestiers est compliquée. Il faut distinguer trois sortes de forêts ; 1° la forêt sacrée, *nemhid* (t. I, p. 162, l. 29; p. 164, l. 3; t. IV, p. 150, l. 16-17; p. 152, l. 3) ou *defid* (t. I, p. 134, l. 20), *deid* (p. 182, l. 5) ; 2° la forêt dont l'usage est commun aux vassaux, *fid comaithchesa* (p. 134, l. 22 ; p. 162, l. 28-29 ; t. IV, p. 152, l. 2) ; comparez la forêt seigneuriale française où la commune vassale avait le droit d'usage, ordinairement aujourd'hui remplacé par le cantonnement en pleine propriété ; 2° la forêt éloignée située hors des limites ou au désert et dont l'usage n'est pas réservé aux vassaux et qui semble être *res nullius*, c'est-à-dire n'appartenir à personne ou appartenir à tout le monde (t. I, p. 134, l. 22-24); cf. art. 35, § 30 (p. 202, l. 2-3 ; p. 206, l. 7-9). Il faut distinguer aussi l'action en restitution du principal, *aithgin*, et l'action en dommages-intérêts, *dire* (p. 182, l. 1-21).

Pour la forêt sacrée chacun des délais de la saisie est réduit à une nuit. La forêt sacrée est située près de la forteresse, *ar dún* (p. 134, l. 20). C'est, paraît-il, la forêt dont la jouissance est réservée au chef. C'est l'analogue de la forêt, *silva*, qui entourait l'*ædificium* où habitait le roi Ambiorix suivant l'usage ordinaire des Gaulois : *ut sunt fere domicilia Gallorum*, dit César, *De bello gallico*, VI, 20. En coupant les arbres de cette forêt, on s'expose à payer le prix de l'honneur du chef (t. IV, p. 150, l. 16-17). C'est ce qui cause la brièveté des délais de la saisie : une nuit pour l'action en restitution ; trois nuits pour les dommages-intérêts. S'agit-il de la forêt commune ? la saisie pour restitution comporte délai de trois nuits ; la saisie pour dommages-intérêts, délai de cinq nuits. Quant à la forêt éloignée qui n'est ni sacrée, ni commune, la saisie pour restitution comporte délai de cinq nuits ; la saisie pour dommages-intérêts, délai de dix nuits (t. I, p. 134, l. 20-24).

La règle relative à la forêt sacrée est celle qui, à l'article 30 (p. 182, l. 1-4), apparaît comme règle générale en matière de bois, le glossateur a fait avec raison cette observation, p. 182, l. 5.

La règle relative à la forêt commune est celle que, dans l'article 27, § 14 (p. 162, l. 20), on donne pour un principe absolu quand il s'agit du bois qui a un propriétaire : « saisie de trois nuits pour couper *ton* bois. » Mais la glose explique ces mots en disant que cette règle concerne la restitution du principal quand il s'agit de bois de communauté, ou les dommages-intérêts lorsqu'il s'agit du bois sacré (p. 162, l. 28-29). Toutefois ici, le glossateur paraît hésiter, et après avoir affirmé cette doctrine, il se demande si elle est exacte, s'il faut distinguer entre le principal et les dommages-intérêts, et si les dommages-intérêts pour délit dans la forêt commune ne comportent pas délai de trois nuits comme la restitution du principal.

Dans un système plus nouveau, il n'y a pas de distinction à faire entre le bois sacré, le bois commun et le bois éloigné. Il faut distinguer dans un arbre : 1° le tronc ; 2° les grosses branches ; 3° les petites branches et copeaux. Le tronc comporte délai d'une nuit pour restitution du principal, de trois nuits pour les dommages-intérêts ; c'est pour les grosses branches que la restitution du principal comporte délai de trois nuits, et les dommages-intérêts délai de cinq nuits ; c'est pour les petites branches et pour les débris que la restitution du principal comporte délai de cinq nuits, et les dommages-intérêts délai de dix nuits (1). Dans ce système, suivant le glossateur embarrassé, le bois sacré fait exception (p. 164, l. 1-4). Pourquoi ? demanderons-nous. Les anciennes classifications avaient disparu, semble-t-il, à la date où cette glose fut rédigée.

Elles existaient encore à l'époque où a été écrit le traité de la vassalité collective, *Breatha comaithcesa*, tome IV, p. 68-159 ; voyez, dans ce tome IV, p. 150, l. 15-18, le tarif des dommages-intérêts dûs pour délits forestiers dans les bois de communauté. Les arbres y sont divisés en trois classes suivant leur valeur présumée (p. 146-153).

---

(1) Art. 27, § 14, p. 162, l. 20; cf. art. 35, § 29, p. 206, l. 7-9.

Pour avoir droit de se plaindre de ce qu'un tiers avait coupé un arbre dans une forêt qui n'était ni sacrée, ni commune, il fallait avoir fait acte de prise de possession sur cet arbre, il fallait que cet arbre fût un *crann gabala*, « arbre d'occupation, » comme on lit dans l'article 35, § 30. Suivant ce paragraphe, la saisie exercée contre la personne qui se serait emparée de cet arbre au mépris du droit acquis comportait délai de dix nuits. Suivant la glose, la durée des délais diminuait quand l'exploitation était commencée ; alors elle tombait d'abord à cinq nuits, puis à trois ; elle se réduisait à une nuit quand l'exploitation était terminée. Les délais de dix nuits, d'après une autre glose dont nous avons parlé ci-dessus, p. 80, sont ceux auxquels donne lieu l'action en dommages-intérêts ; l'action en restitution comporte délai de cinq nuits. Plus les gloses se multiplient, plus augmentent leur subtilité et les contradictions.

Le plus intéressant dans le texte de l'art. 35, § 30, p. 202, l. 2, ou p. 206, l. 7, c'est l'expression *crann gabala*, « arbre d'occupation. » Pour avoir un droit sur un arbre situé dans les déserts, *in dithrib*, expression dont l'équivalent est *o taircell co diraind ocus in diraind*, « de limite à montagne et en montagne, » glose de l'art. 20, § 52, (p. 134, l. 23), il fallait avoir pris possession de l'arbre. Probablement la règle était la même quand il s'agissait d'un arbre situé dans la forêt qui était commune ; autrement, on ne pouvait avoir personnellement un droit sur cet arbre, et l'auteur du *Senchus Mór* n'aurait pu dire en s'adressant au plaideur : « ton bois » (art. 27, § 14, p. 162, l. 20), au génitif *do feda*.

Les principes énoncés ici en matière de délits forestiers ont une grande analogie avec ceux qu'on trouve dans la loi salique, chap. XXIX, art. 27-30, de la *lex emendata* et passages correspondants des rédactions antérieures, édition Hessels, col. 154-162.

Mais la loi salique ne parle pas de forêts sacrées, et ce qui, dans la législation forestière irlandaise, paraît le plus contraire aux doctrines modernes, c'est l'idée de « forêt sacrée, » *nemed*, *nemhidh*. Or, c'est, en irlandais, une idée qui tient à un ensemble systématique. Il n'y a pas seulement, en Irlande, des forêts sacrées ; il y a des personnes sacrées, *nemed*; ce sont les rois, les nobles, les prêtres, les savants, les maîtres ouvriers (ci-dessus, p. 47). Il y a des animaux sacrés ; ce sont : les chevaux, les vaches dont la propriété est à deux personnes et que le créancier d'une des deux prétend saisir ; les vaches malades que la saisie peut tuer ; le taureau faute duquel les vaches resteront improductives, etc. Pour distinguer les animaux, *nemed*, le propriétaire leur pendait une cloche au cou, art. 20, § 85 (t. I, p. 142, l. 13-17).

Contre la personne sacrée, on ne pouvait procéder par saisie ; contre elle la procédure d'exécution consistait dans le jeûne (ci-dessus, p. 46-54).

Les animaux sacrés ne pouvaient être saisis

que faute d'autres animaux, et dans l'ancien droit leur saisie n'était licite que pour la dette personnelle du défendeur. Quand on procédait à la saisie contre le parent d'un débiteur insolvable, on ne pouvait légalement saisir les animaux sacrés. Un droit plus moderne permit de saisir les animaux sacrés du parent quand les animaux non sacrés ne suffisaient pas pour éteindre la dette (sur ces règles, voir t. II, p. 38-45 ; t. IV, p. 264). La doctrine ancienne remonte à une époque où le droit et la religion n'étaient pas séparés. Toute exception aux règles communes prenait un caractère religieux.

Quand il s'agit de la forêt sacrée, *nemhidh*, le caractère religieux semble avoir quelque chose de beaucoup plus grave que lorsqu'il s'agit d'animaux, car ici l'idée de culte paraît avoir existé conjointement avec l'idée juridique d'exception, de privilège. Au huitième siècle de notre ère, les croyances religieuses associées à l'expression traditionnelle de forêt, *nemid* ou *nemed* (*nemeton* en gaulois), subsistaient dans les régions jadis celtiques situées sur le continent, à l'est du Rhin, et alors occupées par les Saxons. Dans la nomenclature des superstitions alors prohibées par le christianisme, on voit celles qui consistaient en actes religieux pratiqués dans les forêts dites *nimidas* : « de sacris silvarum quae nimidas vocant » (voyez *Indiculus superstitionum et paganiarum*, § 6 ; chez Boretius, *Capitularia*, p. 223). Ces superstitions sont énumérées dans un capitulaire de Charlemagne : « Si quis ad fontes aut arbores vel lucos votum fecerit aut aliquid more gentium obtulerit et ad honorem daemonum commederet » (*Capitulatio de partibus Saxoniae*, 21 ; Boretius, *Capitularia*, p. 69).

Des usages analogues se sont certainement pratiqués au moyen âge dans la forêt *nemed*, en Irlande. On peut s'en assurer en examinant comment ont été rendus dans le morceau irlandais intitulé : « Prise de Troyes, » *Togail Troi*, un passage du pseudo-Darès de Phrygie combiné avec les vers correspondants de Virgile. Darès disait, en son chapitre IV, que Priam avait dans son palais consacré à Jupiter un autel et une statue. Suivant Virgile (*Enéide*, II, 512-514), il y avait au milieu du palais de Priam un grand autel ombragé par un très vieux laurier. L'auteur du *Togail Troi* a cru résumer exactement ces deux textes en disant que Priam consacra derrière son palais un bois sacré, *fid neimed*, à Jupiter et mit une statue de ce dieu dans ce bois sacré (*Togail Troi*, édition Whitley Stokes, p. 19, l. 732-733). Evidemment, « bois sacré, » *fid neimed*, a ici un sens religieux. Le nom celtique qui veut dire « bois, » en gaulois *vidu-*, en irlandais *fid* et en vieux gallois *guid*, a certainement un sens religieux dans certains composés. Tel est le nom d'homme gallois *Guid-gen*, « fils du bois, » dans le Livre de Llandaf.

Il est possible qu'on doive aussi entendre dans un sens religieux le premier terme du nom de peuple gaulois, *Vidu-casses* ; le second terme est un nom de divinités. *Vidu-casses* signifierait « dieux *Casses* du bois (sacré), » comme *Duro-casses*, « dieux *Casses* de la forteresse. » *Vidu-casses* est devenu Vieux (Calvados) et *Duro-Casses* Dreux (Eure-et-Loir).

Ainsi, quoique les personnes, les animaux et les forêts sacrées ou *nemid* eussent, au point de vue juridique, le même caractère, il semble qu'au point de vue religieux ce caractère avait, quand il s'agissait de forêt, quelque chose de tout particulièrement important. Le christianisme l'effaça peu à peu. On ne parla plus de forêt sacrée, et la forêt éloignée, la forêt de montagne, jusque-là sans propriétaire, appartint à quelqu'un. Les trois classes primitives de forêts cessèrent d'exister et une classification nouvelle s'établit. On la trouve dans la glose (p. 164, l. 1-3) ; cette glose distingue dans l'arbre trois catégories de bois dont la valeur diffère : 1° le tronc ; 2° les grosses branches ; 3° les petites branches, et les copeaux (ci-dessus, p. 80).

« § 53. *Pour construction de pont* (p. 124, l. 7 ; » p. 134, l. 24-27). »

Le glossateur propose deux espèces : 1° Pour construire un pont dans l'intérêt d'une famille, on a coupé du bois dans une forêt ; un des membres a payé seul ; il veut se faire restituer par les autres membres de la famille la part qu'ils doivent supporter ; 2° pour construire un pont dans l'intérêt d'un particulier, on a coupé du bois dans une forêt, un tiers demande la restitution de ce bois. On aurait pris des pierres, la règle serait la même. Ici comme dans le § suivant, 2ᵉ catégorie de la p. 58.

« § 54. *Pour partage de fanons de baleine* » (p. 124, l. 7-8 ; p. 134, l. 28-31). »

Les fanons de baleine servaient à faire des cercles quand on manquait de bois.

« § 55. *Pour la vache qui sert à la nourriture* » *du guerrier ou du chef*, carrudh (p. 124, l. 8 ; » p. 134, l. 31-35 ; p. 136, l. 1-12). »

Ce paragraphe repose sur le même principe que les §§ 8, 9 et 10 (cf. ci-dessus, p. 58). Il contredit le § 17 de l'article 39 (p. 226, l. 32 ; p. 228, l. 2-7) où l'on voit que la saisie pratiquée pour la nourriture du guerrier, *carr*, au génitif *cairr*, se fait avec enlèvement immédiat et répit d'une nuit : nouvel exemple de désaccord entre le traité de la saisie immédiate et celui de la saisie avec délais. Comparez ce qui a été dit au volume précédent, p. 361-369, et ci-dessus, p. 66-68, 72.

« § 56. *Pour ravitaillement d'un fort* (p. 124, » l. 8-9 ; p. 136, l. 13-16). »

L'urgence va de soi ; cependant s'il s'agit d'une redevance due à un chef, le délai pendant lequel le défendeur garde l'objet saisi est de trois nuits (p. 156, l. 27), ou, suivant un autre système, l'objet

TITRE II, CHAP. IV, ART. 20, DÉLAIS D'UNE NUIT. 87

saisi ne demeure pas entre les mains du défendeur et reste trois nuits en fourrière (p. 230, l. 21).

« § 57. *Pour obligations concernant un prison-*
» *nier* (p. 124, l. 9 ; p. 136, l. 17, 18). »

Suivant la glose, il s'agit d'un prisonnier qui appartient à plusieurs personnes et de la restitution des frais qu'un seul des copropriétaires a supportés.

« § 58. *Pour entretien de fou* (p. 124, l. 9 ;
» p. 136, l. 18-20).
» § 59. *Pour entretien de folle, car son droit*
» *précède tous les droits* (p. 124, l. 9-10 ; p. 136,
» l. 20-29 ; p. 138, l. 1-20).
» § 60. *Pour entretien de père* (p. 124, l. 10 ;
» p. 138, l. 20-21).
» § 61. *Pour entretien de mère* (p. 124,
» l. 10-11. »

Le glossateur suppose qu'un membre de la famille s'est acquitté de ses obligations envers son parent fou, sa parente folle, son père ou sa mère que l'âge ou les infirmités rendent incapables de gagner leur vie. Il a une action contre les autres membres de la famille, et la saisie pratiquée pour exercer cette action comporte délai d'une nuit.

L'acte d'entretenir un parent s'appelle en vieil irlandais *goire*, mot écrit plus tard *gaire*. Le fils qui s'acquitte de ce devoir est le *mac gor*, celui qui refuse de s'en acquitter est le *mac ingor* (1).

Le père, dans le droit primitif irlandais, ne peut exercer d'action contre le fils qui ne veut pas le nourrir, c'est-à-dire contre le *mac ingor*, mais il a le droit de le déshériter et de donner son bien jusques à concurrence du prix du corps d'un homme, c'est-à-dire jusques à concurrence de la valeur de sept femmes esclaves, à une autre personne qui s'engage à lui procurer les soins que le fils lui refuse (2). Cette personne peut être prise hors de la famille, si la famille ne consent pas à se charger du vieillard. Le père sans fortune qui ne peut rémunérer les soins d'un tiers est réduit à faire appel à la pitié de ses enfants (t. III, p. 52, l. 17-27).

Un droit plus moderne a pénétré dans la glose. Le vieillard de quatre-vingt-huit ans, *sen fine*, qui n'a rien, doit être nourri par sa famille; celle-ci, en refusant, s'expose à une condamnation. Le montant de l'indemnité due au vieillard par la famille en cas de condamnation est fixée à dix bêtes à cornes. Si le vieillard a du bien, et si en même temps il peut gagner quelque chose en faisant le métier de bouffon, *obloirecht*, l'indemnité est réduite à cinq vaches (t. I, p. 138, l. 11-16).

Le même tarif s'applique aux fous. Quand un fou a de la fortune et peut exercer le métier de bouffon, la famille qui néglige de prendre soin de lui peut

---

(1) *Etudes sur le droit celtique*, t. I, p. 247-249.
(2) *Etudes sur le droit celtique*, t. I, p. 250-253.

être condamnée à lui payer une indemnité de cinq vaches. Si le fou n'a rien et ne peut gagner de l'argent par des bouffonneries, l'indemnité s'élève à dix bêtes à cornes. Elle est fixée au même chiffre quand il s'agit d'une folle : car une folle est ordinairement sans fortune, et le métier de bouffon ne convient pas aux femmes (t. I, p. 136, l. 27-29 ; p. 138, l. 1-3).

La personne à laquelle un vieillard donnait son bien à charge du soin de sa personne était ordinairement quelqu'un dont l'éducation lui avait été antérieurement confiée suivant un vieil usage celtique ; c'était son élève, *dalte* (t. III, p. 52, l. 2). C'est une idée analogue à celle qui a inspiré l'article 345 du Code civil, titre de l'adoption. Quand le vieillard avait fait cette libéralité, aucun de ses enfants ne lui devait plus rien.

Il pouvait aussi se présenter telle circonstance où un des fils ne dut rien au père et où les autres fils restassent obligés.

En droit irlandais, il était de règle que le fils demeurait indéfiniment sous la puissance paternelle ; le fils n'avait pas de propriété personnelle tant que le père vivait et que le père conservait sa capacité juridique ; mais, par exception, le père pouvait accorder au fils une sorte d'émancipation (1) en lui donnant des biens en propre, *saine cron*

---

(1) Le fils émancipé s'appelle *mac saer-leicthe*. Etudes sur le droit celtique, t. I, p. 247, note 2.

(t. III, p. 50, l. 27 ; p. 52, l. 3). Quand le père ayant une préférence pour une partie de ses fils leur faisait une libéralité importante et ne donnait rien à ses autres fils, ceux-ci ne lui devaient rien et les premiers, quoiqu'ayant pris soin de lui, n'avaient pas contre les autres l'action en restitution prévue au § 60 (t. I, p. 138, l. 20 ; cf. t. III, p. 62, l. 12-15). On disait que le père avait eu pour les premiers une affection particulière, *sain-serc* (t. III, p. 50, l. 27), et pour les autres une haine particulière, *sain-miscuis* (t. III, p. 62, l. 12) ; ces derniers étaient dispensés de l'obligation d'entretien, *goire*.

Le fils était aussi déchargé de cette obligation quand le père avait pris sur la tête du fils un cheptel servile (1). Le contrat de cheptel servile constituait entre celui qui avait donné le cheptel et celui qui l'avait reçu un lien que le second ne pouvait briser ; ce lien tenait le fils dans une sorte de servage, et le père, profitant du cheptel, conservait sa liberté (t. III, p. 62, l. 23-29). Le fils était déchargé de l'obligation d'entretenir ce père.

Pour les §§ 57-61, voir la 2ᵉ catégorie, ci-dessus, p. 58.

« § 62. *Pour obtenir témoignage au sujet d'un* » *contrat* (p. 124, l. 11-12 ; p. 138, l. 21-25). »

Une des parties d'un procès pratique la saisie pour obliger quelqu'un à venir l'appuyer par son

---

(1) *Cours de littérature celtique*, t. I, p. 123-129.

témoignage. L'expression employée ici pour signifier contrat est *naidm*, au génitif *nadma*. On a déjà rencontré cette expression à la p. 27 : on y a vu que la personne incapable de contracter, *ecoir nadma*, ne peut pratiquer de saisie (art. 5, p. 84, l. 28; p. 86, l. 8). On verra art. 38, § 4, que le contrat, *naidm*, attesté par l'espèce de témoin appelé *nasce*, peut donner lieu à une saisie d'une nuit sans délai (p. 214, l. 21-22; p. 216, l. 24). Dans la glose de l'introduction au *Senchus Môr* (t. I, p. 58, l. 7 et 25), la violation de contrat, au génitif *nadma*, est comprise dans l'énumération des causes d'infamie, qui font perdre aux membres de la noblesse et du clergé le droit de se faire payer, en cas d'insulte grave, le prix de leur honneur (cf. ci-dessus, p. 52, 53). Le nominatif accusatif pluriel est *nadmand* ou *nadmann* (t. IV, p. 54, l. 6; p. 56, l. 3); le datif pluriel, *nadmundaib* (t. I, p. 266, l. 7; p. 294, l. 2, 3).

Les contrats annulables s'appellent *do-nadmand* (t. IV, p. 60, l. 14; cf. p. 62, l. 5) « mauvais contrats. » Le composé *ur-naidm*, au génitif *urnadma*, est le terme consacré pour désigner le contrat par lequel le chef de la famille d'une femme vend cette femme à l'époux, soit pour être *cêt-munter*, c'est-à-dire l'équivalent de la *materfamilias* romaine, soit devenir plus modestement concubine. On trouve le mot *urnaidm* dans le *Senchus Môr* (t. II, p. 380, l. 25) et dans le Livre d'Aicill (t. III, p. 532, l. 18, 20; p. 540, l. 22, 23). Voir ci-dessus, p. 73.

Pour rendre l'idée de contrat, on trouve dans le *Senchus Mór* deux autres synonymes; l'un est d'origine latine, il est identique à notre mot contrat; c'est *cunnrad* ou *cunnrud* pour *cundrad*, au génitif *connartha* (t. IV, p. 264, l. 19). Le *Senchus Mór* se sert de cette expression (t. II, p. 282, l. 32; p. 284, l. 11; p. 358, l. 35; p. 360, l. 3 et p. 378, l. 4, 11; t. III, p. 16, l. 14, 21), en parlant des actes que ni les membres de la famille ni un époux ne peuvent faire annuler (1).

Mais le terme le plus ordinairement employé est *cor*. C'est celui dont se sert l'auteur du *Senchus Mór* quand il parle :

1° des obligations contractuelles qui passent du père mort à ses enfants (2) (t. I, p. 216, l. 3; cf. p. 226, l. 12, 13);

2° du contrat de cheptel (t. II, p. 274, l. 32; p. 276, l. 1, 6, 10; p. 312, l. 21; p. 314, l. 2);

3° des contrats dont la validité donne lieu à contestation entre les membres de la famille, puisque aucun d'eux ne peut aliéner sa part héréditaire sans le consentement de la famille (t. II, p. 282, l. 9, 11, 21, 32; p. 284, l. 3, 11, 23; p. 286, l. 4, 13, 22; p. 288, l. 1, 9);

4° du contrat fait par le fils de père vivant, contrat

---

(1) Sur les mots latins dans le *Senchus Mór*, voir *Etudes sur le droit celtique*, t. I, p. 358-361; se reporter aussi à ce qui sera dit plus bas du mot *teist*, « témoin. »

(2) Article 38, § 14.

qui est annulable quand le père ne l'a pas ordonné d'avance ou ratifié ensuite (t. II, p. 288, l. 8);

5° du contrat conclu par toute autre personne placée sous l'autorité d'un tiers qui n'a pas donné son consentement (t. II, p. 290, l. 18, 27 [ici *cor* est glosé par *cundrad*, p. 292, l. 30;] t. III, p. 4, l. 5, 11; p. 6, l. 19; p. 10, l. 18, 20; p. 12, l. 11, 15, 16; cf. t. IV, p. 54, l. 7-8; p. 208, l. 30-32);

6° du contrat où l'un des deux époux a été partie sans le consentement de l'autre époux, quoique ce consentement fût nécessaire (t. II, p. 362, l. 6 [ici, comme plus haut, *cor* est glosé par *cundrad*, l. 10]; p. 380, l. 23; p. 382, l. 2; cf. t. IV, p. 208, l. 31).

Le contrat annulable, *naidm espa*, *aspa* « contrat inutile » (t. IV, p. 54, l. 6), est dit *do-chor* (t. I, p. 50, l. 30; t. II, p. 362, l. 7; t. III, p. 4, l. 6; p. 56, l. 31; p. 58, l. 1) ou *mi-chor* (t. II, p. 284, l. 22; p. 286, l. 1; p. 306, l. 3), c'est-à-dire « mauvais contrat, » contrat désavantageux dont il y a intérêt à demander l'annulation; *dochor*, *michor*, paraissent synonymes de *donaidm*, au nominatif-accusatif pluriel *donadmand* cité plus haut, p. 91. On oppose à *dochor* « mauvais contrat, » le bon contrat, *so-chor* (t. I, p. 50, l. 30; t. II, p. 362, l. 7; t. III, p. 4, l. 5; p. 56, l. 30; p. 58, l. 2); c'est le contrat avantageux dont l'annulation n'est pas demandée : il n'y a pas intérêt à le faire casser.

Au neuvième siècle, date à laquelle remonte le

Senchus Môr les Irlandais ne connaissaient pas encore l'acte écrit ; ils ne le connaissaient même pas encore à l'époque où fut rédigée la glose la plus ancienne : la traduction *want of written evidence* (t. II, p. 273, l. 17, 28), est un contresens ; le mot traduit, *brechtnaigthe* (p. 272, l. 14, 22) signifie « douteux. » Ce mot appartient au texte du *Senchus Môr* ; il s'agit d'un cheptel ; les deux contractants sont morts, et on ne peut retrouver, dit la glose, un vieux témoin, *seanchuidhe*, pour exposer quelles ont été les conditions du contrat.

Quand l'obligation ne résultait pas soit de la coutume, soit d'un délit, soit d'un quasi-délit, elle était la conséquence d'une convention verbale : de là l'expression de *cor bél* « contrat de lèvres. » « Le monde serait fou, » dit un brocard irlandais, « si les contrats de lèvres n'étaient plus obligatoires. » Ce brocard a été inséré dans le dernier livre du *Senchus Môr* (t. III, p. 2, l. 3-4), d'où il est passé dans l'introduction (t. I, p. 40, l. 23-24). Pour que l'enfant adoptif, *mac foesma*, littéralement « enfant de protection, » ait acquis un droit sur les biens de la famille, il faut qu'il ait été introduit dans la famille par « contrat de lèvres » (t. IV, p. 284, l. 16-18 ; p. 288, l. 14-15).

Tout contrat était donc verbal. Le moyen de preuve ordinaire était le témoignage, *fiadnisse*, *fiadnaisse*, de *fiadan* « témoin. » Il est souvent question de témoin, *fiadan*, et de témoignage, *fiadnaisse*, *fiadnaise*, dans le *Senchus Mór*. C'est le témoignage, *fiadnaise*, qui établit la validité de la saisie (art. 14, t. I, p. 102, l. 27 ; art. 51, t. I, p. 256, l. 21, 30-32 ; cf., p. 258, l. 3). Le commandement qui précède la saisie se fait verbalement en présence d'un témoin, *i fiadain frecnarcas* (t. I, p. 264, l. 11-12 ; p. 286, l. 22-23).

La saisie elle-même, comme nous l'avons vu un peu plus haut, p. 22, 23, est signifiée au débiteur en présence d'un homme de loi qui doit en témoigner (art. 4, *Ancient Laws*, t. I, p. 84, l. 9 et suiv.). Le texte légal ne donne pas à cet homme de loi le titre de témoin, *fiadan*, mais se sert d'une expression équivalente, c'est-à-dire du verbe *fuirglim*, « je témoigne, » dérivé de *forgell*, « témoignage, » dont le synonyme, *fiadhnaise*, se trouve dans la glose deux fois, *ibid.*, l. 20 et 23.

Outre cet homme de loi, savant orateur, dit le *Senchus Mór*, un témoin proprement dit, *fiadan*, devait assister :

1° à l'enlèvement de l'objet saisi (t. I, p. 264, l. 11 ; p. 286, l. 22-23 ; p. 288, l. 21, 29, 33, 34 ; t. II, p. 122, l. 28 ; p. 124, l. 8-9) ;

2° à la mise en fourrière de cet objet (t. I, p. 288, l. 22, 30, 34) ;

3° à la notification que le saisissant faisait de la mise en fourrière au saisi (t. I, p. 302, l. 18, 21).

L'homme de loi, autrement dit l'avocat, et le témoin proprement dit, *fiadan*, cela faisait les deux témoins, *testes*, prescrits comme nombre minimum par le *Deutéronome* : *In ore duorum aut trium testium stabit omne verbum*, XIX, 15 ; comparez le verset 6 du chapitre XVII : *In ore duorum aut trium testium peribit qui interficietur*. Ces deux textes de la loi judaïque sont reproduits dans la Collection canonique irlandaise (livre XVI, c. 7 et 8, 2ᵉ édition de Wasserschleben, p. 47).

Dans un passage où, traitant de la saisie, le compilateur auquel nous devons le *Senchus Mór* a rédigé lui-même au lieu de copier un texte plus ancien, il a trois fois employé le mot latin *testis* au lieu des mots irlandais *fiadan*, « témoin, » *fiadnaisse*, « témoignage, » ou *forgell*, équivalent irlandais de *fiadnaisse*. « *Dlomtar dias la teist*, » « on dit dualité pour témoignage » (t. I, p. 268, l. 11; p. 302, l. 12-16). Celui qui a écrit cette maxime avait évidemment sous les yeux le texte latin du *Deutéronome*, soit dans une Bible, soit dans la Collection canonique irlandaise. L'influence de ce texte latin se produisait déjà quelques lignes plus haut quand le même auteur, toujours à propos des règles de la saisie, s'est servi du mot *teist* à l'accusatif singulier avec le sens de « témoignage » (p. 266, l. 4 ; p. 292, l. 28-31), et au datif pluriel, *testaib*, avec le sens de « témoins » (p. 266, l. 6, p. 292, l. 31, 32) (1).

Nous avons déjà parlé des témoins nécessaires à

---

(1) Comparez ce que nous avons dit plus haut, p. 92, du mot latin *contractus* en irlandais.

l'homme qui procède à une saisie immobilière (1) ; c'est des mots *fiadnaise* et *fiadan* que se sert le texte légal (t. IV, p. 18, l. 20, 24, 27). Quand on se bat en duel, il faut des témoins (2) : à l'accusatif pluriel *fiadna* (t. I, p. 250, l. 18 ; p. 252, l. 6-9). La preuve en matière de cheptel se fait par témoins, *fiadain, fiadna, fiadnaiv* (t. II, p. 306, l. 19, 28 ; p. 308, l. 21 ; p. 328, l. 10, 16).

Le témoignage qui avait le plus de valeur était celui des nobles parce que le poids du témoignage égalait le prix de l'honneur du témoin (3).

Le faux témoignage, *gu-forgell*, des nobles envers leurs vassaux est puni de la dégradation (t. II, p. 328, l. 9-20). Le noble faux témoin doit une amende égale ; soit au prix du corps d'un homme (sept femmes esclaves) plus le prix de son honneur personnel, soit à moitié de ces sommes (t. III, p. 396, l. 5-8 : ici le faux témoignage est appelé *derb-forgeall cleithe*, « témoignage certain dissimulé »). En outre, ce noble perd le droit de réclamer le prix de son honneur (ci-dessus, p. 52).

Une glose, dérogeant à ce principe absolu, prétend que la dégradation complète peut être opposée seulement par la personne à laquelle le faux témoignage a porté préjudice ; une autre personne ne peut opposer que la demi-dégradation et cela

(1) *Etudes sur le droit celtique*, t. I, p. 282, 284, 285.
(2) *Etudes sur le droit celtique*, t. I, p. 64-68; cf. ci-dessous, art. 48.
(3) *Etudes sur le droit celtique*, t. I, p. 106, 109, 110.

seulement après le troisième faux témoignage. L'*aire forgill*, qui a porté faux témoignage contre quelqu'un et envers qui ce quelqu'un commet une injure grave, n'a droit de réclamer aucune indemnité pour le dommage que cette injure aurait faite à son honneur. Mais si l'injure grave avait été commise par un tiers, l'*aire-forgill*, après trois faux témoignages, pourrait encore exiger de ce tiers moitié du prix de l'honneur d'*aire forgill*, soit quinze bêtes à cornes au lieu de trente (t. I, p. 56, l. 1-9 ; cf. ci-dessus, p. 48). C'est un droit moderne plus favorable aux nobles que le droit primitif.

Les vassaux qui avaient reçu un cheptel servile, et avec ce cheptel le prix de leur honneur (voir notre volume précédent, p. 128-129), ne pouvaient être témoins ; c'était à leur seigneur à témoigner en leur faveur : *fiadnaise don fhlaith for a daercheilaib*, « témoignage au seigneur sur ses serfs » (t. II, p. 344, l. 15). Le seigneur dégradé perdait ce privilège (t. II, p. 332, l. 9 et suiv.).

A défaut de preuve testimoniale, on pouvait recourir :

1° A la preuve du chaudron : *caire*, art. 34, § 11, (t. I, p. 194, l. 23 ; p. 198, l. 18-21 ; cf. t. IV, p. 284, l. 14 ; p. 288, l. 10 ; p. 294, l. 3), c'est-à-dire à la preuve par l'eau bouillante où l'on plongeait la main sans se brûler (1) ;

---

(1) *Études sur le droit celtique*, t. I, p. 32, 33, 144.

2° A la preuve par le sort qui se faisait par le jet de petits morceaux de bois : *crann-chur* (t. III, p. 140, l. 14; p. 336, l. 9 et suiv. ; p. 438, l. 6 ; t. IV, p. 284, l. 14 ; p. 288, l. 10 ; p. 294, l. 3 ; cf. Collection canonique, l. XXVI, c. 5, 2° éd., p. 84) ;

3° A la preuve par le duel : *nith*, article 20, § 2, ci-dessus, p. 59 ; — *urgal* (t. III, p. 278, l. 7, 8), glosé par « noble exploit de discorde, » *uasal gail debtha* ; — *rói*, littéralement « champ » [de bataille], art. 24, § 32 ; art. 34, § 10 (t. I, p. 150, l. 12, 13 ; p. 154, l. 4 ; p. 194, l. 22-23 ; p. 196, l. 16-18) ; — enfin *comrac* (t. I, p. 154, l. 6 ; t. III, p. 302, l. 8 ; t. IV, p. 32, l. 4, 11, 12) (1) ;

4° A la preuve par le serment : *noill*, gén. *noillech* (art. 34, § 8 ; art. 42, § 21 ; t. I, p. 194, l. 21 ; p. 196, l. 15-21 ; p. 234, l. 6-11 ; cf. t. IV, p. 142, l. 1 ; p. 284, l. 13 ; p. 288, l. 9 ; p. 294, l. 1, 3) ; — *luige* (t. I, p. 188, l. 13 ; p. 196, l. 20 ; p. 234, l. 8 ; cf. t. III, p. 98, l. 6 ; t. IV, p. 142, l. 3 ; p. 300, l. 17), *luge fo aoth* (t. III, p. 394, l. 12) ; — *dindis*, art. 32, § 9 ; art. 44, § 3 ; t. I, p. 184, l. 9 ; p. 188, l. 13 ; p. 236, l. 25 ; p. 238, l. 1, 2 ; *dindis* est le serment purgatoire. — Le premier de ces mots, *noill*, semble désigner spécialement le serment du cojurateur (2), c'est-à-dire du tiers qui

---

(1) *Etudes sur le droit celtique*, t. I, p. 45 ; cf. ci-dessus, p. 59.

(2) Tout le monde sait quelle importance a eue l'intervention des cojurateurs dans l'ancienne procédure germanique. Les Romains ont-ils aussi connu les cojurateurs ? Il serait peut-être trop hardi de le conclure d'un passage curieux de Festus au mot

jure dans l'intérêt d'une des parties à l'occasion d'un procès auquel il est étranger lui-même. *Luge* et *aoth* ou *dith* paraissent être des expressions de valeur générale. « Il jure » se dit *toing* (t. I, p. 180, l. 13 ; t. III, p. 396, l. 11 ; t. IV, p. 300, l. 17).

La loi canonique admettait non seulement la preuve par le témoignage (Collection canonique irlandaise, livre XVI) et par le serment (livre XXXV), mais aussi la preuve par le sort (livre XXVI). Elle voyait avec défaveur la preuve par le duel : *Clericus, si pro gentili homine fidejussor fuerit... de rebus suis solvat debitum ; nam si armis compugnaverit, computetur extra ecclesiam* (l. XXXIV, c. 2, 2ᵉ éd., p. 122). Elle punissait de l'excommunication le débiteur laïque qui, malgré la déclaration de témoins attestant ses engagements, s'obstinait à nier la dette et recourait à la preuve par le duel pour établir qu'il ne devait rien : « Voici la déci-
» sion du synode irlandais : Que tout débiteur qui
» résiste aux témoins ou aux stipulations soit chassé
» de l'église jusqu'à ce qu'il fasse pénitence selon
» la décision des juges. Patrice dit : S'il combat
» par les armes, qu'il soit jeté hors de l'église »
(livre XXXIV, c. 8, 2ᵉ éd., p. 124). — C'est la doctrine chrétienne et romaine.

consponsor. En Irlande, la preuve par l'eau bouillante ou par le sort paraît avoir été considérée comme beaucoup plus probante que le serment du cojurateur. *Ancient Laws of Ireland*, t. IV, p. 284, l. 12-15 ; p. 288, l. 11-17 ; p. 294, l. 3, 4.

Mais l'opinion publique n'était pas conforme à ces décisions. Non seulement le duel, mais la bataille, *cath*, où de chaque côté plusieurs combattants prenaient les armes, était considéré comme un moyen d'arriver à la connaissance de la vérité. Quand un roi était vaincu dans une bataille, *cath*, on le considérait comme indigne de régner. La défaite était une des sept preuves dont chacune suffisait pour attester un mauvais roi (*Ancient laws*, t. IV, p. 52, l. 5-10).

« § 63. *Pour donner aide en toute injustice au* » *serf dit* fuidir (p. 124, l. 12 ; p. 138, l. 25-28). »

La glose suppose que ce serf appartient à une famille et que le coupable de l'injustice commise envers le serf est un membre de la famille ; ce coupable est actionné par son frère. Il s'agit ici de la deuxième catégorie des objets pressés, ci-dessus, p. 58 (cf. art. 30, p. 182, l. 1-4).

« § 64. *Pour recouvrer un couteau* (p. 124, » l. 12-13 ; p. 138, l. 28-29).

» § 65. *Pour recouvrer un miroir* (p. 124, l. 13 ; » p. 138, l. 30).

» § 66. *Pour recouvrer des jouets d'enfant* » (p. 124, l. 13 ; p. 138, l. 31-33). »

Ces trois paragraphes concernent des meubles qui appartiennent à la quatrième catégorie des objets pressés, ci-dessus, p. 58.

« § 67. *Pour ramener les bestiaux de pâturage*
» *éloigné* (p. 124, l. 13-14; p. 138, l. 33-34). »

Cet article fait double emploi avec le § 35, ci-dessus, p. 73.

« § 68. *Pour recouvrer une bride* (p. 124, l. 14;
» p. 138, l. 35).

Le mot qui désigne les rênes est d'origine celtique, il est indigène, comme le char ; mais le mot qui veut dire bride, *srian = frenum*, est d'origine latine, et relativement moderne en Irlande, comme l'équitation.

» § 69. *Pour recouvrer des rênes* (p. 124, l. 14;
» p. 138, l. 35-36).

» § 70. *Pour recouvrer un licou* (p. 124, l. 14;
» p. 138, l. 37-38).

» § 71. *Pour recouvrer une hache* (p. 124, l. 14;
» p. 138, l. 38 ; p. 140, l. 1).

» § 72. *Pour recouvrer une serpe* (p. 124,
» l. 14-15 ; p. 140, l. 2). »

Cf. art. 28, § 41.

« § 73. *Pour recouvrer la corde de la maison*
» *d'un cultivateur* (p. 124, l. 15; p. 140, l. 3-6).
» § 74. *Pour retrouver le crochet de la maison*
» *d'une femme qui cultive* (p. 124, l. 15-16 ; p. 140,
» l. 6-9). »

Les sept paragraphes 68-74 concernent des meubles qui appartiennent à la quatrième catégorie des objets pressés, ci-dessus, p. 58.

« § 75. *Pour jouissance d'une grange au temps* » *où l'on récolte le blé* (p. 124, l. 16; p. 140, » l. 9-11).

» § 76. *Pour jouissance d'une aire indivise* » (p. 124, l. 16-17; p. 140, l. 11-12). »

La grange a été construite pour servir à une famille ; un des membres de la famille s'est chargé de la construction ; il veut se faire rembourser. L'aire est indivise et un des copropriétaires veut y battre son blé ; il actionne un autre des copropriétaires qui met empêchement à l'exercice de ce droit. Nous avons ici deux conséquences de la règle qui veut que la saisie pour procès de famille comporte délai d'une nuit (art. 30, p. 182, l. 1-2 ; ci-dessous, p. 165). A comparer la deuxième catégorie des objets pressés, ci-dessus, p. 58.

« § 77. *Pour recouvrer les huit organes qui font* » *le service d'un moulin, savoir : 1° la source, le* » *cours d'eau, la digue; 2° la meule de dessus;* » *3° l'arbre de la meule; 4° la meule de dessous;* » *5° support de l'arbre; 6° la roue; 7° l'arbre de* » *la roue; 8° la trémie qu'on appelle* cup cumle ; » *c'est-à-dire là où se baisse la femme esclave,* cu- » mal. *Car le devoir de la femme esclave est d'en*

PARTIELLE

Original illisible

NF Z 43-120-10

» *prendre soin* (p. 124, l. 17-19; p. 140, l. 12-29). »

Nous sommes encore ici dans la quatrième catégorie des objets pressés, ci-dessus, p. 58.

« § 78. *Pour dépense afin de sevrer un enfant*
» (p. 124, l. 19-20; p. 140, l. 29-30).

» § 79. *Pour dépense afin de sevrer fils de*
» *morte* (p. 124, l. 20; p. 140, l. 30-31).

» § 80. *Pour dépense afin de sevrer fils de folle,*
» *de femme malade, sourde, lépreuse, borgne,*
» *aveugle, épuisée, manchotte, momentanément*
» *insensée* (p. 124, l. 20-22; p. 126, l. 1; p. 140,
» l. 31-38; p. 142, l. 1-6). »

Le sevrage du fils de morte figure dans la liste des cas de saisie d'une nuit sans délai, c'est-à-dire sans commandement préalable, avec enlèvement immédiat de l'objet saisi et une nuit de fourrière (art. 39, § 18, p. 226, l. 32-33; p. 228, l. 7-12). C'est un nouvel exemple des contradictions qui existent entre les deux parties de notre texte. Dans la glose de ce passage (*traité de la saisie immédiate*) comme dans celle du paragraphe qui nous occupe ici (*traité de la saisie avec délais*), le proverbe : « On n'est pas nourri par corps mort, » *ní alar o marb cru*, est cité d'après un livre dont le titre n'est pas donné (1).

(1) Sur les contradictions dans le *Senchus Mór*, voir *Etudes sur le droit celtique*, t. I, p. 361-369, et dans le présent volume, p. 66, 68, 72, 86, sans compter ce qui sera dit plus bas.

La saisie est pratiquée par la famille, *fine*, de la femme (p. 228, l. 8), par ceux qui ont autorité sur elle, *fer-lesaig* (p. 142, l. 4). Il s'agit de la première catégorie des objets pressés, ci-dessus, p. 58.

Il est à remarquer que la glose explique la folie momentanée de la femme par la magie. « On lui a jeté un sort, » dirait-on en France. « On lui a donné, » disaient les Irlandais, « plein la main de mensonge, » « la poignée de mensonge » *in dlai fulla*. Cette formule est plusieurs fois répétée à propos de fous dans la glose des lois irlandaises (t. I, p. 90, l. 26 ; p. 142, l. 3 ; t. III, p. 12, l. 3).

« § 81. *Pour le bac qui va d'une rive à l'autre* » (p. 126, l. 1 ; p. 142, l. 7-8).

» § 82. *Pour le jeu d'échecs de la maison du chef* » (p. 126, l. 1-2 ; p. 142, l. 9-10). »

Sur le jeu d'échecs en Irlande, voyez *Cours de littérature celtique*, t. V, p. 522.

« § 83. *Pour le sel de la maison du riche culti-* » *vateur* (p. 126, l. 2 ; p. 142, l. 10-11). »

Ce riche cultivateur est le *briuga* ou *bruigfer* sur lequel on peut consulter *Études sur le droit celtique*, t. I, p. 108.

« § 84. *Pour le cadenas qui sert à attacher les* » *étrangers venus par mer* (p. 126, l. 2-3 ; p. 142, » l. 11-13). »

Il a été déjà question au § 20 des étrangers venus

par mer. Ces étrangers sont réduits à une sorte d'esclavage fort dur. Cependant certains d'entre eux peuvent par mariage, entrer dans la famille et y occuper une situation favorisée, comme on l'a vu dans notre volume précédent, p. 187-188.

« § 85. *Pour la cloche qui sonne sous le cou des* » *bestiaux* (p. 126, l. 3 ; p. 142, l. 13-17). »

La cloche, dit la glose, distingue les animaux sacrés, *nemed*, ou nobles, *uasal* (1). L'animal sacré, *nemed*, ne peut être saisi que dans certaines conditions déterminées. Si cette prohibition n'est pas respectée, le défendeur a droit à dix bêtes à cornes d'indemnité (t. II, p. 38, l. 21 et suiv.; p. 44, l. 17 et suiv.; p. 48, l. 3 et suiv.). Les meubles mentionnés dans les §§ 81-85 appartiennent à la quatrième catégorie des objets pressés, ci-dessus, p. 58.

« § 86. *Pour labourage en commun* (p. 126, l. 3 ; » p. 142, l. 17-19).

» § 87. *Pour vassalité en commun* (p. 126, l. 3-4 ; » p. 142, l. 19-20).

» § 88. *Pour lits indivis des vassaux qui doivent* » *en commun une redevance à un chef* (p. 126, » l. 4 ; p. 142, l. 20-27). »

L'expression irlandaise pour désigner la situation

---

(1) Sur le sens du mot *nemed* appliqué aux personnes, voyez ci-dessus, p. 46-47.

des vassaux (1) qui doivent en commun une redevance est *comaithches ;* chacun de ces vassaux s'appelle *comaithech ;* ici sa situation résulte du décès d'un débiteur unique, *aithech,* qui a laissé plusieurs héritiers (t. IV, p. 68). Il s'agit donc ici d'indivision entre cohéritiers. Comme dans les §§ 22, 23, 30, 31, nous trouvons ici l'application du principe qui veut que, dans les procès de famille, la saisie, qui a pour objet la restitution du principal, comporte délai d'une nuit (art. 30, t. I, p. 182 ; ci-dessous, p. 165). Ces procès appartiennent à la deuxième catégorie des objets pressés, ci-dessus, p. 58.

Les paragraphes suivants concernent des meubles qui appartiennent à la quatrième catégorie des objets pressés.

« § 89. *Pour recouvrer un gril* (p. 126, l. 4;
» p. 142, l. 28).

» § 90. *Pour recouvrer la cuiller du gril* (p. 126,
» l. 4-5 ; p. 142, l. 28-29).

» § 91. *Pour recouvrer le chandelier de la maison*
» *de chacun* (p. 126, l. 5 ; p. 142, l. 29-30;
» p. 144, l. 1).

» § 92. *Pour recouvrer le soufflet de la maison*
» *d'un chef* (p. 126, l. 5-6 ; p. 144, l. 1-3).

» § 93. *Pour procurer un taureau à des vaches*
» (p. 126, l. 6 ; p. 144, l. 3-4).

---

(1) Sur la vassalité en Irlande, voyez *Etudes sur le droit celtique,* t. I, p. 118-130.

» § 94. *Pour procurer un étalon à des juments*
» (p. 126, l. 6-7 ; p. 144, l. 4-5).

» § 95. *Pour procurer un porc à des truies*
» (p. 126, l. 7 ; p. 144, l. 5-6).

» § 96. *Pour procurer un bélier à des brebis*
» (p. 126, l. 7-8 ; p. 144, l. 6).

» § 97. *Pour recouvrer le chien qui se tient sur*
» *le fumier* [dans la basse-cour] (p. 126, l. 8 ;
» (p. 144, l. 6-7).

» § 98. *Pour recouvrer le chien qui garde les*
» *vaches ou tous autres bestiaux* (p. 126, l. 8-9 ;
» p. 144, l. 7-9).

» § 99. *Pour recouvrer un petit chien de dame*
» (p. 126, l. 9 ; p. 144, l. 9-11).

» § 100. *Pour recouvrer un chien de garde*
» (p. 126, l. 9 ; p. 144, l. 11-12).

» § 101. *Pour recouvrer un chien de chasse*
» p. 126, l. 9-10 ; p. 144, l. 12-15). »

Le seul de ces paragraphes qui ait besoin de commentaire est celui qui concerne le petit chien de dames. Le glossateur s'est demandé pourquoi cet animal était un objet pressé. Il l'explique en supposant que ce chien, qui habite la maison, appartient soit à une reine, soit à une femme grosse (cf. p. 180, l. 5). Pour que les délais soient d'une nuit, il faut que la saisie soit faite par le mari. Si la saisie était faite par la femme, reine ou non, à qui appartient le chien, les délais seraient de deux nuits comme dans toutes les saisies que font les femmes. On trouve dans le Glossaire de Cormac, sous le mot *Mugh-éime*, un récit légendaire qui raconte comment fut importé de Grande-Bretagne en Irlande le premier chien de dame qu'un Irlandais ait pu donner à sa femme (1).

(1) Whitley Stokes, *Three irish glossaries*, p. 29-30 ; cf. préface, p. XLVIII-L, et traduction anglaise du glossaire publiée par le même savant sous le titre de *Sanas Chormaic*, p. 111-112.

CHAPITRE V.

SAISIE AVEC DÉLAIS DE DEUX NUITS.

Art. 21, t. I, p. 126, l. 11-12; p. 144, l. 15-19.

« Saisie de deux nuits, — entre une et trois
» nuits, — Sencha la jugea, — en droit de na-
» ture, — pour tout bien de femme. »

La glose sur cet article (p. 144, l. 15-19) dit que la saisie de deux nuits est placée entre celle d'une nuit, pratiquée par les hommes, et celle de trois nuits, également pratiquée par eux : on l'appelle ainsi, parce qu'elle comporte un délai de deux nuits, pendant lequel l'objet saisi reste entre les mains du débiteur. Sur les derniers mots « tout bien de femme, » la glose est : « toutes choses auxquelles les femmes ont droit. » Il s'agit de la saisie qu'une femme en personne exerce pour défendre son droit.

Art. 22, t. I, p. 144, 20-33 ; p. 146, l. 1-30.

« Jusqu'ici, il a été traité de la saisie d'une nuit,
» délai qui doit être observé rigoureusement, s'il
» n'est pas allongé par l'équité et le droit naturel,
» chez les Fêné, conformément à l'analogie, comme
» le veulent la justice et la loi. Le droit de pro-
» priété n'est pas fondé sur les jugements : le droit
» est au-dessus des jugements (?). Tout animal
» qui met bas deux jumeaux a la même valeur
» qu'eux. Tel est le jugement rendu par Brigh
» Briugaid, qui habitait à Fesen. Chaque saisie de
» deux nuits a son droit sur quatre nuits, son
» répit en fourrière sur huit. »

La glose de cet l'article (p. 146, l. 21 et suiv.) expose qu'outre le délai de deux nuits, pendant lequel postérieurement à la saisie l'objet saisi reste entre les mains du défendeur, il y a un délai de deux nuits antérieur au premier. Le délai postérieur à la saisie s'appelle *anad*, le délai antérieur *apad*, et il débute au commandement. Ces deux délais de deux nuits forment un délai complet de quatre nuits, après lesquelles a lieu l'exécution, c'est-à-dire l'enlèvement de l'objet saisi et sa mise en fourrière, à moins que le débiteur ne paye la dette réclamée ou ne donne caution de comparaître devant un juge, ou, enfin, ne consente à un jugement, *fuigel*, immédiat. Le répit en fourrière est de quatre nuits : il s'appelle *dithim*, il est égal, en durée, au total des deux délais précédents, et, additionné avec eux, il donne un chiffre total double : huit nuits (cf. notre précédent volume, p. 382).

Une fois le délai de huit nuits expiré (délai qui part du jour du commandement), ou, si l'on veut, une fois le répit de quatre nuits terminé (en partant du jour où l'objet saisi a été enlevé et mis en fourrière), l'objet saisi est frappé d'une sorte de confiscation progressive qui le fait passer, de nuit en nuit, ou de jour en jour, graduellement entre les mains du demandeur, en sorte que le droit du défendeur s'éteint au profit du demandeur.

La durée de l'*apad*, de l'*anad*, du *dithim* varie suivant que la saisie est d'un, de deux, de trois, de cinq ou de dix nuits ; quand la saisie est d'une nuit, l'*apad* dure une nuit, l'*anad* et le *dithim* chacun autant, total : trois nuits ; quand la saisie est de trois nuits, l'*apad* dure trois nuits, l'*anad* et le *dithim* chacun autant, total : neuf nuits ; quand la saisie est de cinq nuits, l'*apad* dure cinq nuits, l'*anad* et le *dithim* chacun autant, total : quinze nuits ; quand la saisie est de dix nuits, l'*apad* dure dix nuits, l'*anad* et le *dithim* chacun autant, total : trente nuits ; le nombre des délais et leur durée relative restent toujours les mêmes, l'*apad*, l'*anad* et le *dithim* sont chacun d'égale durée, lorsqu'il s'agit de la saisie masculine (1) ; mais quand la

---

(1) *Etudes sur le droit celtique*, t. I, p. 265, note 4.

saisie est féminine, le délai appelé *dithim*, mot que nous traduisons par « répit en fourrière, » dure deux fois autant que l'*apad*, deux fois autant que l'*anad* (1).

La saisie de deux nuits est celle que pratique la femme demanderesse contre une femme ou contre un homme ; mais quand la saisie est pratiquée par un homme contre une femme, cette loi ne s'applique plus. Il est probable qu'originairement, l'homme pratiquait contre la femme comme contre l'homme, les saisies d'une nuit et de trois nuits ; suivant une glose de date relativement récente, la femme poursuivie par un homme a toujours droit aux délais de cinq ou de dix nuits (lire cette glose p. 146, l. 26-27).

Art. 23, t. I, p. 146, l. 31, 32 ; p. 148, l. 1-5.

« *Saisie de deux nuits* :
» § 1. *Par fille pour héritage indivis de sa mère ;*
» § 2. *Pour parole injurieuse par une femme à une autre ;*
» § 3. *Pour se débarrasser d'une femme qui*
» *prend possession d'un immeuble, car une femme*
» *n'exerce de saisie immobilière contre une autre*
» *femme qu'en mettant, sur l'immeuble qu'elle*
» *saisit, des moutons, un pétrin et un crible.* »

---

(1) *Etudes sur le droit celtique*, t. I, p. 265, note 3.

§ 1. L'héritage qu'une mère transmet à sa fille peut être de deux sortes : la première catégorie de biens transmis se compose des objets mobiliers à usage de femme que possédait la mère ; la seconde est constituée, s'il y a lieu, par la portion d'héritage que la mère de la créancière saisissante a eue de son père. L'origine de cette portion d'héritage remonte au grand-père maternel de la créancière saisissante.

Dans la première catégorie, la glose donne comme exemple des moutons, des ustensiles de cuisine et autres, l'héritage du fuseau.

La seconde catégorie est désignée par la formule *orba craib no sliasta*, p. 148, l. 5. Le t. IV, p. 14, l. 26-28, commente ainsi cette formule : « la mère a hérité de son père, et a eu l'intégralité de la succession paternelle à défaut de fils. » Le phénomène juridique qui se produisait à défaut de fils, et quand il y avait une ou plusieurs filles, est exprimé plus complètement, tome IV, p. 40, l. 13-18 : la fille héritait avec charge de service militaire d'attaque et de défense. Si elle ne voulait pas accepter cette charge, elle ne prenait que la moitié de la succession ; l'autre moitié retournait à la famille du grand-père maternel. En tous cas, que la fille ait la moitié ou l'intégralité de la succession, ce qu'elle a hérité de son père est transmis par elle à sa fille ou à ses filles, mais celles-ci en ont seulement la jouissance viagère, et, après leur mort, la propriété revient à la famille du grand-père maternel (1). Cette famille n'a donc été dépouillée que momentanément (c'est-à-dire pendant deux générations) d'un droit héréditaire qui, en principe, ne devait pas appartenir à une autre famille.

Les fils de la mère qui, à défaut d'héritiers mâles, a hérité de sa mère n'ont, en principe, aucun droit sur la succession de leur mère. Cette règle s'applique sans exception quand le mari de la mère défunte est un citoyen irlandais, *urrad*. Si c'est un étranger, *deorad*, par exemple un naufragé, *muirchuirthe*, les enfants mâles pourront avoir, pendant deux générations, une moitié des biens du père de la défunte à condition que leur mère fasse en

---

(1) *Ban-adba taisic* « propriété de femme revient, » t. IV, p. 16, l. 24 : Cf. collection canonique irlandaise, I. XXXII, c. xx : Sinodus Hibernensis : « Auctores ecclesiae hic multa addunt, ut feminae dent ratas et stipulationes ne transferatur hereditas ad alienos. » Wasserschleben, *Die irische Kanonensammlung*, 2ᵉ édition, p. 126; cf. *Études sur le droit celtique*, t. I, p. 352-356; voir surtout les notes 5 de la p. 354, et 2 de la p. 355. *Orba craib no sliasta* signifie littéralement « héritage de main ou cuisse; » *craib*, mieux *cruib*, génitif de *crob*, « main », « patte, » a été écrit abusivement *cruid* par un d final dans les textes cités, p. 355, note 2. Du second des textes reproduits à la p. 354, il semble résulter que, pour assurer aux filles la succession paternelle, il fallait une disposition entre vifs ou testamentaire du père ; l'emploi des mots « main » ou « cuisse » se rapporte probablement à la forme de cet acte. C'est aussi sous forme de disposition testamentaire que le droit de succession des femmes a pénétré dans le droit franc. Rozière, *Recueil général des Formules*, t. I, p. 174; cf. Zeumer, p. 83, dans *Monumenta Germaniæ historica*, in-4°. *Legum sectio V. Formulae. Pars prior.*

leur faveur un testament (1) et l'autre moitié seulement reviendra immédiatement à la famille de ce père ; tel est le sens des l. 5-8, p. 44 du t. IV; cf. glose, *ibid.*, l. 14-15. Dans le texte de ce passage, l. 5, *muncoirche* est une faute pour *murcairthe* (*muir-chuirthe*) bien écrit dans la glose (l. 15).

L'étranger, — et notamment le naufragé, — n'ayant pas de famille, ses enfants entrent dans la famille de leur grand-père ; et, quand on laisse entre leurs mains une partie de la fortune familiale, il n'y a pas lieu à craindre, comme si on la laissait à un compatriote, de dépouiller une famille irlandaise au profit d'une autre famille irlandaise ; l'étranger continuera, en Irlande, une famille qui s'éteindrait sans lui. Sur le naufragé, voir ci-dessus, p. 26, et plus bas, p. 134, 140, 151.

La suite de la glose, t. IV, p. 44, l. 14-31, est plus moderne ; elle admet que les enfants de l'étranger auront la totalité de l'héritage, les enfants du citoyen les deux tiers si leur mère est femme légitime, la moitié si elle est concubine. Déjà dans le volume précédent, p. 352-356, il a été question du droit des femmes à la succession paternelle. A comparer ci-dessous l'art. 35, § 32.

---

(1) Le texte se sert de l'expression *ard-timna*, littéralement « haut, noble testament », « haut, noble mandat. » En Irlande, le testament est, à l'origine, un mandat ; comparez le testament romain *per aes et libram*, dont la clause essentielle est le *commendatum*. Moritz Voigt, *Roemische Rechtsgeschichte*, t. I, p. 80 et suiv., p. 826 et suiv.

§ 3. Les règles de la saisie immobilière par les femmes sont données au tome IV, p. 8 et suiv. On y voit comment une femme qui veut s'emparer d'un immeuble vient par trois fois, dans certaines formes et avec certains délais déterminés, s'installer sur la terre contentieuse. La première fois, elle amène deux brebis et fait un commandement; la seconde, elle amène quatre brebis; la troisième et dernière fois, elle amène huit brebis, en outre elle apporte un pétrin, un crible, ses ustensiles de cuisine (1).

Le défendeur peut répondre au commandement en acceptant un arbitrage ; mais une autre procédure est à sa disposition : à la saisie immobilière il peut répondre par une saisie mobilière (sans doute celle des objets mobiliers apportés par la femme) ; c'est l'objet du § 3 de l'art. 23, t. I, p. 146, ligne dernière; p. 148, l. 1 et 2; ci-dessus, p. 113 (2).

Art. 24, p. 150, l. 3-13; p. 152, l. 4-34, p. 154, l. 1-25.

« Saisie de deux nuits :
» § 4. *Pour prix de travail manuel* (p. 150, l. 3;
» p. 152, l. 4-6). »

La glose p. 152, l. 6, donne comme exemple l'art de peigner la laine, de la tisser, et on y joint

---

(1) *Etudes sur le droit celtique*, t. I, p. 286, 287.
(2) *Ibid.*, p. 287, note 2.

un tarif singulier qu'on a déjà vu ci-dessus, p. 75 : la main d'œuvre est évaluée au dixième de la valeur de l'objet fabriqué, *dechmad cacha dula*.

« § 5. *Pour salaire* (p. 150, l. 3). »

Cf. art. 20, § 37, ci-dessus, p. 74.

» § 6. *Pour avoir tondu le drap* (p. 150, l. 4;
» p. 152, l. 6-7). »

L'expression irlandaise traduite ici est *fobrithe*, comme dans l'art. 20, § 38, ci-dessus, p. 75, où ce mot est rendu autrement; mais nous traduisons d'accord avec la glose; cf. Livre d'Aicill, *Ancient Laws of Ireland*, t. III, p. 354, l. 1-5.

» § 7. *Pour bénédiction d'une femme à une
» autre* (p. 150, l. 4; p. 152, l. 7-9). »

La personne qui fabriquait un objet était obligée de le bénir avant de le livrer, et, quand elle ne s'acquittait pas de cette obligation, elle devait restituer le septième de la valeur de la nourriture qu'on lui avait donnée pendant son travail. A comparer l'art. 20, § 39; ci-dessus, p. 75.

« § 8. *Pour toute matière qui est sur les fuseaux*
» (p. 150, l. 4-5; p. 152, l. 9-10).
» § 9. *Pour fuseau* (p. 150, l. 5; p. 152, l. 10). »

A lin « son lin, » dit la glose qui suppose que

l'objet de la saisie est non le fuseau, mais ce qui doit être placé sur le fuseau.

« § 10. *Pour fuseau à laine* (p. 150, l. 5);
» p. 152, l. 11).

» § 11. *Pour une espèce de sac* (p. 150, l. 5,
» 6; p. 152, l. 11-12). »

Sac à peigne, dit la glose. Il s'agit du peigne à peigner la laine ou le lin.

« § 12. *Pour le nerf pointu* (p. 150, l. 6;
» p. 152, l. 13-14).

» § 13. *Pour tout ce qui sert au métier de tisserand* (p. 150, l. 6; p. 152, l. 14-15).

» § 14. *Pour baguette à lin* (p. 150, l. 6; p. 152,
» l. 15).

» § 15. *Pour quenouille* (p. 150, l. 6-7; p. 152,
» l. 16).

» § 16. *Pour dévidoir* (p. 150, l. 7; p. 152,
» l. 16-17).

» § 17. *Pour balancier* (?) (p. 150, l. 7; p. 152,
» l. 18-19).

» § 18. *Pour fil* (p. 150, l. 7; p. 152, l. 19-20).

» § 19. *Pour dévidoir de fileuse* (p. 150, l. 8;
» p. 152, l. 20-22).

» § 20. *Pour bordure* (p. 150, l. 8; p. 152,
» l. 22).

» § 21. *Pour patron de l'ouvrage* (p. 150, l. 8;
» p. 150, l. 22-24).

» § 22. *Pour besace (?) avec son contenu* (p. 150,
» l. 9; p. 152, l. 24-25).

» § 23. *Pour panier* (p. 150, l. 9; p. 152,
» l. 26).

» § 24. *Pour sac de cuir* (p. 150, l. 9; p. 152,
» l. 27-28).

» § 25. *Pour verges* (p. 150, l. 9-10; p. 152,
» l. 28).

» § 26. *Pour cerceaux* (p. 150, l. 10; p. 152,
» l. 28-29).

» § 27. *Pour aiguille* (p. 150, l. 10; p. 152,
» l. 30).

» § 28. *Pour fil de couleur* (p. 150, l. 10;
» p. 152, l. 30-31).

» § 29. *Pour le miroir qu'une femme prend à
une autre* (p. 150, l. 11; p. 152, l. 31-32).

» § 30. *Pour femelle des chats blancs* (p. 150,
» l. 11; p. 152, l. 32-34).

» § 31. *Pour le petit chien d'agrément des reines
» (p. 150, l. 12; p. 152, l. 34).

» § 32. *Pour objets mobiliers du champ où l'on
» se bat* (p. 150, l. 12; p. 154, l. 1). »

C'est-à-dire pour les fournitures nécessaires à
un duel.

« § 33. *Pour fournitures d'armes, car c'est pour
» le droit des femmes que, pour la première fois, on
» se battit en duel* (p. 150, l. 12-13; p. 154, l. 1-25). »

Sur le duel irlandais, voyez notre volume précédent, p. 61 et suivantes. La glose t. I, p. 154, l. 4-5, dit : « Car c'est pour les femmes, d'après vérité, que fut décidé le combat la première fois dans le champ, c'est-à-dire pour Ain et Iain, les deux filles de Partholon. »

Partholon, personnage mythologique (1), avait deux fils et deux filles : Fer et Fergnia étaient les noms des deux fils; les filles s'appelaient Ain et Iain. Fergnia, l'aîné, épousa Iain, et Fer épousa Ain. Partholon était mort, la tutelle appartenait au chef de la famille; or, le principe, dans le traité dit *Racholl Bretha* (2), était ainsi conçu : « La moitié du premier prix de vente de chaque femme appartient au chef de la famille, si c'est après la mort du père. » Cette règle de droit se retrouve dans le traité intitulé : *Béscna* (t. IV, p. 62, l. 9-10), et dans le *Lebar Aicle* (t. III, p. 314, l. 8-9); c'est une glose sur la règle qui veut que le père ait la totalité du prix du premier mariage de sa fille (t. II, p. 346, l. 9-12). Le prix, *coibche*, du premier mariage appartient au père en totalité, puis les deux tiers du prix du second mariage, la moitié du prix du troisième mariage, et ainsi en diminuant jusqu'au vingtième mariage (3). A chaque mariage, le chef de famille remplaçant le défunt reçoit moitié de la

---

(1) Sur Partholon, voyez *Cours de littérature celtique*, t. II, p. 24-44.

(2) Sur ce traité, cf. *Etudes sur le droit celtique*, t. I, p. 344, n° 7.

(3) Cf. *Etudes sur le droit celtique*, t. I, p. 230, 247, 304, 312.

part que le père aurait eue ; il touche moitié du prix quand a lieu le premier mariage, un tiers quand se fait le second mariage, un quart lorsque la femme convole en troisièmes noces.

Fergnia demanda à son frère de lui payer moitié du prix de vente ; Fer refusa. Pourquoi ? demande le glossateur ; peut-être Fergnia était-il indigne (par exemple, il n'avait pas payé les dettes de son père, comme au t. IV, p. 62, l. 10) (1), ou peut-être Fer, le cadet, répondait-il à l'aîné que lors du mariage du frère aîné, celui-ci n'avait payé de prix à personne et que, par conséquent, il devait y avoir compensation. Ils se battirent, et le résultat de ce combat légendaire est demeuré inconnu (t. I, p. 154, l. 6-25).

APPENDICE AU CHAPITRE V.

LA LEX ADAMNANI.

L'obligation du service militaire pour les femmes a été supprimée par la *Lex Adamnani*. Cette loi fut rendue en 693, suivant le *Chronicon Scotorum* (éd. Hennessy, p. 672, 673) ; suivant les *Annales d'Ulster* (éd. Hennessy, p. 146), elle daterait de l'année 696. On appelait cette loi, en latin, *Lex innocentium*, et en irlandais, *Cain Adamnain, cen na mná do marbad* « Loi d'Adamnan, sans tuer les

---

(1) Sur l'indignité en droit irlandais, voyez *Etudes sur le droit celtique*, t. I, p. 125, 126, et ci-dessus, p. 52, 53.

femmes » (*Vita s. Columbae*, éd. Reeves, p. 179, note).

Un des textes les plus anciens qui se rapportent à cette loi, est peut-être un passage des *Annales de Tigernach*, écrites au onzième siècle ; c'est dans le paragraphe que ces annales consacrent à l'année 697: *Adomnan tuc recht in Erind an bliadain sea* « Adamnan porta une loi en Irlande cette année-là » (O'Conor, *Rerum Hibernicarum Scriptores*, t. II, p. 219).

Toutefois, nous penchons à croire qu'il y a un texte plus ancien encore, c'est un passage du martyrologe d'Oengus. Sous la date du 23 septembre, on lit qu'à Adamnan de Iova, dont la troupe monastique est brillante, le noble Jésus accorda la délivrance perpétuelle des femmes irlandaises : *soerad m-buan m-ban Góidel* (Whitley Stokes, *Calendar of Oengus*, p. cxxxix). M. Stokes prétend prouver, par des raisonnements linguistiques, que ce document n'est pas antérieur à la fin du dixième siècle ; mais les faits sur lesquels il s'appuie peuvent être, presque tous, mis sur le compte des copistes ; les autres ne paraissent pas avoir l'importance que le savant auteur leur attribue, et il y a, dans ce document, des indications historiques qui rendent possible de fixer la date de sa rédaction antérieurement au neuvième siècle. Ces observations chronologiques ne s'appliquent pas à la glose, évidemment beaucoup plus récente ; mais cela ne nous empêchera pas de rapporter, d'après elle, comment Adamnan fut amené à proposer et à faire adopter la loi qui porte son nom.

Un jour, dit-on, Adamnan traversait la plaine de Mag-Bregh. Il était avec sa mère qu'il portait sur son dos (1). La mère et le fils virent deux troupes armées qui combattaient; la mère remarqua une femme qui, tenant une faucille de fer, avait fait entrer la pointe de cette arme dans le sein d'une femme de la troupe opposée. En effet, dit le glossateur, les femmes allaient, commes les hommes, aux combats en ce temps. La mère d'Adamnan descendit du dos de son fils et s'assit par terre : « Tu ne m'emporteras pas d'ici, » dit-elle à Adamnan, « tant que les femmes ne seront pas pour toujours délivrées de l'obligation de faire la guerre. » Adamnan lui promit de faire en sorte que ce désir fût réalisé. Il arriva, après cela, qu'une grande assemblée se tint en Irlande : Adamnan y alla comme délégué des clercs d'Irlande, et il y affranchit les femmes de l'obligation du service de guerre (*Calendar of Oengus*, éd. Whitley Stokes, p. cxlvi-cxlvij).

---

(1) Le saint abbé devait alors être fort âgé : si l'on s'en rapporte à la chronologie du *Chronicum Scotorum*, il aurait eu soixante dix ans, étant né en 622; sa mère aurait eu environ quatre-vingt-dix ans.

On a déjà parlé de la *Lex Adamnani*, ou *Lex innocentium*, Etudes sur le droit celtique, t. I, p. 354-355 ; cf. *Cours de littérature celtique*, t. I, p. 223-224.

CHAPITRE VI.

SAISIE AVEC DÉLAIS DE TROIS NUITS.

Art. 25, t. I, p. 150, l. 14-p. 156, l. 26.

« Nous venons de parler de la saisie de deux
» nuits, telle qu'elle fut établie par jugement de
» Brigh Briugaid, qui habitait à Fesen, et par
» Sencha, fils d'Ailill, fils de Culclan; les habitants
» d'Ulster se soumirent à cette décision. Ce fut
» ensuite qu'on ajouta une nuit à deux; en effet,
» la justice des hommes d'Irlande aurait péri si
» n'étaient venus les délais de trois nuits, car per-
» sonne ne pouvait distinguer son droit ni le droit
» de sa famille; le défendeur n'avait pas le temps
» de réfléchir ni de déterminer exactement qu'elle
» était sa propriété; quand même ses droits sur
» elle auraient été bien certains, il ne pouvait les
» établir que trop tard, lorsqu'on avait procédé
» contre lui par saisie immédiate avec répit d'une

» nuit, et qu'Ailill, fils de Maga, avait rendu ses
» jugements précipités.

» Alors vint Coirpré Gnâthchoir, qui n'admit
» pas qu'aucun droit ne comportât qu'un délai
» d'une nuit, et qui exigea les délais de trois, de
» cinq et de dix nuits, afin que chacun eût son
» droit grâce à ces délais qui précèdent le juge-
» ment. La première saisie de trois nuits qui se fit
» en Irlande, fut pratiquée contre ceux qui ne
» s'étaient point rendus à l'armée d'Ailill, fils de
» Maga. »

Il ne faut pas considérer comme exacte l'assertion que la saisie de trois nuits aurait été inventée après celle de deux nuits : « Ce fut après cela qu'on ajouta une nuit à deux. » L'article 25 tout entier est de la composition du compilateur auquel on doit le *Senchus Môr*, et il est bien plus récent que les énumérations des cas dans lesquels se pratiquent les diverses saisies : il n'a aucune valeur historique. La saisie de deux nuits par les femmes est la plus récente de toutes.

Coirpré Gnâthchoir, auquel on devrait l'invention de saisies plus anciennes, celles de trois, cinq et dix nuits, est un personnage imaginaire créé par les jurisconsultes irlandais. On l'a déjà vu intervenir dans l'article 1er (t. I, p. 64), ci-dessus, p. 12, 13, 15, où il a, dit-on, donné des gages pour obtenir mainlevée de la saisie.

Quant à Ailill, fils de Mata (ou mieux Maga), sa figure est une des plus importantes de la vieille épopée irlandaise (1), il était roi de Connaught ; et le principal morceau de la littérature la plus ancienne de l'Irlande, le *Táin bó Cúailnge*, qui existait déjà au commencement du septième siècle, a pour sujet une expédition entreprise par lui contre le royaume d'Ulster. C'est probablement de cette expédition qu'il est question ici. Toutefois, remarquons l'intelligence avec laquelle procède ici l'auteur du *Senchus Mór* ; c'est ici, dans la partie de sa rédaction relative à la saisie avec délais, qu'il parle de la saisie pratiquée par Ailill, faute de service militaire ; or, le défaut de service militaire donne lieu à saisie immédiate suivant l'art. 42, § 1, p. 230, l. 20, et il figure aussi, comme on va le voir, dans la liste des causes qui donnent lieu à la saisie avec délais entre les mains du débiteur. L'idée n'est pas venue à l'auteur du *Senchus Mór* d'expliquer cette contradiction ; elle résulte de ce que la nomenclature relative à la saisie immédiate et la nomenclature relative à la saisie avec délais sont deux très vieux documents indépendants l'un de l'autre, et enchassés tels quels sans changement dans le texte plus récent du *Senchus Mór* ; nous l'avons déjà dit plusieurs fois, nous aurons plus d'une fois encore occasion de le répéter.

(1) Cf. *Etudes sur le droit celtique*, t. I, p. 339.

Art. 26, p. 156, l. 27-34-p. 162, l. 19.

« *Saisie de trois nuits :*
» § 1. *Pour expédition militaire* (p. 156, l. 27;
» p. 158, l. 1-6. »

C'est le devoir de guerre : host et chevauchée du droit féodal français. La durée des délais résulte d'un principe déjà vu à l'article 3, § 7, p. 78, l. 16 : *treisi do ríg*, « trois nuits par roi, ci-dessus, p. 18. » Le roi doit donner un délai de trois nuits à ses sujets dans son royaume. On a déjà signalé dans le volume précédent, p. 364, la contradiction de ce paragraphe avec l'article 42, § 1, *Ancient Laws of Ireland*, t. I, p. 230, l. 21.

« § 2. *Pour rente* (p. 156, l. 27 ; p. 158,
» l. 6-16). »

Cette rente était due au chef comme le devoir de guerre par les Irlandais, mais ce n'était pas la conséquence d'une doctrine, base du droit féodal français, à savoir que le seigneur est propriétaire du sol et qu'il a le domaine éminent, tandis que le tenancier n'a qu'un droit réel de second ordre : le domaine utile. En Angleterre, le domaine utile a fini par disparaître, et c'est là l'origine des grandes fortunes territoriales de ce pays. Mais la rente irlandaise n'est pas un signe de propriété chez celui qui la reçoit ; elle a pour origine, non pas l'abandon conditionnel d'une portion du sol par le seigneur au tenancier, mais un contrat librement formé par le tenancier propriétaire avec le seigneur qui recevra une certaine redevance. Dans le traité de la saisie immobilière, on voit que le saisissant a le droit d'établir une rente au profit d'un chef sur la terre saisie; ce droit est la conséquence de ce que le saisissant a acquis la propriété; la rente ainsi créée par le saisissant était appelée *cis nemead* (t. IV, p. 20, l. 3, p. 24, l. 1) (1); ainsi le droit réel analogue au domaine éminent est, en Irlande, l'effet d'une acquisition par le seigneur, — recommandation du droit féodal français, — non d'une concession de terre par le seigneur au vassal. Le nom étranger de la rente, *cis* (du latin *census*), atteste que ce phénomène juridique, relativement récent, est postérieur à l'introduction du christianisme et du droit canon en Irlande (2).

Sur la contradiction entre ce paragraphe et le paragraphe 2 de l'article 42, cf. *Etudes sur le droit celtique*, t. I, p. 364, et ci-dessous, p. 138.

---

(1) L'éditeur n'a pas compris cette formule, et cependant la glose est parfaitement claire : il a écrit « *noch is nemead* » au lieu de « *no chis nemead.* » Cf. *Etudes sur le droit celtique*, t. I, p. 285. Sur le sens du mot *nemed, nemead*, voyez ci-dessus, p. 46, 47.

(2) Comparez l'expression : *degens sub censu* dans la Collection canonique irlandaise, l. XLI, c. 8, 9; Wasserschleben, *Die irische Kanonensammlung*, 2ᵉ édition, p. 160; cf. *Ancient Laws of Ireland*, t. I, p. 230, l. 21; p. 232, l. 10; t. III, p. 50, l. 25, 30; p. 62, l. 25. *Etudes sur le droit celtique*, t. I, p. 358-361.

« § 3. *Pour assemblée* (p. 156, l. 27 ; p. 158,
» l. 17-26). »

La glose explique que le roi tient des assemblées de trois sortes (p. 158, l. 17-18) : 1° assemblées dans lesquelles on fait soit des lois locales, soit des conventions avec les royaumes voisins ; 2° assemblées ecclésiastiques ; 3° assemblées guerrières, dont il est question au § 7. A la première catégorie se rattachent les assemblées dans lesquelles deux *tuath*, ou cités, se réunissent pour faire une convention, une loi obligatoire dans les deux *tuath;* ces assemblées sont ce qu'on appelle *dâl criche* (voir le volume précédent, p. 368, et comparez le même volume, p. 294).

On a déjà signalé, *Etudes sur le droit celtique*, t. I, p. 364, la contradiction entre ce paragraphe et le paragraphe 3 de l'article 42.

« § 4. *Pour faire une grande route*, slige
» (p. 156, l. 27 ; p. 158, l. 27-28).

» § 5. *Pour faire une [petite] route*, rôt (p. 156,
» l. 28 ; p. 158, l. 28-29). »

Cette [petite] route, dit la glose, doit être bordée de deux fossés (p. 158, l. 29).

« § 6. *Pour faire une foire*, aenach (p. 156,
» l. 28 ; p. 158, l. 30 ; p. 160, l. 1). »

Les deux §§ 5 et 6 paraissent faire double emploi

avec les §§ 18 et 19 de l'article 20 (*Ancient Laws of Ireland*, t. I, p. 122, l. 14; p. 128, l. 7-11, ci-dessus, p. 66-68), où le nettoiement des [petites] routes et des emplacements d'assemblée publique périodique, autrement dit de foire, est classé parmi les actes dont le défaut donne lieu à saisie d'une nuit avec délais; or, ici, le glossateur a compris que, faire une route et faire une foire, était mettre en état : 1° la route ; 2° l'emplacement de la foire : 1° « c'est-à-dire, amende pour n'avoir pas nettoyé la route ; » 2° suivant lui, faire une foire, c'est faire les fossés qui entourent son emplacement et mettre en état son emplacement sur lequel se trouve le rejet de terre des fossés, *fert* (p. 160, l. 1). Peut-être le travail dont il s'agit ici est-il plus important que celui dont parle l'article 20. L'amende est par conséquent plus élevée ; le chiffre considérable de l'amende est cause de ce que les délais sont plus longs.

« § 7. *Pour service d'attaque et de défense* » p. 156, l. 28; p. 160, l. 1-7). »

La glose explique que le service d'attaque se fait : 1° contre les hommes, soit pirates, soit autres étrangers à la *tuath ;* 2° contre les loups, *macu tiri* (*fils de la terre*). Le service de guerre contre les premiers était dû tous les jours de la semaine ; le service contre les loups, une fois par semaine seulement.

Dans notre volume précédent, p. 364, nous avons

parlé de la contradiction entre ce paragraphe et le paraphe 7 de l'article 42.

« § 8. *Pour le tort causé par tout petit animal* » (p. 156, l. 28, 29 ; p. 160, l. 7-17) (1). »

Un cas de ce genre est exposé, d'une façon détaillée, dans le *Glossaire de Cormac*, sous le mot *mug-éime*. L'auteur raconte qu'il y eut un temps où une partie de la Grande-Bretagne était occupée par les Irlandais. Il y avait, à cette époque, en Grande-Bretagne, de petits chiens de dame, et il n'y en avait pas en Irlande. L'exportation de ces petits chiens était interdite. Cependant, Cairbré Musc en acquit un ; voici comment : Il alla en Grande-Bretagne faire visite à un de ses amis ; il avait un poignard dont le manche était orné d'or et d'argent ; il le frotta de graisse et le laissa une nuit dans un coin. Le petit chien, voulant manger la graisse, abîma le poignard, et Cairbré Musc exigea l'abandon noxal du petit chien, en vertu de la règle : « Chaque criminel pour son crime. » Il emporta le petit chien, et, à partir de cette époque, on eut en Irlande des petits chiens de dame

---

(1) Il est aussi question de ce genre d'affaires (tort causé par des animaux) dans la *Collection canonique irlandaise*, livre LIII, chap. 2, 3, 5-9. On y voit dans quelles circonstances, d'après l'usage irlandais, le maître était responsable du dommage causé par son bœuf, chien, son chat, ses poules. Si un chien a fait du dommage la nuit, le maître n'est pas tenu de payer ; si c'est le jour, il est responsable. Wasserschleben, *Die irische Kanonensammlung*, 2ᵉ édition, p. 213-215.

(Whitley Stokes, *Three Irish glossaries*, p. 29-30 ; traduction, p. 111-112). Le principe : « Chaque criminel pour son crime » est celui en vertu duquel les meurtriers insolvables, et dont la famille ne payait pas la composition, pouvaient être arrêtés et mis à mort par la famille du défunt. On dit aussi : « Que chacun soit pour son crime; » il ne faut pas séparer cette règle de la glose qui dit : « ...pour son crime volontaire quand il ne trouve pas l'*éric*, » c'est-à-dire quand il ne peut payer la composition (t. IV, p. 250, l. 16-17 ; cf. t. I, p. 10, l. 24, et p. 12, l. 25-30). *Cach rob in a chin*, dit le Glossaire de Cormac (p. 30, l. 18), et la même formule est dans l'introduction du *Senchus Môr* : *Cach in a chinaid* (t. I, p. 12, l. 30), « chacun pour son crime. »

C'est par l'abandon noxal que s'explique l'usage relaté dans le *De bello gallico* de César (livre VI, ch. xvi, § 5) : le supplice du feu infligé en Gaule aux hommes coupables de vol, de brigandage ou de quelque crime : *Supplicia eorum qui in furto aut in latrocinio, aut aliqua noxa sint comprehensi*. La personne lésée, ou la famille du mort pouvait, en cas d'insolvabilité du coupable, s'adresser à sa famille ; à défaut de sa famille, à son chef; et à défaut de son chef, au roi, comme on le voit dans les *Ancient Laws of Ireland*, t. IV, p. 240. Dans le cas où ni la famille, ni le chef, ni le roi du coupable ne voulaient payer la composition, la personne lésée ou sa famille, qui parvenait à s'emparer du coupable, pouvait le traiter comme elle l'entendait, et même le mettre à mort (1).

Tel fut, dit-on, le sort de Nuada le Rouge, neveu du roi d'Irlande, Loégairé. Nuada avait déjà commis quelques méfaits pour lesquels Loégairé le tenait en prison. Pour plaire à son oncle, il promit de tuer saint Patrice ; mis provisoirement en liberté, il visa mal, et, au lieu de Patrice, tua Odran, le cocher qui conduisait le char du saint. Sur la plainte de Patrice, Nuada perdit la vie ; le roi n'aurait pu le sauver qu'en payant la composition, ce qu'il ne se soucia pas de faire. On peut voir, sur ces faits, l'introduction au *Senchus Mór*, p. 4-15.

« § 9. *Pour le crime de ton fils, de ta fille, de
» ton petit-fils, de ta femme salariée, de ton mes-
» sager, de ton naufragé, de ton fou et de ton
» bouffon* (p. 156, l. 29-31 ; p. 160, l. 18-28;
» p. 162, l. 1-2). »

La partie de ce paragraphe, qui concerne le *fils*, le *petit-fils*, la *femme*, est inconciliable avec une maxime insérée dans le traité de la saisie immédiate. D'après ce traité, il y a cinq personnes dont le crime donne lieu à saisie immédiate, avec répit de cinq nuits en fourrière. Ces cinq personnes sont : père, *fils*, *petit-fils*, frère et *femme* (*Ancient Laws of Ireland*, art. 45, t. I, p. 238, l. 6-9). Ainsi quand un homme est poursuivi comme responsable

---

(1) Cf. *Etudes sur le droit celtique*, t. I, p. 190-191, 194, 195.

du crime de son fils, de son petit-fils et de sa femme, la saisie est immédiate suivant l'article 45, avec délais suivant l'article 26 (cf. plus bas, p. 138).

Les cinq personnes de l'article 45 paraissent avoir primitivement formé la première des quatre sections de la famille, *fine*. En effet, la famille, *fine*, se divise en quatre sections : 1° *geil-fine*, cinq personnes (1) ; 2° *deirb-fine*, neuf personnes ; 3° *iar-fine*, treize personnes ; 4° *ind-fine*, ou famille de la fin, dix-sept personnes (t. IV, p. 282, l. 18-19 ; p. 284, l. 1-7 ; cf. I, p. 260, l. 1-2 ; p. 274, l. 12). La première section étant composée de cinq personnes, pour trouver le nombre des personnes de la seconde section, il faut ajouter quatre au chiffre de la première section. De même, pour trouver le chiffre de la troisième section, il faut ajouter quatre au chiffre de la seconde, et pour trouver le chiffre de la quatrième section, il faut ajouter quatre au chiffre de la troisième. Dans un sens étroit chacune des trois dernières sections de la famille comprend quatre personnes seulement; mais quand une de ces sections est appelée à recueillir une part d'héritage ou de composition, on fait entrer dans cette section les personnes qui composent les sections précédentes.

On peut supposer que, dans le droit celtique préhistorique, la femme mariée, soumise à l'auto-

---

(1) Sur le sens du mot « personne, » voir *Etudes sur le droit celtique*, t. I, p. 186.

rité absolue du mari, faisait partie de la *geil-fine*, de là l'énumération de l'article 45 ; une fois indépendante du mari, la femme a cessé de faire partie de la *geil-fine*, mais le mari est resté responsable des actes de sa femme, et, pour compléter le chiffre des cinq personnes composant la *geil-fine*, il a fallu compter le mort ou le meurtrier (1).

A l'énumération des cinq personnes dont le crime donne lieu à saisie immédiate correspondent, dans un autre texte, article 31 (t. I, p. 182, l. 22-24, ci-dessous, p. 168), certains détails intéressants. On y voit que, lorsqu'il s'agit du crime du descendant au quatrième degré, du descendant au troisième degré, en général du crime de tout parent *jusqu'aux dix-sept personnes*, la saisie n'est pas immédiate, et les délais sont de cinq nuits, au lieu des trois nuits qu'exige l'article 26, § 9.

Le nom du descendant au quatrième degré, *ind-ue*, commence par *ind-* comme le nom de la quatrième section de la famille, *ind-fine* (2) (comparer les noms du descendant au troisième degré, *iarm-ue*, et de la troisième section de la famille, *iar-fine*) : l'expression *dix-sept personnes* équivaut à quatrième

---

(1) Cf. *Etudes sur le droit celtique*, t. I, p. 186; c'est par un *lapsus calami* que, p. 189 du même volume, l. 3, nous avons compris la femme dans la *geilfine*.

(2) Cf. *Etudes sur le droit celtique*, t. I, p. 192, la lettre du brehon Jacques O'Scyngin reproduite à la fin de la note 2. On y voit que la famille se termine à la quatrième génération incluse, soit en ligne directe, soit en ligne collatérale.

section de la famille ou *ind-fine*, parce que dans cette dernière section, entendue dans un sens large, on comprend les trois premières (ci-dessus, p. 135). Les personnes qui composent la première section de la famille sont toutes des parents au premier degré, suivant le comput du droit canonique, sauf le petit-fils.

Mais revenons à l'article 26, § 9. L'article 26, § 9, combiné avec l'article 31 (ci-dessous, p. 168), donne un système qui contredit celui de l'article 45. La doctrine de l'article 26, § 9, et de l'article 31, est que la saisie exercée contre les parents comporte le maintien de l'objet saisi entre les mains du défendeur pendant un certain délai, et que ce délai est de trois nuits lorsqu'il s'agit des parents les plus proches, et de cinq nuits lorsqu'il s'agit des parents les plus éloignés; mais, suivant l'article 45 (p. 238, l. 6-9) l'objet saisi à cause du crime des parents ne reste pas entre les mains du défendeur, il est immédiatement enlevé et il demeure en fourrière pendant cinq nuits lorsqu'il s'agit des parents les plus proches, *geil-fine*; le système exposé par l'article 45 paraît complété par l'article 47, § 4, où le fugitif qui quitte sa famille donne lieu contre elle à saisie immédiate avec répit de dix nuits en fourrière, quel que soit le degré de parenté (p. 246, l. 20), c'est-à-dire quand il s'agit des parents les plus éloignés.

L'art. 45 est un appendice au traité de la saisie immédiate, qui constitue une sorte de code, plus

ancien que le traité de la saisie avec délais; et le compilateur, auteur du *Senchus Môr*, a inséré ces deux traités dans son recueil sans chercher à les accorder entre eux. Ce qui prouve 1° l'antiquité de l'article 45, — saisie immédiate; — 2° la date relativement récente de l'article 26, — saisie avec délais, — c'est que l'article 45 est conforme à un vieux brocard cité deux fois par l'auteur du *Senchus Môr*, et que ce brocard est inconciliable avec la doctrine de l'article 26; ce brocard est : *Cuicthe fri cond cuindegar;* « comporte répit de cinq nuits
» la saisie pratiquée contre le défendeur *sui juris*
» [pour le fait de l'incapable placé sous son auto-
» rité], » art. 3, § 3 (ci-dessus, p. 18); *Ancient Laws*, t. I, p. 264, l. 8 (1). Cinq nuits dans ce brocard et dans l'art. 45 au lieu de trois dans l'art. 26, § 9.

Ainsi, le droit irlandais le plus ancien offre ici un vieux système inconciliable avec le système, plus moderne, que nous présente le traité de la saisie avec délais : contradiction qu'il faut ajouter aux contradictions relevées dans notre tome précédent, p. 361-369, cf. ici, p. 66, 68, 72, 86, 129, 135, 141, 143, 155, 159, 160, 171-175, etc.

Après le crime du fils, de la fille et du petit-fils, l'article 26, § 9, passe au crime de « ta femme salariée » : *do mna fochraice*.

Que faut-il entendre par femme salariée? D'après

---

(1) Cf. *Etudes sur le droit celtique*, t. I, p. 378.

la glose, p. 160, lignes 24-26, cette expression comprend d'abord la *prim ben* (c'est-à-dire la *matrona* unie par de justes noces). Le mot *prim* est postérieur au christianisme. La véritable expression irlandaise est *cêt-muinter* (t. II, p. 382, l. 16; p. 384, l. 1-2; p. 380, l. 25, 31). On oppose à la *cêt-muinter* la *ben urnadma* (femme de contrat) (t. II, p. 380, l. 25) (1).

Au mariage de la *cêt-muinter*, *prim ben* ou *matrona*, s'opposait celui où la femme était dans une situation d'infériorité, et notamment celui où la femme se mariait pour un an : la femme était dans ce mariage peu considérée. Le glossateur croit que l'auteur a eu ici en vue les deux sortes de femmes : 1° la *cêt-muinter* ou *prim ben*; 2° la femme qui est sur salaire, *for foichi*, chez toi, c'est la *ben urnadma* que le droit canonique n'admet que comme simple domestique (2).

Dans l'énumération de personnes que donne notre article 26, § 9, il manque le père et le frère, lacune étrange, car la glose, p. 160, l. 20, dit que les parents dont il est question sont les plus proches, *inbleogain is nesa*. Nous avons (art. 45, p. 238, l. 8) une autre énumération des membres de la fa-

---

(1) « Mad ben urnadma nad be cetmunnter; » cf. *Etudes sur le droit celtique*, t. I, p. 227, 229.

(2) Le sens canonique représente, peut-être, l'idée du glossateur. Sur le droit civil irlandais primitif en cette matière, voir *Etudes sur le droit celtique*, t. I, p. XIX.

mille dont on est responsable en premier lieu : *père* (1), fils, petit-fils, *frère* et femme. Cette énumération est plus ancienne que celle que nous avons dans l'article 26 : les deux listes s'accordent sur le nom du fils, du petit-fils et de la femme; dans la liste de l'art. 26, il faut suppléer le nom du père et du frère; *fille* dans l'art. 26 développe l'idée de *fils* dans l'art. 45.

Nous arrivons aux personnes attachées à la maison et étrangères à la famille : « messager, naufragé, fou, bouffon. » Ce sont là probablement des exemples et on doit entendre d'une façon générale les esclaves et les domestiques; du reste, le mot naufragé a une glose *dair* = *do[f]er* (*malus homo*), mot équivalent à serf (2). Quant au droit d'épave ou de *bris*, exercé en Irlande sur le naufragé, comparez ci-dessous, p. 150, art. 28, § 42.

« § 10. *Pour le crime de ta main, de ton œil, de* » *ta langue, de ta lèvre* (p. 156, l. 31, 32; p. 162, » l. 1-7). »

---

(1) Le fils est responsable de son père quand le père, étant devenu incapable par l'âge ou la maladie, le fils le remplace comme chef de famille et devient *sui juris*, en irlandais *cond*, le père ne l'étant plus. Cf. *Études sur le droit celtique*, t. I, p. 248.

(2) Il a été question du naufragé à ce point de vue, ci-dessus, p. 26. Mais la situation du naufragé pouvait être quelquefois meilleure que celle d'un Irlandais *sui juris*. *Études sur le droit celtique*, t. I, p. 354, note 5; cf. ci-dessus, p. 116.

Pour bien comprendre ce texte, il faut se reporter à l'article 45 (p. 238, l. 9-14), qui traite, comme on l'a déjà dit, de la saisie immédiate et qui l'autorise encore ici quand l'article 26 impose la saisie avec délais.

On voit, dans l'article 45, que le crime de la main se commet en blessant ou en tuant, en volant ou en abusant. Le crime de l'œil consiste à connaître ou à voir une mauvaise action, à y assister sans s'y opposer ou en l'approuvant; il y a plusieurs nuances exposées en détail dans l'article 46 (p. 240, l. 24-29 et p. 242, l. 1-12). Le crime de la langue se commet par l'incantation, par l'injure et par le faux témoignage (la glose, p. 162, l. 6, ajoute la trahison). Le crime de la lèvre est celui de la personne qui mange ce qu'une autre a volé (la glose p. 162, l. 7, ajoute, évidemment à tort, le faux jugement, qui doit être compris, avec le faux témoignage, parmi les crimes de la langue).

L'auteur de l'article 26, — saisie avec délais, — avait sous les yeux un commentaire des vieux brocards insérés dans l'article 3, § 3 (ci dessus, p. 138) et dans l'article 45, — saisie immédiate, — dont il adoucissait la rigueur dans l'intérêt du débiteur; mais, par distraction, il a passé sous silence le crime du pied, *cin coise*, qui se commet soit en donnant un coup de pied, soit en faisant une course avec intention de nuire. Quoi qu'il en soit, le paragraphe 10 de l'article 26 nous donne un nouvel exemple des contradictions si nombreuses entre les vieilles règles de la saisie immédiate et le traité, plus récent, de la saisie avec délais (1).

« § 11. *Pour crime contre ta seigneurie* (p. 156, » l. 32 ; p. 162, l. 9-11). »

Il s'agit ici de tout tort qui est fait au chef ou suzerain par son vassal ou *céle*, c'est-à-dire par l'homme de condition inférieure qui a reçu du noble un cheptel et qui ne remplit pas les obligations résultant du contrat (2).

« § 12. *Pour le crime qui concerne rémunération* » *de ta dignité* (§ 156, l. 32 ; p. 162, l. 11-15).
» § 13. A l'exception de la négligence de fournir
» le repas ou les moissonneurs que doit le vassal,
» cas où les délais sont d'une nuit, quoique l'omis-
» sion dont il s'agit soit comprise dans l'énumé-
» ration des circonstances où les délais sont de
» trois (p. 156, l. 33-34 ; p. 162, l. 13-19). »

Ces paragraphes sont un développement du § 11. La glose, p. 162, l. 11, cite, dans les cas de rémunération de dignité, l'amende pour omission du service militaire dû au chef, *in smacht etaim sloiga*, quoique le service militaire, *sloiged*, donne lieu à la saisie immédiate, suivant l'article 42, § 1, p. 230,

---

(1) *Etudes sur le droit celtique*, t. I, p. 378; cf. *ibid.*, p. 361-369, et ci-dessus, p. 138.
(2) *Etudes sur le droit celtique*, t. I, p. 118-129.

TITRE II, CHAP. VI, ART. 27, DÉLAIS DE TROIS NUITS. 143

l. 20. Encore une contradiction du traité de la saisie immédiate avec le traité de saisie avec délais, mais elle est dans la glose et non dans le texte.

Au § 13, il faut comparer ci-dessus, p. 61-64, le § 10 de l'article 20, où il est question du repas dû au suzerain et où l'on voit que le suzerain procède par saisie avec délais d'une nuit contre le vassal qui ne fournit pas ce repas.

Art. 27, p. 162, l. 20-27-p. 166, l. 20.

« § 14. La saisie est de trois nuits : *contre celui*
» *qui coupe ton bois* (p. 162, l. 20, 28, 29). (Litté-
» ralement *pour coupure de ton bois*). »

La glose distingue deux espèces de bois : le bois qui est commun entre les vassaux du même chef et le bois sacré. Il a déjà été question de ces deux espèces de bois dans notre présent volume, p. 78.

Dans un premier système, 1° la saisie qui donne lieu aux délais de trois nuits est celle qui a pour objet la restitution du bois commun; 2° trois nuits sont aussi les délais pour l'amende due en sus de la restitution, quand il s'agit d'un bois sacré ; voyez ce qui a été dit p. 78-85 sur l'article 20, § 52. L'objet que se sont proposé les glossateurs a été de concilier les art. 20 et 27 évidemment contradictoires. Ils y sont arrivés, si, comme dit la glose du § 52, les délais ne sont que d'une nuit, quand il s'agit de la restitution du bois sacré.

Dans un second système plus récent, ci-dessus, p. 80, on ne distingue pas le bois sacré du bois commun, on concilie le § 52 de l'art. 20 avec le § 14 de l'art. 27, en admettant que la restitution du bois dont on s'est emparé indûment (qu'il appartienne à une forêt sacrée ou commune) comporte délai d'une nuit, et que l'amende, dans les deux cas, comporte délai de trois nuits (p. 162, l. 28-29; p. 164, l. 1-4).

« § 15. *Contre celui qui fait sur ton terrain acte de propriété* (littéralement *pour brisement de ta terre*) (p. 162, l. 20; p. 164, l. 5-6). »

Cet article et les suivants, jusqu'au § 19 y compris, sont relatifs à des troubles dans la possession.

« § 16. *Pour détérioration de ton fossé* (p. 162, l. 21; p. 164, l. 6-7). »

Le glossateur prétend que la détérioration donne lieu à une saisie d'une nuit; suivant lui, c'est l'action contre le parent du délinquant qui élève à trois nuits la durée des délais.

« § 17. *Pour détérioration de ton poteau* (p. 162, l. 21; p. 164, l. 8-9). »

Le glossateur fait la même distinction que ci-dessus.

« § 18. *Pour détérioration de ta terre labourée*
» (p. 162, l. 21 ; p. 164, l. 9-10).

» § 19. *Pour détérioration de ton vivier* (p. 162,
» l. 22 ; p. 164, l. 10-11). »

C'est-à-dire pour en avoir fait couler l'eau quand tu n'en avais pas le droit.

« § 20. *Pour violation de ta défense* (p. 162,
» l. 22 ; p. 164, l. 11-13). »

La glose (p. 164, l. 12) explique les mots *t'aurgaire*, « ta défense, » par ceux-ci : « Violation de ton hospitalité. » Elle suppose que quelqu'un est venu chez toi s'emparer de la personne de ton hôte, qu'il lui a mis la main dans la poitrine (1), pour l'arrêter à cause de dettes : c'est une injure envers celui dont le domicile est ainsi violé, et la saisie, pour obtenir la réparation à laquelle il a droit, comporte délai de trois nuits.

« § 21. *Pour avoir chassé tes chevaux* (p. 162,
» l. 22, p. 164, l. 13-34). »

Le glossateur suppose que, dans la course, les chevaux ont été blessés.

« § 22. *Pour s'être emparé de tes petits ani-*
» *maux* (p. 162, l. 22-23 ; p. 166, l. 1-2).

---

(1) On dirait en français : *la main au collet*.

» § 23. *Pour avoir cuit dans ton four* (p. 162,
» l. 23 ; p. 166, l. 2-4).

» § 24. *Pour avoir moulu dans ton moulin*
» (p. 162, l. 23 ; p. 166, l. 4).

» § 25. *Pour avoir habité ta maison* (p. 162,
» l. 24 ; p. 166, l. 4-7). »

Dans le cas où on l'aura habitée à l'insu du propriétaire. Suivant la glose, le seul fait d'ouvrir (violemment, pensons-nous) une maison habitée donne lieu à une amende de cinq bêtes à cornes. Quand la maison est inhabitée, celui qui l'ouvre sans la permission du propriétaire doit une amende d'une bête à cornes. Si on se contente de prendre une poignée du chaume qui la couvre, on doit une génisse d'amende, et si on en ôte assez pour regarder dedans, il faudra donner au propriétaire une vache d'indemnité.

« § 26. *Pour l'avoir dénudée* (p. 162, l. 24 ;
p. 166, l. 7-8). »

C'est-à-dire pour en avoir ôté la toiture.

« § 27. *Pour l'avoir brûlée* (p. 162, l. 24 ;
» p. 166, l. 8-9).

» § 28. *Pour l'avoir ouverte* (p. 162, l. 25 ;
» cf. p. 166, l. 9-11).

» § 29. *Pour avoir volé ton esclave mâle* (p. 162,
» l. 25 ; p. 166, l. 11-12).

» § 30. *Pour avoir volé ton esclave femelle*
» (p. 162, l. 25; p. 166, l. 12).

» § 31. *Pour commandement de payer signifié à*
» *ton fils* (p. 162, l. 25-26; p. 166, l. 13-15).

» § 32. *Pour commandement de payer signifié à*
» *ta fille* (p. 162, l. 26; p. 166, l. 16). »

Le glossateur (p. 166, l. 13, 15) n'a pas compris la raison pour laquelle on ne doit pas adresser de commandement au fils et à la fille : ce sont des personnes *alieni juris*, et le procès doit être entrepris contre le père ; l'insulte consiste à n'avoir pas tenu compte de l'autorité paternelle, à avoir agi comme si les enfants n'étaient pas dans la dépendance du père, et cette façon de procéder constitue une injure à l'égard du père (1).

L'expression dont on s'est servi pour rendre le mot *commandement* est, dans le texte, *apad*, synonyme de *aurfocre* (2), écrit, dans la glose, *urocra*, avec une orthographe moderne. Le glossateur, ne comprenant pas le motif pour lequel un commandement donne lieu à une action en dommages-intérêts, suppose que l'action est exercée parce que le défendeur n'a pas donné à manger au fils ou parce qu'il a pratiqué contre le fils une saisie, nonobstant que signification lui avait été faite préalablement d'avoir à s'en abstenir.

(1) *Etudes sur le droit celtique*, t. I, p. 244-246, 262, 263; t. II, p. 27-28.

(2) Cf. *Etudes sur le droit celtique*, t. I, p. 263, note 2.

« § 33. *Pour tentative de viol contre ta femme*
» (p. 162, l. 26 ; p. 166, l. 15-16).
» § 34. *Pour viol de ta femme* (p. 162, l. 26 ;
» p. 166, l. 16-17). »

On déjà parlé de ce paragraphe, ci-dessus, p. 74, à propos de l'article 20, § 36, concernant l'honneur de la vierge dont le viol motive saisie avec délais d'une nuit au lieu de trois nuits comme ici.

« § 35. Les actes appelés *gres* et *enech-ruice*
» sont des délits qui donnent lieu à saisie avec
» délais de trois nuits (p. 162, l. 27 ; p. 166,
» l. 17-20). »

Le § 35 renferme la conclusion de l'article ; les actes dont cet article contient l'énumération appartiennent à la catégorie des injures de second ordre : ces insultes s'appellent *gres* et *enech-ruice* (1). *Gres* veut dire proprement « attaque, » et *enech-ruice*, « honte de visage. » Ce dernier terme s'oppose à *enech-lann* (ou *lóg-enich*), « montant total du prix de l'honneur ; » ce montant est de sept femmes esclaves pour un roi. *Enech-ruice* en est le septième : ce serait, pour un roi, une femme esclave ; on l'apprend par le Glossaire de Cormac, où on lit en termes formels que l'*enech-ruice* est le septième du *lóg-enich* (Whitley Stokes, *Three Irish Glossaries*, p. 19). On retrouve cette doctrine dans la glose

(1) Cf. *Etudes sur le droit celtique*, t. I, p. 135.

du *Senchus Môr*, t. II, p. 204, l. 23-25 ; p. 206, l. 1-5 : La *cumal* ou femme esclave, due en conséquence de l'insulte peu grave est le septième de l'*enech-lann*, et l'auteur donne comme exemple la composition pour le meurtre d'un vassal ou du fils de ce vassal ; l'*enech-ruice* ou septième de l'*enech-lann* était payée au suzerain, sans préjudice : 1° de l'*enech-lann* complet dû au suzerain du vassal serf, à la famille du vassal libre ; 2° du prix du corps, *coirpdire*, dû à la famille de tout défunt.

La glose du § 35 suppose que le montant de l'*enech-ruice* peut varier de la moitié de l'*enech-lann* au septième.

Le § 35 peut se traduire comme il suit : « Toute attaque, toute insulte de gravité inférieure est comprise parmi les délits qui donnent lieu à une saisie précédée de délais de trois nuits (1). »

Art. 28, p. 166, l. 21-30-p. 174, l. 27.

« § 36. Saisie de trois nuits : *pour s'être servi
» de ton cheval, de ton bateau, de ta corbeille, de
» ta charrette, de ton chariot* (p. 166, l. 21-22 ;
» p. 168, l. 7-29 ; p. 170, l. 1-3).

» § 37. *Pour avoir usé ton vase, ta cuve, ta chau-*

---

(1) L'importance de ce texte s'explique quand on songe que, dans le cas de l'insulte de premier ordre, qui donne lieu à l'indemnité dite « *enech-lann*, » il n'y a pas de délai du tout avant la mise en fourrière. Cf. *Études sur le droit celtique*, t. I, p. 371.

» *dière*, *ton chaudron* (p. 166, l. 22-23; p. 170,
» l. 3-6). »

La différence qui semble exister entre ces deux paragraphes est que, dans le premier, il est question d'un emprunt fait sans l'autorisation du propriétaire (1); dans le second cas, il y a eu, par l'emprunteur, abus d'un prêt, — d'un commodat, — *oin*, volontairement consenti (p. 170, l. 3, 4).

« § 38. *Pour composition due à cause de ta mai-*
» *son* (p. 166, l. 23; p. 170, l. 6). »

Suivant le glossateur, il s'agirait du vol d'un objet pris dans la maison, *treb*, du demandeur.

« § 39. *Pour avoir dépouillé ton verger* (p. 166,
» l. 23-24; p. 170, l. 7).
» § 40. *Pour avoir volé ton cochon, ta brebis*
» (p. 166, l. 24; p. 170, l. 7-10).
» § 41. *Pour avoir usé ta hache, ta serpe* (p. 166,
» l. 24-25; p. 170, l. 10-11). »

Cf. art. 20, § 71-72, ci-dessus, p. 102.

« § 42. *Pour avoir mangé ce que ton eau a re-*
» *jeté sur le rivage* (p. 166, l. 25; p. 170,
» l. 11-15). »

Parce que, comme on le voit dans la glose,

___
(1) Cf. *Etudes sur le droit celtique*, t. I, p. 143, 144, 153.

conformément au droit commun du moyen âge
« ce qui est rejeté par la mer sur le rivage qui
t'appartient est aussi ta propriété. » Nous avons ici
une conséquence du principe, en vertu duquel les
naufragés deviennent la propriété des riverains sur
le terrain desquels ils abordent (art. 26, § 9 ; cf.
ci-dessus, p. 140). Les Irlandais, comme les sujets
des princes carolingiens, se sont beaucoup plaints
de la barbarie des Vikings, ou Normans ; ils
n'étaient guère moins barbares eux-mêmes et les
cruautés dont ils accusaient les hardis marins du
nord peuvent souvent n'avoir été que de légitimes
représailles.

« § 43. *Pour avoir détérioré ta propriété où se*
» *tiennent les assemblées* (p. 166, l. 25-26 ; p. 170,
» l. 15-16). »

Le glossateur suppose que cette assemblée se
tenait sur une colline, et que dans cette colline on
a creusé un trou. Suivant lui, celui qui a commis
ce délit peut être condamné à remplir le trou de
blé ou de lait.

« § 44. *Pour vol commis dans ta mine d'argent*
» (p. 166, l. 26 ; p. 170, l. 16-18). »

Suivant le glossateur, il ne faudrait pas distinguer entre la mine d'argent et celle de cuivre ou
de fer : l'amende est de cinq bêtes à cornes
avec délais de trois nuits ; — mais non : les délais

sont de cinq nuits pour les mines de fer et de cuivre (art. 32, §§ 17, 18 ; p. 184, l. 12, 13 ; ci-dessous, p. 176). Aux p. 188, l. 34-37 et 190, l. 1-2, le glossateur trouve un système compliqué par lequel il prétend supprimer la contradiction.

« § 45. *Pour avoir pillé ton rucher* (p. 166,
» l. 26-27 ; p. 170, l. 18-20). »

C'est-à-dire pour vol des paniers qui contiennent les mouches ; le coupable doit le double de la valeur du panier, ou le prix de l'honneur du propriétaire.

« § 46. *Pour avoir attisé ton feu* (p. 166, l. 27 ; p. 170, l. 20-23). »

Suivant le glossateur, il faudrait dans ce texte comprendre le délit qui consiste à allumer une torche dont on n'est pas propriétaire. L'expression dont il s'est servi est *adann*, qui veut dire littéralement « une chandelle dont la mèche est de jonc, » comme on peut le voir dans le Glossaire de Cormac (p. 4 du texte, et p. 10 de la traduction).

« § 47. *Pour avoir pris la récolte de ton pré sur*
» *le bord de la mer* (p. 166, l. 27 ; p. 170, l. 23-
» 26).

» § 48. *Pour exiger la composition qui t'est due*
» *à cause de ta meule de blé, à cause de ton herbe,*
» *de ton blé mûr, de ta fougère, de ton genêt, de*

» *tes joncs, si on t'en prend sans ta permission*
» (p. 166, l. 28-29 ; p. 170, l. 26-28 ; p. 172,
» l. 4-6, 13-19). »

Il semble évident qu'il y a contradiction entre ce paragraphe et le § 51 de l'article 20 (p. 124, l. 6 ; ci-dessus, p. 77). En effet, le § 51 parle comme celui-ci du blé mûr, et le met parmi les objets qui donnent lieu à des saisies d'une nuit, tandis qu'ici nous nous occupons des saisies de trois nuits. La conciliation entre ces deux dispositions se produit, suivant le glossateur, quand on admet que, dans l'article 20, il s'agit de la restitution du principal, et dans l'article 28, des dommages-intérêts.

« § 49. *Pour avoir violé ta loi* (p. 166, l. 29-30 ;
» p. 172, l. 19-22). »

La loi violée est celle que se sont faite les parties par un contrat. Il semble, d'après la glose, que cet engagement a été pris par serment, *luige*.

« § 50. *Pour avoir violé ton traité de paix,*
» cairde (p. 166, l. 30 ; p. 172, l. 22-29). »

Cairde est une convention faite en général entre deux cités, cf. ci-dessous, p. 185 ; c'est un acte public ; dans le § 49 il s'agit d'un acte privé.

« § 51. *Pour maintenir de ton droit de citoyen*,
» urradas (p. 166, l. 30 ; p. 172, l. 23-26). »

A comparer ce qui a été dit dans le volume précédent, p. 273, note 1.

« § 52. *Pour avoir exécuté un contrat d'éduca-*
» *tion;* — § 53 *pour n'avoir pas exécuté un contrat*
» *d'éducation* (p. 168, l. 1 ; p. 172, l. 26-24). »

L'usage, dans la noblesse irlandaise, est que les parents mettent les enfants en pension chez un tiers qui les élève (1). De là, une relation de droit spéciale à la législation irlandaise : c'est le rapport qui existe entre l'entrepreneur d'éducation et l'élève. Le premier s'appelle *aite* et l'élève *dalte*. L'*aite* a droit à une rémunération, et il exerce sur l'élève l'autorité paternelle. Il doit les soins d'un père à son élève.

Le traité de l'éducation et de ses effets est l'objet d'une des divisions du *Senchus Môr* (t. II, p. 146-193). Ce traité est intitulé *Cain iarraith* (littéralement : « Loi de payement postérieur »). *Iarrath* paraît avoir le sens général de rémunération, mais c'est le terme consacré quand il s'agit du contrat d'éducation. L'acte de l'éducation s'appelle *altrum* (t. II, p. 150, 162, 168, 172, 176, 178, 184, 186).

Le texte de l'article 28 prévoit deux hypothèses : l'une au § 52, c'est que celui qui a entrepris l'éducation s'est acquitté de ses obligations, alors il y a *soaltar;* l'autre au § 53, c'est qu'il n'a pas rempli ses obligations, alors il y a *mialtar*. Dans le pre-

---

(1) *Etudes sur le droit celtique*, t. I, p. 112-116, 187.

mier cas, une fois l'éducation finie, il a droit à une somme égale à celle qu'il a reçue au moment où a commencé l'exécution du contrat; dans le cas contraire, il doit restituer le double de ce qu'il a reçu (p. 172, l. 26-29). Le traité dont nous avons parlé explique que le prix de l'éducation dépend de la dignité du père de l'enfant; il varie de trois bêtes à cornes à trente bêtes à cornes. Trois est le prix fixé lorsque le père appartient aux rangs inférieurs de la noblesse (t. II, p. 150); trente est le prix fixé lorsque le père est roi (t. II, p. 154). Les frais qui doivent être faits pour chaque enfant sont proportionnels au prix qu'a reçu celui qui a entrepris l'éducation (t. II, p. 162).

« § 54. *Pour exiger le prix d'éducation*, iarrath, » *dont la restitution est due par celui qui n'a pas* » *exécuté le contrat* (p. 168, l. 1; p. 172, l. 29-34). »

A comparer l'article 38, § 13 (p. 216, l. 1-2; p. 218, l. 33-36), où dans le même cas il est dit que la saisie doit être immédiate avec une nuit de répit en fourrière. Encore une contradiction entre les deux traités de la saisie immédiate et de la saisie avec délais (1).

» § 55. *Pour langes de berceau* (p. 168, l. 1-2; » p. 172, l. 34; p. 174, l. 1). »

C'est probablement la saisie exercée contre celui

(1) Cf. ci-dessus, p. 138.

qui s'est chargé de l'éducation d'un enfant, quand on veut le contraindre à garnir le berceau de langes conformes à la position des parents. Le traité de l'éducation dit que celui qui a entrepris l'éducation du fils d'un roi doit dépenser pour le vêtir une valeur de sept bêtes à cornes (t. II, p. 158); cette somme représente le prix des vêtements depuis la naissance jusqu'à dix-sept ans, époque à laquelle le contrat prend fin. Jusqu'à cet âge, l'enfant est sous l'autorité de celui qui l'élève et il est incapable de faire valablement aucun contrat, quand même son père serait mort (t. II, p. 288).

« § 56. *Pour saisie à l'effet de payement de det-*
» *tes qui résultent de la vassalité servile quand elle*
» *est collective* (p. 168, l. 2; p. 174, l. 1-3). »

Cette vassalité a pour principe un cheptel (1).

« § 57. *Pour saisie à l'effet du payement de det-*
» *tes qui résultent du contrat d'éducation, quand*
» *plusieurs personnes l'ont entrepris collectivement*
» (p. 168, l. 2-3; cf. p. 174, l. 3-4).

» § 58. *Pour saisie à l'effet de payement de det-*
» *tes qui résultent de la dissolution de toute société*
» *légalement constituée* (p. 168, l. 3; p. 174,
» l. 4-6). »

On trouve l'énumération de ces sociétés au t. II,

(1) *Etudes sur le droit celtique*, t. I, p. 123-129.

p. 344. Elles sont au nombre de huit ; elles sont constituées : 1° entre le chef et ses vassaux-serfs (1) ; 2° entre l'Eglise et ses moines (2) ; 3° entre le père et sa fille (3) ; 4° entre la sœur et son frère, après la mort du père (4) ; 5° entre le fils et sa mère ; 6° entre le nourrisson et la mère nourricière ; 7° entre le maître et l'élève, qui demeure chez le maître (5) ; 8° entre le mari et sa femme (6).

Il n'est pas question de dissolution de la société entre le père et le fils, puisque cette société, si société il y a, dure autant que la vie ; la personne du père se confond avec celle du fils ; le fils n'a jamais rien en propre, tandis que la fille remariée par son père est propriétaire au moins de moitié de son prix de vente, comme on a vu dans le commentaire de l'article 24, § 33, ci-dessus, p. 121. Si la femme mariée a une dot et un douaire, ils échappent à la puissance paternelle.

« § 59. *Pour avoir lié des chevaux d'une façon* » *abusive, pour l'avoir fait d'une façon qui peut les* » *blesser* (p. 168, l. 3-4 ; p. 174, l. 6-10).

» § 60. *Pour avoir mis une barrière devant des*

---

(1) *Etudes sur le droit celtique*, t. I, p. 123-129.
(2) *Ibid.*, t. I, p. 244, 249, 250 ; ci-dessus, p. 27, 28.
(3) *Ibid.*, t. I, p. xx, 247, 304, 312 ; ci-dessus, p. 121.
(4) *Ibid.*, t. I, p. 246-247 ; ci-dessus, p. 121-122.
(5) *Ibid.*, t. I, p. 112-116, 183, 184, 187, 243, 244, 246, 331 ; ci-dessus, p. 29.
(6) *Ibid.*, t. I, p. 229.

» *vaches au pré* (p. 168, l. 4-5 ; p. 174, l. 10-12).

« § 61. *Pour avoir mis une barrière devant des
» veaux, afin de les empêcher de s'approcher des
» vaches* (p. 168, l. 5 ; cf. p. 174, l. 12-13).

» § 62. Mais la restitution du lait que les vaches
» ont perdu, faute d'être tétées, donne lieu à une
» saisie qui comporte délai d'une nuit (p. 168,
» l. 5-6 ; p. 174, l. 13-14). »

Comparez article 20, § 5, p. 122, l. 10 ; ci-dessus, p. 60, cf. plus haut, p. 58.

Art. 29, p. 174, l. 28-p. 180, l. 35.

« Saisie de trois nuits :
» § 63. *Pour avoir dépouillé ton mort* (t. I,
» p. 174, l. 28 ; p. 176, l. 6-9). »

C'est-à-dire le cadavre de l'ennemi que tu as tué, ou de ton parent mort de maladie. Cf. plus bas, §§ 71, 72.

« § 64. *Pour rixe [en assemblée] de colline* (p. 174,
» l. 28-29 ; p. 176, l. 9-12) (1). »

Le même cas est prévu par l'article 42, § 16 (p. 230, l. 24) qui permet la saisie immédiate avec trois nuits de répit en fourrière seulement et

---

(1) Sur les assemblées celtiques, voyez *Etudes sur le droit celtique*, t. I, p. 293-321 ; et dans le présent volume, p. 17, 22-25, etc.

sans délais préalables. Voyez la glose de cet article (p. 232, l. 30), et celle du présent paragraphe (p. 176, l. 11). Dans ces deux gloses, un mot unique, *debaid*, rend le *cosat* « rixe » de l'article 29 et le *mescbuid* de l'article 42. Encore une contradiction entre le traité de la saisie immédiate et le traité de la saisie avec délais. Quand en aurons-nous fini ? (Cf. ci-dessus, p. 138.)

« § 65. *Pour cessation de services au camp* » (p. 174, l. 29 ; p. 176, l. 13-14). »

La glose dit qu'il est question d'une rixe et qu'il y a eu meurtre ; de là cessation de service.

« § 66. *Pour calomnie* (p. 174, l. 29 ; p. 176, » l. 14-15). »

Suivant la glose, la calomnie dont il s'agit est un sobriquet ou une malédiction magique. Dans le premier cas, il y aurait contradiction avec le présent traité qui met les sobriquets dans la liste des cas de saisie avec délais de cinq nuits (art. 32, § 30 ; p. 184, l. 17-18) (1) ; dans le second cas, il y aurait double emploi avec le paragraphe suivant, et contradiction avec le traité de la saisie immédiate qui range la malédiction magique, *aer*, dans la liste des actes provoquant saisie immédiate avec trois nuits de fourrière (art. 42, § 13 ; p. 230, l. 23).

(1) Il n'y a pas à tenir compte des explications par lesquelles le glossateur prétend échapper à cette contradiction, p. 192, l. 2, 3.

« § 67. *Pour malédiction magique* (p. 174, l. 29;
» p. 176, l. 15-16). »

Nous venons de dire que la malédiction magique est comprise parmi les causes de contestation qui donnent lieu à saisie immédiate avec trois nuits de fourrière : contradiction nouvelle entre le traité de la saisie avec délais et le traité de la saisie immédiate (1). Cf. art. 32, § 6, 8, où il est question de malédiction contre les morts; § 29, où il s'agit de malédiction exceptionnellement puissante; dans ces trois paragraphes, ci-dessous, p. 172, 173, 181, la durée des délais est élevée de trois nuits à cinq.

« § 68. *Pour insulte à l'honneur* (p. 174, l. 29-
» 30; 176, l. 16). »

Des exemples d'insulte à l'honneur, c'est-à-dire en irlandais, de *on*, sont donnés : 1° à l'article 32, § 30 (p. 184, l. 17-18) : pour un sobriquet, la saisie se pratique avec délai de cinq jours; 2° à l'article 42, § 24 (p. 232, l. 3) : pour blessures au fils, à l'esclave, à la femme du plaignant; la saisie est immédiate, avec cinq jours de fourrière.

« § 69. *Pour blessure cachée* (p. 174, l. 30;
» p. 176, l. 17-18). »

La glose dit : « sous le vêtement. »

---

(1) Ci-dessus, p. 138.

« § 70. *Pour mutilation* (p. 174, l. 30; p. 176,
» l. 18-19). »

Glose : « dans les membres. »

« § 71. *Pour le vêtement de l'adversaire tué
» en combat singulier* (p. 174, l. 30; p. 176,
» l. 19-21). »

Cf. ci-dessus, p. 158, § 63. Il y a eu, suivant le
§ 71, « meurtre sans bataille, » meurtre sans que
d'autres meurtres aient précédé. Le droit du vainqueur sur les vêtements et sur les armes du vaincu
est traité avec développement dans le Livre d'Aicill,
Lebar Aicle (*Ancient Laws of Ireland*, t. III, p. 278,
280, 302; comparez notre volume précédent, p. 208).

« § 72. *Pour avoir dépouillé* [*les guerrier tués*]
» *dans un combat de plusieurs* (t. I, p. 174, l. 31;
» p. 176, l. 22-24). »

« Pour avoir dépouillé, » sous-entendu : au détriment du vainqueur (cf. ci-dessus, § 63, p. 158).

« § 73. *Pour avoir mis en circulation des bruits
» infamants et mal fondés* (p. 174, l. 31; p. 176,
» l. 25-30). »

La glose donne comme exemple une accusation
de meurtre, soit prémédité, soit non prémédité,
soit caché. A comparer, plus bas, l'article 34, § 9,
où il est question de celui qui a inventé le bruit

calomnieux; alors la durée des délais est élevée de trois nuits à dix à cause de la gravité du crime.

« § 74. *Pour avoir épouvanté quiconque est ti-*
» *mide* (p. 174, l. 31-32; p. 178; l. 1-7).

» § 75. *Pour avoir fait tomber ton fils sur le*
» *dos dans la maison* (p. 174, l. 32; p. 178,
» l. 8-30; p. 180, l. 1-4).

» § 76. *Pour le morceau manifestement* [*désiré*]
» (p. 174, l. 32; p. 176, l. 1; p. 180, l. 5-9). »

La glose (p. 180, l. 5-6) dit : « C'est-à-dire désir de femme grosse, c'est-à-dire sans lui donner ce qu'elle désire, c'est-à-dire c'est son mari qui ne le lui donne pas. » Ce passage n'est pas le seul qui atteste l'intérêt porté aux femmes grosses par la législation irlandaise; suivant la glose de l'article 20, § 99 (p. 144, l. 10), la raison pour laquelle les délais de la saisie peuvent n'être que d'une nuit, lorsqu'il s'agit d'un chien de dame, est que cette dame serait une femme grosse. Voyez ci-dessus, p. 108.

« § 77. *Pour viol de femme en couches* (p. 176,
» l. 1; p. 180, l. 8-17).

» § 78. *Pour cohabitation, malgré défense, avec*
» *une femme qui en meurt* (p. 176, l. 1-2; p. 180,
» l. 17-21). »

La glose explique que la résistance à la cohabitation peut venir soit de la femme, soit de ses père et mère, *tuistin*, soit du reste de sa famille, *fine*. Si la femme n'en meurt pas, l'auteur du viol ne doit que le prix de l'honneur; si elle en meurt, outre le prix de l'honneur, *enech-lann*, il doit le prix du corps, *coirp-dire*.

« § 79. *Pour viol de folle* (p. 176, l. 2 ; p. 180,
» l. 21-23). »

Suivant la glose (p. 180, l. 21-23), il faut distinguer si la folle n'a pas de famille, ou si elle en a une. Dans le premier cas, la folle appartient au roi, et le roi a droit au prix complet de l'honneur de la folle ; mais si la folle a des parents, ceux-ci n'ont droit qu'au tiers du prix de l'honneur.

« § 80. *Pour enlèvement consenti par une femme*
» *qui dès lors cesse de faire [dans l'intérêt de sa*
» *famille] son travail ordinaire* (p. 176, l. 2-3 ;
» p. 180, l. 23-25). »

Voici la doctrine du glossateur. Il s'agit de la femme qui s'est fait enlever, *in ben fuataig*. On trouve la même expression dans la glose du livre qui traite spécialement des questions matrimoniales (*Ancient Laws*, t. II, p. 402, l. 5). L'effet du consentement de la femme serait, semble-t-il, que ses parents n'auraient pas droit au prix de l'honneur ; les parents auraient seulement droit à être indemnisés de la perte que leur fait subir la privation de son travail. La glose prévoit l'hypothèse où la femme est immédiatement revenue dans sa famille : l'indemnité que doit l'auteur de l'enlèvement est due par lui seulement pour le travail que la grossesse empêche (p. 180, l. 24-25). Le même sujet est traité avec plus de développements et d'une façon plus logique, dans le *Lebar Aicle* (*Ancient Laws*, t. III, p. 540-546) : quand la femme est enlevée malgré elle, le ravisseur doit deux fois le prix de l'honneur, une fois à la femme, une fois à ses parents, — plus le prix du corps si elle en meurt ; — mais si la femme a été enlevée de son bon gré, le ravisseur ne doit qu'une fois le prix de l'honneur, et c'est aux parents qu'il le doit.

« § 81. *Pour expulsion de lit* (p. 176, l. 3; p. 180, l. 27-28). »

Le défendeur a mis dans le lit des époux un objet magique, — exemple, un os enchanté (cf. ci-dessous, p. 192, 193, art. 35, § 26, 27) — qui produit des querelles entre mari et femme, et la femme ne couche plus avec son mari. Le mari a droit au prix de l'honneur, nous dit la glose.

« § 82. *Pour avoir ôté [au mari] l a faculté d'en-
» gendrer* (p. 176, l. 3; p. 180, l. 27-28). »

Soit, dit la glose, en l'empêchant d'aller coucher avec sa femme, soit en le rendant impuissant.

« § 83. *Pour avoir posé des objets qu'un enchan-*

» *tement a rendus nuisibles* (p. 176, l. 3 ; p. 182,
» l. 28-30).

» § 84. *Pour avoir donné à manger à un chien*
» *un mauvais morceau* (p. 176, l. 4 ; p. 180,
» l. 30-33). »

Il s'agit, dit la glose, soit de poison, soit d'aliments enchantés dont on veut éprouver l'efficacité.

« § 85. *Pour avoir ôté le morceau du héros à*
» *l'homme auquel il appartient* (p. 176, l. 4-5 ;
» p. 180, l. 33-35). »

La glose cite comme exemple le morceau du héros, *curad mír*, qui devait revenir à *Cúchulainn*, et qui lui fut refusé, comme on sait, dans le « Festin de *Bricriu* (1). »

Art. 30, p. 182, l. 1-21.

« Dans les procès concernant : 1° les bois, 2° la
» famille, 3° l'eau, 4° la mer, comme je l'ai dé-
» taillé ; la saisie pratiquée pour obtenir restitution
» comporte délai d'une nuit, la saisie pratiquée
» pour exiger l'amende comporte délai de trois
» nuits, sauf les cas où le saisissant doit les

---

(1) *Cours de littérature celtique*, t. V, p. 86-92, 108, 109, 118, 121, 123, 127, etc. ; cf. *Etudes sur le droit celtique*, t. I, p. 69, 339, 340.

» délais de cinq nuits, comme l'ont décidé les » assemblées des Fêné (Irlandais). »

1° Les procès concernant les bois sont mentionnés parmi les saisies avec délais d'une et de trois nuits (art. 20, § 52 ; art. 27, § 14 ; ci-dessus, p. 78, 143). Suivant la glose de l'art. 30, les délais d'une nuit pour la restitution, *aithgin*, et de trois nuits pour l'amende, *dire*, s'appliquent au bois sacré, *fid defid*, situé dans la forteresse. Les délais sont de : — trois et cinq nuits, pour la forêt voisine commune aux vassaux, *fid comaithcesa;* — cinq et dix nuits, pour la forêt éloignée, *in diraind*, sans propriétaire. Cf. plus bas, art. 32, § 12 ; art. 35, § 30.

2° Les procès concernant la famille sont, suivant la glose, ceux qui ont rapport : *a*) au droit sur un fort, *b*), au droit sur une maison (p. 182, l. 6).

a) Le procès relatif au droit sur un fort donne, en effet, lieu aux délais d'une nuit, suivant l'article 20, § 30 (p. 122, l. 18-19); et suivant la glose (p. 130, l. 29) ; ce procès concerne la part du demandeur dans le fort indivis de la famille (cf. ci-dessus, p. 71).

b) Le procès qui concerne le droit sur une maison est celui qui a lieu entre cohéritiers, et la saisie se pratique avec délais d'une nuit (art. 20, § 31 ; p. 122, l. 19 ; ci-dessus, p. 71). Il s'agit, dit la glose, de partager la maison indivise (p. 130, l. 30-32).

3° Les procès concernant l'eau sont de deux espèces, dit la glose : les uns sont relatifs *a)* aux droits sur un lac, *linn* (et non *lin*, qui veut dire « filet »), *b)* aux droits sur une rivière (art. 20, § 23, p. 122, l. 16 ; ci-dessus, p. 70).

a) Le lac appartient en commun à une famille ; le moment de la pêche est venu ; un frère a laissé à l'autre sa part de ce lac, c'est-à-dire d'eau et de poisson (p. 129, l. 26 ; p. 130, l. 1-2).

b) Il s'agit, suivant la glose, du droit de pêche sur la rivière, ou du droit de détourner l'eau pour établir un vivier (p. 130, l. 3-5) ; mais la seconde hypothèse est en contradiction avec l'article 35, § 28 (p. 202, l. 1), suivant lequel celui qui barre un cours d'eau a droit aux délais de dix nuits.

4° Les procès concernant la mer peuvent, suivant la glose, concerner la nourriture d'une troupe d'hommes venus par mer, c'est-à-dire de naufragés *muirchuirthe* (p. 182, l. 7-8). L'article 28, § 42 (p. 166, l. 25 ; ci-dessus, p. 150) nous apprend que la saisie pratiquée à l'occasion de comestibles rejetés par la mer comporte délai de trois nuits. La saisie comporte délai d'une nuit, quand son but est de se débarrasser d'une troupe d'ennemis arrivés par mer, c'est-à-dire de Vikings ou Normans (art. 20, § 20 ; p. 122, l. 14-15 ; ci-dessus, p. 69) ; on comprend qu'il y a dans ce cas toute particulière urgence.

CHAPITRE VII.

SAISIE AVEC DÉLAIS DE CINQ NUITS.

Art. 31, p. 182, l. 22-p. 184, l. 4.

« Le crime de ton descendant au quatrième
» degré, le crime de ton descendant au troisième
» degré, celui de tous tes parents jusques et y
» compris les dix-sept personnes [qui composent
» la famille] doivent être éclaircis après l'expira-
» tion de délais de cinq nuits, en sorte que cha-
» cun obtienne [l'objet de] sa réclamation et que
» chacun se fasse donner son indemnité (p. 182,
» l. 22-24). »

Dans les procès faits contre toi, « à cause du crime de ton fils, de ta fille, de ton petit-fils, de ta femme, » la saisie comporte les délais de trois nuits (art. 26, § 9; ci-dessus, page 154), portés à cinq nuits quand il s'agit de parents plus éloignés : tel est le sens de l'article 31. Cet article contredit l'article 47, § 4 (p. 246, l. 20-21), suivant lequel, dans l'espèce prévue par l'article 31, la saisie est immédiate avec dix nuits de fourrière. Pour faire disparaître cette contradiction, le copiste qui a écrit le ms. harléien 432 du Musée Britannique a supprimé le § 4 de l'article 47. C'est lui aussi qui, pour se débarrasser d'une contradiction avec les articles 16-18 (ci-dessus, p. 46-54), a retranché le § 1 du même article 47; voyez à ce sujet notre volume précédent, p. 370-371.

Art. 32, p. 184, l. 5-192, l. 9.

« *Saisie de cinq nuits :*
» § 1. *Pour prendre possession après la mort*
» (p. 184, l. 5, 20-27; p. 186, l. 1-3). »

Il s'agit de cheptel; la mort dont il est question est celle de la vache donnée en cheptel. Ce dont on prend possession, c'est le cadavre de la vache, principalement la peau. Celui qui prend possession est le bailleur du cheptel (p. 184, l. 20-23). La saisie exécutée par le bailleur du cheptel, pour contraindre le preneur à l'exécution de son contrat, comporte, en règle générale, les délais de trois nuits (art. 26, §§ 11-12; p. 156, l. 32; p. 162, l. 7-13; ci-dessus, p. 142), augmentés ici de deux nuits chacun.

« § 2. *Pour dernière dépouille* (p. 184, l. 5;
» p. 186, l. 4-14). »

Il s'agit toujours de cheptel. Suivant une glose

publiée par O'Donovan, dans son supplément à O'Reilly, au mot *tiuẹiomrad*, le preneur est mort; la question est de savoir ce qui se passe en cas de cheptel servile, quand le preneur meurt au bout de sept ans; pendant deux mois, les héritiers du preneur sont tenus aux mêmes obligations que le preneur lui-même (*Ancient Laws of Ireland*, t. II, p. 268, l. 13-17), et ces obligations sont ce qu'on appelle « dernière dépouille (1). »

Suivant la glose imprimée ici (p. 186, l. 4-8), c'est le bailleur de cheptel qui est mort. Alors deux systèmes sont en présence. En voici un : Quand le bailleur du cheptel meurt avant l'expiration des trois premières années sur sept (pour lesquelles le bail à cheptel se fait), et quand, en outre, le preneur a fourni deux fois la rente en nature qu'il doit au bailleur, il ne doit plus que le tiers du cheptel qu'il a reçu. C'est ce que l'héritier du bailleur a droit de réclamer, suivant le *Traité du cheptel servile* (*Ancient Laws*, t. II, p. 268, l. 17-19). Voici l'autre système : La dernière dépouille est le second terme de la rente annuelle due par le preneur; l'héritier du bailleur a le droit d'exiger ce

---

(1) Une de ces obligations dont je n'ai pas assez clairement parlé dans le tome I des *Etudes de droit celtique*, p. 127-128, lorsque, parmi les obligations du preneur de cheptel, j'ai mentionné le service de guerre, c'est l'obligation de coopérer à l'exercice du droit de vengeance, quand le bailleur s'en acquitte pour son compte personnel : *fri digail*, « pour vengeance, » dit le *Senchus Môr*, t. II, p. 268, l. 17. Le preneur du cheptel doit donner son concours au bailleur, quand celui-ci entreprend une guerre privée.

TITRE II, CHAP. VII, ART. 32, DÉLAIS DE CINQ NUITS. 171

terme, quand le bailleur est mort avant l'échéance, et ce terme est la « dernière dépouille » (t. I, p. 186, l. 5-7).

La mort du preneur ou du bailleur allonge de deux nuits chacun des délais de trois nuits prévus par l'article 26, § 12 (p. 156, l. 33; p. 162, l. 11-13, ci-dessus, p. 142).

« § 3. *Pour n'avoir pas érigé la tombe de ton* » *chef* (p. 184, l. 6; p. 186, l. 16-20). »

La mort du chef allonge de deux nuits chacun des délais de trois nuits fixés par l'article 26, § 11 (p. 156, l. 32; p. 162, l. 7-11; ci-dessus, p. 142), pour toute saisie pratiquée contre le vassal en cas d'inexécution de service féodal.

« § 4. *Pour engager un procès contre des morts* » (p. 184, l. 6; p. 186, l. 21-22). »

Des défendeurs, deux au moins sont morts.

« § 5. *Pour pratiquer saisie contre les héritiers* » *d'un homme qui vient de mourir* (p. 184, l. 7; » p. 188, l. 1-5). »

A comparer l'article 44, § 1, où, dans ce cas, l'enlèvement est immédiat avec cinq jours de fourrière (p. 236, l. 23-24) (1).

Suivant la glose du présent paragraphe, il s'agit

___

(1) Cf. *Etudes sur le droit celtique*, t. I, p. 362.

de cheptel, comme aux §§ 1 et 2. Le mort est le bailleur ou le preneur. Si c'est le bailleur, il reste à fournir une partie du cheptel, et le preneur la réclame. Si c'est le preneur, celui-ci n'a pas payé la totalité de la rente ; ses héritiers doivent le reste, et le bailleur réclame ce reste.

Le plus vraisemblable est que le § 5 a un sens plus général que les §§ 1 et 2, et qu'il s'applique à toute espèce de procès.

« § 6. *A cause d'une malédiction magique lancée* » *contre un mort* (p. 184, l. 7-8 ; p. 188, l. 5-9). »

A comparer l'article 44, § 2 (p. 236, l. 24), où l'enlèvement est immédiat et suivi de cinq nuits de fourrière (1).

La malédiction magique contre un vivant peut être vengée par une saisie que le vivant pratique contre le sorcier ; alors les délais sont de trois nuits seulement (art. 29, § 67 ; p. 174, l. 29 ; p. 176, l. 15-16 ; ci-dessus, p. 160). Lorsque c'est contre un mort qu'a été dirigée cette incantation et que la saisie est pratiquée par ses héritiers, les délais sont chacun prolongés de deux nuits.

« § 7. *Pour s'être vanté à tort d'avoir joui d'une* » *femme qui était morte à la date de cette calomnie* » (p. 184, l. 8 ; p. 188, l. 9-12). »

En règle générale, la mise en circulation de

(1) Cf. *Etudes sur le droit celtique*, t. I, p. 362.

bruits injurieux et mal fondés donne lieu à une saisie qui comporte délai de trois nuits (art. 29, § 73; p. 174, l. 31; p. 176, l. 25-26; ci-dessus, p. 161). La mort de la femme calomniée élève à cinq nuits la durée des délais.

« § 8. *A cause de malédiction magique contre
» une femme qui est morte* (p. 184, l. 8-9; p. 188,
» l. 12-13). »

Il y a ici délai de cinq nuits. Si la femme était vivante à la date de l'incantation, les délais seraient de trois nuits seulement chacun (art. 29, § 67; p. 174, l. 29; p. 176, l. 15-16; cf. ci-dessus, p. 160).

« § 9. *Pour [exiger] serment purgatoire quand
» l'homme accusé de meurtre caché nie ce crime*
» (p. 184, l. 9; p. 188, l. 13-15). »

A comparer l'article 44, § 3 (p. 236, l. 25-26), où l'enlèvement est immédiat et suivi de cinq nuits de fourrière (1).

Il s'agit ici d'un homme qu'on a tué et dont on a caché le corps, afin de dissimuler le meurtre et d'éviter de payer la composition. En ce cas, le montant de la composition est doublé, tant le prix du corps que le prix de l'honneur. Voir *Lebar Aicle* (*Ancient Laws*, t. III, p. 98 et suiv.). Dans le même cas, la Loi salique triple le montant de la composi-

---

(1) Cf. *Etudes sur le droit celtique*, t. I, p. 362.

tion (texte I, chap. XLI, §§ 1 et 2 ; éd. Hessels, col. 244, 253) (1).

Les délais de la saisie sont fixés à cinq nuits par la loi irlandaise. En cas de meurtre ostensible, de ce que la loi irlandaise appelle « crime de ta main » (art. 26, § 10 ; p. 156, l. 31 ; p. 162, l. 2-4 ; ci-dessus, p. 140), les délais durent trois nuits chacun ; ce sont ceux de la saisie pratiquée contre le meurtrier par les parents du mort pour se faire payer la composition. Quand le meurtre est caché, le but de la saisie est de faire parler, soit le meurtrier présumé, soit un témoin, et l'on met l'un ou l'autre en demeure de dire ce qu'il sait ou de jurer qu'il ne sait rien (p. 188, l. 13).

« § 10. *Pour [exiger] la composition [due pour meurtre caché] quand on connaît le meurtrier* (p. 184, l. 9 ; p. 188, l. 15-17). »

A comparer l'article 44, § 4 (p. 236, l. 26), où l'enlèvement est immédiat et suivi de cinq nuits de fourrière (2).

« § 11. *Pour avoir enlevé la couverture d'une bête malade* (p. 184, l. 10 ; p. 188, l. 17-21). »

A comparer l'article 44, § 5 (p. 236, l. 26), où

---

(1) *Etudes sur le droit celtique*, t. I, p. 68, 90.
(2) *Ibid.*, t. I, p. 362.

l'enlèvement est immédiat et suivi de cinq nuits de fourrière (1).

« § 12. *Pour avoir fait sécher un arbre quel-*
» *conque* (p. 184, l. 10 ; p. 188, l. 21-22). »

Suivant la glose (p. 188, l. 21), il s'agirait d'un arbre situé dans le voisinage et commun aux vassaux, *comaithech*, du même suzerain. C'est une erreur. Quand on pratique la saisie contre celui qui a coupé, ou détruit d'une façon quelconque un arbre situé dans le bois sacré du fort, les délais sont d'une nuit (art. 20, § 52 ; p. 124, l. 7 ; p. 134, l. 20 et suiv.). Quand le défendeur a coupé et enlevé l'arbre d'un particulier, les délais de la saisie sont de trois nuits (art. 27, § 14 ; p. 162, l. 20) ; cet arbre d'un particulier est situé, non dans le fort, mais dans la forêt commune près des habitations (p. 134, l. 22 ; p. 162, l. 28). L'arbre quelconque, pour lequel les délais sont de cinq nuits, est situé au loin, sur la montagne sans propriétaire ; il était d'abord *res nullius*, mais quelqu'un en avait pris possession. Voyez articles 20 § 52 et 30, § 1 ; ci-dessus, p. 78 et 165 ; et plus bas, article 35, § 23, où les délais de la saisie sont de dix nuits.

« § 13. *Pour avoir fait une meule de moulin*
» (p. 184, l. 10-11 ; p. 188, l. 22-23). »

Dans la carrière d'autrui.

(1) Cf. *Études sur le droit celtique*, t. I, p. 362.

« § 14. *Pour mandat de commandement* (p. 184,
» l. 11 ; p. 188, l. 24-26). »

Suivant la glose (p. 188, l. 24), il s'agirait de quelqu'un qui serait poursuivi comme responsable du vol commis par son parent (?).

« § 15. *Pour faute de ta signification mal faite*
» (p. 184, l. 11 ; p. 188, l. 26-31). »

Il s'agit de la signification, *fasc*, qui se fait après la mise en fourrière et dont l'objet est de faire connaître au saisi en quel endroit les bestiaux saisis ont été mis en fourrière (1). Le glossateur suppose que la signification a été inexacte, que les bestiaux saisis sont restés devant la porte au lieu d'être enfermés comme le veut la loi.

« § 16. *Pour avoir enlevé aux gardiens l'objet*
» [*placé sous leur garde*] (p. 184, l. 12 ; p. 188,
» l. 31-33).

» § 17. *Pour avoir percé le rocher : à l'effet d'en*
» *tirer du minerai de fer* (p. 184, l. 12 ; p. 188,
» l. 33), »

dans le terrain d'autrui ;

« § 18. *A l'effet d'en tirer du minerai de cuivre*
» (p. 184, l. 12-13 ; p. 188, l. 33-36 ; p. 190, l. 1-2). »

Les délais sont réduits chacun à trois nuits, quand

---

(1) *Etudes sur le droit celtique*, t. I, p. 277-278.

il s'agit d'une mine d'argent (art. 28, § 44 ; p. 166, l. 26 ; p. 170, l. 16-18 ; ci-dessus, p. 151).

« § 19. *Saisie afin de revendiquer des vaches qui*
» *ne donnent pas encore de lait et qu'on ne peut*
» *atteler* (p. 184, l. 13 ; p. 190, l. 2-4). »

C'est-à-dire des génisses de trois ans et au-dessous. Quand il s'agit d'une vache laitière, les délais sont d'une nuit chacun (art. 20, § 5 ; p. 122, l. 10 ; ci-dessus, p. 60).

« § 20. *Afin de revendiquer des chevaux* (p. 184,
» l. 13) ;
» § 21. *des bœufs, quand les uns et les autres*
» *sont impropres au travail* (p. 184, l. 13-14). »

C'est-à-dire quand ces chevaux et ces bœufs sont trop jeunes. Les délais, ici de cinq nuits, sont réduits à une nuit chacun si le cheval est propre à la course, si le bœuf peut être attelé à la charrue, et si le jour de la course, le temps de labourer sont arrivés (art. 20, §§ 3-4 ; p. 122, l. 9-10 ; p. 126, l. 16-18 ; ci-dessus, p. 60).

« § 22. *Afin de revendiquer les petits profits de*
» *bestiaux quelconques, tant que ces petits bestiaux*
» *ne rapportent rien* (p. 184, l. 14 ; p. 190,
» l. 5-15). »

Il s'agit de génisses. Le seul profit est l'augmentation de valeur par l'effet de la croissance.

« § 23. *Afin de revendiquer les animaux qui*
» *fouillent* (p. 184, l. 14-15 ; p. 190, l. 15-17). »

Suivant la glose, il s'agit, dans ce paragraphe, de petits cochons mâles qui suivent chacun, de coqs ou autres volailles qui s'attachent au pas des gens. On voit que les Irlandais vivaient, avec les animaux de leurs basses-cours, dans une familiarité touchante. Du reste, on sait qu'au moyen âge, les Parisiens ont eu presque la même simplicité de mœurs.

« § 24. *Afin de revendiquer toute espèce de qua-*
» *drupèdes* (p. 184, l. 15 ; p. 190, l. 17-18). »

Taureaux ou cochons mâles, dit la glose.

« § 25. *Pour [le crime commis par] le messager*
» *de la cité* (p. 184, l. 15 ; p. 190, l. 18-22). »

La saisie causée par « crime de ton messager » (art. 26, § 9 ; p. 156, l. 30 ; p. 160, l. 27-28 ; ci-dessus, p. 140) comporte délai de trois nuits ; alors il s'agit d'un garçon de course qui est à tes gages et demeure chez toi (p. 160, l. 27). Les délais sont portés de trois nuits à cinq, quand le messager n'est pas attaché à une personne ; en ce cas, la saisie est faite contre celui qui le loge, c'est-à-dire, pour se servir de l'expression irlandaise, « contre son lit, » *di a lepud* (p. 190, l. 21). On trouve la même expression dans le *Traité de la responsabilité pour crimes* (*Ancient Laws*, t. IV, p. 240, l. 11) ; quand la famille échappe à cette responsabilité par la fuite, la responsabilité tombe sur celui qui a donné un cheptel au coupable ; à son défaut, elle atteint le lit, le manteau et la nourriture du coupable ; c'està-dire la personne qui le loge, l'habille et lui donne à manger ; et quand cette personne charitable n'existe pas, c'est le roi qui est responsable (1).

« § 26. *Pour le crime commis par le fils d'un* » *étranger* (p. 184, l. 16 ; p. 190, l. 22-26). »

Il s'agit de l'étranger qu'on loge chez soi, qu'on a pour domestique. On est responsable du crime de cet étranger et de son fils. Pour la saisie pratiquée à cause du crime de cet étranger, les délais sont de trois nuits chacun (art. 26, § 9 ; p. 156, l. 30 ; ci-dessus, p. 140). Pour la saisie pratiquée à cause du crime de son fils, les délais durent cinq nuits chacun.

« § 27. *Pour se débarrasser de fils de prostituée* » p. 184, l. 16 ; p. 190, l. 26-32). »

On s'est chargé de l'éducation d'un enfant, et on ne reçoit pas l'indemnité convenue. On a le droit d'exiger que l'enfant soit repris par la personne qui en a légalement la charge. Pour faire valoir ce droit, on peut pratiquer la saisie. Les délais que la saisie comporte sont, suivant les cas, d'une, de trois

(1) *Etudes sur le droit celtique*, t. I, p. 192, 193.

ou de cinq nuits. 1° Si la femme est folle, sourde, lépreuse ou infirme, les délais sont d'une nuit (art. 20, § 80; p. 124, l. 20-22; p. 140, l. 31-38; ci-dessus, p. 104). 2° Si le mariage dont l'enfant est issu est régulier, les délais sont de trois nuits (art. 28, §§ 53-54; p. 168, l. 1; ci-dessus p. 154-155). 3° Si la femme est prostituée, les délais sont de cinq nuits (p. 190, l. 27-32). La prostituée, *baitsige* dans le texte, *be taide* « femme de vol » dans la glose, est la femme enlevée avec son consentement, mais sans celui de ses parents (*Ancient Laws*, t. II, p. 400, l. 27; p. 402, l. 5-6).

Suivant l'article 44, § 6 (p. 236, l. 27; p. 238, l. 3-4), la saisie qui a pour objet de se débarrasser du fils de prostituée est immédiate avec cinq nuits de fourrière, ci-dessous, p. 211 (1).

« § 28. *Pour faire payer le salaire auquel le* » *poète a droit hors du territoire de la cité* (p. 184, » l. 16-17; p. 190, l. 33-34). »

Le poète pratiquant une saisie hors du territoire de la cité doit laisser, pendant cinq nuits, l'objet saisi entre les mains du débiteur. Probablement, les délais ne seraient que de trois nuits, si la saisie était pratiquée sur le territoire de la cité qu'habite le poète; on peut le conclure par analogie de l'article 26, §§ 11-12 (p. 156, l. 32, ci-dessus, p. 142). Si la saisie était pratiquée hors du territoire de la

---

(1) Cf. *Etudes sur le droit celtique*, t. I, p. 362.

cité par un autre que le poëte, les délais seraient de dix nuits (art. 33, § 2; p. 192, l. 11, l. 25-26).

Suivant l'article 44, § 7 (p. 236, l. 27), le droit du poëte hors du territoire de la cité donne lieu à saisie immédiate avec cinq nuits de fourrière, contradiction déjà signalée dans notre volume précédent, p. 366, 367; cf. ci-dessous, p. 211.

« § 29. *Pour [obtenir réparation du dommage* » *causé par] une malédiction magique exceptionnel-* » *lement puissante* (p. 184, l. 17; p. 190, l. 35- » 36). »

Les délais sont de cinq nuits, quoique la personne contre laquelle la malédiction a été lancée soit vivante, et comme si la malédiction avait été lancée contre un mort (voir ci-dessus, p. 172-173, §§ 6 et 8). En règle générale, la saisie pratiquée pour venger une malédiction magique comporte délai de trois nuits (art. 29, § 67; p. 174, l. 29; p. 176, l. 15-16); ci-dessus, p. 160.

Suivant l'article 44, § 8 (p. 236, l. 28), l'espèce ici prévue donne lieu à saisie immédiate avec cinq nuits de fourrière, ci-dessous, p. 211 (1).

« § 30. *A cause de l'insulte produite par un* » *sobriquet* (p. 184, l. 17-18; p. 190, l. 36; » p. 192, l. 1-3). »

La saisie pratiquée contre le calomniateur com-

---

(1) *Etudes sur le droit celtique*, t. I, p. 362.

porte délai de trois nuits (art. 29, § 66 ; p. 174, l. 29; p. 176, l. 14-15 ; § 73, p. 174, l. 31 ; p. 176, l. 25-26; ci-dessus, p. 159, 161). Le sobriquet paraît plus grave que la calomnie, parce que le sobriquet s'attache définitivement à la personne (p. 192, l. 1-3); quand la saisie a pour cause un sobriquet, les délais sont allongés de deux nuits chacun. Ils le sont davantage art. 34, § 9 ; ci-dessous, p. 187.

Suivant l'article 44, § 9 (p. 236, l. 28), la saisie occasionnée par le sobriquet est immédiate avec cinq nuits de fourrière, ci-dessous, p. 211 (1).

« § 31. *Pour [exiger dédommagement du] procès* » *injuste [par lequel on a voulu dépouiller] un fils de* » *l'héritage paternel* (p. 184, l. 18; p. 192, l. 3-6). »

En attaquant la légitimité de sa naissance.

Suivant l'article 44, § 10 (p. 236, l. 28-29), la saisie est immédiate avec cinq nuits de fourrière (2).

« § 32. *Pour toute chose qui n'est pas faite ré-* » *gulièrement et dans la forme légale* (p. 184, » l. 18-19 ; p. 192, l. 6-9). »

C'est-à-dire pour tous les cas non prévus dans les articles qui traitent des délais d'une nuit, trois nuits et dix nuits. La saisie de cinq nuits est la plus fréquente de toutes, dit l'article 48 (p. 250, l. 15-16), ci-dessous, p. 218.

---

(1) *Etudes sur le droit celtique*, t. I, p. 363.
(2) *Ibid.*, t. I, p. 363 ; ci-dessous, p. 211.

CHAPITRE VIII.

SAISIE AVEC DÉLAIS DE DIX NUITS.

Art. 33, p. 192, l. 10-p. 194, l. 19.

« On fait acte de négligence toutes les fois qu'on
» est en retard (p. 192, l. 10 et l. 16-18) (1).
» § 1. *Les délais de la saisie sont de dix nuits :*
» *toutes les fois que le saisissant est en retard*
» (p. 192, l. 10-11 et l. 18-22) (2). »

La même règle est énoncée au t. II des Ancient Laws of Ireland, p. 90, l. 20 ; p. 92, l. 22-29.

Il y a une période légale, probablement l'an et jour, *dia bliadna* (Etudes sur le droit celtique, t. I, p. xix, xx), au bout de laquelle le défendeur ayant acquis la possession, les délais de la saisie sont portés à dix nuits, quand même, d'après les règles données ci-dessus, les délais devraient être chacun d'une, de trois ou de cinq nuits. Cette disposition

---

(1) Cf. art. 8, ci-dessus, p. 40.
(2) Cf. art. 3, § 4, ci-dessus, p. 18, où ma traduction me semble trop éloignée du texte irlandais.

ne s'applique pas seulement quand il s'agit d'objets non fongibles ; l' « expiration de la période légale, » *comfot rudarta*, littéralement « longueur de trop de temps, » produit un effet analogue sur les créances d'objets fongibles résultant soit de crime, soit d'un contrat ; pour en exiger le payement en cas de retard, il faut pratiquer la saisie de dix nuits. De même en droit français on a la prescription libératoire à côté de la prescription acquisitive.

Mais le cas prévu dans ce paragraphe, comme dans les suivants, est une exception dilatoire, *turbaid* ; il ne s'agit nullement de prescription comme on pourrait le croire en lisant la traduction anglaise où *rudrad = ro-thrath*, c'est-à-dire « temps très long, trop long, » est rendu par *prescription*. Il n'y a pas de prescription, puisque le droit d'exercer l'action est maintenu.

« § 2. *Pour toute* [assignation à comparaître de-
» vant] *une assemblée* [qui doit se tenir hors] *des*
» *limites* [de la cité] (p. 192, l. 11 et l. 22-26). »

C'est-à-dire toutes les fois que le but de la saisie est de contraindre le défendeur à comparaître devant des arbitres qui se réuniront dans le territoire d'une cité autre que la sienne. Il y a exception à cette règle quand le saisissant est un poète, alors les délais sont de cinq nuits ; voir ci-dessus, p. 180 (art. 32, § 28). Il faut observer qu'en Irlande, les arbitres sont pris dans le territoire de la cité du demandeur, en sorte que le procès avec un demandeur qui appartient à une autre cité que le défendeur, impose au défendeur un déplacement onéreux.

Suivant l'article 47, § 3 (ci-dessous, p. 215), dans l'espèce prévue par le présent paragraphe, la saisie est immédiate avec dix nuits de fourrière (1).

« § 3. *Pour saisie contre un parent de la caution*
» *qui garantit l'exécution d'un traité,* cairde, *entre*
» *deux cités* (p. 192, l. 11-12, 26-32). »

Suivant la glose, il s'agit d'une saisie contre la caution dont un parent a violé le traité. Quand c'est la caution elle-même qui manque à ses obligations, la saisie est immédiate avec une nuit de fourrière (art. 38, § 7; p. 214, l. 23-24; ci-dessous, p. 200). Cf. ci-dessus, p. 153, art. 28, § 50.

« § 4. *Pour mettre ce parent en possession des*
dommages-intérêts auxquels il a droit (p. 192,
» l. 12, et l. 32-33; p. 194, l. 1-2).
» § 5. *Saisie contre un malade tant qu'il garde*
» *le lit* (p. 192, l. 12-13; p. 194, l. 2-5). »

Son privilège est une exception, *turbaid*.

« § 6. *Saisie contre malade qui ne jouit pas de*
» *ses droits civils* : la longueur du délai donnera
» aux parents du côté maternel et à ceux du côté

(1) Cf. *Études sur le droit celtique*, t. I, p. 366-368.

» paternel le temps d'éclaircir la question de sa-
» voir si ce sont les premiers ou les seconds qui
» doivent donner le gage (p. 192, l. 13-15 ; p. 194,
» l. 10-19). »

Suivant la glose (p. 194, l. 17-19), la responsabilité des actes de ce malade incombe à ceux de ses parents chez qui il loge ; il y a doute quand il loge alternativement chez les uns et chez les autres. A comparer plus bas l'art. 35, § 20 (1).

En règle générale, les parents du côté de la mère ne sont pas responsables des crimes (*Ancient Laws,* t. IV, p. 240). Ils n'encourent la responsabilité (art. 35, § 31, t. I, p. 202, l. 12) que lorsqu'ils doivent hériter (*ibid.,* l. 3) (2). Ordinairement, la responsabilité du crime est supportée par la *geil-fine* (père, frère, fils, petit-fils), ensuite par la *derb-fine*, c'est-à-dire les parents par les hommes qui, après la *geil-fine*, sont aux degrés les plus rapprochés, probablement grand-père, oncle, neveu, cousin germain (3). Viennent ensuite, suivant le *Senchus Môr* la *iar-fine* et l'*ind-fine* (4) ; enfin sont responsables, le seigneur, c'est-à-dire le bailleur du cheptel, s'il y en a un ; puis celui qui fournit

---

(1) Tandis que le malade a droit aux délais de dix nuits quand il est actionné, les délais ne sont que d'une nuit chacun lorsque c'est lui qui actionne. Voir ci-dessus, p. 70, 71.
(2) *Etudes sur le droit celtique,* t. I, p. 356 ; ci-dessous, p. 194.
(3) *Ibid.,* t. I, p. 186.
(4) *Ibid.,* t. I, p. 192.

le lit du coupable ; enfin le roi, c'est-à-dire la cité (t. IV, p. 240, l. 10-13 ; cf. ci-dessus, p. 178).

Art. 34, p. 194, l. 20-p. 200, l. 27.

« § 7. *Saisie contre l'homme de quarante nuits* » (p. 194, l. 20; p. 196, l. 1-11). »

Il s'agit de l'homme qui, ayant déjà un autre procès, a pris l'engagement de comparaître devant arbitres au bout d'un délai de quarante nuits. Quarante nuits sont, dans la Loi salique, le délai ordinaire accordé au défendeur pour comparaître en justice. Le glossateur se trompe quand il dit que c'est l'homme qui observe le carême (1).

« § 8. *Saisie contre un homme qui est en voyage* » *et qui est parti sans savoir qu'on allait entamer* » *un procès contre lui* : un seul témoin, en faisant » cette déclaration sous la foi du serment, lui assu- » rera les délais de dix nuits (p. 194, l. 20-22 ; » p. 196, l. 11 et suiv.). »

Ce témoin, sans doute, jure avec lui ; c'est un cojurateur.

« § 9. *Saisie contre un homme qui a inventé un* » *récit calomnieux* (p. 194, l. 22 ; p. 198, l. 9-15). »

Les délais sont de trois nuits seulement quand

---

(1) *Etudes sur le droit celtique*, t. I, p. 145-150.

la saisie est pratiquée contre ceux qui ont répandu des bruits calomnieux (art. 29, § 73 ; p. 174, l. 31 ; p. 176, l. 25-26 ; ci-dessus, p. 161) ; en effet, en ce cas, l'importance de l'action est moins grande.

« § 10. *Saisie contre un homme qui doit se battre*
» *en duel* (p. 194, l. 22-23 ; p. 198, l. 16-18). »

La glose suppose que le duel a eu lieu, tandis que certainement le duel est futur. Elle prétend aussi que le lieu de ce duel est situé hors du territoire de la cité ; or, le texte ne parle pas de cette condition (1).

« § 11. *Saisie contre un homme qui s'est engagé*
» *à subir l'épreuve du chaudron* (p. 194, l. 23 ;
» p. 198, l. 18-21). »

C'est-à-dire de l'eau bouillante. Suivant la glose, le défendeur n'a droit à cette exception que si l'épreuve doit être subie hors du territoire de la cité ; mais cette condition n'est pas mentionnée dans le texte (2).

« § 12. *Saisie contre un homme dont la femme*
» *est en couches* (p. 194, l. 23-24 ; p. 198, l. 21-25).
» § 13. *Saisie contre un homme qui réunit les*
» *vivres dus au chef* (p. 194, l. 24-25 ; p. 198,
» l. 25-28).

---

(1) Cf. *Etudes sur le droit celtique*, t. I, p. 146.
(2) *Ibid.*, t. I, p. 146.

» § 14. *Saisie contre un homme à l'heure de*
» *l'offrande* (p. 194, l. 25 ; p. 198, l. 28-30 ;
» p. 200, l. 1-5). »

Il s'agit, dit la glose, d'une redevance en vivres payée au lecteur d'une église. L'effet du payement est de mettre sous la protection du lecteur celui qui fait le payement, et de lui assurer une exception, *turbaid*.

« § 15. *Saisie contre homme de charrue* (p. 194,
» l. 25-26 ; p. 200, l. 6-8). »

C'est-à-dire contre celui qui est occupé à labourer sa terre.

« § 16. *Saisie contre homme qui fait sa moisson*
» (p. 194, l. 26 ; p. 200, l. 8-10). »

En automne, dit la glose.

« § 17. *Saisie contre homme qui viole le règle-*
» *ment du moulin sans le consentement de chacun*
» (p. 194, l. 26-27 ; p. 200, l. 10-17). »

Il s'agit d'un moulin qui appartient à plusieurs personnes. Un règlement détermine l'ordre dans lequel les copropriétaires feront moudre leur grain. Cet ordre a été interverti au profit d'un des copropriétaires, sans l'assentiment des autres.

Quand on moud sans autorisation dans le moulin d'autrui, on s'expose à une saisie dont les délais sont de trois nuits seulement (art. 27, § 24 ; p. 162, l. 23 ; ci-dessus, p. 146).

« § 18. *Saisie contre l'homme qui viole le règle-* » *ment du four commun* (p. 194, l. 27-28). »

Quand on cuit dans le four d'autrui sans autorisation du propriétaire, les délais sont de trois nuits seulement (art. 27, § 23 ; p. 162, l. 23 ; p. 166, l. 2-4 ; ci-dessus, p. 146).

« § 19. *Saisie contre le riche cultivateur à cause* » *du nombre des convives qu'il reçoit* (p. 194, l. 28 ; » p. 200, l. 18 et suiv.). »

Au contraire, la saisie pratiquée par lui, ou comporte délai d'une nuit (art. 20, § 42 ; p. 124, l. 3-4 ; p. 132, l. 31 ; p. 134, l. 1 ; ci-dessus, p. 75-76 ; — art. 20, § 73 ; p. 124, l. 15 ; p. 140, l. 2-6 ; ci-dessus, p. 102 ; — art. 20, § 83 ; p. 126, l. 2 ; p. 142, l. 10-11 ; ci-dessus, p. 105), — ou est immédiate avec trois nuits de fourrière (art. 42, § 23 ; p. 232, l. 2 ; p. 234, l. 18-21 ; ci-dessous, p. 207).

Art. 35, p. 200, l. 28-p. 206, l. 30.

« § 20. *Saisie* [*de dix nuits*] *contre l'homme à* » *demi-capable afin qu'on sache qui payera suivant* » [*jugement de*] *l'assemblée* (p. 200, l. 28 ; p. 202, » l. 7-12). »

Suivant la glose (p. 202, l. 11-12), la responsabilité des actes de cet homme peut incomber à la ligne paternelle ou à la ligne maternelle ; même, si cet homme est un étranger, celui qui lui fournit un lit peut être responsable. Les parents de la ligne maternelle sont responsables s'ils doivent hériter suivant la règle à laquelle fait allusion ci-dessous, p. 194, 195, le § 32 de notre article (cf. art. 33, § 6 ; ci-dessus, p. 185, 186).

« § 21. *Saisie de dix nuits pour partage de pro-* » *priété* (p. 200, l. 29 ; p. 202, l. 12-17). »

Suivant la glose, cette règle s'applique, soit qu'il s'agisse de succession, soit qu'il s'agisse de montagnes sans propriétaire (p. 202, l. 13). Ce serait le principe général auquel ferait exception l'article 20, § 31 (p. 122, l. 19 ; p. 130, l. 30-32 ; ci-dessus, p. 71-72) : les délais sont d'une nuit, quand l'objet à partager est une maison dont on vient d'hériter. Mais la thèse du glossateur, quant à ce qui concerne les successions, est contredite par l'art. 30 (ci-dessus, p. 165-167) suivant lequel les procès de famille ne comportent délais que d'une, de trois ou de cinq nuits.

« § 22. *Pour [exécution de] jugement* (p. 200, » l. 29). »

Probablement relatif à partage.

« § 23. *Pour la [jouissance de la] montagne*

» *inoccupée qui domine tout* (p. 200, l. 29-30; p. 202, l. 17-19). »

Comparez, ci-dessus, p. 175, le commentaire de l'art. 32, § 12, où les délais sont de cinq nuits. Voyez plus bas, § 30, une conséquence du principe posé ici.

« § 24. *Pour ce que l'on a vu de loin sur les* » *vagues de la mer* (p. 200, l. 30; p. 202, l. 19-22). »

Les objets que la mer rejette sur le rivage appartiennent au propriétaire du rivage (art. 28, § 42; ci-dessus, p. 150, 151); mais celui qui a vu ces objets venir de loin, a aussi un droit sur eux (p. 202, l. 20), probablement dans le cas où il prévient le propriétaire du rivage.

« § 25. *Pour les objets de grand prix* (p. 200, » l. 30; p. 202, l. 21-24). »

Quand il s'agit de vêtements dont on a un besoin urgent, les délais sont d'une nuit (art. 20, § 1; ci-dessus, p. 59). Cette règle s'étend aux broches et fibules dont on se sert pour attacher ces vêtements (p. 202, l. 21); mais elle ne s'applique pas aux bagues qui, suivant les cas, donnent lieu à saisie avec délais de trois, cinq ou dix nuits (p. 202, l. 22-24).

« § 26. *Pour fouille dans un cimetière* (p. 200, » l. 30; p. 202, l. 1, 25-29). »

C'est-à-dire pour violation de sépulture.

« § 27. *Pour brisement d'os* (p. 202, l. 1, 30-
» 35 ; p. 204, l. 1-24). »

Le but peut être d'en tirer la moelle pour faire des préparations magiques. Quelquefois, l'os brisé appartient au cadavre d'un homme dont le meurtre est cause d'un litige, et ce litige va donner lieu à un duel (p. 202, l. 30-33). Cf. art. 29, § 81, ci-dessus, p. 164.

« § 28. *Pour barrage mis en travers d'un cours*
» *d'eau* (p. 202, l. 1 ; p. 204, l. 25-29 ; p. 206,
» l. 1-3). »

Le but de ce barrage est d'établir un vivier ; le cours d'eau est commun à plusieurs propriétaires, et l'un d'eux prend plus que sa part. Ici les délais sont de dix nuits. Il sont de trois nuits seulement quand le procès est occasionné par la destruction d'un vivier (art. 27, § 19 ; p. 162, l. 22 ; p. 164, l. 10-11 ; ci-dessus, p. 145).

« § 29. *Pour l'espionnage qui trahit la cachette*
» *des guerriers* (p. 202, l. 2 ; p. 206, l. 4-7).
» § 30. *Pour s'être emparé d'un arbre dont un*
» *autre a précédemment pris possession dans le dé-*
» *sert* (p. 202, l. 2-3 ; p. 206, l. 7-9). »

C'est une conséquence du principe posé plus haut au § 23, ci-dessus, p. 191-192.

Quand le défendeur s'est emparé d'un arbre au

bois sacré situé dans le fort, les délais de la saisie pratiquée contre lui sont d'une nuit ; quand l'arbre a été pris dans le bois qui appartient à un particulier hors du fort, les délais sont de trois nuits (art. 20, § 52 ; p. 134, 1. 20 ; ci-dessus, p. 78-85 ; — art. 30, p. 182, 1. 1-2 ; ci-dessus, p. 166 ; — art. 32, § 12 ; ci-dessus, p. 175). Il s'agit ici d'un arbre situé dans un terrain qui n'est la propriété de personne ; mais quelqu'un a déjà pris possession de cet arbre qui a ainsi cessé d'être *res nullius*.

« § 31. *Pour droit de tout guerrier* (p. 202, 1. 3 ;
» p. 206, 1. 9-15).

» § 32. *Pour partager l'héritage de l'homme dont*
» *le père était fils de ta sœur* [*ou de la sœur de ton*
» *ascendant*] : les contrats désavantageux faits par
» lui ou par sa mère détruiraient la propriété de
» la famille : ni lui, ni sa mère, n'avaient le droit
» d'aliéner par vente ni autrement le bien qu'ils
» ont reçu (p. 202, 1. 3-6 ; p. 206, 1. 16-30). »

Dans le droit le plus ancien, les femmes ne pouvaient hériter de leur père. Au septième siècle, date de la *Collection canonique irlandaise*, il a été admis que les femmes hériteraient de leur père, en concurrence avec les fils. Le chapitre 17 du livre XXXII de cette *Collection* est intitulé : *De eo quod dare debet pater hereditatem filiæ inter fratres suos*. Mais les filles qui avaient hérité du père ne pouvaient transmettre l'héritage à leurs fils, et au moment où elles recevaient l'héritage, elles donnaient caution de la restitution (*ibid.*, l. XXXII, c. 20). Suivant notre texte, la restitution n'a lieu qu'après la mort du petit-fils de la fille héritière ; mais la glose retire une partie de cette faveur, et dit que la restitution a lieu après la mort du fils de cette femme (p. 206, l. 16 ; cf. ci-dessus, p. 186, 191).

La règle énoncée dans les textes canoniques se retrouve dans les textes de droit civil : *Ban adba taisic* « maison de femme revient » (*Ancient Laws*, t. IV, p. 18, l. 12). Le bien donné par le père à sa fille s'appelait « héritage de main ou de cuisse » : *orba cruib no sliasta* (*Ancient Laws*, t. I, p. 148, l. 5 ; t. III, p. 48, l. 1 ; t. IV, p. 14, l. 26 ; p. 40, l. 13 ; p. 44, l. 14 ; p. 46, l. 4.) (1). A comparer ci-dessus, p. 113-116, l'art. 23, § 1.

Sur la validité des contrats, voyez *Ancient Laws*, t. III, p. 2-12.

---

(1) Sur le rôle de la main et de la cuisse dans l'acte qui assurait à la fille la totalité ou une part de l'héritage paternel, comparez *Genèse*, c. 24, v. 2, 3, 9 ; c. 47, v. 29. La formule biblique : *Pone manum tuam subter femur meum* ou *sub femore meo*, explique la formule juridique irlandaise « héritage de main ou de cuisse. » Cette formule a été introduite dans la langue juridique d'Irlande par l'influence du clergé chrétien auquel on doit aussi la capacité des femmes à hériter en ligne directe. Voyez notre volume précédent, p. 352.

TITRE III.

SAISIE MOBILIÈRE IMMÉDIATE.

CHAPITRE IX.

INTRODUCTION AU TRAITÉ DE LA SAISIE MOBILIÈRE IMMÉDIATE.

Art. 36, p. 208, l. 1-32; p. 210, l. 1-19.

« Jusqu'à présent il a été question de l'espèce
» de saisie dans laquelle, chez les Fêné, on
» procède à l'enlèvement après délai d'une, de
» deux, de trois, de cinq ou de dix nuits; la
» durée du délai a été ainsi fixée conformément à
» l'avis des gens d'église, aux coutumes des cités,
» à l'équité des poètes, au consentement de la no-
» blesse, au conseil des juges, mais quand la
» conscience et le droit naturel l'exigent, elle

TITRE III, CHAP. IX, ART. 37, SAISIE IMMÉDIATE. 197

» peut être augmentée par des jugements justes
» et consciencieux. »

Art. 37, p. 210, l. 20-p. 214, l. 17.

« Nous allons nous occuper de l'espèce de sai-
» sie où l'enlèvement est immédiat, mais suivi
» d'un répit qui dure une, trois, cinq ou dix
» nuits ; dans cette espèce de saisie il n'y a pas
» de contrat aux termes duquel l'objet saisi reste
» pendant un espace de temps déterminé dans
» l'enclos du débiteur ; mais le répit dont il s'agit
» est un espace de temps pendant lequel l'objet
» saisi et aussitôt enlevé reste en fourrière : il y a
» lien contractuel entre le saisissant et l'objet saisi
» jusqu'à l'expiration du répit. L'objet saisi, placé
» dans un clos, est le gage qui garantit la créance
» du saisissant : le saisissant a droit au rembour-
» sement des frais qu'il fait pour nourrir en four-
» rière l'animal saisi : le répit une fois expiré,
» l'objet saisi devient la propriété du saisissant à
» moins que pendant le répit le débiteur n'ait
» donné un gage suffisant. En effet, dans le livre
» intitulé *Bráthchæ*, on lit : « Aux diverses du-
» rées du délai qui précède l'enlèvement, lorsqu'un
» intervalle sépare la saisie de l'enlèvement, cor-
» respondent les durées du répit pendant lequel
» l'objet enlevé reste en fourrière, quand aucun

» délai n'a précédé l'enlèvement de l'objet saisi
» (p. 210, l. 20-29). »

Le commentaire de cet article a été donné dans le volume précédent, p. 267-268 et p. 381-383.

CHAPITRE X.

SAISIE MOBILIÈRE IMMÉDIATE AVEC UNE NUIT DE FOURRIÈRE.

Art. 38, p. 214, l. 19-p. 226, l. 31.

Voici les saisies avec enlèvement immédiat et une nuit de fourrière.

« § 1. *Saisie afin de partage entre cohéritiers*
» (p. 214, l. 19-20 ; p. 216, l. 7-13).

» § 2. *Saisie à cause soit d'une clôture, soit des*
» *revenus d'un champ de blé ou d'un pré clos*
» (p. 214, l. 20-21 ; p. 216, l. 13-18).

» § 3. *Saisie contre plaideur qui fait défaut à*
» *ses obligations* (p. 214, l. 21 ; p. 216, l. 18-23).

» § 4. *Saisie à cause de tout contrat dont le*
» *témoin dit* nascaire *ne garantit pas l'exécution*
» (p. 214, l. 21-22 ; p. 216, l. 23-33).

» § 5. *Saisie contre le témoin indigne* (p. 214,
» l. 22-23 ; p. 218, l. 1-4).

» § 6. *Saisie contre la caution qui manque à ses*

engagements (p. 214, l. 23; p. 218, l. 4-10).

» § 7. *Saisie contre la caution qui forfait à*
» *l'honneur* (p. 214, l. 23-24; p. 218, l. 11-12).

» § 8. *Saisie de biens meubles dont la possession*
» *vient en aide* (p. 214, l. 24-25; p. 218, l. 13-21). »

Il s'agit des biens meubles faute desquels le saisissant tomberait de son rang dans un rang inférieur. Voir dans notre précédent volume, p. 87-100, 105-109, ce que nous avons dit de la noblesse irlandaise.

« § 9. *Saisie contre celui qui n'a pas de maison*
» *et qui ne fournit pas sa part de la nourriture*
» *due en commun* [*au bailleur du cheptel*] (p. 214,
» l. 25; p. 218, l. 21-25).

» § 10. *Saisie pour construire un fort* (p. 214,
» l. 25-26; p. 218, l. 25-27).

» § 11. *Saisie pour obtenir restitution de l'objet*
» *prêté* (p. 214, l. 26; p. 218, l. 27-29).

» § 12. *Saisie contre celui qui n'exécute pas un con-*
» *trat d'échange exécuté par l'autre partie* (p. 214,
» l. 26; p. 216, l. 1; p. 218, l. 30-34).

» § 13. *Saisie* a) *du bétail livré en cheptel quand*
» *le détenteur de ce bétail ne fournit pas au bail-*
» *leur la nourriture qu'il lui doit,* b) *du bétail*
» *donné pour frais d'éducation quand celui qui a*
» *reçu le bétail ne nourrit pas convenablement l'en-*
» *fant* (p. 216, l. 1-2; p. 218, l. 34-36).

» § 14. *Saisie pratiquée par un cohéritier contre*
» *les autres cohéritiers pour les contraindre à sup-*
» *porter avec lui les obligations contractées par leur*
» *père défunt* (p. 216, l. 2-3; p. 226, l. 12-18).

» § 15. *Saisie* a) *d'une part dans un four au*
» *moulin de la forteresse*, b) *d'un serf qui est de-*
» *venu commun entre cohéritiers*, c) *d'un vieux*
» *chaudron également commun*, d) *à cause de la*
» *nourriture due en commun au chef par des cohé-*
» *ritiers* (p. 216, l. 3-5; p. 226, l. 19-31). »

Art. 39, p. 226, l. 32-p. 228, l. 14.

« § 16. *Saisie d'objet donné en dépôt* (p. 226,
» l. 32; p. 228, l. 1-2).

» § 17. *Saisie pour nourriture de guerrier* (p. 226,
» l. 32; p. 228, l. 2-7).

» § 18. *Saisie pour séparer le fils du sein de sa*
» *mère morte* (p. 226, l. 32-33; p. 228, l. 7-12).

» § 19. *Saisie pour se débarrasser d'un malade*
» *quand on a cessé de le soigner* (p. 226, l. 33-34;
» p. 228, l. 12-14). »

Probablement après guérison.

Parmi les dix-neuf paragraphes des articles 38 et 39, huit mentionnent des causes de saisie indiquées dans trente-trois paragraphes de l'art. 20, saisie avec délais d'une nuit. Ce sont d'abord :

Art. 38. § 1, voyez art. 20 §§ 30, 31 ; ci-dessus, p. 71 ; cf. art. 30, ci-dessus, p. 165-167 ;

§ 11, voyez art. 20 §§ 1-7, 11-17, 32, 40-48, 64-66, 68-74, 77, 81, 82, 85, 89-101 ; ci-dessus, p. 59, 60, 64, 65, 72, 75-77, 101-103, 105-108 ;

§ 13 a), voyez art. 20 §§ 9 et 10 ; ci-dessus, p. 61-64 ;

Art. 39. § 16, voyez art. 20, §§ 1-7, 11-17, 32, 40-48, 64-66, 68-74, 77, 81, 82, 85, 89-101 ; ci-dessus, p. 59, etc.

§ 17, voyez art. 20 § 55 ; ci-dessus, p. 86 ;

§ 18, voyez art. 20 § 78 ; ci-dessus, p. 104 ;

On remarquera que les objets non fongibles saisis aux termes des §§ 1-7, 11-17, 32, etc. de l'art. 20 sont en général sortis des mains du saisissant par prêt (commodat) ou par dépôt, et par conséquent sont compris dans les formules générales employées dans les articles 38 et 39, §§ 11 et 16 ; à comparer le 4° de la page 58, ci-dessus.

Nous ajouterons les deux observations suivantes :

Dans le § 2 de l'article 38, le passage concernant la saisie du blé fait double emploi avec les §§ 49 et 51 de l'article 20 ; ci-dessus, p. 77 ; le passage concernant le pré peut être rapproché du § 33 du même article 20, ci-dessus, p. 72. Voyez en outre, ci-dessus, p. 152, les §§ 47 et 48 de l'article 28 qui concerne les délais de trois nuits ; le pré, l'herbe et le blé y paraissent aussi.

Le § 15 a) de l'article 38 parle du four indivis situé dans une forteresse ; ce four est compris dans

TITRE III, C. X, A. 40, SAISIE IMMÉDIATE, UNE NUIT. 203

la formule générale de l'article 20, § 30, ci-dessus, p. 71 ; « droit sur une forteresse. »

Enfin, 1° la saisie à cause d'une clôture, article 38, § 2, est prévue en termes différents par les §§ 15 et 16 de l'article 27, qui concerne la saisie avec délais de trois nuits ; ci-dessus, p. 144 ; — 2° la saisie pour inexécution de contrat d'éducation, article 38, § 13 b) est l'objet du § 53 de l'article 28, également délais de trois nuits, ci-dessus, p. 154.

Art. 40, p. 228, l. 15-230, l. 2.

« Pourquoi ces saisies ne comportent-elles pas
» de délai ? A cause de deux maximes qui les ren-
» dent faciles : « Main [vassale] ne sert pas main
» [de chef], » « Prix de l'honneur ne supporte pas
» délai ; » la première maxime concerne tout avan-
» tage qui doit résulter pour toi de service ou
» d'aide auquel tu as droit ; la seconde maxime
» concerne tout ce qui t'est dû à titre de prix
» de l'honneur. Telles sont les deux maximes qui
» facilitent toutes ces saisies. »

Sur le brocard « Prix de l'honneur ne supporte pas délai, » inséré dans cet article, voir notre précédent volume, p. 373. Le dicton : « Main [vassale] etc., » s'explique par les §§ 10 et 13 a) de l'art. 38, ci-dessus, p. 200.

CHAPITRE XI.

SAISIE MOBILIÈRE IMMÉDIATE AVEC TROIS NUITS DE FOURRIÈRE.

Art. 41, p. 230, l. 3-20.

« *Voici les saisies avec enlèvement immédiat et
» trois nuits de fourrière.* Quelles sont les causes
» qui font accorder au débiteur un répit de trois
» nuits pour donner gage au créancier ? Ces causes
» sont au nombre de trois : droit, honneur et
» âme. Du droit de qui s'agit-il ? Du droit des
» chefs, à commencer par celui qui a le plus petit
» nombre de vassaux, pour finir par le roi. Pour-
» quoi ces chefs ? Parce que chacun d'eux a auto-
» rité sur ses vassaux, que le nombre des vassaux
» soit petit ou grand. »

L'ensemble des vassaux s'appelle en irlandais
déis, traduit en anglais par *land*, c'est un contresens : le glossateur irlandais dit (p. 230, l. 18-19) :
ar a ferann no ar a ceilib « sur sa terre ou sur ses
vassaux ; » il aurait dû dire seulement « sur ses

vassaux ; » la glose représente un droit intermédiaire entre le droit irlandais primitif et le droit anglais qui l'a étouffé. Le chef qui avait le moins de vassaux était l'*aire désa*. Le rédacteur de cet article ne comprend pas dans la noblesse irlandaise le *bô-aire* et l'*ôc aire*, qu'un autre système place dans cette noblesse au-dessous de l'*aire désa*.

Au droit du chef se rapportent les §§ 1-6, 8-10, 12, 16, 19 de l'art. 42 ci-dessous.

Sur le sens des mots 1° « honneur, » 2° « âme, » voyez art. 42 : 1° §§ 14, 15, 24 ; 2° § 26.

Art. 42, p. 230, l. 21-p. 336, l. 8.

« Quels sont les droits du saisissant pour les-
» quels il doit au saisi trois nuits de fourrière ?
» Les voici :

» § 1. *Expédition militaire* (p. 230, l. 21 ; p. 232,
» l. 10).

» § 2. *Rente* (p. 230, l. 22 ; p. 232, l. 10-13).

» § 3. *Assemblée* (p. 230, l. 22).

» § 4. *Service d'attaque et défense* (p. 230,
» l. 22).

» § 5. *Repas non fourni au roi* (p. 230, l. 22 ;
» p. 232, l. 13-14).

» § 6. *Indemnité due pour violation d'un traité*
» *entre deux rois* (p. 230, l. 22-23 ; p. 232, l. 14-16).

» § 7. *Indemnité due à la caution* (p. 230, l. 23 ;
» p. 232, l. 16-17).

» § 8. *Petite route* (p. 230, l. 23; p. 232,
» l. 17-18).

» § 9. *Grande route* (p. 230, l. 23; p. 232,
» l. 18-20).

» § 10. *Restitution d'un cheptel pour lequel nour-*
» *riture n'a pas été fournie* (p. 230, l. 23-24; p. 232,
» l. 20-21).

» § 11. *Entretien de* materfamilias (p. 230, l. 24;
» p. 232, l. 21-25).

» § 12. *Payement de rente due à un malade*
» (p. 230, l. 24; p. 232, l. 25-26).

» § 13. *Malédiction magique* (p. 230, l. 24;
» p. 232, l. 26-27).

» § 14. *Injure donnant droit à une indemnité*
» *égale au septième du prix de l'honneur* (p. 230,
» l. 25; p. 232, l. 27-28).

» § 15. *Injure donnant droit à une indemnité*
» *égale au vingt et unième du prix de l'honneur*
» (p. 230, l. 25; p. 232, l. 28-29).

» § 16. *Trouble dans une assemblée publique*
» (p. 230, l. 25; p. 232, l. 30; p. 234, l. 1).

» § 17. *Rixe dans une brasserie* (p. 230, l. 25;
» p. 234, l. 1).

» § 18. *Renouvellement d'un commandement*
» *dont il n'a pas été tenu compte* (p. 230, l. 26;
» p. 234, l. 1-2). »

Le glossateur suppose qu'il s'agit d'un père qui,

malgré une signification précédemment faite, nourrit son fils contumax et probablement refuse à la fois de payer la composition due par ce fils et de le livrer au plaignant.

« § 19. *Tort fait à ton chef* (p. 230, l. 26; » p. 234, l. 2-4). »

Par exemple trahison.

« § 20. *Usage d'un cheval de course appartenant* » *à autrui* (p. 230, l. 26; p. 234, l. 4-5).

» § 21. *Serment que la cité déclare faux* (p. 232, » l. 1; p. 234, l. 6-11).

» § 22. *Défaut de payer les honoraires dus au* » *juge* (p. 232, l. 1-2; p. 234, l. 16-18).

» § 23. *Destruction de ce qui fait dans la cité la* » *gloire du riche cultivateur* (p. 232, l. 2; p. 234, » l. 18-21).

» § 24. *Blessure grave à ton fils, à ton esclave,* » *à ta femme, car c'est une tache à ton honneur* » (p. 232, l. 3; p. 234, l. 21-25).

» § 25. *Blessure à ton chien de garde enchaîné* » (p. 232, l. 3-4; p. 234, l. 25-27).

» § 26. *Détournement de mobilier d'autel* (p. 232, » l. 4; p. 234, l. 27-29).

» § 27. *Détournement d'objets mobiliers qu'on* » *porte en foire* (p. 232, l. 4; p. 234, l. 29-32).

» § 28. *Détournement de pots de brasserie* » (p. 232, l. 4-5; p. 234, l. 32-34).

» § 29. *Enlèvement de parures de femmes* (p. 232,
» l. 5; p. 234, l. 34-35; p. 236, l. 1).

» § 30. *Suppression de l'obstacle qui sépare les
» vaches des veaux* (p. 232, l. 5-6; p. 236, l. 1-3).

» § 31. *Etablissement de clôture dans les prés
» d'autrui* (p. 232, l. 6; p. 236, l. 3-5).

» § 32. *Exploitation d'épines dans la haie d'au-
» trui* (p. 232, l. 6; p. 236, l. 5-8). »

Sur les trente-deux paragraphes que contient l'article 42, on peut en compter seize, c'est-à-dire moitié, qui concernent des causes de saisie mentionnées aux articles 26, 27, 28, 29, saisie avec délais de trois nuits :

§ 1, voyez art. 26, § 1; ci-dessus, p. 128; comparez notre volume précédent, p. 349, 364;

§ 2, voyez art. 26, § 2; ci-dessus, p. 128-129; comparez notre volume précédent, p. 364;

§ 3, voyez art. 26, § 3; ci-dessus, p. 130; comparez notre volume précédent, p. 364;

§ 4, voyez art. 26, § 7; ci-dessus, p. 131; comparez notre volume précédent, p. 364;

§ 6, voyez art. 28, § 50; ci-dessus, p. 153;

§ 8, voyez art. 26, § 5; ci-dessus, p. 130;

§ 9, voyez art. 26, § 4; ci-dessus, p. 130;

§ 10, voyez art. 26, §§ 11-12; ci-dessus, p. 142;

§ 13, voyez art. 29, § 67; ci-dessus, p. 160;

§ 14, voyez art. 28, § 35; ci-dessus, p. 148;

§ 16, voyez art. 29, § 64; ci-dessus, p. 158-159;

§ 19, voyez art. 27, §§ 11-12 ; ci-dessus, p. 142 ;
§ 20, voyez art. 28, § 36 ; ci-dessus, p. 149 ;
§ 24, voyez art. 29, § 68 ; ci-dessus, p. 160 ;
§§ 31, 32, voyez art. 27, § 15 ; ci-dessus, p. 144.

Trois paragraphes contredisent des paragraphes de l'article 20, saisie avec délais d'une nuit, ce sont les suivants :

§ 5, voyez art. 20, § 8 ; ci-dessus, p. 61 ; cf. art. 27, § 13 ; ci-dessus, p. 142 ;
§ 12, voyez art. 20, § 26 ; ci-dessus, p. 70 ;
§ 26, voyez art. 20, § 11 ; ci-dessus, p. 64 ; comparez notre volume précédent, p. 357-358.

Art. 43, p. 236, l. 9-23.

« Pourquoi les saisies concernant les contesta-
» tions sus-énoncées comportent-elles trois nuits
» de fourrière ? Pour garantir les droits du débi-
» teur. Pourquoi le débiteur a-t-il droit à un délai
» de trois nuits et non de cinq ou de dix entre la
» saisie et l'enlèvement ? Parce que : « Honneur
» [de créancier] ne supporte pas délai. »

La critique de cet article se trouve dans notre volume précédent, p. 374.

CHAPITRE XII.

SAISIE MOBILIÈRE IMMÉDIATE AVEC CINQ NUITS DE FOURRIÈRE.

Art. 44, p. 236, l. 24-p. 238, l. 5.

« *Voici les cas où il y a saisie avec enlèvement*
» *immédiat et cinq nuits de fourrière : il y a*
» *procès :*
» § 1. *Contre les héritiers d'un homme qui vient*
» *de mourir* (p. 236, l. 24-25).
» § 2. *A cause d'une malédiction magique lancée*
» *contre un mort* (p. 236, l. 25; p. 238, l. 1).
» § 3. *Pour exiger serment purgatoire quand*
» *l'homme accusé de meurtre caché nie ce crime*
» (p. 236, l. 25-26 ; p. 238, l. 1-2).
» § 4. *Afin d'exiger la composition* [due pour ce
» meurtre] *quand on en connaît l'auteur* (p. 236,
» l. 26).
» § 5. *Pour avoir enlevé la couverture d'une bête*
» *malade* (p. 236, l. 26 ; p. 238, l. 2-3).

» § 6. *Pour se débarrasser de fils de prostituée*
» (p. 236, l. 27; p. 238, l. 3-4).

» § 7. *Pour faire payer le salaire auquel le poète*
» *a droit hors du territoire de la cité* (p. 236, l. 27;
» p. 238, l. 1-4).

» § 8. *Pour obtenir réparation du dommage*
» *causé par une malédiction magique extraordinai-*
» *rement puissante* (p. 236, l. 28; p. 238, l. 5).

» § 9. *A cause de l'insulte produite par un so-*
» *briquet* (p. 236, l. 28).

» § 10. *Pour exiger dédommagement du procès*
» *injuste par lequel on a voulu dépouiller un fils de*
» *l'héritage paternel* (p. 236, l. 28-29). »

Les dix paragraphes de l'article 44 contredisent autant de paragraphes de l'article 32, saisie avec délais de cinq nuits; en effet, ils font avec eux double emploi. On l'a déjà dit au volume précédent, p. 362-364.

§ 1er, voyez art. 32, § 5, ci-dessus, p. 171; cf. notre volume précédent, p. 350;

§ 2, voyez art. 32, § 6, ci-dessus, p. 172;

§ 3, voyez art. 32, § 9, ci-dessus, p. 173;

§ 4, voyez art. 32, § 10, ci-dessus, p. 174;

§ 5, voyez art. 32, § 11, ci-dessus, p. 174;

§ 6, voyez art. 32, § 27, ci-dessus, p. 179;

§ 7, voyez art. 32, § 28, ci-dessus, p. 180; cf. notre volume précédent, p. 366;

§ 8, voyez art. 32, § 29, ci-dessus, p. 181;
§ 9, voyez art. 32, § 30, ci-dessus, p. 181 ;
§ 10, voyez art. 32, § 31, ci-dessus, p. 182.

Art. 45, p. 238, l. 6-p. 240, l. 23.

« Tels sont les cas de saisie avec enlèvement
» immédiat et cinq nuits de fourrière. Dans un
» poème, on a chanté comment il est bien connu
» qu'aux cinq nuits de fourrière correspondent
» cinq personnes et cinq crimes, car c'est par cinq
» crimes que chacune d'elles s'expose à la saisie,
» et les cinq nuits de fourrière sont la conséquence
» du crime de cinq personnes dont nous sommes
» responsables : père, fils, petit-fils, frère, femme.
» Chacune d'elles peut commettre cinq crimes :
» crime de main, crime de pied, crime de langue,
» crime de lèvres, crime d'œil : crime de main par
» meurtre ou blessure, par vol ou usage abusif;
» crime de pied en donnant des coups de pied ou
» en allant à pied faire une mauvaise action ; crime
» de langue en prononçant une malédiction ma-
» gique, en calomniant par faux témoignage ; crime
» de lèvres en mangeant le produit d'un vol;
» crime d'œil par la connaissance ou la vue d'une
» mauvaise action. »

Cet article a été étudié dans notre volume précédent, p. 378-379 ; comparez le § 10 de l'art. 26,

saisie avec délais de trois nuits, ci-dessus, p. 140-142.

Art. 46, p. 240, l. 24-p. 246, l. 18.

« § 1ᵉʳ. Il y a quatre manières de voir les crimes
» chez les Fêné, et elles sont très différentes les unes
» des autres. Il faut distinguer : celui qui, après
» avoir vu, devra toute la composition; celui qui,
» après avoir vu, devra moitié de la composition;
» celui qui, après avoir vu, devra le quart de la
» composition; celui qui, après avoir vu, ne devra
» rien.

» § 2. Celui qui, après avoir vu le crime, devra
» toute la composition, c'est l'homme qui excite,
» accompagne et escorte le criminel, qui, de plus,
» vante le crime dans la cité, mais dont la main
» ne tue pas.

» § 3. Celui qui, après avoir vu le crime, devra
» moitié de la composition, est l'homme qui n'ex-
» cite pas le criminel, qui ne tue ou ne blesse pas
» lui-même, mais qui fait le reste (c'est-à-dire qui
» accompagne et escorte le criminel, et qui, de
» plus, vante le crime dans la cité) : on lui récla-
» mera moitié de la composition.

» § 4. Celui qui, après avoir vu le crime, devra
» le quart de la composition est l'homme qui n'ex-
» cite pas le criminel, qui ne tue ou ne blesse pas
» lui-même, et qui ne vante pas le crime dans la

» cité, mais qui fait escorte au criminel et ne cher-
» che ni à empêcher le crime, ni à sauver la
» victime.

» § 5. Celui qui, après avoir vu le crime, ne
» devra rien est l'homme qui n'a pas excité le cri-
» minel, qui ne tue ni blesse pas lui-même, qui
» ne vante pas le crime dans la cité, qui, au con-
» traire, fait tous ses efforts pour l'empêcher, mais
» qui conduit le criminel en lieu sûr et ne le quitte
» que lorsque le danger a cessé.

» § 6. Après avoir vu, ne devront rien : les
» clercs, les femmes et les fils, et, en général, les
» gens qui n'ont pas la force de tuer ou blesser,
» ni de protéger ou défendre, les gens qui n'ont
» point encore acquis les droits civils et ceux qui
» les ont perdus. »

A comparer l'article 26, § 10, ci-dessus, p. 140-142 ; et notre volume précédent, p. 375.

CHAPITRE XIII.

SAISIE MOBILIÈRE IMMÉDIATE AVEC DIX NUITS DE FOURRIÈRE.

Art. 47, p. 246, l. 19-p. 250, l. 14.

« *Voici les saisies immédiates de dix nuits :*

» § 1. *Saisie contre haut privilégié* (p. 246,
» l. 19-20 ; p. 248, l. 2-9).

» § 2. *Saisie dont le but est de revendiquer les*
» *objets aliénés par un tiers* (p. 246, l. 20 ; p. 248,
» l. 10-20).

» § 3. *Saisie pratiquée hors du territoire de la*
» *cité où le saisissant est domicilié* (p. 246, l. 20-
» 21 ; p. 248, l. 21-22).

» § 4. *Saisie contre la famille du contumax* (p. 246,
» l. 21-22 ; p. 248, l. 23-26).

» § 5. *Saisie contre la cité du contumax* (p. 246,
» l. 21 ; p. 248, l. 26-30).

» § 6. *Saisie pour meurtre* (p. 246, l. 22-23 ;
p. 248, l. 30-35 ; p. 250, l. 1-9).

» § 7. *Saisie pour obtenir l'indemnité due à la*
» *caution* (p. 246, l. 23; p. 250, l. 10).

» § 8. *Saisie pour obtenir l'indemnité due à la*
» *personne qui a fourni le gage* (p. 246, l. 23;
p. 250, l. 10-14).

» § 9. *Saisie contre quelqu'un qui ne peut avoir*
» *connaissance de la saisie* (p. 246, l. 23). »

On a vu dans notre précédent volume, t. I, p. 370, que le § 1er de l'article 47 est inconciliable avec la procédure du jeûne, ci-dessus, p. 46-54. Le § 4 du même article ne peut s'accorder avec l'article 31, ci-dessus, p. 168, qui, combiné avec le § 29 de l'article 26, ci-dessus, p. 134, 136, donne un système tout différent. Aussi le deux §§ 1 et 4 de l'article 47 ont-ils été supprimés par le scribe auquel on doit le ms. Harléien 432 f° 17, p. 1, col. *a*, copie d'O'Donovan, p. 1891.

Le § 3 de l'article 47 prévoit le même cas de saisie que le § 2 de l'art. 33, saisie avec délais de dix jours, ci-dessus, p. 184, et par conséquent contredit ce paragraphe; à comparer l'article 44, § 7, ci-dessus, p. 211, et notre précédent volume, p. 366-368.

Le § 6 de l'article 47 ne peut se concilier, quoiqu'en dise la glose, avec l'article 26, § 10, saisie avec délais de trois nuits, qui prévoit évidemment le cas de meurtre, ci-dessus, p. 140-141.

Dans notre volume précédent, p. 361-369, nous

avons relevé les contradictions les plus saillantes entre le traité primitif de la saisie avec délais et le traité primitif de la saisie immédiate ; nous avons parlé de seize seulement de ces contradictions. Il y en a bien davantage. Dans le commentaire du titre troisième nous arrivons, par un examen plus approfondi, à un total de quarante-trois (1), savoir :

Chapitre X (ci-dessus, p. 201-203), dix ;
Chapitre XI (p. 208-209), dix-neuf ;
Chapitre XII (p. 211-212), dix ;
Chapitre XIII (p. 216), quatre.

La matière n'est pas épuisée. Mais nous croyons avoir réuni assez d'exemples de ces contradictions pour démontrer que les deux traités n'émanent pas du même auteur.

---

(1) C'est le nombre des paragraphes du traité de la saisie immédiate qui, suivant nous, contredisent le traité de la saisie avec délais. Le nombre des paragraphes du traité de la saisie avec délais qui contredisent le traité de la saisie immédiate est d'au moins soixante et dix. Voyez ci-dessus, p. 202.

TITRE IV.

RECHERCHES SUR L'ORIGINE DE DEUX EXPRESSIONS ET D'UNE MAXIME CONCERNANT LA SAISIE.

CHAPITRE XIV.

ÉTYMOLOGIE DES MOTS *CUICTHE*, « CINQ NUITS, » *ATHGABAIL*, « SAISIE. »

Art. 48, p. 250, l. 15-254, l. 3.

« Pourquoi dit-on que la saisie immédiate de
» cinq nuits est plus usitée que toute autre saisie?
» A cause du duel qui eut lieu à Mag-inis. Le
» moment était venu de prendre les armes, on
» n'attendait que les témoins, quand une femme
» s'assit près des deux adversaires dans l'endroit
» où ils devaient se battre, et les pria de s'accor-
» der délai : « Si mon mari était ici, » dit-elle,

« vous accorderiez délai. » — « Je consentirais
» volontiers à un délai, » répondit le défendeur,
« mais le saisissant aura peine à donner son con-
» sentement, le délai serait contre son intérêt. » —
« J'accorderai délai, » dit le saisissant. Le duel
» fut renvoyé à une date ultérieure, mais ni l'un
» ni l'autre des deux adversaires ne savait quelle
» serait cette date : elle fut fixée par un jugement
» que prononcèrent Conchobar et Sencha. « Com-
» ment s'appelle cette femme? » demanda Sencha;
» elle répondit elle-même : « Cinq-Nuits est mon
» nom. » — « Que le duel, » s'écria Sencha, « soit
» renvoyé à cinq nuits, conformément au nom de
» la femme. ». De là le proverbe : « la justice des
» Féné aurait péri s'il n'y avait eu Cinq-Nuits. »
» Ce fut Brigh qui, dans cette circonstance, prit
» le nom de Cinq-Nuits. »

La valeur historique de cet article a été appré-
ciée dans notre volume précédent, p. 376.

Art. 49, p. 254, l. 4-p. 256, l. 4.

« D'où vient le mot *athgabail* ? »

. . . .

Nous nous arrêtons ici : nous croyons avoir
donné ce qu'il y a de plus important dans le traité
de la saisie mobilière qui forme le premier livre
du *Senchus Mór*.

Nous terminons cette troisième partie en affirmant de nouveau les doctrines énoncées dans la deuxième partie, pages 356-357 ; c'est que, des deux traités primitifs de la saisie mobilière avec délais et de la saisie mobilière immédiate, tous deux imprimés ici en italiques, l'un pages 57-194, l'autre pages 199-216, celui que nous avons nommé le second est le plus ancien et paraît remonter au sixième siècle de notre ère, tandis que le traité de la saisie avec délais est postérieur à cette date. Sont aussi plus récents que le traité de la saisie immédiate les articles 16-18 (ci-dessus, p. 46-54) concernant la procédure du jeûne.

Il n'y a rien à retirer de ce que nous avons dit quand nous avons apprécié le degré d'intelligence qu'a montré l'auteur du *Senchus Mór* lorsque, reproduisant les deux vieux textes qu'il avait à sa disposition, il ne s'est pas aperçu de leurs contradictions si nombreuses.

Le traité primitif de la saisie immédiate et le traité primitif de la saisie avec délais nous offrent chacun la formule d'un âge différent de la civilisation.

Quant à la curieuse procédure du jeûne elle est, en Irlande, un produit spontané du christianisme et de la féodalité ; sa ressemblance avec l'usage indou qu'on lui compare est sans doute psychologiquement intéressante, mais on aurait grand tort d'expliquer cette ressemblance par une origine commune ; et les idées irlandaises, dont la procédure du jeûne a été le résultat, n'ont aucun rapport avec celles qui ont produit dans l'Inde ce qu'on appelle, dans un dialecte moderne, *dharna*.

Le jeûne, en Irlande, est une forme polie du commandement, et il n'a jamais exposé la vie du créancier, tandis que par le jeûne, celui-ci, dans l'Inde, menaçait le débiteur d'un châtiment terrible qui aurait puni la mort du créancier si la faim l'avait causée (1). La procédure du jeûne, dans l'Inde, ne remontait pas à une haute antiquité : c'était le brahmane moderne qui la pratiquait lorsqu'il se prétendait créancier ; elle devait sa gravité au caractère sacré de ce personnage, et, par conséquent, à l'exceptionnelle importance de sa mort. Le respect exagéré dû au débiteur noble en Irlande, même quand cet homme illustre négligeait de payer ses dettes, a produit, dans le droit civil irlandais, la procédure du jeûne ; imitée du jeûne des moines, elle est de date récente comme la procédure indoue similaire.

Ainsi, chacune de ces procédures, toutes deux relativement peu anciennes, doit son origine à un ensemble de croyances et d'institutions tout différent de celui qui a produit l'autre. On ne peut les

---

(1) Cf. Sumner Maine, *Lectures on the early history of Institutions*, p. 297 et suiv.; voyez la traduction, par M. Durieu de Leyritz, publiée sous ce titre : *Etudes sur l'histoire des institutions primitives*, librairie Thorin, p. 368 et suiv.

faire remonter historiquement toutes deux à une origine commune, et les expliquer par l'hypothèse d'un droit primitif indo-européen dont la procédure du jeûne aurait été un des éléments antiques.

TABLES ALPHABÉTIQUES

DES

PREMIÈRE, DEUXIÈME ET TROISIÈME PARTIES

I

INDEX DES NOMS FRANÇAIS DE CHOSES.

Abandon noxal, I, 190, 194, 195; II, 132-134, 207.
Abbé, I, 249, 250; II, 27, 28.
Abeilles, II, 2, 152.
Accusateur, I, 86.
Achat de la femme par le mari, I, 227, 230, 232, 233, 247, 249, 304, 312; II, 91, 121, 122.
Acquisition de la propriété, I, 279-280.
Adoptif (fils), I, 183, 187, 250-252; II, 29, 89, 94.
Adultère, I, 27-30, 212, 228.
Affranchi romain, I, 213.
Agnats, I, 352, 373; II, 28.
Aiguille, II, 120.
Aînesse (droit d'), I, 38.
Air divinisé, I, 24.
Aire à battre le blé, II, 103.

Aire de maison, II, 71.
Ajournement, I, 145-149, 157, 158. *Voyez* Assignation.
Aliénation du bien de famille, II, 194. *Voyez* Famille.
Ambassadeurs de Laurentum, I, 179.
Ame, II, 204, 205.
Amende, I, 93-97, 209, 210; II, 30-33, 40, 42, 47, 54, 131, 143, 146, 151, 166. *Voyez* Composition.
Ames des morts, I, 3-5.
Anarchie gauloise, I, xi.
An et jour, I, xx; II, 183.
Année, durée d'une espèce de mariage, I, xix, xx, 227, 304, 312; II, 139. *Voyez* Concubine.
Année celtique, I, 295-298.

Année judiciaire galloise, I, 298.
Annulables (contrats), I, 227, 229, 230, 246-249; II, 91, 93, 194, 195.
Anticipation sur un champ, I, 139, 144, 145.
Apprentissage (contrat d'), I, 332. *Voyez* Éducation.
Arbitrage, I, 37, 80, 104, 105, 125, 152, 155-166, 270, 274, 291-293, 321-331, 370; II, 17, 19, 25, 48, 117, 187.
Arbres, II, 77-85, 175, 193.
Arc, I, 48. *Voyez* Flèches.
Argent monnayé, I, 266, 335, 336.
Argent non monnayé, I, 335, 336; II, 132, 151, 177.
Aristocratie irlandaise, I, 105-130, 269, 276, 370. *Voyez* Noblesse.
Armes, II, 59, 120, 161.
Arrestation pour dettes, II, 145.
Arrière-grand-oncle, I, 186.
Arrière-petit-neveu, I, 186.
Aruspices, I, 176.
Asile (droit d') en Irlande, II, 3, 145. *Voyez* Enclos.
Asile (villes d') chez les Juifs, I, 11, 87.
Assassinat, I, 9, 78, 80. *Voyez* Meurtre prémédité.
Assemblées publiques, I, 154, 273, 292-321, 322, 324-327, 331, 364, 367; II, 17, 22-25, 28, 67, 76, 130, 131, 151, 158, 166, 184, 205, 206. *Voyez* Foires.
Assentiment du condamné, I, 157.

Assignation à comparaître, I, 255, 366; II, 184.
Attaque et défense, I, 355, 364; II, 114, 131, 205.
Augures, I, 176, 329.
Aumônes de saint Patrice, I, 89.
Autel, I, 357, 358; II, 207.
Automne, I, 295, 297.
Autorisation du juge pour la saisie, I, 256, 257.
Autre monde, I, 6-10.
Aveugle, II, 104.
Avocat irlandais, I, 271, 321, 328; II, 22-24, 30-33.

Bac, II, 105.
Bague, II, 192; cf. Parures de femmes, II, 208.
Balance, I, 335, 336.
Balance, symbole de la justice, I, 10, 74.
Baleine, II, 86.
Baptême (sacrement de), I, 88, 229.
Baratte, II, 76.
Barbier, II, 75.
Barde, II, 26.
Barrage de cours d'eau, II, 193.
Barrière, II, 157, 158, 167.
Bataille de plus de deux personnes, I, 292; II, 101, 124.
Bâtard jugé par le Rhin, I, 27-30.
Bateau, II, 149.
Bélier, I, 181, 184; II, 108.
Bénédiction de l'objet fabriqué, II, 75, 118.
Berceau, II, 155, 156.
Besace, II, 120.

Bestiaux, I, 126, 143, 179, 241, 278, 285, 299; II, 72, 102, 108, 176, 177, 210. *Voyez* Bétail, Bêtes à cornes.
Bétail, I, 124; II, 174, 200.
Bêtes à cornes, I, 99, 105-109, 115, 116, 128, 137-139, 144, 239, 250, 266, 269, 271, 278, 279, 285, 287, 289-291, 335, 348; II, 30-32, 40, 42, 47, 48, 54, 88, 89, 98, 106, 146, 151, 155, 156.
Bière, I, 104, 320, 321; II, 65.
Bigamie, I, 216, 217, 225.
Bisaïeul, I, 186. *Voyez* Descendant au troisième degré.
Blé, II, 38, 77, 103, 108, 151-153, 199, 202.
Blés (moisson des), I, 127; II, 62, 63.
Blessure, I, 77, 79, 81, 88, 179; II, 160, 207, 212-214.
Bœuf, I, 147, 161, 212; II, 132, 177.
Bœuf de labour, I, 100, 101, 289; II, 60, 177.
Bois, II, 77-86, 143-144, 165, 166, 175, 194.
Bonne foi, II, 33.
Bordure d'étoffes, II, 119.
Borgne, I, 302; II, 104.
Bouclier, I, 28, 155.
Bouffon, II, 88, 89, 134, 140.
Bourreau, I, 11, 166-171.
Bracelet d'or, I, 131.
Branches d'arbre, II, 80, 85.
Brasserie, II, 206, 207.
Brebis, I, 286, 287, 296; II, 108, 117, 150. *Voyez* Mouton.
Brehons, I, 80, 104, 154, 192, 292, 304, 321-331; II, 207.

Voyez Jurisconsultes irlandais.
Bride, II, 77, 102.
Brigandage, I, 95; II, 133.
Bris (droit de), II, 150, 151, 192.
Broche ou fibule, II, 192; cf. Parures de femmes, II, 208.
Broche, sorte d'ustensile de cuisine, II, 77.
Bruit calomnieux, II, 161, 162, 173.
Bûcher funèbre, I, 40.

Cabaret. *Voyez* Brasserie.
Cadenas, II, 105.
Calomnie, II, 159, 161, 162, 172, 173, 181, 187, 188.
Camp, II, 159.
Capacité juridique des femmes, I, 229, 246; II, 27, 28, 195.
Capacité juridique des hommes, I, 109, 110; II, 27. *Voyez* Incapables.
Carême, I, 149; II, 187.
Carrière, II, 175.
Caution, I, 46, 109, 110, 250, 269, 272, 275; II, 24-26, 36, 53, 54, 185, 195, 199, 200, 205, 216.
Cautionnement, I, 332.
Cavalerie gauloise, I, 164.
Cerceaux, II, 120.
Chandelier, II, 107.
Char de guerre, I, 8, 49, 51, 221, 281, 282, 314, 321; II, 102.
Char de saint Patrice, II, 134.
Chariot, II, 72, 149.
Charpentier irlandais, I, 306; II, 47, 75.

Charretier, II, 43.
Charrette, II, 149.
Charrue, II, 177, 189. *Voyez* Bœuf de labour.
Chasse, II, 108.
Chat, II, 120, 132.
Chaudière, II, 149, 150.
Chaudron, I, 100; II, 65, 75-77, 150, 201.
Chaudron (ordalie du), I, 27, 32-33, 144, 146, 153; II, 98, 188.
Chaume (toiture en), II, 146.
Chef (*ou* seigneur), I, 369; II, 43-45, 50, 52, 53, 60-63, 65, 67, 77, 86, 105, 106, 107, 129, 133, 142, 157, 171, 186, 188, 201, 207. *Voyez* Maître, Vassalité.
Chef de famille, II, 121. *Voyez* Tutelle.
Chêne, II, 38.
Cheptel, I, 118-130, 139, 155, 332, 359, 360, 369; II, 1, 2, 29, 61-64, 90, 97, 98, 142, 156, 169-172, 186, 200, 206.
Cheval, I, 7, 8, 143-144, 147, 152, 153, 239, 281, 282, 284-286, 288, 310-314, 321, 335, 336; II, 82, 145, 149, 157, 177, 207.
Chevaliers gaulois, I, 123, 164.
Chevauchée, II, 128.
Chien, I, 104; II, 71, 108, 109, 120, 132, 162, 165, 207.
Christianisme en Irlande, I, 214, 316, 345, 352-360, 364, 365; II, 34, 49, 50, 59, 129. *Voy.* Clergé chrétien, Eglise, Evêque, Pèlerin, Pénitence.

Ciel divinisé, I, 17-25.
Cimetière en général, II, 192.
Cimetières païens, I, 313, 316.
Cinq nuits (Délai de), I, 259-261, 265-268, 282, 288, 363-364, 366, 374, 379, 383; II, 6, 18-21, 79-81, 112, 113, 126, 136, 137, 152, 159, 160, 165, 168-182, 191, 192, 196, 218, 219.
Cinq nuits de répit en fourrière, I, 265, 267, 348, 350, 351, 363, 366, 375-379, 382; II, 7, 21, 112, 134, 137, 160, 171-175, 180-182, 197, 209-214, 218.
Cité, I, 101-105, 110, 122, 350, 362, 366, 367; II, 25, 43, 44, 49, 50, 153, 178, 180, 184, 185, 188, 196, 207, 211, 213-215. *Voyez* Tribu.
Citoyen irlandais, I, 265, 273; II, 3, 25, 115, 116, 153.
Classes de la société, II, 3. *Voyez* Noblesse, Roturiers.
Clergé chrétien en Irlande, I, 353, 358, 359, 365; II, 47, 91, 124, 196, 214. *Voyez* Evêque, Prêtre.
Clerc, I, 46; II, 32, 124.
Clients, I, 7, 8, 122, 123. *Voyez* Vassaux.
Cloche, II, 82.
Clos contigu à la maison, II, 72, 197; Pré clos, II, 199. *Voyez* Enclos.
Clôture, II, 199, 203, 208.
Cocher, II, 134, 150.
Cochon, II, 60, 178.
Cognats, I, 356. *Voyez* Maternelle (ligne).

Cohabitation, II, 162, 164.
Cohéritiers, II, 107, 166, 199, 201.
Cojurateurs *ou* cojureurs, II, 99, 100, 187.
Collatéraux, II, 44. *Voyez* Cousins, Frères, Oncles, etc.
Collier de Morand, II, 37.
Combat de plusieurs, I, 256, 292; II, 101, 161.
Combat singulier, I, 292; II, 161. *Voyez* Duel.
Commandement, I, 150-153, 208, 263-265, 267-270, 282, 283, 351, 358, 360, 363, 365, 368, 370; II, 46, 47, 112, 117, 147, 176, 206.
Commerce irlandais, I, 294, 298, 315, 320, 321.
Commodat, II, 150, 200, 202.
Communauté des femmes, I, 224-226.
Commune (forêt), II, 78-85, 143, 144, 166, 175.
Complice de vol, I, 201.
Complicité des crimes en général, I, 375; II, 140-143, 212-214.
Composition pour crime ou délit, II, 30, 44, 49, 52, 53, 135, 207, 213, 214.
Composition pour meurtre, I, xii, 8, 44, 51, 60-64, 66, 75-109, 119, 121, 125-144, 153-166, 177, 178, 181-185, 190-212, 217, 227, 230, 231, 241, 242, 253; II, 3, 10, 12, 13, 15, 133, 134, 149, 173, 174, 210.
Concubinat, Concubines, I, xix, xx, 212-214, 216-218, 227-229, 241, 253, 304, 305, 312, 316; II, 74, 91, 116, 139.
Confiscation des biens, I, 86-87, 95, 96, 173, 174.
Conteurs irlandais, I, 269, 321.
Contradictions entre le traité primitif de la saisie immédiate et le traité primitif de la saisie avec délais, I, 364-369; II, 201-203, 208-209, 211-212, 216, 217, 220.
Contrat en général, I, 272, 333; II, 2, 10, 15, 27, 90-94, 153, 194, 195, 197, 199.
Contrat avantageux, I, 229, 248.
Contrat de cheptel, I, 118-130, 139, 155, 332; II, 90, 92.
Contrat d'éducation, I, 112-116, 243, 332; II, 1. *Voyez* Education.
Contrat de lèvres, I, 47; II, 94.
Contrat désavantageux, I, 229, 230, 248; II, 194.
Contrat qui précède le duel, I, 45, 47, 207.
Contumax *ou* fugitif, II, 137, 207, 215. *Voyez* Responsabilité.
Copropriété, II, 2, 103, 189, 193, 200, 201. *Voyez* Indivision, Partage.
Coq, II, 178.
Corbeau, I, 308.
Corbeille, II, 149.
Corde, II, 43, 45, 102.
Cordonniers d'Osma, I, 307-308.
Corps (prix du), I, 79, 93-97, 138, 155; II, 53, 97.

Correction (droit de), I, 187, 244, 245.
Cortège des nobles, I, 109-112.
Corvée *ou* service corporel, I, 127-129; II, 62, 63, 142, 203.
Couches (Femme en), II, 162, 188.
Couronne de la victime dans les sacrifices humains, I, 168.
Courses de chevaux, I, 99, 310-314; II, 60, 177, 207.
Cousins, I, 186.
Cousins germains, I, 66, 186, 188, 189; II, 186.
Coussins, II, 71.
Couteau, II, 75, 101.
Coutume, Coutumier (droit), II, 2, 196.
Couvertures de lit, II, 71.
Couverture de bête, II, 174, 210.
Crainte, I, 249.
Crible, 1, 287; II, 113, 117. *Voyez* Tamis.
Crimes, I, 375; II, 2, 3, 26, 132-134, 138, 178, 179, 186, 212-214. *Voyez* Composition, Responsabilité.
Crime volontaire, I, 91, 92; II, 133. *Voyez* Meurtre nécessaire.
Crochet, II, 102.
Cruche, II, 76.
Crucifiés (hommes), I, 170.
Cuiller, II, 107.
Cuisine (ustensiles de), I, 287; II, 117.
Cuisse, II, 115, 195.
Cuivre, II, 151, 152, 176.

Cultivateur, I, 108; II, 75, 76, 102, 105, 207.
Cuve, II, 77, 149.

Dame (Chien de), II, 108, 109, 120, 132, 162.
Décapitation du vaincu, I, 171, 208.
Déchéance du saisi, II, 35, 36. *Voyez* Expropriation.
Dégradation des membres de l'aristocratie et des ecclésiastiques, I, 125; II, 52, 53, 97, 98.
Degrés de parenté, I, 66, 92, 186-193, 195-196, 262; II, 2, 44, 136, 137, 186.
Délais, I, 150, 151, 263, 270, 274, 278, 351, 352, 371, 373-376, 381, 382; II, 6. *Voyez* Une nuit, Deux nuits, Trois nuits, Quatre nuits, Cinq nuits, Huit nuits, Neuf nuits, Dix nuits, Douze nuits, Treize nuits, Quinze nuits, Trente nuits, Quarante nuits; Jour franc. Cf. Fourrière.
Délit, II, 26, 31, 148, 149. *Voyez* Crime, Complicité, Responsabilité.
Délits forestiers, II, 78-85.
Démons, I, 74.
Déni de justice, I, 136.
Dénonciation calomnieuse, II, 161.
Déportation, I, 95, 173, 174.
Dépôt (Contrat de), II, 66, 201, 202.
Dépouille de mort, de guerrier tué en combattant, II, 158, 159, 161.

Descendant au quatrième degré (fils d'arrière-petit-fils), II, 136, 168.
Descendant au troisième degré (arrière-petit-fils), II, 136, 168.
Dettes (Arrestation pour), II, 145. *Voyez* Composition.
Dettes payables dans la vie future, I, 7.
Désert, II, 193.
Détournement, II, 207.
Deux nuits (Délai de), I, 258-261, 267, 268, 382; II, 6, 18, 108, 110-122, 125, 126, 196.
Dévidoir, II, 119.
Devoir de vengeance. *Voyez* Vengeance.
Dieu, I, 270; II, 46, 49-50.
Diffamation, II, 161, 172, 173, 182, 183, 187. *Voyez* Calomnie, Sobriquet.
Difficulté, cause d'exception, II, 31.
Digue, II, 103, 167.
Dilatoire (Exception), I, 261, 263; II, 184. *Voyez* Exception.
Divination, I, 169, 170, 176, 177, 328, 329.
Divorce, I, 218, 227-229, 240, 241, 304. *Voyez* Mariage annuel.
Dix nuits (Délai de), I, 259, 260, 261, 267, 268, 283-285, 288, 367, 368, 374; II, 6, 18, 19, 21, 80, 81, 113, 126, 166, 167, 175, 182-196, 209.
Dix nuits de répit en fourrière, I, 348-351, 368, 370, 382; II, 7, 21, 72, 112, 137, 169, 185, 197, 215-216.
Dix-sept personnes, I, 186; II, 135, 136, 168.
Docteur en science profane, II, 18, 28.
Domaine éminent, II, 128.
Domaine utile, II, 128.
Domestiques, II, 139, 140.
Dommage causé par les animaux domestiques, II, 132.
Dommages-intérêts, II, 53, 64, 78, 79, 147, 153, 211. *Voyez* Composition, Restitution.
Donation, I, 352; II, 88-90, 115, 116, 195.
Dot, I, 231-235, 238-240; II, 157.
Douaire, I, 131-134, 232-235, 238-240; II, 157.
Double (Restitution au) en cas de vol, I, 125, 203-206; II, 12, 157, 173.
Doublement de la dette, I, 269, 370; II, 51, 52, 66, 155, 173.
Douze nuits (Délai de), I, 260, 287; II, 18.
Drap, II, 118.
Droit canonique irlandais, I, 46, 345; II, 32, 49, 50, 129, 137, 139. *Voyez* Collection canonique irlandaise.
Droit civil, II, 49, 50. Cf. Droit naturel.
Droit du roi, I, 225.
Droit féodal français, II, 61, 128, 129.
Droit naturel, suivant les Ir-

landais, I, 345; II, 110, 111, 196. Cf. Droit civil.
Druides, I, 4-6, 22, 23, 80, 81, 115, 117, 118, 156-177, 200, 227, 228, 295, 299, 303, 304, 307, 319, 330, 353.
Duel en général, I, 13, 34, 36-74, 146, 152, 157, 206-211, 253; 292, 376; II, 14, 32, 59, 97, 99-104, 120-122, 161, 188, 193, 218, 219.
Duel conventionnel, I, 37-64, 76, 207.
Duel judiciaire, 1, 37.
Duels précédant une bataille, I, 22, 49.

Eau divinisée, I, 17-35.
Eau bouillante (preuve par l'), I, 31-35; II, 100, 188. *Voyez* Chaudron.
Eau froide (preuve par l'), I, 26-31.
Eau (Propriété de l'), I, 249; II, 2, 70, 145, 150, 165, 167, 193.
Ecclésiastiques (Assemblées), II, 130.
Echange, I, 266; II, 200.
Echange par incapable, I, 248.
Echansons irlandais, I, 306.
Echecs (jeux d'), I, 321; II, 105.
Ecrit (Acte), II, 94.
Ecriture ogamique, I, 309, 336.
Education (Contrat d'), I, 112-116, 243, 332; II, 29, 89, 154-157, 179, 180, 200, 203.
Education des enfants, I, 112-116; II, 1, 29, 154-156.

Effraction, II, 146.
Eglise, I, 193, 357, 380; II, 49, 64, 100, 157, 189, 196; son droit sur ses vassaux, I, 63-64, 90.
Elève, I, 112-116, 183, 184, 187, 243, 244, 246, 332; II, 29, 89, 154, 156, 157.
Emancipation, I, 244, 245, 247; II, 89.
Empoisonnement, II, 165.
Enceinte (Femme), II, 108, 162, 164.
Enchantement, II, 164, 165. *Voyez* Magie.
Enclos, I, 276, 277; II, 3, 30, 33, 34, 72, 197.
Enfants, leur éducation, I, 112-116; relations avec leur père, I, 242-253. *Voyez* Education, Père.
Enfer, I, 3.
Enlèvement de femme, I, 242; II, 73, 163, 180.
Entraves au pied, II, 43, 45.
Envie de femme grosse, II, 162.
Epave, II, 150, 151, 192.
Epée, I, 40, 51, 69-74, 169.
Epices du juge, I, 155; II, 207.
Epidémie, I, 179.
Epines, II, 208.
Epouse légitime, I, 211-229. *Voyez* Femme mariée.
Epouvante, II, 162.
Epreuve de l'eau bouillante, I, 31-35. *Voyez* Chaudron.
Equitation, I, 104, 314; II, 102. *Voyez* Char.
Equité, II, 111, 196.
Esclave femelle. *Voyez* Femmes esclaves.

Esclaves mâles, I, 7, 77, 82, 117, 121, 129, 130, 142, 143, 147, 153, 200, 215, 230, 248, 249, 257, 272, 280, 380; II, 24, 26, 27, 29, 43, 146, 160, 207.
Espionnage, II, 193.
Étable, I, 285.
Étalon, II, 108.
Etang, II, 70. *Voyez* Lac, Vivier.
Etat (Crime contre l'), I, 83.
Etat (Notion de l'), I, 1-2, 14.
Été, I, 285, 295, 296.
Etranger, I, 83, 187, 189, 249, 354, 355; II, 26, 69, 105, 106, 131, 179.
Evêque, I, 98, 125, 345; II, 18, 34, 52.
Exceptions, I, 261, 263; II, 31, 35, 41, 184, 185, 188, 189.
Excommunication, I, 46, 165, 270, 328-330; II, 48, 100.
Excuse légitime, II, 36. *Voyez* Exception.
Exhérédation des enfants par le père, II, 88.
Exil, I, 82-87, 95, 184. *Voyez* Contumax.
Expédition militaire, I, 349, 364; II, 128, 205.
Expropriation du saisi, I, 263, 266, 268, 278-279, 349, 363-365, 368; II, 35-36, 112; — du criminel, II, 3.
Expulsion (Procédure d'), I, 150; II, 69.
Extinction de la dette, II, 30.

Famille (droit et charges de la), I, 44, 45, 60-64, 182-197, 202, 207-209, 230, 247, 250-253, 355, 384; II, 3, 11, 43, 44, 70, 71, 85, 92, 101, 103, 105, 107, 114-116, 121, 125, 133, 135, 139, 140, 149, 163-166, 168, 179, 191, 194, 215.
Fanons de baleine, II, 86.
Faucille, II, 124.
Faux jugement, I, 138; II, 52.
Faux témoignage, I, 126, 139; II, 97, 98, 141, 212.
Femmes en général, I, 246, 258-263, 268, 286-288, 351-356, 360-383; II, 28, 29, 71, 104, 109-124, 134, 162-164, 172, 173, 194, 195, 204, 214.
Femmes esclaves, I, 90-92, 98-101, 105-109, 137-139, 142, 143, 182, 183, 196, 211, 212, 214, 215, 232, 241, 248, 250-253, 266, 335; II, 10, 34, 88, 97, 103, 147-149.
Femmes mariées, I, 111, 210-241, 246, 375, 377, 380; II, 27, 28, 73, 74, 116, 134-139, 148, 157, 160, 164, 168, 188, 206, 207, 212.
Féodalité celtique, I, x, 105-130, 285, 286; II, 45. *Voyez* Cheptel, Noblesse, Vassalité.
Fer, II, 151, 152, 176.
Festins irlandais, I, 320, 321, 369; II, 65, 76.
Fêtes, I, 298-321; II, 43, 59, 76.
Feu de foyer ou de torche, II, 152.

Feu (supplice du), I, 169, 191, 200, 211, 242; II, 133.
Feux sacrés, I, 299, 303, 319.
Fibule *ou* broche, II, 192.
Fidélité conjugale, I, 211-229.
Fief, II, 62. *Voyez* Vassalité, Cheptel.
Fief, étymologie de ce mot, I, 120.
Fief de soudée, I, 111.
Fief immobilier, I, 118, 119.
Fil, II, 119, 120.
Filet, II, 167.
Fileuse, II, 119.
Fille, I, 242, 352-355, 375; II, 27, 28, 113-116, 134, 147, 157, 168, 194, 195.
Filles de roi, I, 115, 237, 242.
Fils, I, 113-116, 178, 182, 184, 186-189, 237, 257, 352-355, 363, 375, 377, 380; II, 27, 29, 44, 87-90, 134, 135, 147, 149, 157, 160, 162, 168, 179, 182, 186, 194, 201, 206, 207, 211, 212, 214.
Fils adoptif, I, 183, 187, 250-252; II, 29, 89.
Flagrant délit de vol, I, 199-202.
Flèche, I, 52, 170.
Fleuves divinisés, I, 18, 27-30, 51.
Foires irlandaises, I, 299-321; II, 130, 131, 207. *Voyez* Assemblées publiques.
Folle, I, 249; II, 27, 87, 89, 104, 163, 180.
Fongibles (objets fongibles et non fongibles), II, 58, 184, 202.

Forêts, II, 78-85, 143-144, 165, 166, 175, 194.
Forgerons irlandais, I, 306, 307; II, 47, 75.
Fort, forteresse, I, 127, 129, 276, 288; II, 71, 86, 165, 166, 175, 194, 200, 202, 203.
Fossé, limitant une propriété, I, 282; II, 131, 144.
Fossé le long des routes, II, 68, 130.
Fou, I, 249, 257, 272; II, 24, 27, 43, 71, 87-89, 105, 134, 140.
Fougère, II, 152.
Four, II, 146, 190, 201, 202.
Fourchette, II, 65.
Fourrière, I, 263, 265, 267, 274-279, 348-351, 357, 358, 360, 363, 365, 366, 368, 370, 371, 373-382; II, 5, 7, 10, 21, 25, 42, 95, 111-113, 149, 176, 197. *Voyez* Une, Trois, Cinq, Dix nuits de répit en fourrière.
Fracture d'un membre, I, 77.
Frère, I, 186, 188, 189, 247, 352-354, 375, 377; II, 68, 101, 121, 122, 134, 139, 140, 157, 186, 212.
Froment, II, 65.
Fumier, II, 108.
Funérailles des chefs gaulois, I, 123.
Fuseau, II, 114, 118, 119.

Gage, I, 269, 272, 274, 370; II, 12, 15, 32, 46, 48, 53, 54, 56, 186, 197, 216.
Gallois (droit), I, 90. *Voyez Code Dimétien, Code Vénédotien.*

NOMS FRANÇAIS DE CHOSES. 233

Gardien de saisie, I, 265, 351, 363, 365, 368; II, 23.
Gardiens de fourrière (?), II, 176.
Genêt, II, 152.
Genisses, 1, 100, 106-109, 115, 128, 289; II, 30, 146, 177.
Gens de lettres irlandais, I, 269. *Voyez* Poètes.
Gens de métier, I, 306, 307, 309; II, 47.
Gladiateurs, I, 37, 47.
Gland, II, 38.
Gobelet, II, 77.
Grafion, I, 136, 150.
Grain, servant de mesure linéaire, I, 342.
Grand-oncle, I, 186.
Grand-père, I, 186, 355, 377; II, 44, 114-116, 185. *Voyez* Petit-fils.
Grange, II, 103.
Gril, II, 107.
Grossesse, II, 108, 162, 164.
Guerre (service de), I, 127-129, 349, 355, 364; II, 19, 44, 114, 122-124, 128, 131, 142, 159, 170.
Guerre privée, I, x, xii, 13, 37, 76, 77, 157, 178, 209, 292, 384; II, 11, 14, 15, 56, 101, 124, 161, 170.
Guerriers irlandais de profession, I, 306, 308, 309; II, 47, 86, 193, 194, 201.

Hache, II, 102, 150.
Haie, II, 208.
Hangar, I, 285; II, 42.
Harpe, I, 306, 315; II, 64.

Hégémonie de la Celtique, I, 166.
Herbe, II, 152, 202.
Héritage, II, 135, 186, 191. *Voyez* Succession.
Héritage maternel, I, 354-356; II, 113-116, 194, 195.
Héritage paternel, I, 236, 237, 352-356, 363; II, 182, 194, 195, 201, 211.
Héritiers, I, 183, 237, 350-356, 362, 363; II, 11, 107, 113-116, 170-172, 194, 195, 210, 211.
Héritiers présomptifs de rois, I, 273; II, 28.
Héros (Morceau du), I, 43-44, 69; II, 165.
Historiens irlandais, I, 306.
Hiver, I, 285, 295-297.
Homicide, I, 12, 146. *Voyez* Meurtre.
Hommage dû par le vassal, I, 127.
Homme de loi, 1, 271, 274; II, 95. *Voyez* Avocat, Jurisconsulte.
Homme libre, I, 106, 109, 111, 112, 115, 130, 138, 142, 143, 153, 180, 200, 209, 210; II, 17.
Honneur, I, 166, 276, 380; II, 160, 207. *Voyez* Prix de l'honneur.
Honoraires des juges, I, 155; II, 207.
Honte de visage, I, 135.
Hospitalité, I, 225; II, 145.
Host et chevauchée, II, 128.
Hôte, II, 145. *Voyez* Hospitalité.
Huit nuits (Délai de), II, 111, 112.

Hydromel, I, 220, 221.

Idiot, I, 248, 249.
Idole irlandaise, I, 318, 319.
Ignorance, II, 31.
Immeuble distingué du meuble, II, 77. Voyez Saisie immobilière.
Immortalité de l'âme, I, 3-10, 318.
Imprudence (Meurtre par), I, 185.
Impuissance du mari, II, 164.
Incantation, II, 26, 141, 164, 165, 172, 173. Voyez Malédiction magique.
Incapables, I, 230, 246-250, 257, 258, 272, 378; II, 24, 26-29, 43, 138, 140, 156, 190, 214.
Incendie (Crime d'), I, 90, 91; II, 146.
Inceste, I, 226.
Indignité du chef, I, 125, 126; II, 52, 53, 122.
Indivision, II, 58, 71, 103, 106, 107, 113, 166, 200, 201.
Inféodation, II, 128, 129.
Infidélité du mari, I, 133.
Ingénu, I, 143, 213; cf. Homme libre.
Injure, I, 79, 81, 130, 179; II, 11, 98, 113, 141, 145, 147-149, 206. Voyez Insulte.
Insolvabilité du meurtrier, I, 191-197, 133, 134.
Insolvable, I, 247, 257, 272; II, 26, 88.
Insulte, II, 11, 147-149, 160, 211. Voyez Injure.
Interdiction de l'eau et du feu, I, 174.

Intérêt du capital en Irlande, I, 127-128.
Internat, I, 113.
Ivresse, I, 249.

Javelot, I, 52, 160, 168.
Jeu d'échecs, I, 321; II, 105.
Jeûne (Procédure du), I, 208, 269-270, 369-371; II, 6, 46-54, 216, 220, 221.
Jeûne des chrétiens en Irlande, I, 316.
Jeûne au pain et à l'eau, I, 204.
Jeux grecs, I, 67.
Jeux romains, I, 37, 69.
Jonc, II, 152, 153.
Joues rouges, I, 99.
Jouets d'enfant, II, 101.
Joug, I, 284.
Jour, divinité, I, 24, 26.
Jour franc, I, 349, 350, 357, 358, 363-365, 368, 373, 374; II, 17, 21, 56.
Juge, I, 152, 155, 156, 270, 271, 321; II, 187, 196, 207. Voyez Arbitrage.
Jugement de Dieu, I, 33, 34, 36.
Jugement des morts, I, 9, 10.
Jugement par l'eau, I, 26-35.
Jugements en général, I, 104, 125, 138, 157, 163, 285, 291-293, 294, 295, 303, 304, 315, 320, 322, 324-327, 381; II, 2, 9, 17, 37, 52, 55, 111, 197. Voyez Arbitrage.
Juges ecclésiastiques, II, 100.
Jumeaux, II, 111.
Juments, II, 108.
Jurisconsultes ou brehons irlandais, I, 269, 271, 273, 274, 292, 293, 303, 304, 306, 324-

331, 372, 373; II, 17, 36-39, 207.
Justice divine, I, 3, 14, 52, 55, 59, 60.

Labourage, II, 106, 145, 177, 189. *Voyez* Bœuf.
Lac, II, 167. *Voyez* Etang, Vivier.
Laine, II, 60, 117, 119.
Lait, I, 380; II, 38, 58, 60, 151, 158, 177.
Lance, I, 70.
Langes de berceau, II, 155, 156.
Langue, instrument de crime, I, 375; II, 140, 141, 212.
Lard, II, 75.
Lecteur d'église, II, 189.
Législation, I, 302, 320, 321; II, 17, 122-124.
Légitimité de la naissance, II, 182.
Legs, I, 101, 107, 115, 116.
Lépreux, II, 104, 180.
Lèvres (Contrat de), I, 47; II, 94.
Lèvres, instrument de crime, I, 375; II, 140, 141, 212.
Libation, I, 20, 54, 220.
Libre (Cheptel), I, 123-130.
Libre (Homme), I, 106, 109, 111, 112, 115, 130, 138, 142, 143, 153, 180, 200, 209, 210; II, 17.
Licou, II, 102.
Ligne maternelle. *Voyez* Maternelle (Ligne).
Ligne paternelle. *Voyez* Paternelle (Ligne).
Lin, II, 118, 119.
Lit des époux, II, 164.

Lit des vassaux, II, 106.
Lit du coupable, I, 192, 193; II, 178, 187, 191.
Lit du malade, II, 71, 185.
Litière, I, 221.
Logement du coupable, II, 178, 179. *Voyez* Lit.
Loi de Lynch, I, 384.
Louage de soldats, I, 122, 127, 129, 130.
Loups, II, 131.
Lune divinisée, I, 24; II, 37.
Lynch (Loi de), I, 384.

Magiciens, *magi*, I, 176, 177.
Magie, enchantements, I, 73, 299, 362, 363; II, 26, 105, 141, 159, 160, 164-165, 172-173, 181, 193, 206, 210-212. *Voyez* Sorciers.
Main gauche (Mariage de), I, 214.
Main, instrument de crime, I, 375; II, 140, 141, 174, 212-214.
Main servant de mesure linéaire, I, 342.
Mainlevée de la saisie, I, 274.
Maison, II, 71, 72, 146, 150, 162, 166, 191, 200.
Maître, c'est-à-dire professeur, I, 112-116, 243-244, 246, 331; II, 29, 89, 154, 157.
Maître d'esclave, I, 249, 280; II, 26, 27.
Majorité galloise, I, 245.
Majorité irlandaise, quant au contrat d'éducation, II, 156.
Majorité gauloise et tcherkesse, au même point de vue, I, 113, 114.

Malade, II, 70, 71, 104, 158, 174, 185, 186, 201, 206, 210.
Malédiction magique, I, 362, 363; II, 159, 160, 172, 173, 181, 206, 210-212. *Voyez* Incantation.
Manchot, II, 104.
Mandat, II, 116, 176.
Mandataire, I, 273; II, 28-29.
Manifeste (Vol), I, 199-206.
Manteau du coupable, II, 179.
Mari, ses droits, ses charges, 210-241, 248, 249, 377, 380; II, 27, 28, 108, 136, 157, 160, 164, 168.
Mariage, I, 131, 210 241, 332, 333, 375, 377, 380; II, 2, 73, 74, 93, 106, 121, 163.
Mariage annuel, I, xix, xx, 304, 305, 312, 316.
Maternelle (Linge), I, 64, 187, 352-356; II, 114-116, 185-186, 191, 194-195. *Voyez* Neveux, Oncles par les femmes.
Médecins, I, 177, 306, 307.
Mer. II, 69, 105, 151, 152, 164, 167, 192.
Mer divinisée, I, 19-21, 23, 24, 27, 30 ; II, 37.
Mère, I, 213, 226, 354-356; II, 87, 104, 113-115, 157, 163, 194, 201.
Messager, I, 375; II, 134, 140, 178.
Messe, II, 64.
Mesure fausse, I, 9.
Mesures linéaires irlandaises, I, 342.
Métempsycose, I, 3.
Métier (Gens de), I, 306, 307, 309.

Meubles distingués des immeubles, II, 77, 114, 200. *Voyez* Saisie mobilière.
Meule de blé, II, 77, 152.
Meule de moulin, II, 103, 176.
Meurtre, I, xii, 8-12, 44, 77-87, 93, 94, 96, 97, 135-142, 146, 169, 172, 177-185, 209, 210, 216, 219, 224, 230, 231, 242, 243, 253, 302; II, 11-13, 15, 133, 134, 149, 158, 159, 161, 193, 212-216.
Meurtre caché, I, 67, 68, 90, 219, 362 ; II, 173-174, 210.
Meurtre de parents, I, 12, 67, 68.
Meurtre nécessaire, I, 66, 181-185, 190-197.
Meurtre non prémédité, I, 78, 177-185 ; II, 161.
Meurtre prémédité, I, 78, 91, 177-185; II, 161.
Meurtrier, I, 135-142, 169, 172, 177-185.
Milice nationale irlandaise, I, 305.
Militaire (Service), I, 127-129, 349, 355, 364 ; II, 19, 44, 122-124, 128, 131, 142, 159, 170.
Mines d'argent, de cuivre, de fer, II, 151, 152, 176, 177.
Miroir, II, 104, 120.
Mobilier d'autel, I, 357, 358; II, 207.
Mobilier de maison, II, 64, 70.
Moine, I, 248-250; II, 27, 157.
Moisson des blés, I, 127-129; II, 62, 63, 142, 189.
Monnaie de compte irlandaise, I, 266, 335; II, 65, 66.

Voyez Bêtes à cornes, Femmes esclaves, Vaches.
Monnaie d'or et d'argent, I, 121, 122, 266, 335-336.
Monogamie, I, 211-229.
Montagne déserte qui n'a pas de propriétaire, II, 166, 175, 191, 192.
Morceau du héros, I, 43-44, 69; II, 165.
Mort (Peine de), I, 2, 78, 83, 86, 87, 91, 95, 98, 99, 173, 179, 180, 191, 195, 199-203, 206, 211, 212, 242-253; II, 133, 134.
Morts (Hommes), II, 158, 159, 170-173, 181, 210.
Mouches, II, 152. *Voyez* Abeilles.
Moulin, II, 103, 146, 176, 189, 201.
Moulin à eau, II, 103.
Moutons, II, 60, 113, 114.
Musiciens irlandais, 1, 315; II, 64.
Mutilation, II, 161.

Nature (Droit de) suivant les Irlandais, I, 345; II, 110, 111, 196.
Naufragé, I, 354, 355; II, 26, 115, 116, 134, 140, 151, 167.
Nécessité, cause d'exception en procédure, II, 31, 36.
Nécessité (Meurtre de), I, 66, 181-185.
Négligence, I, 279; II, 40, 183.
Nettoyage, sorte de service dû au chef, II, 66, 67.
Neuf nuits (Délai de), I, 365, 366; II, 112. *Voyez* Trois nuits (Délai de).
Neveux par les femmes, I, 63, 183, 187, 188, 252, 353-356; II, 115, 194-195.
Neveux par les hommes, I, 186, 187, 189; II, 186.
Nobles gaulois, I, xi, 116, 117, 123, 124.
Noblesse des *Aedui*, I, 164.
Noblesse irlandaise, I, 105-130, 269, 276, 370; II, 30, 33-34, 46-54, 82, 91, 97, 154, 155, 196, 200, 205, 215.
Noces (Secondes, troisièmes, vingtièmes), II, 121, 122.
Nourrisson, II, 157.
Nourriture de l'ouvrier, II, 75, 118.
Nourriture des bestiaux saisis, I, 278; II, 197; — des étrangers, II, 187; — du coupable (contumax), II, 179, 207; — du guerrier, II, 201; — du malade, II, 70.
Nourriture due au chef, I, 369; II, 61-63, 142-143, 188, 200, 201, 206; — au prisonnier, II, 43, 45.
Noxal (Abandon), I, 190, 194, 195; II, 132-134, 207.
Nue propriété. *Voyez* Usufruit.
Nuit (Usage de compter par nuits), I, 145-151. *Voyez* Délais.
Nullité des contrats, I, 229, 230, 246-249. *Voyez* Annulables (Contrats).

Occupation d'une propriété, I, 280, 281, 284, 286; II, 69, 81.

Œil crevé, I, 302; — œil, instrument de crime, I, 375; II, 140, 212-214.
Officiers royaux en Galles, I, 209, 210.
Offrande à l'église, II, 189.
Offres, II, 53.
Ogamique (Écriture), I, 309, 336.
Olympiades, I, 315.
Once, I, 290, 336; II, 65.
Oncle par les femmes, I, 187; II, 194.
Oncle paternel, I, 186, 189; II, 186.
Or non monnayé, I, 335, 336; II, 132.
Ordalies, I, 13, 17; II, 98, 99; cf. Chaudron, Eau froide, Duel, Sort.
Ordre (Sacrement de l'), I, 88.
Orge, I, 266, 289, 290, 335; II, 65.
Os enchanté, II, 164, 193.
Otages, II, 1.
Outils, II, 75.
Ouvriers, II, 75.
Ouvriers en bronze et en métaux précieux, I, 306.

Paiement, I, 274, 370; II, 48, 51, 156.
Pain, II, 43, 75.
Panier, II, 120.
Paradis, I, 3, 7.
Paraphernaux, I, 236, 237.
Parenté (Degrés de), I, 66, 92, 186-193, 195-196, 262; II, 2.
Parents par les femmes, I, 64, 183, 187; II, 113-116, 194, 195; — par les hommes, I, 185. *Voyez* Famille, Degrés de parenté.
Parjure, I, 15, 16, 24, 25, 51, 52, 58.
Parricide, I, 253.
Partage, II, 58, 70-72, 166, 191, 193, 199.
Partage de succession, I, 196, 349; II, 166.
Parures de femmes, II, 192, 208.
Paternel (Héritage), I, 236-237, 352-356, 363; II, 182, 194, 195, 201, 211.
Paternelle (ligne), I, 64, 185-189; II, 186, 191.
Pâtre, II, 24, 29, 43.
Patriciens romains, I, 213.
Patron (modèle) d'un ouvrage, II, 119.
Pâturage éloigné, II, 73, 102.
Pauvres, II, 43.
Peau de vache, II, 169.
Pêche, II, 167.
Peigne, II, 117, 119.
Peine de mort, I, 2, 78, 83, 86, 87, 91, 95, 98, 99, 173, 179, 180, 191, 195, 200-203, 206, 211, 212, 242-253; II, 133, 134.
Pèlerin, II, 18.
Pèlerinage, I, 68, 204.
Pendaison, I, 201, 212.
Pénitence canonique ou ecclésiastique, I, 46, 68, 98; 264, 265; II, 49, 100.
Pension (Enfants en), II, 154-156. *Voyez* Education.
Père, I, 113-116, 178, 182-184, 186-189, 213, 242-253, 304, 352, 353, 363, 373, 375, 377;

II, 27, 44, 87-90, 92, 93, 114, 134, 139, 140, 147, 157, 163, 168, 186, 201, 206, 212; — adoptif, I, 187; — nourricier, I, 187; II, 29, 154.
Personne, sens de ce mot dans la langue du droit, I, 186; II, 135.
Petit-fils, I, 186, 189, 375, 377; II, 116, 134, 135, 137, 138, 140, 168, 186, 195, 212.
Petit-neveu, I, 186; II, 194.
Pétrin, I, 287; II, 65, 113, 117.
Pied (crime de), II, 141, 212.
Pied servant de mesure linéaire, I, 342.
Pirates, II, 131; cf. II, 69.
Plèbe gauloise, I, x, 117, 124, 128.
Plèbe irlandaise, I, 109, 117, 127, 276; II, 33.
Plébéiennes romaines, I, 213.
Poètes irlandais, I, 269, 306, 362, 366, 367; II, 180, 181, 184, 185, 196, 211.
Poignard, II, 132.
Poison, II, 165.
Poisson, II, 167.
Polyandrie, I, 224-226.
Polygamie, I, 211-229.
Pont, II, 85.
Porc, II, 108.
Porte de maison, II, 71.
Possession, I, 280, 285, 287; II, 2, 193, 194. *Voyez* Occupation.
Possession annale, I, xix, xx; II, 183.
Pot, II, 207.
Poteau, II, 144.

Pouce, servant de mesure linéaire, I, 342.
Poules, II, 132.
Pré, II, 72, 152, 158, 199, 202, 208.
Préméditation, I, 78, 91, 180-182; II, 161.
Premier août, I, 305-317; II, 60. *Voyez* Lug, Lugnasad.
Premier février, I, 296.
Premier mai, I, 299-305; II, 60, 73. *Voyez* Beltene.
Premier novembre, I, 285, 296, 317-320; II, 60, 73. *Voyez* Samain.
Prescription, II, 184.
Pressées (Choses), II, 58.
Prêt (Contrat de), II, 66, 150, 200, 202.
Prêtre chrétien, I, 360; II, 82.
Preuve. *Voyez* Chaudron, Duel, Eau froide, Sort, Serment, Témoignage.
Principal de la dette, II, 63, 71, 78, 80, 107, 153. *Voyez* Restitution.
Printemps, I, 295, 296.
Prison, I, 169, 204; II, 43, 45, 134.
Prisonnier de guerre, I, 99, 167-172, 248; II, 87.
Prisonnier enfermé par ordre du magistrat, I, 136.
Privilégié, I, 370, 214. *Voyez* Noblesse.
Prix de l'honneur, I, 79, 80, 87, 88, 96-110, 115-116, 125, 126, 227, 276, 370-376; II, 34, 47, 53, 56, 57, 63, 73, 74, 91, 97, 98, 148, 163, 164, 173, 203, 206.

Prix de fabrication, II, 74, 75.
Prix de travail manuel, II, 117. *Voyez* Salaire.
Prix du corps, I, 79, 93-97, 138, 155; II, 53, 74, 88, 97, 149, 163, 164, 173.
Prix du sang, I, 77. *Voyez* Composition.
Prix du visage, I, 88, 130-134.
Procuration, c'est-à-dire repas, II, 64.
Professeur, II, 29. *Voyez* Maître.
Prohibition de mariage, I, 213.
Propriété collective, I, 61-64.
Propriété foncière individuelle, I, 285, 291; II, 10, 12, 15, 128, 129. *Voyez* Saisie immobilière.
Prostituée, I, 362; II, 179, 180, 211.
Protection d'autrui, II, 29, 30, 33, 42, 43, 94.
Protection d'un noble, I, 139.
Pudeur des femmes, I, 131, 225.
Puissance maritale, I, 210-244; II, 134-136.
Puissance paternelle, I, 242-253, 272; II, 27, 147, 154, 157.
Purgatoire (Serment), I, 362; II, 99, 210.

Quadruple (Peine du), I, 201, 203-205.
Quarante nuits (Délai de), I, 145-149, 274, 292; II, 12, 187.
Quatre nuits (Délai de), I, 287; II, 111, 112.

Quatre nuits de répit en fourrière, I, 265, 351, 382; II, 112.
Quatrième génération du droit canonique, celle par laquelle finit la famille irlandaise, I, 186, 192, 193; II, 44, 136, 168.
Quenouille, II, 119.
Question (Supplice de la), I, 211.
Quinze nuits (Délai de), I, 283, 284, 366; II, 112. *Voyez* Cinq nuits (Délai de).
Quotité disponible, I, 252; II, 90.

Rachat de la vie du meurtrier, I, 135-142; — du voleur, I, 201-202.
Rançon des prisonniers de guerre, I, 168.
Rapporteur (juge), I, 155, 273, 292, 293.
Rapt, I, 133, 242; II, 73, 163, 180.
Recommandation, II, 129.
Redevance ou rente due par le preneur du cheptel, I, 126-128, 358-360, 364, 366; II, 44, 61-63, 106, 107, 128, 129, 170, 172, 205, 206.
Règlements, I, 302, 320.
Reine, I, 111, 112, 218, 230, 231, 236, 237, 313, 320; II, 109, 120.
Religieuses irlandaises, I, 250.
Rênes, II, 77, 102.
Rente foncière, I, 285, 286, 291; II, 129.
Repas dû au chef, I, 369; II,

61-63, 65, 142, 143; — au roi, II, 61, 205.

Répudiation des femmes, 1, 218.

Responsabilité de la famille, de chacun de ses membres, du suzerain, du roi, du citoyen, I, 190-198, 379, 380; II, 43, 44, 45, 83, 176, 179, 185-187; — du père, du fils, du grand-père, du mari, du frère, du mandant, I, 375-380; II, 31, 44, 134-140; — du maître d'esclave, II, 26, 43; — du maître d'animaux, II, 132.

Restitution au simple, part de la composition, I, 92, 182, 183, 196; II, 63, 78-80, 85, 86, 107, 143, 144, 153, 158, 165, 166.

Restitution au double et au quadruple, I, 125, 203-206; II, 66.

Restitution de la nue propriété, II, 115, 195.

Revendication, II, 58, 215.

Révolution française, I, x.

Rivage, II, 150, 151, 192.

Rivière, II, 167.

Rixe, I, 184; II, 158, 159, 206.

Rois, I, 63, 98-107, 110, 111, 118, 125, 147, 154, 192-194, 209, 210, 225, 236, 252, 260, 273, 292, 310, 312, 313, 320-322, 324-327, 331, 335, 349, 365; II, 18, 28, 34, 52, 60, 82, 101, 128, 133, 148, 155, 156, 163, 179, 187, 204, 205.

Rois suprêmes d'Irlande, I, 105, 115, 118, 216-218, 222, 302, 305, 320, 331; II, 38, 39. *Voyez* Aed Slane, Art, Blathmaic, Cairbré ou Coirpré Caittchend, Cairbré ou Coirpré Lifechair, Cathair, Colman Righmidh, Cond Côtchathach, Cormac mac Airt, Crimthann Nia Nair, Dathi, Diarmait, Eochaid Airem, Eochaid Feidlech, Feredach Findfhechtnach, Loégairé, Lugaid Reoderg.

Roturiers, I, 109, 111, 112, 115, 117, 127, 128, 276.

Roue de moulin, II, 103.

Rougeur du visage, I, 99, 130, 131.

Route, II, 66, 67, 130, 131, 206.

Royauté en Gaule, I, 122, 130. *Voyez* Rois.

Rucher, II, 152.

Sac, II, 65, 119, 120; — de froment, II, 65; — d'orge, I, 266, 289, 291, 335; II, 65.

Sacré :
1° Personnes sacrées, I, 269, 370; II, 82;
2° Animaux sacrés, II, 82, 83, 106;
3° Lieux sacrés, I, 170;
4° Forêts sacrées, II, 78-85, 143, 144, 166, 175, 194;
5° Objets sacrés divers, I, 171.

Sacrifices aux dieux chez les Grecs, I, 50, 51, 55, 178; — chez les Romains, I, 172, 179, 181, 184.

Sacrifices humains chez les

Celtes, I, 166-175; — à Rome, 172, 180, 181.
Sacrifices par les Druides, I, 165.
Saisie immobilière, I, 95, 150-153, 279-291; II, 2, 69, 97, 113, 117, 129.
Saisie mobilière, I, 44, 45, 46, 95, 96, 145, 152, 207, 255-279, 282-283, 287-289, 292, 328, 341, 347-384; II, 4-220.
Saisons, I, 295-298; II, 76.
Salaire de poète, I, 366, 367; II, 180, 211.
Salaire d'ouvrier, II, 74, 75, 117, 118, 134, 139.
Savants irlandais, I, 269; II, 82. *Voyez* Brehons, Poètes.
Science profane, II, 18. *Voyez* Poètes, jurisconsultes.
Scribe monastique, I, 98.
Scrupule, sorte de poids, I, 290; II, 65, 66.
Séduction suivie d'abandon, I, 133.
Seigneur laïque, II, 129, 186. *Voyez* Chef, Cheptel, Suzerain, Vassalité.
Seigneurie ecclésiastique, I, 63, 64, 90.
Sein de la mère, II, 201.
Sel, II, 105.
Semaine, II, 131.
Sénat des *Aedui*, I, 164.
Sénatus-consulte de l'an 97 av. J.-C., I, 172, 173.
Sépulture (Violation de), II, 192.
Sept ans, durée du cheptel, II, 170.

Sépulture, I, 310, 313.
Serfs, I, 106-108, 117, 138, 139, 142, 144, 153, 155; II, 24, 29, 34, 43, 101, 140, 156, 157, 201, 203.
Serment, I, 14-25, 51, 52, 72, 73, 109, 110, 250; II, 37, 99, 100, 153, 187, 207, 210.
Serment purgatoire, I, 362; II, 99, 173.
Serpe, I, 139; II, 102, 150.
Servage, I, XI. *Voyez* Serf.
Service de guerre, I, 127-129, 349, 355, 364; II, 19, 44, 114, 122-124, 128, 131, 142, 159, 170, 205.
Servile (Cheptel), I, 123-130, 358-360; II, 90, 98, 156.
Sessions des tribunaux gallois, I, 297, 298.
Sevrage d'enfant, II, 104.
Signification de fourrière, I, 151, 263, 265, 277, 278; II, 40, 41, 176.
Sobriquet, I, 363; II, 159, 181, 214.
Sociétés légalement constituées, II, 156, 157.
Sœur, I, 226, 247, 252, 352-356; II, 121, 122, 157.
Soleil, divinité, I, 19, 24, 26, 27, 51; II, 37.
Solvabilité, I, 272; II, 25, 42. *Voyez* Insolvables.
Sommation de faire droit, I, 283-285. *Voyez* Commandement, Signification.
Songes, I, 329.
Sorciers, I, 176, 306, 307; II, 26, 71, 172. *Voyez* Magie.
Sort, moyen de preuve, II, 99,

NOMS FRANÇAIS DE CHOSES. 243

100; — à comparer le sort dans l'*Iliade*, I, 52.
Soudée (Fief de), I, 121.
Soufflet, II, 107.
Source, II, 103.
Sourde (Femme), II, 180.
Sous d'or francs, I, 142, 143.
Stérilité des bestiaux et des champs, I, 179; II, 38.
Stérilité des femmes, I, 218.
Succession, I, 237, 238, 352-356, 360; II, 114-116, 191. *Voyez* Héritage.
Succession (Partage de), I, 196.
Succession romaine, I, 214.
Suite des nobles irlandais, et de leurs femmes, I, 110-112.
Suzerain, II, 61-63, 142, 143, 149. *Voyez* Chef, Seigneur, Vassalité.

Talent homérique d'or, I, 155.
Talent attique, I, 223.
Tamis, II, 65. *Voyez* Crible.
Tasse, II, 77.
Taureau, II, 82, 107, 178.
Témoignage, I, 106, 109, 110, 126, 201, 271; II, 18, 90, 91, 94-98, 100, 212.
Témoins du duel, I, 64-68.
Témoins en général, I, 150, 152, 207, 271, 282, 284-287; II, 24, 26, 174, 187, 199.
Tenancier, II, 129.
Tentative de viol, II, 148.
Terre, I, 17-27, 51; II, 37, 147.
Testament, I, 354; II, 115, 116.
Tête tranchée, I, 171, 208.
Tissage, II, 117.

Tisserand, II, 119.
Toise, servant de mesure linéaire, I, 342.
Toiture en chaume, II, 146.
Tombe du chef, II, 171.
Tombeaux, I, 311, 313.
Tonte du drap, II, 118.
Trahison, II, 207.
Traité entre deux cités ou deux rois, II, 153, 185, 205.
Torche, II, 152.
Transaction avec le meurtrier, I, 181. *Voyez* Composition.
Treize nuits (Délai de), I, 260; II, 18, 19.
Tremblements de terre, I, 25.
Trémie, II, 103.
Trente nuits (Délai de), I, 151-152, 267, 283, 285, 288, 368; II, 69, 112.
Tribu. *Voyez* Cité.
Tribunal des druides, I, 156-166.
Triomphe romain, I, 171-172.
Trisaïeul, I, 186. *Voyez* Descendant au quatrième degré.
Troisième degré, II, 136, 168.
Trois nuits (Délai de), I, 259, 260, 261, 267, 268, 284, 288, 360, 364-366, 369, 374, 377, 379, 382, 383; II, 6, 18-21, 61-63, 70, 71, 79-81, 86, 110, 112, 113, 125-167, 169, 171, 173-175, 178-183, 187, 190, 191, 193, 194, 196, 203, 208, 209.
Trois nuits de répit en fourrière, I, 348-351, 357, 360, 365, 366, 374, 382; II, 7, 21, 69, 74, 87, 112, 190, 192, 193, 197, 204-209.

Trouble dans la possession, II, 144, 145; — dans une assemblée publique, II, 158.
Truie, II, 108.
Tutelle perpétuelle des femmes, I, 246, 262, 263, 272; II, 27, 28, 93, 121, 122, 157.
Tuteur, I, 113-115, 246.

Une nuit (Délai d'), I, 259, 260, 266-268, 358, 369, 372, 373, 382; II, 6, 17-21, 55-111, 113, 131, 142-144, 148, 153, 165-167, 179, 182, 183, 186, 190-192, 194, 196, 201-203.
Une nuit de répit en fourrière, I, 268, 348-351, 358, 368, 369, 373, 382; II, 7, 21, 72, 86, 104, 112, 113, 125, 155, 185, 197, 199-203.
Urgence, II, 58, 192.
Usage dans les forêts, II, 78, 194.
Usage abusif ou vol d'usage, I, 139, 144, 145; II, 141, 149, 150, 212.
Ustensiles de cuisine, I, 287; II, 114, 117.
Usufruit, I, 252, 353-355; II, 114, 195.
Usurpation de la royauté, II, 38, 39.

Vacances des tribunaux gallois, I, 197, 198.
Vaches, I, 96, 99, 105-109, 115, 116, 128, 209, 210, 289, 341, 342, 380; II, 10-14, 30, 38, 58, 60, 65, 82, 86, 89, 107, 108, 146, 158, 169, 177, 208.

Vagabond, I, 288; II, 69.
Vase, II, 149.
Vassalité, I, xi, 14, 106-108, 118-130, 139, 155, 192, 355, 364-365, 369, 380; II, 1, 29, 33, 34, 61-64, 67, 68, 78, 80, 97, 106, 107, 128, 129, 142, 143, 149, 156, 157, 171, 186, 188, 201, 203-205, 207.
Veau, I, 128, 289; II, 30, 58, 65, 158, 208.
Vengeance privée, I, 8-12, 66, 77, 78, 84-87, 94, 97, 157, 159, 160, 177-185, 211, 221, 230, 253; II, 170.
Vengeur du sang, I, 11.
Vent divinisé, I, 25, 27.
Vente, I, 266; II, 195.
Vente de la femme au mari, I, xx, 230, 247, 304, 312; II, 91, 121, 122, 157.
Vente par incapable, I, 248.
Verbal (Contrat), I, 47; II, 94.
Verger, II, 150.
Vestales, I, 250.
Vêtements, II, 59, 156, 158, 161, 179, 192.
Veuve, I, 241.
Viagère (Jouissance). *Voyez* Usufruit.
Victimes humaines sacrifiées aux dieux, I, 166-172.
Vie du meurtrier, son rachat, I, 135-142.
Vie future, I, 1, 3-10.
Vieillard, I, 250; II, 88, 89.
Vierges, I, 88, 219, 227, 372, 373; II, 57, 73, 74, 148.
Vindicte publique, I, 2, 9, 12, 78, 83, 92-97, 122.
Vingt nuits, I, 283.

Viol, I, 131, 223, 372, 373; II, 57, 73, 74, 148, 162, 163.
Violation de domicile, II, 145.
Violation de sépulture, II, 192.
Visage (Prix du), I, 88, 130-134; — (Rougeur du), I, 99, 130, 135; — (Honte du), II, 148.
Vivier, II, 145, 167, 193.

Voyez Etang, Lac.
Vivres. Voyez Nourriture.
Vœu, I, 170, 171.
Vol, Voleurs, I, 125, 143, 172, 179, 191, 198-207, 210, 249, 253; II, 11, 51, 52, 66, 133, 146, 147, 150-152, 176, 180, 212.
Volailles, II, 178.

II

INDEX DES NOMS IRLANDAIS DE CHOSES.

Adaig, *nuit*, I, 151.
Adba. Voyez Ban-adba.
Adann, *torche*, II, 152.
Aenach, *assemblée, foire*, I, 293; II, 67, 130. Cf. Airecht, Congbail, Dâl, Oenach.
Aer, *malédiction magique*, II, 159. Cf. Câinte.
Aicned, *nature, condition d'une personne*, I, 136. Cf. Recht aicnid.
Aige, *course de chevaux*, I, 311. Cf. Graifne, Marc.
Aigne, Aigned *homme de loi, avocat*, I, 274; II, 23-24. Cf. Sui-thengthad.
Aincheas, *difficulté*, II, 31.
Ainfis, *ignorance*, II, 31.
Aire, *noble, chef*, I, 106, 107, 110, 112, 117, 125, 126, 138, 269; II, 33, 52. Cf. Aire ard, Aire désa, Aire forgill, Aire tuise, Bo-aire, Flaith, Nemed, Oc-aire, Uasal.

Aire ard, *sorte de noble*, I, 106-108, 110, 111; II, 34.
Airecht, *assemblée judiciaire*, I, 293-295; II, 22. Cf. Aenach, Congbail, Dâl.
Aire désa, *sorte de noble*, I, 106, 108, 110; II, 34, 47, 48, 205. Cf. Aithec, Déis.
Aire forgill, *sorte de noble*, I, 106, 107, 110-112; II, 34, 48, 98. Cf. Forgell.
Airer, *septième du prix de l'honneur*, I, 135. Cf. Enechgriss.
Aire tûise, *sorte de noble*, I, 106, 107, 110-112; II, 34, 48.
Airlécud, *prêt*, II, 66. Ce mot est employé avec sens de commodat dans l'art. 38, §11. Cf. Oin.
Aite, *père nourricier, entrepreneur d'éducation, maître*, I, 187; II, 154. Cf. Altrum, Dalte.

Aith, aoth, *serment*, II, 99, 100. Cf. Dindis, Luige, Noill, Tuinge.

Aithech, *vassal, preneur de cheptel*, II, 107. Cf. Aire dèsa, Céile, Dèis, Turcreic.

Aithech fortha, *mandataire d'un noble*, I, 273; II, 29.

Aithgin, *restitution*, I, 92, 182, 206; II, 63, 78, 166. Cf. Diabul.

Aithne, *dépôt*, II, 66.

Aitire, *caution*, I, 275. Cf. Arach, Etire, Raith, Râth.

Altoir, *autel*, I, 357, 358.

Altrum, *éducation*, II, 154. Cf. Aite, Dalte, Iarrath, Mi-altar, So-altar.

Anad, *délai entre la saisie et l'enlèvement*, I, 263-265, 267, 274, 351, 358, 363, 371-376, 381-383; II, 111-113.

An-foltach, *sans valeur, insolvable*, I, 126. Cf. Glinne.

Aoth, âith, *serment*, II, 99, 100. *Voyez* Aith.

Apad, *commandement et délai qui suit le commandement*, I, 263-265, 267, 351, 358, 363, 365, 368, 370, 371; II, 111-113, 147. Cf. Aurfocre.

Arach, *caution*, II, 32. Cf. Aitire, Fear tairgille, Raith, Râth.

Athgabail, *saisie*, I, 45, 256, 263, 282, 341; II, 13, 219. *Voyez* Tâin, Tobach, Toxal.

Athgabail iar fut, *saisie avec délais*, I, 267, 268, 282.

Athgabail tul, *saisie sans délais*, I, 264, 267.

Athir, *père. Voyez* Mac beoathar, Tuistin.

Aurfocre, *commandement*, I, 262, 268, 351, 358, 363, 365, 368, 370; II, 47, 147. *Voyez* Apad, Urfocre.

Aurgaire, *défense*, II, 145.

Baitsige, *prostituée*, II, 180.

Ban-adba, *propriété de femme*, II, 115, 195.

Bard, *barde*, II, 26.

Bél, *lèvre*, I, 47; II, 94.

Beltene, *fête du premier mai*, I, xx, 296, 297, 298-305, 312; II, 59, 60, 73, 76. Cf. Cet-shoman.

Ben fochraice, *femme salariée*, II, 138.

Ben foxail, *femme enlevée*, II, 74.

Ben fuataig, *femme enlevée*, II, 163. Cf. Fuatach.

Ben urnadma, *femme vendue au mari par ses parents, concubine*, I, 227; II, 73, 74, 91, 139.

Ben taide (1), *femme enlevée*, II, 180.

Bô-aire, *sorte de noble*, I, 107, 108, 110-112, 115, 128; II, 205. Cf. Bruigfer.

Bothach, *homme de classe inférieure*, I, 246. *Voyez* Fermidboth, Briuga.

Breth, *jugement*, I, 324-327. Cf. Fuigell, Gu-breth.

---

(1) Cette expression est une conclusion tirée du texte où on lit *lanamnas taide* « mariage de vol. »

Brithem, génitif sing. brithemon, *juge*, I, 304, 306, 321, 322, 331.
Briuga, *riche cultivateur*, II, 76, 105. Cf. Bothach, et
Bruigh-fer, *riche cultivateur*, I, 108; II, 76, 105. Cf. Boaire, Fermidboth.
Búachail, *pâtre*, II, 29.

Cáinte, *sorcier*, II, 26. Cf. Aer.
Cairde, *traité de paix*, II, 153.
Caire, *chaudron*, I, 144, 146; II, 98.
Carr, au génitif sing. cairr, *guerrier*, II, 86.
Cath, *combat de plusieurs*, I, 292; II, 60, 104.
Céile, céle, *compagnon, époux, vassal*, I, 106; II, 142, 205. Cf. Dôer-céile, Sôer-céile.
Céile giallna, *preneur de cheptel servile*, I, 106. Cf. Doer-céile.
Cenn comuirle, *tête de conseil, tuteur*, II, 28. Voyez Fer lesaig.
Cét-munter, *femme mariée en justes noces*, mater familias, I, 227, 229, 253; II, 74, 91, 139. *Voyez* Munter, Primben.
Cét-shoman, *premier mai*, I, 296. Cf. Beltene.
Cét-tellach, *première occupation d'une terre*, I, 283. Cf. Tellach.
Cin, *crime, délit*, II, 31, 45.
Cin coise, *crime de pied*, II, 141.
Cis, *rente*, I, 358-360, 364 ; II, 129.

Clithar sét, *premier choix de bêtes à cornes*, I, 289-291, 340. *Voyez* Forgu, Séd.
Cluiche, *jeux*, I, 311.
Coiced, *cinquième, une des cinq grandes provinces d'Irlande*. Cf. Rí coicid, Ruire.
Coibche, *prix de vente de la femme à l'époux*, I, 230, 232, 234, 312; II, 121.
Coirp-dire, *prix du corps*, I, 88, 90-92, 138; II, 53, 74, 149, 163. Cf. Dire.
Colpach firend, *veau d'un an*, I, 289, 290.
Colptach, *veau ou génisse d'un an*, II, 30. Cf. Dartaib, Samaisc.
Comaithches, *situation de plusieurs vassaux qui ont le même chef*, II, 78, 80, 107, 166. Cf. Déis.
Comaithech, *vassal soumis avec d'autres au même chef*, II, 107. Cf. Aithech.
Comfot rudarta, *longueur de trop de temps*, II, 184. Cf. Fut, Rudrad.
Comrac, *duel*, I, 47, 292; II, 59. *Voyez* Nith, Rói, Uasalgail debtha, Urgal.
Comtincur, *état de deux époux qui ont chacun la même fortune*, I, 229, 231.
Cond, *sui juris*, II, 25, 138, 140. Cf. E-chond, So-chond, Ur-chonn.
Congbail, *assemblée*, I, 293, 294, 364. Cf. Aenach, Airecht, Dál, Oinach.
Cor, *contrat*, I, 47; II, 92-93.

Cf. Do-chor, E-coir, Mi-chor, Naidm, So-chor.

Cor bél, *contrat verbal*, I, 47; II, 94.

Cos, *pied*. Voyez Cin coise.

Cosat, *rixe*, II, 159. Cf. Mescbaid.

Crann-chur, *sort*, II, 99.

Crann gabala, *arbre dont on a pris possession*, II, 81.

Crich, *frontière*. Cf. Dál criche.

Crob, *main*, II, 115.

Cuirm, *bière*, I, 320.

Cumal, *femme esclave*, I, 106, 335, 336; II, 34, 108, 149. Cf. Cup cumle.

Cumal senorba, *quotité disponible*, I, 252.

Cunnrad, *contrat*, II, 92, 93.

Cup cumle, *trémie*, II, 108. Cf. Cumal.

Curad mir, *morceau du héros*, II, 165.

Dair, *serf*, II, 140. Cf. Doercéile, Fuidhir.

Dál, *assemblée*, I, 293-295. Cf. Airecht, Congbail, Oinach.

Dál criche, *assemblée de plusieurs cités*, I, 367; II, 130.

Dalte, *élève*, II, 89, 154. Cf. Aite, Altrum.

Dám, *suite, cortège*, I, 110.

Dartaib boinend, *génisse d'un an*. I, 289, 290. Cf. Colptach, Samaisc.

Debaid, *querelle*, II, 59, 159. Cf. Uasal-gail debtha.

Dechmad, *délai de dix nuits*, I, 283; — *dixième*, II, 218.

Defid, deid, *sacré*, II, 78, 166.

Deirb-forgeall cleithe, *faux témoignage*, II, 97.

Déis, *ensemble des vassaux du même chef*, I, 106; II, 34, 204. Cf. Aire Désa, Aithech, Comaithches.

Deithbeire. Voyez Dethbire.

Deorad, *étranger*, I, 272, 273; II, 25, 26, 115. Cf. Raith, Ráth, Urrad.

Derb-fine, *seconde section de la famille irlandaise*, I, 66, 183, 186, 189, 192, 196, 262; II, 135, 137, 186.

Derg-fine, *partie de la famille irlandaise*, I, 67.

Dethbire, *nécessité*, I, 182, 264; II, 31, 36. Cf. Indeithbire.

Dia, *dieu*, II, 49, 50.

Dia bliadna, *jour après l'année expirée*, I, xx; II, 183. Cf. Lathe.

Diabul, *double*, II, 51, 52.

Diabul aithgina, *restitution au double*, I, 206. Cf. Aithgin.

Dígal, *vengeance*, II, 170. Cf. Gal.

Digu, *dernier choix*, I, 290. Cf. Forgu.

Dindis, *serment purgatoire*, II, 99. Cf. Aith, Luige, Noill, Tuinge.

Diraind, *montagne déserte, sans propriétaire*, II, 166.

Dire, *composition, amende payée au demandeur*, I, 88, 92, 93, 94, 97; II, 52, 53, 78, 166. Cf. Coirp-dire, Eric.

Dirne, *sorte de poids*, I, 336;

cf. Uinge ; à comparer aussi l'art. Mann, du Glossaire de Cormac.

Dithim, *répit en fourrière*, I, 263-265, 267, 274, 278, 374, 381-383; II, 36, 112, 113. Cf. Fasc, Forus.

Dlai fulla, *poignée de mensonge*, II, 105.

Do-chor, *contrat annulable*, II, 93. Cf. Cor, Mi-chor.

Do-naidm, *contrat annulable*, II, 91, 93. Cf. Naidm espa.

Doer-céile, *preneur de cheptel servile*, I, 106, 117, 130; II, 34. Cf. Dair, Céile, Séuit turcloidi.

Duine, *homme*, II, 49.

Duine-thaide, *meurtre dissimulé*, I, 67. Cf. Taide.

Dûn, *forteresse*, II, 71, 78.

E-chond, *incapable*, II, 31. Cf. Cond, Sochond, Urchond.

Eclais, *église*, II, 49, 50.

E-coir nadma, *incapable de contracter*, II, 91. Cf. Cor, Naidm.

Eis-indraic, *indigne*, I, 125; II, 52. Cf. Esinruic.

E-lud, *contumace*, I, 329.

E-lutach, *contumax*, I, 330.

Enech-griss, *injure*, I, 135, 156; II, 149. Cf. Gres.

Enech-lann, *prix de l'honneur*, I, 88, 97, 130, 136, 374-375; II, 47, 53, 148, 149, 163. Voyez Log eneich.

Enech-ruice, *injure*, littéralement *honte de visage*, I, 135, 156; II, 148, 149.

Eric, *composition*, I, 88, 91 ; II, 49, 133. Cf. Dire.

Es-inruic, *indigne*, I, 126.

Etaim, *détermination, aveu*, II, 142.

Etire, aitire, *caution*, I, 275.

Faithche, *enclos d'un noble*, I, 276 ; II, 33.

Fasc, *signification de fourrière*, I, 263, 265, 277, 278, 282, 283; II, 40, 41. Cf. Dithim, Forus.

Fear tairgille, *caution*, I, 275. Voyez Aitire, Arach, Raith.

Fechem toicheda, *demandeur*, I, 275. Voyez Toichid.

Feis, *festin*, I, 320.

Ferann, *terre*, II, 205. Voyez Rói, Ferann.

Fer lesaig, *tuteur, père*, II, 105. Voyez Cenn comuirle.

Fer-midboth, *homme libre de dernière classe*, I, 109, 111, 112, 115, 117, 128. Cf. Bothach, Bruigh-fer.

Fert, *rejet de terre de fossé*, II, 131.

Fiach gaiti, *dette de vol*, I, 206. Cf. Taide.

Fiadan, *témoin*, I, 66, 275 ; II, 94-97. Cf. Seanchuide, Teist.

Fiadnisse, Fiadbnaise, *témoignage*, II, 94-98. Cf. Forgell, Gua-fhiadnuis, Teist.

Flan, *soldat*, I, 305.

Fid, gén. feda, *arbre, bois*, II, 78, 82, 84, 166.

File, Fili, *poète, homme de lettres*, I, 117, 125, 269, 292, 304, 315, 322-331 ; II, 47, 52.

Fine, *famille*, I, 67; II, 11, 105, 135, 163. Cf. Derbfine, Dergfine, Geilfine, Glasfine, Iarfine, Inbleogain, Inbleoguin, Indfine.

Fine taccuir, *famille adoptive*, I, 187.

Fin-gal, *meurtre de parent*, I, 67. *Voyez* Gal.

Fin-galach, *meurtrier de son parent*, I, 12.

Fir caire, *ordalie du chaudron*, I, 32. *Voyez* Caire.

Fir dana, *gens de métier*, I, 306.

Flaith, *lait*, I, 341.

Flaith, *noblesse*, I, 105, 112, 125, 269, 312; II, 33, 45, 47, 50. Cf. Aire, Neimé.

Foessam, *protection*. *Voyez* Mac foesma.

Fogmur, *automne*, I, 297.

Forgell, *témoignage*, II, 96. Cf. Deirb-forgell, Fiadnisse, Gu-forgell, Seanchuide, Teist.

Foirche, *salaire*, II, 139. Cf. Ben fochraice.

Forgu, *premier choix*, I, 290. Cf. Digu.

Forus, *fourrière*, I, 263, 275; II, 35. Cf. Dithim, Fasc.

Foxail (Ben), *femme enlevée*, II, 74.

Fuatach dichmairc, *enlèvement d'une femme contre le gré de ses parents*, II, 73. Cf. Ben fnataig, Ben taide.

Fuba ocus ruba, *attaque et défense*, I, 364 (cf. 355).

Fuidhir, *sorte de serf*, I, 155, 246; II, 24, 29. Cf. Dair.

Fuigell, *jugement*, I, 326, 327. Cf. Fuigillim, *je juge*, I, 324-326. *Voyez* Breth.

Fulla, *fou*, II, 29.

Fut, datif s. de Fot, *longueur*, I, 264, 282. Cf. Co..nfot.

Gabail, *saisie*, II, 13. Cf. Athgabail, Tobach, Toxal.

Gaim-red, *hiver*, I, 295.

Gaire, *entretien de vieillard*, I, 247; II, 87. *Voyez* Goire, Sen fine.

Gal, *exploit*. *Voyez* Digal, Fin-gal, Uasal-gail debtha, Ur-gal.

Gam, *hiver*, I, 295.

Geil-fine, *première section de la famille*, I, 92, 183, 186, 189, 191, 195, 196, 262; II, 135, 136, 186.

Gell, *gage*, II, 32.

Giallna, *cheptel servile*. *Voyez* Céile giallna.

Glasfine, *espèce de famille adoptive*, I, 187, 188.

Glinne, *solvabilité du demandeur*, II, 33. Cf. Anfoltach.

Goire, *entretien d'un vieillard, soins qu'on lui donne*, I, 247; II, 87, 90. *Voyez* Gaire.

Gor, *celui qui pourvoit aux besoins d'un vieillard*, I, 247. *Voyez* Mac gor.

Gor-mac, *fils adoptif*, I, 187, 188, 247, 252.

Graifne, *course de chevaux*, II, 311. Cf. Aige, Marc.

Gres, *attaque*, II, 148. Cf. Enech-gris.

Gua-fhiadnuise, *faux témoignage*, I, 126. Cf. Fiadnisse.
Gu-breth, *faux jugement*, II, 138. Cf. Breth.
Gu-forgell, *faux témoignage*, I, 126; II, 97. Cf. Forgell.

Iar-fine, *troisième section de la famille*, I, 186, 192, 196, 262; II, 135-137, 186.
Iarm-bélra, *archaïsme*, I, 323.
Iarm-ue, *descendant au troisième degré*, II, 136. Cf. Ind-ue.
Iar-rath, *prix d'éducation*, II, 154.
Imbas forosnai, *sorte d'incantation*, I, 329.
Inbleogain, *parent*, II, 139. Cf. Fine.
Inbleoguin, *saisie pratiquée contre le parent responsable*, I, 186.
Ind-fine, *quatrième section de la famille*, I, 186, 192, 196, 262; II, 135-137, 186.
In-dethbire, *contraire de nécessité*, I, 182. Cf. Dethbire.
Ind-ue, *descendant au quatrième degré*, II, 136. Cf. Iarmue.
Ingor. *Voyez* Gor, Mac ingor.

Lathe, *jour*, I, 151. Cf. Dia bliadna.
Lepad, *lit*, II, 178.
Leth-cerd, *demi-savant*, II, 26.
Lin, *filet*, II, 167.
Linn, *lac*, II, 167.
Litir, *lettre*, I, 345. Cf. Recht litre.

Lobad, *expropriation du saisi*, I, 266, 268, 276, 278; II, 35, 36.
Lôg eneich, *prix de l'honneur*, I, 88, 90, 97, 130, 131, 372; II, 47, 148. *Voyez* Enechlann.
Luge, Luige, *serment*, II, 99, 100, 153. Cf. Aith, Dindis, Noill, Tuinge.
Lug-nasad, *premier août*, I, 295, 297, 298, 305-317; II, 76.

Mac beo-athar, *fils de père vivant*, II, 27. (Cf. I, 246, 247, 249, 250.) *Voyez* Sâerleictche.
Mac foesma, *fils adoptif*, I, 187, 250, 252; II, 29, 94. *Voyez* Gor-mac.
Mac gor, *fils qui prend soin de son père*, I, 247, 248; II, 87; Cf. Gaire, Goire, Gor.
Mac in-gor, *fils qui ne prend pas soin de son père*, I, 248; II, 88.
Mac sâer-léicthe, *fils émancipé*, II, 89.
Maicc tire, *loups*, II, 131.
Manchuine, *corvée*, I, 127.
Marb-dil, *meuble sans vie*, I, 205.
Marc, *cheval*, I, 281. Cf. Aige, Graifne.
Medonach, *qui est au milieu*, I, 283.
Mescbuid, *rixe, trouble dans une assemblée*, II, 159. Cf. Cosat.
Miach, *sac*, I, 335; II, 65.
Mi-altar, *inexécution du contrat*

d'éducation, II, 154. Cf. Altrum, So-altar.
Mi-chor, *contrat annulable*, II, 93. Cf. Cor, So-chor.
Mid-both, *homme libre de dernière classe*, I, 109, 111, 112, 115, 117, 128. Cf. Bothach.
Mir, *morceau*, II, 165.
Mug, *esclave*, II, 29.
Muinter, *famille*, I, 300. *Voyez* Cét-munter.
Muir-choirthe, *naufragé*, II, 26, 115, 116. (Cf. 1, 254 note).

1. Naidm, *le contractant*, I, 275. *Voyez* Nascuire.
2. Naidm, *contrat*, nom.-acc. pl. nadmand, I, 272; II, 27, 91. Cf. Ecoir nadma, Cor, Ur-naidm.
Naidm espa, *contrat annulable*, II, 93.
Nasce, *sorte de témoin*, II, 91.
Nascuire, *le contractant*, 1, 275. *Voyez* 1. Naidm.
Neime, Nemed, Nemhid, *sacré*, I, 269, 370; II, 46, 47, 78, 82-84, 106, 129. Cf. Aire, Flaith.
Nith, *duel*, II, 59, 99. *Voyez* Comrac, Rói, Uasal-gail debtha, Urgal.
Noill, *serment de cojurateur ou cojureur*, II, 99. Cf. Aith, Dindis, Luige, Noill, Tuinge.

Obloirecht, *bouffonnerie*, II, 88.
Oc-aire, *sorte de noble*, I, 108-112, 115, 128; II, 205.
Oenach, *assemblée, foire*, I, 293, 295, 298, 302, 311, 319. Cf. Aenach, Oinach.
Oi-melc, *premier février*, I, 296; II, 76.
Oin, *commodat, sorte de prêt*, II, 150. Cf. Airlecud.
Oinach, *assemblée, foire*, I, 321. Cf. Aenach, Oenach.
On, *insulte, tache à l'honneur*, II, 160. Cf. Sarngad.
Orba craib no sliasta, *héritage transmis par le père à sa fille*, I, 354, 355; II, 114, 115, 195.

Pennait, *pénitence*, II, 49.
Pinginn, *penny, sorte de monnaie*, 1, 335.
Prim-ben, *femme de premier rang*, I, 220; II, 139. *Voyez* Cét-munter.

Raith, *caution*, I, 275. Cf. Aitire, Arach, Fear taigille, *et*
Ráth, *caution*, I, 272; II, 25. Cf. Deorad, Raith, Urrad.
Recht aicnid, *droit naturel*, I, 345. Cf. Aicned.
Recht litre, *droit écrit*, c'est-à-dire *canonique*, 1, 345. Cf. Litir.
Ri, *roi*, II, 45, 48.
Ri coicid, *roi d'une des cinq provinces de l'Irlande*, I, 105. Cf. Ruire.
Ri tûaithe, *roi de cité*, I, 101, 104, 105. Cf. Tuath.
Rói, *duel*, II, 99. *Voyez* Comrac, Nith, Uasal-gail debtha, Urgal. Rói signifie littéralement *champ*. Cf. Ferann, Tir.

Rôt, *petite route*, II, 130. Comparez l'art. Rôt du Glossaire de Cormac.
Rudrad, *retard*, II, 184.
Ruire, Rure, *roi d'une des cinq grandes provinces d'Irlande*, I, 105; II, 48. Cf. Rí coicid.

Sáer-léicthe, *émancipé*, II, 89.
Saine-cron, *pécule du fils*, II, 89.
Sain-miscuis, *haine du père contre son fils*, II, 90.
Sain-serc, *préférence du père pour un fils*, II, 90.
Sam, *été*, I, 296.
Samain, Samhain, *premier novembre*, I, xx, 296, 298, 317-320; II, 60, 73, 76.
Samaisc, *génisse de deux ans*, I, 106, 107, 289, 291; II, 30. Cf. Colptach, Dartaib.
Sam-rad, *été*, I, 296.
Sarugad, *injure*, I, 97. Cf. On.
Seanchuide, *vieux témoin*, II, 94. Cf. Fiadan, Teist.
Séd ou Sét, *bête à cornes*, I, 100, 104, 115, 116, 138, 289-293, 335, 336. Cf. Clithar sêt, Sêt gabla.
Selb, *propriété*, I, 280.
Sen fine, *vieillard à la charge de la famille*, II, 88. Voyez Gor, Goire.
Sét gabla, *dernière catégorie des bêtes à cornes*, I, 289-291.
Séuit turclôidi, *prix de l'honneur payé par le chef au serf*, I, 126. Cf. Soer-céile.
Sin, *collier*, II, 37.
Sliasta, *cuisse*, II, 115.
Slige, *grande route*, II, 130.

Sloged, *expédition guerrière*, I, 364; II, 142.
Smacht, *proprement « rachat de la vie »; par abus « amende »*, I, 135-142, 144, 269, 271, 278; II, 31, 67, 142.
So-altar, *acte d'accomplir le contrat d'éducation*, II, 154. Cf. Aite. Altrum, Mialtar.
So-chond, *sui juris*, II, 31. Cf. Cond, Echond, Urchonn.
So-chor, *contrat valable*, II, 93. Voyez Cor, Mi-chor.
Sóer-céile, *preneur de cheptel libre*, I, 106. Cf. Céile, Déis, Dóer céile.
So-mâine, Somuine, *revenu, rente*, I, 127, 291.
Sui-thengthad, *orateur, avocat*, I, 328; II, 23. Cf. Aigne.

Taide, *vol*. Voyez Ben taide, Duine thaide, Fiach gaiti.
Tâin, *saisie*, I, 274, 334. Voyez Athgabail, Tobach, Toxal.
Techtugad, *acquisition de propriété*, I, 279.
Teist, *témoin, témoignage*, II, 92, 96. Cf. Fiadan, Fiadnisse, Forgell, Seanchuide.
Tellach, *occupation d'immeuble*, I, 45, 280, 283. Cf. Céttellach, Tuinnige.
Tinnscra, *douaire*, I, 232-234, 238, 241.
Tinol, *dot*, I, 231, 234, 238, 241.
Tír, *terre*. Voyez Maicc tire, Ferann.
Tiug-lomrad, *dernière dépouille*, II, 170.

Tobach, *saisie*, I, 256. *Voyez* Athgabail, Táin.
Toichid, *demande*, I, 275.
Totim, *chute*, II, 36.
Toxal, *saisie*, I, 263, 274. *Voyez* Athgabail, Tobach.
Treb, *maison*, II, 150.
Tricha céd, *cité*, I, 101, 102, 367. Cf. Tuath.
Túath, *cité*, I, 101-104, 110, 192; II, 25, 49, 130, 131. Cf. Rí tuaithe, Tricha céd.
Tuinge, *serment*. Cf. Toing, *il jure*, II, 100. *Voyez* Aith.
Tuinnige, *possession*, I, 280, 283, 287, 289. Cf. Tellach.
Tuistin (nominatif pluriel), *père et mère*, II, 163. Cf. Athir.
Tuitim, *chute*, II, 36.
Tul, *immédiat*, I, 264, 267.
Tulach na coibche, *colline où l'on vendait les femmes aux époux*, I, 312. *Voyez* Coibche.
Turbaid, *exception*, I, 263; II, 31, 41, 184, 185, 189.
Turclóidi (Séuit), *prix de l'honneur payé par le chef au serf* ou *preneur de cheptel servile*, I, 126. Comparer l'art. Aicillne du glossaire de Cormac. Cf. Dóer céile.
Turcreic, *cheptel*, I, 126, 128. Cf. Aithech.

Uasal, *noble*, II, 106. Cf. Aire.
Uasàl-gail debtha, *duel*, II, 99. Cf. Comrac, Debaid, Nith, Rói, Urgal.
Uinge, *once*, I, 336. Cf. Dirne.
Urfocre, Urocra, *commandement*, I, 282, 283; II, 147. *Voyez* Aurfocre.
Ur-chonn, *sui juris*, II, 25. Cf. Cond, E-chond, Sochond.
Ur-gal, *duel*, II, 99. Cf. Comrac, Debaid, Nith, Rói, Uasal-gail debtha.
Ur-naidm, *contrat*, II, 73, 91. *Voyez* Ben urnadma, Naidm, Cor.
Urrad, *citoyen irlandais*, I, 272, 273; II, 25, 26, 115. Cf. Deorad, Raith, Ráth.
Urradas, *droit de citoyen*, II, 153.

III

INDEX DES NOMS GAULOIS DE CHOSES.

Ambactos, I, 123, 124, 129, 130.
Nemeton, II, 83.

Vergobretos, I, 124.
Vidu-, II, 84.

IV

INDEX DES NOMS GALLOIS DE CHOSES.

Adgabael, *saisie*, II, 13.
Aguedy, Agweddy, *dot*, I, 234, 235, 238.
Amober, Amobor, Amobyr, *prix d'achat de la femme qui se marie*, I, 234, 235.
Argluyd, *seigneur*, I, 245.
Argyvreu, *biens paraphernaux*, I, 236.

Bonhedic, *homme libre*, I, 209.

Camlwrw, *amende*, I, 96.
Coguyll, Couyll, Cowyll, *douaire*, 133, I, 234, 235, 238.

Dadl, *débat, dispute*, I, 294.
Dirwy, *amende*, I, 93-96, 209.

Gaem, *hiver*, I, 295.

Galanas, *amende due pour meurtre*, I, 96, 97, 156, 209.
Gavael, Gavel, *saisie*, I, 257.
Gayaf, *hiver*, I, 295.
Gober, Gobyr, *prix d'achat de la femme qui se marie*, I, 234.
Guid, *bois, arbre*, II, 84.
Gwynebwarth, *amende due pour injure*, I, 133, 134.

Helw, *propriété*, I, 280.

Kalan gayaf, *premier novembre*, I, 296.
Kynnhaeaf, *automne*, I, 297.

Saraad, *prix de l'honneur*, I, 97, 156.
Sarhaet, *prix de l'honneur*, I, 132, 133.

V

INDEX DES NOMS BRETONS DE CHOSES.

Argourou, *dot*, I, 236, 238.

Dael, *dispute*, I, 292.

Enebarz, *douaire*, I, 233, 238.
Enep-guerth, *douaire*, I, 88, 134, 233.
Enep-uuert, *douaire*, I, 88, 132-134, 233, 238.

Kalan-goanv, *premier novembre*, I, 296.

VI

INDEX DES NOMS LATINS CLASSIQUES ET BAS LATINS DE CHOSES.

Adrogatio, I, 251.
Aedificium, II, 78.
Aeneum, I, 32, 144.
Aes et libram (*Testament* per), II, 116.
Agon regale, I, 310.
Alieni juris, II, 147.
Altare, I, 357, 358.
Aquae frigidae judicium, I, 31.

Caldaria, I, 32, 141.
Cantaredus, I, 101-103.
Cena, I, 320.
Census, I, 358-360; II, 129.
Coemptio, I, 230.
Commendare, I, 359.
Commendatum, II, 116.
Conjurator, II, 100.
Connubium, I, 213, 214.
Contractus, II, 96; cf. 92.

Dos, I, 231, 238, 239.
Duplum, I, 203-206; II, 52.

Famulus, I, 245.
Fetialis, I, 57-59.
Fredum, I, 93, 154, 156.
Frenum, II, 102.
Frithus, I, 154, 156.
Furtum manifestum, I, 199.

Homo migrans, I, 150-153.

Judicium Dei, I, 33.

Liberi, I, 245.

Mallum, I, 157.
Malus homo, II, 140.
Mannitio, I, 158.
Mater familias, I, 253; II, 91.
Matrona, II, 139.
Medius, I, 303.
Merces, I, 234.
Miscelli ludi, I, 317.
Mulcta, I, 96.

Nimidas, II, 83.

Obaerati, I, 122.

Palilia, I, 299.
Paricidas, I, 78, 180, 181.
Pater patratus, I, 57-60.
Peculium *des femmes*, I, 236.
Pecunia, I, 120.
Pecunia mortalis, I, 205.
Pecus, I, 121.
Peregrina, peregrini, I, 214.
Pignoris capio, I, 256.
Poena dupli, I, 203-206.
Poena quadrupli, I, 203-206.

Praemia, I, 80-83.
Pretium ancillae, I, 107, 115.
Pretium animarum hominum, I, 89.
Pretium hominum, I, 89.
Princeps = aire, I, 107, 115.

Res nullius, II, 78, 194.

Servus, I, 123, 124, 245.
Silva, II, 78.
Sui juris, II, 25, 31, 138, 140.

Testis, II, 97.

Usus, mode romain d'acquisition de la *manus*, I, xx.

VII

INDEX DES NOMS GERMANIQUES ET OSSETES DE CHOSES.

Atalyk ou tuteur, I, 113-115.

Faidus, I, 154.
Fehde, I, 154.

Ketelfang, I, 32.

Morgen-gabe, I, 131, 235, 238.

Penny, I, 335.

Wehrgeld, I, 195; II, 49.

Zins, I, 359.

VIII

INDEX DES NOMS GRECS DE CHOSES.

Ἀχούσιος, I, 86, 184.
Ἀνέψιος, I, 189.

Θέμις, I, 93.

Λοῦγος, I, 308.

Παράφερνα, I, 236.
Ποινὴ ἀνδρὸς ἀποθιμένου, I, 86.

Πρόνοια, I, 86.

Ὑποφόνια, I, 86, 87, 161.

Φερνή, I, 238.
Φυγή, voyez Φεύγω, I, 85.
Φόνος ἀκούσιος, I, 87, 184.
Φόνος ἐκ προνοίας, I, 86.

IX

INDEX 1° DES NOMS D'AUTEURS DE L'ANTIQUITÉ ET DU MOYEN AGE, 2° DES TITRES D'OUVRAGES.

Acallam in da suad, 1, 322.
Agobard, archevêque de Lyon, I, 34.
Ai Emnach ou *Ai Emnaide*, par Fithel, I, 343-344.
Alexandre Polyhistor, I, 4.
Ammien Marcellin, I, 304.
Amra Choluimb chilli, I, 327, 334.
Annales de Tigernach, I, 354; II, 39, 123.
Annales d'Ulster, I, 319, 354; II, 122.
Aristide de Milet, I, 215.
Aristote, I, 21.
Arnobe, I, 70.
Anthologie grecque, I, 29.
Apollodore, I, 55.
Appien, I, 41, 49, 103.
Aulu-Gelle, I, 203, 206, 212, 251.

Bardesane, I, 226.
Bech-bretha, II, 2.
Béscna, II, 2, 121.
Book of Rights, I, 295, 312, 319.
Boroma, I, 24, 216.
Bráthchae, I, 381-383; II, 197.
Breatha comaithchesa, II, 2, 80.
Bretha Nemed, I, 344.

Cáin Adamnain, II, 122-124.

Cáin aigillne, Traité du cheptel servile, II, 1, 171.
Cáin iarraith, Règles du contrat d'éducation, II, 1, 154, 156.
Cáin Patraic, I, 340, 344.
Caire Bretha Mora, I, 344.
Calendar of Oengus. Voyez *Martyrologe d'Oengus*.
Capitularia, II, 83, 84.
Cartulaire de Landévennec, I, 88, 131.
Cartulaire de Redon, I, 88, 131, 132.
Cath Mhuighe Leana, I, 101.
Caton l'Ancien, I, 212.
Cause de la bataille de Cnucha, I, 118.
César, I, XIII, 4, 81-84, 112, 113, 116, 117, 121-124, 129, 148, 162-167, 206, 226, 231, 232, 240-241, 303, 304, 306, 307, 330; II, 79, 133.
Chronicon Scotorum, I, 301, 311, 319, 320, 354; II, 122, 124.
Cicéron, I, 74.
Cin, I, 344.
Cin dromma snechta, I, 233.
Clément d'Alexandrie, I, 70.
Clethe Bretha, I, 344.
Code civil, II, 89.

NOMS D'AUTEURS ET TITRES D'OUVRAGES. 259

Code de Gwent, I, 132-134, 234, 236.
Code de procédure civile, I, 264-265.
Code dimétien, I, 90, 132, 133, 209, 234-236, 257.
Code vénédotien, I, 93, 132, 133, 201, 209, 234-236, 245, 297, 298.
Cogadh Gaedel re Gallaib, I, 314.
Coibnius uisci, I, 249; II, 2.
Coir Feine Bec, I, 344.
Coir Feine Már, I, 344.
Collection canonique irlandaise, I, 45-46, 97, 98, 107, 125, 149, 193, 204, 205, 217, 228, 229, 250, 346, 348, 352, 353, 356, 359; II, 27, 28, 32, 96, 115, 129, 132, 194.
Compert Conculainn, I, 118.
Condla, auteur de l'*Imard airechta*, I, 343.
Cormac. Voyez Glossaire de Cormac.
Orith gablach, I, 99, 101, 104, 105, 107, 108, 111; II, 3.
Cúchulainn malade et alité, I, 216, 319.
Cummianus, I, 125.

Daniel, I, 74.
Darès de Phrygie, II, 84.
De fodlaib cinéoil túaithi, II, 2.
Denys d'Halicarnasse, I, 173, 174.
Deutéronome, I, 15, 17, 87; II, 96.
Dialogue des deux docteurs, I, 322.
Digeste, I, 174, 248, 333. Voyez Marcien, Modestinus, Paul, Ulpien.
Dindsenchus, I, 233, 313, 319.
Din techtugad, II, 2.
Diodore de Sicile, I, 4, 120, 124, 137, 166-170, 304.
Dion Cassius, I, 171, 226.
Do breitheamnus for na uile cin doni gach cintach, II, 2.
Duil Feda Máir, I, 344.
Duil Roscadach, I, 345.
Dul Senchus hi Scoba, I, 344.

Edit de Rotharis, I, 257.
Edit de Théodoric, I, 256.
Edit du Préteur, I, 205, 251.
Enéide, II, 84.
Ennius, I, 124.
Eschyle, I, 54.
Euripide, I, 54-55.
Eusèbe, I, 226.
Eutychius, I, 294.
Exode, I, 15, 17, 87, 205.

Fachtna, auteur de *Tul-bretha*, « Jugements précipités, » I, 344.
Festin de Bricriu, I, 69, 340; II, 164.
Festus, I, 124.
Finnsruth Fithil, I, 344.
Fithel, auteur de l'*AiEmnach*, I, 343, et du *Finnsruth*, I, 344.
Flavius Josèphe, I, 101.
Fodla tire, II, 3.
Frédégaire, I, 42.

Gaius, I, 200-204, 244-246, 250-251.
Genemain Aeda Slane, I, 218.

Genèse, I, 17.
Giraud de Barry, I, 101-103, 302.
Glossaire de Cormac, I, 92, 100, 135, 232, 243, 289, 290, 293, 296, 297, 299, 312, 323, 336-346, 381 ; II, 109, 132, 133, 148, 152.
Grégoire de Tours, I, 31-32, 239.

Hésiode, I, 6-7, 53, 306, 318.
Hincmar, archevêque de Reims, I, 31.
Homère. *Voyez Iliade, Odyssée.*
Horace, I, 182.

Iliade, I, 14-15, 18, 19, 25, 27, 48-53, 69, 86, 100, 120, 155, 301, 314.
Imard airechta, par Condla, I, 343.
Indiculus superstitionum et paganiarum, II, 83.
Innarba na n-Deisi, I, 233.
Isocrate, I, 78.
Institutes de Justinien, I, 203, 248.

Jacques (saint), I, 16, 17.
Jérôme (saint), I, 226.
Job, I, 74.
Jordanès, I, 71.
Judith (livre de), I, 17.
Julien, empereur romain, I, 28, 29.
Juvénal, I, 74.

Lebar Aicle, II, 121, 164, 173. Voyez Livre d'Aicill.
Lebor Buidhe, I, 344.

Leges Howeli boni. Voyez *Leges Wallicae.*
Leges Wallicae, I, 96, 133, 201, 209, 257.
Lévitique, I, 15.
Lex Adamnani, II, 122-124.
Lex Cornelia de sicariis, I, 94, 173, 174.
Lex innocentium, I, 354, 355; II, 122-124.
Lex Julia de vi privata, I, 95, 96.
Lex Julia de vi publica, I, 95, 96.
Livre d'Aicill, Lebar Aicle, I, 90, 126, 266, 292, 302, 312; II, 3, 4, 59, 60, 73, 91, 118, 121, 164, 173.
Livre d'Armagh, I, 89, 293, 335.
Livre de Llandav, I, 242, 243; II, 84.
Livre des morts, I, 9, 10.
Loi des Bavarois, I, 257 ; — *des Bourguignons*, I, 256 ; — *des Lombards*, I, 257 ; — *des Visigoths*, I, 257.
Loi des Douze Tables, I, 77, 78, 137, 158, 195, 199, 205, 206, 255.
Loi Salique, I, 32, 90, 136, 142-158, 195, 256 ; II, 82, 187.
Lucain, I, 6, 170, 175.
Lucien, I, 308.

Macchabées (l. I), I, 17.
Maighne, II, 3, 33.
Marcien, jurisconsulte, I, 94, 95, 173.
Martyrologe d'Oengus, I, 355; II, 123.

Mathieu (saint), I, 15-17.
Méla, I, 5-8, 174, 175, 177.
Midba Bretha, I, 344.
Migration des fils de Mile, I, 322.
Modestinus, jurisconsulte, I, 175.
Moïse, I, 77. Voyez *Deutéronome*, *Genèse*, *Lévitique*, *Nombres*.
Muir Bretha, I, 345.

Naissance d'Aed Slane, I, 217.
Nicolas de Damas, I, 83, 86.
Nombres, I, 11, 25, 77.

Odyssée, I, 26, 84-86, 159-161.
Oengus, I, 355.
Ovide, I, 294, 299.

Patrice (saint), I, 46, 88-89, 98, 125, 186, 228, 229.
Paul, jurisconsulte romain, 1, 240.
Paul (saint), I, 12, 67.
Pénitentiel de Cummianus, I, 125.
Pénitentiel de Vinnianus, I, 149, 204.
Phéniciennes, I, 54.
Platon, I, 10.
Pline l'Ancien, I, 49, 173, 174, 177.
Plutarque, I, 70, 78, 103, 215, 222, 308.
Polybe, I, 168, 222.
Polyen, I, 222.
Pomponius Mela, I, 174. Voyez Mela.
Poseidônios, I, 3, 4, 43, 69, 158, 159, 169, 170.

Procope, I, 71.
Pseudo-Plutarque, *De Fluviis*, I, 308.
Ptolémée, fils de Lagos, I, 20.
Ptolémée, géographe, I, 41, 42, 162.

Rechol Breth, ou *Rachol Bretha*, I, 344; II, 121.

Sept contre Thèbes, I, 54.
Silius Italicus, I, 40.
Stobée, I, 83.
Strabon, I, 95, 124, 159, 163, 167, 170, 172, 173, 212, 226, 304, 317, 327.
Suétone, I, 173, 175, 317.

Tacite, I, 71, 119, 148, 154, 177, 236-239.
Táin bó Cúailnge, I, 99, 230, 231, 241; II, 20, 37, 127.
Ted an fearann a cintaib, II, 3.
The tripartite Life of Patrick, I, 115, 318.
Tigernach, I, 354; II, 39.
Timagène, I, 5, 304.
Tirechan, I, 89.
Tite-Live, I, 39, 41, 48, 49, 56, 58, 167-168, 223-224.
Tochmarc Emire, I, 235.
Tochmarc Etaine, I, 320.
Togail Troi, II, 84.
Traité de la responsabilité pour crimes, II, 2, 178.
Traité du cheptel servile, II, 2, 170.
Tul bretha Fachtna, I, 344.

Ulpien, 1, 96, 236, 242.

Valère Maxime, I, 5, 7, 39, 40.
Varron, I, 70, 120.
Vinnianus, I, 149, 204.

Virgile, II, 84.

Xiphilin, I, 226.

X

INDEX DES NOMS D'HOMMES ET DE DIEUX.

Achille, héros grec, I, 155, 309.
Adamnan, abbé d'Iova, I, 354; II, 122-124.
Aed Slâné, roi suprême d'Irlande, I, 118, 119, 217, 218.
Agamemnon, roi grec, I, 15, 18, 25, 27, 50-51, 60, 69.
Aïdôneus, dieu grec, I, 15, 26.
Ailill, fils de Maga et roi de Connaught, I, 230, 339; II, 19, 20, 126, 127.
Ain, fille de Partholon, II, 121.
Ajax, héros grec, I, 69.
Alarun, femme mariée bretonne, I, 131.
Alexandre, autrement dit Paris, fils de Priam, I, 48-53.
Alexandre le Grand, roi de Macédoine, I, 19-21, 27.
Amergin, personnage mythique irlandais, I, 322, 325.
Anténor, héros troyen, I, 51.
Aphrodite, déesse grecque de l'amour, I, 53.
Apollon, dieu grec, I, 299-301.
Arès, dieu grec de la guerre, I, 48, 50, 53, 70.

Arioviste, roi des Germains, I, 82, 164.
Aristote, philosophe grec, I, 329.
Arsinoé, reine d'Egypte, I, 171.
Art, roi suprême d'Irlande, I, 100.
Artémis, déesse grecque, I, 218-221, 227, 301.
Assal, personnage fictif, mandataire de l'héritier de Cond, II, 11.
Atepomaros, roi gaulois légendaire, I, 214.
Athêna, déesse grecque, I, 18, 84, 160, 162.
Athanagilde, roi visigoth d'Espagne, I, 239.
Attila, roi des Huns, I, 71.
Auguste, empereur romain, I, 102, 103, 174-176, 298, 317, 321.

Blathmaic, roi suprême d'Irlande, I, 118.
Blathnat, femme de Cùroï, I, 225.
Brigit (sainte), I, 227, 295.
Brig ou Brigit Briugad, juris-

consulte féminin, I, 325 ; II, 111, 125, 219.

Cairbré *ou* Coirpré Caitt-chend, roi suprême d'Irlande, I, 243.

Cairbré *ou* Coirpré Lifechair, roi suprême d'Irlande, I, 99, 100.

Cairbré Musc, personnage irlandais, II, 132.

Calatin, guerrier de l'épopée irlandaise, I, 23.

Caligula, empereur romain, I, 317.

Camma, galate, femme de Sinatos, I, 218-225.

Caros, général des *Arevaci*, I, 41.

Casses, dieux gaulois, II, 85.

Cartimandua, reine des *Brigantes*, I, 236, 237, 352.

Cathair, roi suprême d'Irlande, I, 118, 242.

Cathal, fils de Feradach, général irlandais, I, 314.

Cathbu, druide irlandais, I, 22, 23.

Célestin Ier, pape, I, 345.

Cenn Cruaich, idole irlandaise, I, 318, 319.

César, I, 102, 103, 164, 165, 171.

Chilpéric, roi franc de Soissons, I, 239.

Chiomara, galate, femme d'Ortiagon, I, 222-225.

Cian, père du dieu Lug, I, 307.

Claude, empereur romain, I, 174, 175.

Coirpré *ou* Cairbré Caitt-chend, roi suprême d'Irlande, II, 38, 39.

Coirpré Gnâthchoir *ou* « coutumier de justice, » personnage fictif, II, 13-15, 19, 36, 126.

Coirpré *ou* Cairbré Lifechair, roi suprême d'Irlande, I, 99, 100.

Colman le grand et Colman le petit, fils bâtards de Diarmait, roi suprême d'Irlande, I, 243.

Colmand Righmidh, roi suprême d'Irlande, I, 218.

Columba (saint), I, 331, 334.

Conchobar, roi d'Ulster, I, xix, 23, 27, 98, 99, 225, 232, 302, 310, 320, 322, 325, 339, 367 ; II, 19, 219.

Cond *Cêtchathach*, roi suprême d'Irlande, I, 100, 242 ; II, 14.

Cond *Cêtchorach*, ou « au premier contrat, » personnage fictif, I, 286 ; II, 10-15.

Convictolitavis, vergobret des *Aedui*, I, 165.

Corbagnos, irlandais, I, 43.

Corbalengus, habitant de la Grande-Bretagne, I, 42.

Corbis, roi Celtibère, I, 38-43.

Corb mac Ciarain, irlandais, I, 43.

Corb Olum, irlandais, I, 43.

Corbos, nom d'homme celtique, I, 42, 43.

Cormac, nom d'homme irlandais, I, 42.

Cormac mac Airt, roi suprême d'Irlande, 227-266, I, 99, 100, 302.
Cormac mac Cuilennáin, évêque et auteur irlandais, I, 337.
Cotus, éduen, I, 165.
Crimthann nia Náir, roi suprême d'Irlande, II, 38, 39.
Crutine, file irlandais, I, 323.
Cûchulainn, héros irlandais, I, 22-24, 73, 216, 225, 302, 308, 309, 322, 339; II, 19, 37, 38, 165.
Curiaces (les trois), guerriers albains, I, 56-59.
Curcog, fille de Manannan mac Lir, I, 310.
Cûroï, roi de Munster, I, 225.

Dallan, *ollam* irlandais, fils de Forgall, I, 331.
Dathi, roi suprême d'Irlande, I, 310.
David, roi des Juifs, I, 324.
Derdriu, femme de Noïsé, I, xix, 225.
Diomède, héros grec, I, 25, 69.
Divitiacus, druide éduen, I, 164.
Deurhoiarn, breton, I, 134.
Diarmait, roi suprême d'Irlande, I, 118, 217.
Dis, dieu romain, I, 6.
Dorn, femme, personnage fictif, II, 10, 11, 15.
Dracon, législateur athénien, I, 188, 189, 206.
Drappes, gaulois de Sens, I, 84.

Dubthach, druide irlandais, I, 227.
Dumnorix, éduen, I, 164, 216.

Eber, héros mythique irlandais, I, 322, 325.
Echaid, *ou* Eochaid aux lèvres jaunes, personnage fictif, II, 10, 15.
Eremon, héros mythique irlandais, I. 322.
Eithné, concubine de Diarmait, roi suprême d'Irlande, I, 218.
Emer, femme légitime de Cûchulainn, I, 216.
Eochaid Airem, roi suprême d'Irlande, I, 232, 320.
Eochaid Feidlech, roi suprême d'Irlande, I, 230.
Eogan, meurtrier de Noïsé, I, xix.
Eporedorix, général éduen, I, 164.
Eremon, personnage mythique irlandais, I, 233, 322.
Etain, femme d'Eochaid Airem, I, 232.
Etéocle, roi de Thèbes, I, 53-55.
Ethné Ingubé, concubine de Cûchulainn, I, 216.
Ethné Aitencaethrech, femme légitime de Conchobar, roi d'Ulster, I, xix.
Eumène, roi de Pergame, I, 168.
Eupeithès, habitant d'Ithaque, I, 159, 160.

Fer, fils de Partholon, II, 121, 122.

NOMS D'HOMMES ET DE DIEUX.

Feradach Find-fhechtnach, roi suprême d'Irlande, II, 39.

Fercertné, poète irlandais, I, 225.

Ferdiad, guerrier irlandais, II, 37.

Fergnia, fils de Partholon, II, 121, 122.

Fergus Mac Lethi, roi d'Ulster, II, 14.

Fergus, mangeur de pré, personnage fictif irlandais, II, 10-13, 15.

Findabar, fille de la reine Medb, II, 37.

Fine, personnage fictif irlandais, II, 11, 15.

Finn, héros irlandais, I, 309, 339.

Fomoré, dieux irlandais, I, 317.

Sp. Fusius, Albain, I, 58.

Gailesuinda, femme du roi Chilpéric, I, 239.

Guid-gen, nom d'homme gallois, II, 84.

Hannibal, général carthaginois, I, 37, 43.

Héphaïstos, dieu grec, I, 154.

Hector, héros troyen, I, 50-52, 60, 61, 65.

Hélène, femme de Ménélas, I, 15, 48-54.

Héra, déesse grecque, I, 17.

Héraclès, héros grec, I, 18, 308.

Horaces (les trois), guerriers romains, I, 56-59.

Iain, fille de Partholon, II, 121.

Icarios, roi d'Acarnanie, I, 212.

Indutiomaros, trévère, I, 82, 84.

Irénée, évêque de Lyon, I, 308.

Janus, dieu romain, I, 181.

Judith, héroïne juive, I, 215.

Junones, divinités gallo-romaines, I, 308.

Jupiter, dieu romain, I, 58, 59, 171, 172; II, 84.

Kronos, dieu grec, I, 6, 318.

Liban, déesse irlandaise, I, 131.

Liscus, éduen, I, 164.

Loégairé, roi suprême d'Irlande, I, 24, 25, 33; II, 134.

Lothaire, roi carolingien, I, 31.

Louis le Débonnaire, empereur franc, I, 148.

Lucrèce, femme romaine, I, 224.

Lug, dieu irlandais, I, 22, 297, 298, 305-317; II, 60.

Lugaid, fils de Cûroï, I, 225.

Lugaid Reoderg, ou aux ceintures rouges, roi suprême d'Irlande, I, 226, 320; II, 38.

Lugoves, dieux celtiques, I, 307.

Lugus, dieu celtique, I, 22, 298, 308. *Voyez* Lug.

Maen, forgeron irlandais, I, 243; II, 39.
Mairend, rivale de la femme légitime de Diarmait, roi suprême d'Irlande, I, 218.
Manannan mac Lir, dieu irlandais, I, 131, 310.
Cn. Manlius, consul romain, I, 167.
Mars, dieu romain, I, 70, 71, 170.
Martes, divinités gallo-romaines, I, 308.
Mécène, favori d'Auguste, I, 175, 176.
Medb, reine de Connaught, I, 230, 231, 352; II, 37.
Ménélas, roi de Sparte, I, 14, 15, 48-53, 60, 61, 65, 70, 84.
Mentor, héros grec, I, 160-163.
Mercure romain, I, 305-307.
Mesgégra, roi de Leinster, I, 225.
Mettius Fufetius, dictateur albain, I, 55-59.
Milé, ancêtre mythique des Irlandais, I, 233, 301, 310, 318, 322.
Morand, ou Morann mac Main, jurisconsulte irlandais, I, 243, 279, 326, 327, 339; II, 36-39.
Mug, fils de Nuadu, I, 334; II, 11, 14.
Mugainn, femme légitime de Diarmait, roi suprême d'Irlande, I, 218.
Mugain Aitencaethrech, femme légitime de Conchobar, roi d'Ulster, I, xix.
Niobé de la mythologie grecque, I, 301.
Noïsé, mari de Derdriu, I, xix.
Nuada le Rouge, neveu du roi Lóégairé, II, 134.
Nuadu, personnage imaginaire, I, 334.
Numa, roi de Rome, I, 77, 137, 180, 184.

Odin, dieu scandinave, I, 71.
Odran, cocher de saint Patrice, II, 134.
Œdipe, héros grec, I, 53, 226.
Oisin ou Ossin, héros irlandais, I, 309, 339.
Ogme, dieu irlandais; Ogmios, dieu gaulois, I, 308, 309, 317.
Orgetorix, helvète, I, 216.
Orsua, celtibère, I, 38-43.
Ortiagon, roi des *Tolistobogii*, I, 223-224.
O'Scingin (Jacques), brehon, I, 192; II, 136.
Osiris, dieu égyptien, I, 10.
Ossin ou Oisin, héros irlandais, I, 309, 339.

Palladius, évêque envoyé en Irlande par le pape Célestin I_er_, I, 344, 345.
Paris, héros troyen, I, 15, 48-53, 60, 61, 65.
Partholon, personnage mythique irlandais, I, 300; II, 121.
Patrice (saint), apôtre des Ir-

NOMS D'HOMMES ET DE DIEUX.

landais, I, 310, 313, 318, 333, 336, 345; II, 134.
Patrocle, héros grec, I, 314.
Pénélope, femme d'Ulysse, I, 86, 159, 212.
Pépin-le-Bref, roi franc, I, 147.
Persephona, déesse grecque, I, 15.
Platon, philosophe grec, I, 329.
Polynice, frère d'Étéocle, roi de Thèbes, I, 53-55.
Prasutagus, roi des *Iceni*, I, 237, 352.
Priam, roi de Troie, I, 50, 51, 60, 61; II, 84.
Pythagore, philosophe grec, I, 3-5.

Retana, esclave romaine, I, 215.
Récarède I*er*, roi des Visigoths, I, 257.
Romulus, roi de Rome, I, 179.
Rotharis, roi des Lombards, I, 257.

Salomon, roi des Juifs, I, 327.
Scipion l'Africain, I, 37-39, 49, 69.
Sencha, jurisconsulte irlandais, I, 325 327, 339, 367, 376; II, 110, 125, 219.
Sen mac Aige, jurisconsulte irlandais, I, 302, 304, 324-327; II, 12, 17, 36, 55.
Sinatos, tétrarque de Galatie, I, 219-222.
Sinorix, tétrarque de Galatie, I, 219-222.

Solon, législateur athénien, I, 206.
Sualtam, père de Cúchulainn, I, 22-24.

Tadg, druide irlandais, I, 242.
Tatius, roi des Sabins, I, 179.
Tea, femme d'Eremon, I, 233.
Télémaque, fils d'Ulysse, I, 84-86, 159.
Teliau (saint), I, 243.
Tetberge, reine franque, I, 31.
Téthra, roi des Fomore, I, 317, 318.
Teutates, Teutatis, dieu gaulois, I, 170.
Theoclymène, prophète grec, I, 84-86.
Théodoric, roi des Ostrogoths, I, 256.
Tibère, empereur romain, I, 174, 175, 177.
Tigernmas, roi mythique irlandais, I, 318, 319.
Titans, I, 306.
Tivaz, dieu des Germains, I, 70.
Toutatis, dieu gaulois, I, 170.
Tûatha dé Danann, dieux irlandais, I, 301, 306, 310-317, 322.
Tullus Hostilius, roi de Rome, I, 55-59.
Tyr, dieu scandinave, I, 70.

Ulysse, roi d'Ithaque, I, 52, 65, 85, 159-161, 212.

M. Valerius, *fetialis*, I, 58.
Vellocatus, second mari de Cartimandua, I, 236, 237.

Venutius, premier mari de Cartimandua, I, 236, 237.
Vercingétorix, Arverne, I, XIII-XVI, 124, 171.

Vuotan, dieu germanique, I, 71.
Zeus, dieu grec, I, 19, 26, 51, 52, 160, 161, 318.

XI

INDEX DES NOMS GÉOGRAPHIQUES.

Acarnanie, I, 212.
Achéens ou Grecs, I, 48-52.
Aedui, I, XIII, 82, 164, 165, 216.
Albe-la-Longue, I, 55-59.
Angleterre, II, 128.
Anglo-Saxons, I, 143.
Arabes, I, 77, 119.
Arevaci, I, 41.
Argos, I, 50, 54, 84, 85.
Arverni, I, XIII, 124, 166.
Athènes, Athéniens, I, 78, 86, 184, 245, 329.
Attique, I, 184.
Autun, I, 177.
Avenche, I, 308.

Béarn, I, 239.
Belges, I, 162.
Bigorre, I, 239.
Bohême, I, 79.
Bordeaux, I, 239.
Boyne, rivière d'Irlande, II, 11.
Brigantes, I, 236, 237.

Caer Guitcan, I, 131.
Cahors, I, 239.
Canisti, I, 41.

Carman, I, XIX, 295, 305, 312-316.
Carnutes, I, 163, 303.
Carthagène, I, 37, 43, 69.
Caucase, I, 79, 113.
Celtibères, I, 38-43.
Chartrain (pays), I, 302.
Chartres, I, 164, 304.
Connaught, I, 101, 230, 305; II, 20, 127.
Constantinople, I, 214.
Corbeil, I, 42.
Corbian, I, 42.
Corbio, I, 41.
Corbie, I, 42.
Corbion, I, 42.
Cruachan, I, 305, 313.
Cul Dreimme, I, 353.

Danois, I, 156.
Délos, I, 300.
Déva, nom celtique de rivière, I, 29, 42.
Druimm Cetta, I, 331, 354.
Dru-nemeton, I, 303.
Duro-casses, II, 85.

Ecosse, I, 297.
Egypte, I, 9-11, 154.

NOMS GÉOGRAPHIQUES.

Élide, I, 160.
Elysée des Irlandais, I, 318.
Emain-Macha, I, 21-23, 302.
Epéens, I, 160.
Espagne, I, 37-43, 120, 121, 308.

Féné, les Irlandais, dans la langue du droit, II, 22, 46, 53, 111, 166. 213.
Ferté sur la Boyne, II, 14.
Fesen, II, 111, 125.
Franc ingénu, 1, 90.
Francs, I, 30, 32, 90, 136, 142-156, 239.

Galates, I, 167, 245.
Galatie, I, 218-224, 303, 327.
Galles (pays de), Gallois, I, 156, 209, 234, 235, 297, 298.
Géorgie, I, 156, 198, 238.
Gergovie, I, 224.
Germains, I, 33, 70-72, 119, 121, 137, 142-146, 150, 153, 164, 235, 238, 239, 244, 245, 256, 257, 281.
Gôidel, irlandais, I, 162, 163.
Grande-Bretagne, I, 162, 163, 228, 237; II, 109, 132.
Grèce, Grecs, I, 154, 178, 240, 245. *Voyez* Athènes, Attique, *Iliade, Odyssée, Sept contre Thèbes*, Hésiode.
Goths, I, 71.
Grande-Bretagne, I, 209.

Helvetii.
Holstein, I, 72.
Hongrois, I, 77.
Huns, I, 71.

Iceni, I, 237.

Inde, Indous, I, 35, 79, 119, 194.
Intercatia, I, 49.
Iova, I, 354.
Iraniens du Caucase, I, 79. *Voyez* Ossètes.
Isara, nom de rivière, I, 29.
Islande, I, 32, 198.
Ithaque, I, 159, 160, 163, 212.

Jérusalem, I, 163.
Juives, I, 215, 233.

Lacédémone, I, 84.
Laurentum, I, 179.
Laon, I, 316.
Leinster, I, 24, 101, 216-217, 225, 241, 305, 313; II, 20.
Leyde, I, 317.
Limerick, I, 314.
Limoges, I, 239.
Loudon, I, 317.
Lugudunum, I, 298, 309, 316.
Lyon, I, 101, 298, 308, 316, 317, 321.

Magh-Inis, II, 218.
Mag Mell, I, 318.
Mag Slecht, I, 318.
Mag-Tuired, I, 306, 309, 317.
Man, I, 297.
Meath, I, 101, 102.
Mide ou Meath, I, 104, 303, 305.
Mont-Lahuc, I, 316.
Munster, I, 225; II, 20.
Murtheimné, I, 319.

Norvège, I, 198.
Numance, 1, 49.

Osma, ville d'Espagne, 1, 307.

Ossètes, I, 79, 178, 179.

Parisii, I, 162.
Péloponnèse, I, 84.
Persans, Perse, I, 35, 79, 178, 199, 238.
Polonais, I, 194.

Quades, I, 72.

Rhin divinisé, I, 27-30.
Rome, I, 55-60, 154, 176, 179, 184, 215, 231, 240, 247, 255, 263.
Rudraidé, lac en Ulster, II, 11, 15.
Russes, Russie, I, 79-157, 189, 198.

Saint-Bertrand de Comminges, I, 316.
Sardes, ville d'Asie Mineure, I, 222.
Saxons, I, 143; II, 83.
Scandinaves, I, 71, 314, 336. *Voyez* Vikings.
Scythes, I, 72.
Segeda, I, 41.
Sequani, I, 164.

Slaves, I, 35, 194, 238.
Styx, I, 18.
Soissons, I, 239.
Suessatium, I, 41.
Suessetani, I, 41.

Tailtiu ou Teltown, I, xix, 232, 309-313.
Tara, I, 306, 307, 319.
Tchèques, I, 194, 198.
Teltown, I, 232. *Voyez* Tailtiu.
Tenctères, I, 71.
Thèbes aux sept Portes, I, 53-55.
Tlachtga, I, 319.
Tolisto-bogii, I, 41.
Troie, I, 318.
Troyens, I, 48-52.

Uisnech, I, xix, 294, 295, 301-304.
Ulster, I, xix, 21, 22, 73, 99, 101, 231, 302, 311, 319, 327; II, 19, 20, 125, 127.

Vaccaei, I, 120.
Vidu-casses, II, 85.
Vikings, I, 335; II, 69, 150, 167. *Voyez* Scandinaves.

QUATRIÈME PARTIE

SENCHUS MOR

TEXTE ORIGINAL ET TRADUCTION JUXTALINÉAIRE EN MOT A MOT DES QUARANTE-HUIT PREMIERS ARTICLES.

(*Ancient Laws of Ireland*, t. I, p. 64-250. Corrections de M. Whitley Stokes dans *The Academy*, 5 décembre 1885, p. 377).

DI	CHETHAR-	SLICHT	ATHGABALA.
DE	QUADRUPLE	ESPÈCE	DE SAISIE.

TITRE PREMIER.

CHAPITRE PREMIER.

ORIGINES DE LA SAISIE MOBILIÈRE ; COMBIEN D'ESPÈCES EN FAUT-IL DISTINGUER ?

Art. 1 (*Ancient Laws of Ireland*, t. I, p. 64).

Teora	ferba	fira	do-sn-acht	As[s]al
Trois	vaches	blanches	les emmena	Assal

Art. 1, ci-dessus, p. 14-17.

ar	Mug,	mac	Nûadat,	gabâil	co
devant	Mug,	fils	de Nùadu,	saisie	avec

toxal,	co	foetar	aidchi.
enlèvement	afin qu'	elles dormissent	la nuit,

Fertai	for	Boind.	Asluiset	hûadaib :
à Ferta	sur	Boyne.	Elles échappèrent	à eux :

	facubsat	a	lâegu ;	[f]laith	find
elles avaient laissé		leurs	veaux ;	lait	blanc

for	tellraig.	Etha	a	n-îar[r]air,	co-
sur	terre.	Allé	leur	demande	en sorte qu'

tocta	sê	delechaïb	treibi	ar toi-
emmenées	six	de laitières	à maison	à point

riuch.	Gellta	dib	îarum	la
du jour.	Donné gages	pour elles	après cela	par

Coirpre	n-Gnâthcho[i]r	di	gabâil,	di
Coirpré	accoutumé à justice	pour	saisie,	pour

athgabâil,	di	dêtiu,	di	chom-
ressaisie,	pour	protection,	pour	collective

dêtiu,	di	[fh]aïrscîu,	di	aititiu.
protection,	pour	vue,	pour	ratification.

Tîr-ba	Chuind	Cêt-choraig,
Terre de vaches	de Conn	au premier contrat,

a-san-gabaid	il-benda,
de laquelle il prend	beaucoup de [bêtes à] cornes,

berta	Fergus	Fêr-glethech	in	dîgail
prit	Fergus,	de pré mangeur,	en	vengeance

a-throm-grêisi	di	guin	Ech[d]ach
de sa lourde injure	pour	meurtre	d'Echaid

Bêl-buide.	Bretha	Dorn	in	ansâire;
à lèvre jaune.	Portée	Dorn	en	servitude;

doceirr	in-a-fîrinde	sich	i
elle mourut	pour sa sincérité	de difformité	en

n-gnuis	Fergusa.	Ferais	Fergus	ferechtus
visage	de Fergus.	Fit	Fergus	homicide

Finech	il-loch	Rudraide	di	marbad	a
de Finé	au lac	Rudraidé	de	tuer	à cause

mâr-cinta;	taisic	a thîr	imurro
de grands crimes;	revient	sa terre	cependant

fo	selba	hi	Cuind	comarba.
sous	possession	en	de Conn	héritier.

Art. 2 (I, p. 78).

Sean   mac   Aige   berta   cét-bretha
Sen   fils   d'Aige   porta   premiers jugements

for [ath]gabâil,   co   dâil   crîchi,
sur saisie,   jusqu'à   assemblée   de frontières,

bui   la   tri   cenêla   sâera,   randsat
[qui]fut par   trois races   libres,   [qui]se partagèrent

in   indsi   so.
cette   île   ci.

Art. 3 (p. 78).

§ 1 Is   and   bretha   leo :   ôena
    [C']est   là[que]fut décidé   par eux : une [nuit]

do   neoch   nesom,   § 2 treisi   dia
pour   toute chose   très pressée,   trois   pour leurs

tânaisib, §3 cuicthe   fri   cond   cuindegar
secondes,   cinq   contre   capable   qu'on attaque
                                              en justice,

Art. 2, ci-dessus, p. 17.
Art. 3, ci-dessus, p. 17-22.

§ 4 dechmad fri rudrad, § 5 aile do
  dix   contre grand retard,   deux par

mnáib, § 6 aile dêc dôib . im rôe,
femmes,   douze par elles à propos de champ,

§ 7 treisi do rîg, treisi ûathaib dó hi
  trois par roi, trois seulement par lui en

camus ar a moch- dingbail do tûaith;
territoire pour son rapide débarras de cité;
subordonné

§ 8 treise dêc dó tar crîch, ar an
  treize par lui au delà de frontière afin que

êcmai a saidbre cách; ar forbrise rî
trouve son bien chacun; car écrase roi

cách a fíadnaise, ar is tualaing
chacun [par] son témoignage, car est capable

som forgell for cach recht, acht a
lui témoigner sur chaque droit, sauf ses

dá comgrad d' inraicaib, no sui, no
deux égaux en dignités, ou savant, ou

epscop [no deorad Dê].
évêque [ou exilé de Dieu].

CHAPITRE II.

RECUEIL DE PRINCIPES GÉNÉRAUX APPLICABLES AUX DIVERSES ESPÈCES DE SAISIE MOBILIÈRE.

Art. 4 (p. 84).

Ni   tualaing   ro-d-gaba   athgabáil   nad
Non   capable   qu'il la prenne   saisie   [que] ne

i[d]   fornaisc   ma-ni-s-   comthéit   sui-tengthad
la   lie   si ne le   accompagne   savant parleur

fô   searnad   airechta,   conid
capable   d'adresser parole   à assemblée,   en sorte que

fri   rosc   ruirther,   ar ni   fuirgle   nech
contre   œil   on payera,   car ne   témoigne   personne

la   Féine   ni   nad   airi[g]the.
chez   Féné   de chose   qui n'   aurait été remarquée.

Art. 4, ci-dessus, p. 22-24.

Is dithre o les[s]aib airechta nech (1)
Est exclu de profits d'assemblée quiconque

nad i[d] ergêoin.
ne le sait.

Art. 5 (p. 84-86).

Ni-s-gaibet êcuma airechta,
Ne la prennent [la saisie] incapable d'assemblée,

na aurcuillte ratha, na êcoir nadma,
ni exclu de caution, ni incapable de contrat,

na ûais n-airechta ; ni-s-gaib mug, na
ni chef d'assemblée ; ne la prend esclave, ni

bûachail, na fulla, na fuidir, na fer
pâtre, ni fou, ni serf, ni homme

di fâes[s]am.
de protection.

Art. 6 (p. 90-92).

Ar atait cuic sêoit in-a-gabâil
Car sont cinq bêtes à cornes dans sa saisie
[d'amende]

Art. 5, ci-dessus, p. 24-29.   (1) Ed. neich.
Art. 6, ci-dessus, p. 30-34.

Mechta,   no-in-a-forgabâil,   inge   trî   bâegail
illégale,   ou en sa saisie en sus,   sauf   trois   dangers

[i]n-aigneda   ro-sâerad   la   Fêine :   a
de l'avocat   qui a été affranchi   par   Fêné :   son

tuidme   cen   chinaid ;   a   tuidme   fri   cinaid
lien   sans   dette ;   son   lien   pour   dette

dia   n-derlai[g]ther ;   a   tabairt   hi   faithci
si   elle est payée ;   son   don   en   enclos

ûasal   nemid   is   tualaing   a   dîten,
de haut   privilégié   [qui] est capable de   sa   protection,

a   tabairt   do   snâdud   as   tualaing
son   don   hors de   protection   [qui] est capable de

a   turtaigthi, mad   cen   air[f]is   snâite.
sa   défense,   si   sans connaissance de protection.

Mad   don   snâdud   ro-n-gabthar,   asrenar
Si [c']est   de la   protection   qu'est saisi,   est payé

lôg   n-enech   in   snâithe, ocus suith   na
prix d'honneur de la protection,   et   retour de cette

hathgabâla in sen,   co   ro   gabaiter
　saisie　　　ci,　jusqu'à ce qu'ils soient saisis

aitherrach.
de nouveau.

Art. 7 (p. 102).

Cuic   sëoit   hi   lobud   cacha
Cinq bêtes à cornes en destruction de chaque
　　　　　[d'amende]

hathgabâla ro midir Morand ; noch fil trî
　saisie　　jugea　　Morann ; encore est trois

sëota   cacha   trâtha   ro-follaigther   co
bêtes de chaque période qui est négligée jusqu'à

aurlaind   a   dithma,   ach[t]
　fin　 de son répit en fourrière, à moins que

ni con   anaig   deithbeire.
　ne　 protège nécessité.

Art. 8 (p. 102).

Ni   bi   les[s]ach   nach   suanach.
N'　est profitant　aucun　dormeur.

Art. 7, ci-dessus, p. 35-39.
Art. 8, ci-dessus, p. 40.

Art. 9 (p. 102).

Ni tualaing toxal nad i[d] f[h]ornaisc.
Ne capable d' enlèvement qui ne la lie.

Art. 10 (p. 102).

Ni fuillend cond cnâima.
Ne gagne pas ordinairement capable de jambes.

Art. 11 (p. 102).

Saigeth câch a c[h]omles.
Que cherche chacun son commun profit.

Art. 12 (p. 102).

Iadad for terc-trebaib hi
Qu'il enferme dans peu encombrées maisons à

comardaib trâth.
régulières d'heures.

Art. 9, ci-dessus, p. 41.
Art. 10, ci-dessus, p. 41.
Art. 11, ci-dessus, p. 41-42.
Art. 12, ci-dessus, p. 42.

Art. 13 (p. 102).

Ni	bi	acrai	di	·fáesam.
Ne	soit	demande	de	protection.

Art. 14 (p. 102).

Ni	acair	nad caemclái	o	cróib
Ne	forme	demande qui n'échange	de	bestiaux

in	forais,	co	cuiriud	for	fiadnaise
de la	fourrière,	jusque	mettre	sur	témoignage

di	athgabáil	téchta.
de	saisie	légitime.

Art. 15 (p. 104-106).

Ni	mug,	ni	fuidir,	ni	fulla,	ni	augaire,
Ni	esclave,	ni	serf,	ni	fou,	ni	berger,

ni	búachail,	ni	crette-cuaine,	ni	gaibther
ni	pâtre,	ni	de char valet,	n'est	saisi

Art. 13, ci-dessus, p. 42.
Art. 14, ci-dessus, p. 42-43.
Art. 15, ci-dessus, p. 43-45.

a   n-aetaim   fri   dligid   na   ur-
leur réparation pour dette[personnelle] ni dette

dligid   na   forrechtu   tûaithe   hê,
de famille   ni   obligation collective   de cité   lui,

acht   cos   in   glais,   no   brâigh[e]   fri   fiam ;
mais   pied en   entrave,   ou   cou   en   chaîne ;

fîrium   a   freislige   na   dlegait
très vrai   en   compagnie de lit ils n'   ont droit à

biathad   acht   bochtan,   no   urchâelan,
nourriture, que   pauvre,   ou   pain très mince,

no   bairgen   hûasal-laithe   co   n-a-handlonn,
ou   pain   de noble jour   avec son assaisonnement,

conad   fri   a   cend   cuindrigther
jusqu'à ce que contre leur chef soit fait redressement

         fo   mâma   téchta.
[de tort] selon obligations   légitimes.

CHAPITRE III.

DU JEÛNE QUI PRÉCÈDE LA SAISIE MOBILIÈRE EN CERTAINS CAS.

Art. 16 (p. 112).

Dofet aurfocra cach n-athgabâla
Précède commandement de chaques saisies

la Fêine, inge ma do nemthib [for
chez Féné, sauf si par nobles [contre

nemthib] no ma [do fêinib] for nemthib;
nobles] ou si [par roturiers] contre nobles;

tofet troscud a-tobach-saide. Nech nad
précède jeûne leur saisie-ci. Quiconque ne

Art. 16, ci-dessus, p. 46-50.

gella   di   troscud   is   éluthach
donne pas gage à cause de   jeûne   est   défaillant

na n-uile;   inti   foluing   na   huile, ni
des toutes; celui qui supporte les toutes, n'

direnar   o   Dia   na   duine.
est payé par Dieu ni   homme.

Art. 17 (p. 116).

Inti   loinges   nad   òige   rêir
Celui qui supporte qu'il ne remplisse à volonté

di troscud, is-[s]t a   breth   la   Fêni[u],
de jeûne,   est-il   son jugement chez   Fêné :

asren   diabul   neich   ar-a-troiscther   aire.
il paye double de quoi par quoi il est jeûné pour cela.

Art. 18 (p. 118).

Inti   troisces   tar   tairosin   rêir
Celui qui   jeûne   après   offre   à volonté

Art. 17, ci-dessus, p. 50-53.
Art. 18, ci-dessus, p. 53-54

dô,   atbaill   a   dligid   a   fuigiull   Fêne.
à lui,   meurt   sa   créance   par   jugement   de Féné.

Iss-ed   côir   cach   troiscthe   la   Fêine
Est cela   règle   de chaque   jeûne   chez   Féné :

   arach   for   soraith   nad   êlai
cautionnement sur bonne caution qu'il ne fera défaut

no   gell   do   geallaib   treibi   ne[i]ch
ou   gage   de   gages   de maison   de quiconque

fris-a-troiscither   aire.
contre qui est jeûné   pour cela.

TITRE II.

CHAPITRE IV.

SAISIE MOBILIÈRE AVEC DÉLAIS D'UNE NUIT.

Art. 19 (p. 120).

§ 1 Fîr   do   Sin co-na- midir   nat   shasai
Vrai à   Sen   qu'il juge a que n' atteindra pas

âena   tar   aile.   § 2 Ni   daim
une [nuit] au delà   de deux.   Ne   souffre

enechland   anad. § 3 Ni   au[r]fuirig   gô
prix d'honneur délai.   Ne   retient   mensonge

Art. 19, ci-dessus, p. 55-57.
§ 1, ci-dessus, p. 55-56.
§ 2, ci-dessus, p. 56-57.
§ 3, ci-dessus, p. 57.

airechta tar ní be síru
d'assemblée au delà de chose qui soit plus longue

hûin[i].
qu'une [nuit].

Art. 20 (p. 122-126).

Is and ro airled : § 1 étach fri
Est là [que] fut voulu : vêtement pour

lith, § 2 arm fri nith, § 3 ech fri aige,
fête, arme pour bataille, cheval pour course,

§ 4 dam fri h-ar, § 5 bô fri blicht, § 6 mucc
bœuf pour labour, vache pour lait, cochon

co n-ur, § 7 câuru co lí, § 8 toichned
avec graisse, bête ovine avec gloire, jeûne

rí[g], § 9 biathad airech, § 10 esbuid fledi,
de roi, nourriture de chef, défaut de repas,

Art. 20, ci-dessus, p. 57-109. § 6, ci-dessus, p. 60.
§ 1, ci-dessus, p. 59. § 7, ci-dessus, p. 60-61.
§ 2, ci-dessus, p. 59-60. § 8, ci-dessus, p. 61.
§ 3, ci-dessus, p. 60. § 9, ci-dessus, p. 61.
§ 4, ci-dessus, p. 60. § 10, ci-dessus, p. 61-64.
§ 5, ci-dessus, p. 60.

§ 11 intreb   n-ecalsa, § 12 comopuir   cach
      mobilier d'église,   coopération   de chaque

ciû[i]l,   § 13 tincur   tigi   câich,
musique,   mobilier   de maison   de chacun,

§ 14 dîr   im bid   baile,   § 15 aiel   ocus
convenable   où est   lieu[de festin], fourchette et

caire, § 16 losad   ocus   criathar, § 17 foxul
chaudron,   pétrin   et   tamis,   enlèvement

mêich   airech, § 18 cartad   raite, § 19 cartad
de sac de chef,   nettoiement de route,   nettoiement

áenaig, § 20 im   dingbáil   tascuir   lir, § 21 im
de foire,   pour éloignement de rejet de mer,   pour

tuinide   raitig,   § 22 im   chôrus
prise de possession   de routier,   pour   droit

lin[n], § 23 im   châin   n-inbir, § 24 im   othrus
d'étang,   pour droit de rivière,   pour maladie

§ 11, ci-dessus, p. 64.   § 18, ci-dessus, p. 66.
§ 12, ci-dessus, p. 64.   § 19, ci-dessus, p. 67-68.
§ 13, ci-dessus, p. 64.   § 20, ci-dessus, p. 69.
§ 14, ci-dessus, p. 64-65.   § 21, ci-dessus, p. 69.
§ 15, ci-dessus, p. 65.   § 22, ci-dessus, p. 70.
§ 16, ci-dessus, p. 65.   § 23, ci-dessus, p. 70.
§ 17, ci-dessus, p. 65-66.   § 24, ci-dessus, p. 70.

cach   áin, § 25 hi   tairec   a   léga,
de chaque un,   pour fourniture de son médecin,

§ 26 hi   tairec   a   bîd, § 27 hi   tairec
pour fourniture de sa nourriture, pour fourniture

a   thincuir, § 28 hi   tairec   a   t[h]ige
de son mobilier,   pour fourniture de sa maison

téchta, § 29 im   dingbâil   aurc[h]uilte
légitime,   pour   éloignement de [choses] défendues

a[r]-rêir   léga, § 30 im   c[h]ôrus   dûin,
en volonté   de médecin, pour   droit   de fort,

§ 31 im   c[h]ôrus   treibe   itir   comorbaib,
pour   droit   de maison entre cohéritiers,

§ 32 im   charr   in-aimseraib   fedna, § 33 im
pour   char   en temps   de charroi, pour

chôrus   puirt   in-aimseraib   tochuir, § 34 im
droit   de pré   en temps   de récolte, pour

---

§ 25, ci-dessus, p. 70.   § 30, ci-dessus, p. 71.
§ 26, ci-dessus, p. 70.   § 31, ci-dessus, p. 71-72.
§ 27, ci-dessus, p. 70.   § 32, ci-dessus, p. 72.
§ 28, ci-dessus, p. 71.   § 33, ci-dessus, p. 72.
§ 29, ci-dessus, p. 71.   § 34, ci-dessus, p. 72.

dingbâil   faith[c]e,   § 35 im   t[h]elgud
écarter   de pré clos pour   chasser de

m-broga, § 36 im   lôg   n-ene[i]ch n-ôige,
pâturage éloigné, pour   prix   d'honneur de vierge,

§ 37 im   duilchine, § 38, im   fobrithe, § 39 im
pour   salaire,   pour avoir rasé, pour

opartain, § 40 im   airnisi   t-s[h]âir, § 41 im
bénédiction, pour   outils   du charpentier, pour

airnisi   gobann,   § 42 im   chaire   tigi
outils   de forgeron,   pour   chaudron   de maison

gniad,   § 43 im   scabul   cach-raithe,
d'ouvrier,   pour   chaudron   de chaque saison,

§ 44 im   chomm, § 45 im   stûagach, § 46 im
pour   baratte,   pour   cruche,   pour

folderb, § 47 im c[h]ach-lestar nad c[h]umsanad,
tasse,   pour   tout vase qui ne s'arrêterait pas,

§ 35, ci-dessus, p. 73.   § 42, ci-dessus, p. 75-76.
§ 36, ci-dessus, p. 73-74.   § 43, ci-dessus, p. 76.
§ 37, ci-dessus, p. 74-75.   § 44, ci-dessus, p. 76.
§ 38, ci-dessus, p. 75.   § 45, ci-dessus, p. 76.
§ 39, ci-dessus, p. 75.   § 46, ci-dessus, p. 76.
§ 40, ci-dessus, p. 75.   § 47, ci-dessus, p. 77.
§ 41, ci-dessus, p. 75.

TITRE II, CHAP. IV, ART. 20. DÉLAIS D'UNE NUIT. 291

§ 48 im secht sêotu tige airech,
pour sept objets précieux de maison de chef,

§ 49 im chôrus etha, § 50 im mes,
pour droit de blé, pour fruit d'arbre,

§ 51 im focenn, § 52 im fid, § 53 im [th]ocbâil
pour blé mûr, pour forêt, pour élévation

droichitt, § 54 im fabra mîl môir do
de pont, pour sourcils de bête grande à

chobraind, § 55 im boin fosuidethar
partager, pour vache [dont] est entretenu

carrudh, § 56 im bîathad dûnaid,
champion, pour ravitaillement de forteresse,

§ 57 im c[h]ôrus cim[b]eda, § 58 im gaire
pour droit de prisonnier, pour entretien

n-druith, § 59 im gaire mire, [ar dofet
de fou, pour entretien de folle, [car précède

§ 48, ci-dessus, p. 77. § 54, ci-dessus, p. 86.
§ 49, ci-dessus, p. 77. § 55, ci-dessus, p. 86.
§ 50, ci-dessus, p. 77. § 56, ci-dessus, p. 86-87.
§ 51, ci-dessus, p. 77-78. § 57, ci-dessus, p. 87.
§ 52, ci-dessus, p. 78-85. § 58, ci-dessus, p. 87.
§ 53, ci-dessus, p. 85-86. § 59, ci-dessus, p. 87.

a cert certaib], § 60 im gaire n-athar,
son droit droits], pour entretien de père,

§ 61 im gaire mâthar, § 62 im thairec ar
pour entretien de mère, pour fourniture à

c[h]end nadma do liud fîadnaise,
fin de contrat pour demande de témoignage,

§ 63 im chobair do fuidir cach tairêtechtu,
pour aide à serf à toute injustice,

§ 64 im scîn, § 65 im scadarcc, § 66 im
pour couteau, pour miroir, pour

essrechta maccru, § 67 im t[h]elcud
jouets d'enfants, pour chasser de

m-broga, § 68 im srîan, § 69 im all,
pâturage éloigné, pour bride, pour rênes,

§ 70 im adastor, § 71 im bîaill, § 72 im fidbae,
pour licou, pour hache, pour serpe,

§ 60, ci-dessus, p. 87.
§ 61, ci-dessus, p. 87-90.
§ 62, ci-dessus, p. 90-101.
§ 63, ci-dessus, p. 101.
§ 64, ci-dessus, p. 101.
§ 65, ci-dessus, p. 101.
§ 66, ci-dessus, p. 101.
§ 67, ci-dessus, p. 102.
§ 68, ci-dessus, p. 102.
§ 69, ci-dessus, p. 102.
§ 70, ci-dessus, p. 102.
§ 71, ci-dessus, p. 102.
§ 72, ci-dessus, p. 102.

§ 73 im lomain tige gniaü, § 74 im
pour corde de maison d'ouvrier, pour

chroman tige ban-trebthaige, § 75 im
crochet de maison de femme qui cultive, pour

saball i n-aimsir etha, § 76 im ithlaind
grange en temps de blé, pour aire

i cuitib, § 77 im ocht m-bullu ar-a-
en parts, pour huit membres par lesquels

fognat muillond : 1) topur, tuinide, tîr
servent les moulins : source, cours d'eau, terre

linde, 2) liae, 3) mol,
d'étang, meule de dessus, arbre de la meule,

4) indeðin, 5) herintiu, 6) oircel,
meule de dessous, support de l'arbre, roue,

7) milaire, 8) cup-comla, [ar dligid
arbre de la roue, trémie, [car devoir de

cumalae a comêt]; § 78 im dingbâil
femme esclave son soin] ; pour éloignement

§ 73, ci-dessus, p. 102.   § 76, ci-dessus, p. 103.
§ 74, ci-dessus, p. 102-103.   § 77, ci-dessus, p. 103-104.
§ 75, ci-dessus, p. 103.   § 78, ci-dessus, p. 104.

294 · *SENCHUS MOR.* TEXTE ET MOT A MOT.

mic do chìch, § 79 im dingbâil mic di
de fils de mamelle, pour éloignement de fils de

chrû, § 80 im dingbâil mic di mir, di
[la] mort. pour éloignement de fils de folle, de

declaim, di buidir, di c[h]laim, di chaich,
malade, de sourde, de lépreuse, de borgne,

di daill, di anbobracht, di baclaim, di
d' aveugle, d' épuisée, de manchotte, d'

dasachtaig; § 81 im ethur bîs oc imorcor
insensée; pour bac qui est à naviguer

a purt i port, § 82 im fi[d]chill tigi
de rive en rive, pour jeu d'échecs de maison

airech, § 83 im salund tigi briugaidh,
de chef, pour sel de maison de riche paysan,

§ 84 im glas conâi allmuire, § 85 im
pour entraves qui gardent étrangers, pour

chloc foc[h]ain c[h]ethra § 86 im
cloche qui chante sous quadrupèdes, pour

§ 79, ci-dessus, p. 104.   § 83, ci-dessus, p. 105.
§ 80, ci-dessus, p. 104-105.   § 84, ci-dessus, p. 105-106.
§ 81, ci-dessus, p. 105.   § 85, ci-dessus, p. 106.
§ 82, ci-dessus, p. 105.   § 86, ci-dessus, p. 106.

chomar, § 87 im   chomaithces, § 88 im
labourage   pour   vassalité   pour
en commun,   en commun,

chomleptha comuithech, § 89 im   laind, § 90 im
communs lits de vassaux   pour   gril,   pour
en commun,

lainnin, § 91 im chaindelbra   tige   câich,
cuiller de gril, pour   chandelier de maison de chacun,

§ 92 im   t[h]refet   tigi   srotha, § 93 im
pour   soufflet   de maison de seigneur, à cause de

tharb   for   slabra, § 94 im   ech-ccullach
taureau   pour   vaches,   à cause   d'étalon

for   eochu, § 95 im   muc-cullach for muc[c]u,
pour juments, à cause de   porc   pour   truies,

§ 96 im   reithi   for   câerchu, § 97 im
à cause de   bélier   pour   brebis,   à cause de

choin   for-a   m-bî   ottrach, § 98 im
chien   pour lequel   est   fumier,   à cause de

§ 87, ci-dessus, p. 106.
§ 88, ci-dessus, p. 106-107.
§ 89, ci-dessus, p. 107.
§ 90, ci-dessus, p. 107.
§ 91, ci-dessus, p. 107.
§ 92, ci-dessus, p. 107.
§ 93, ci-dessus, p. 107.
§ 94, ci-dessus, p. 108.
§ 95, ci-dessus, p. 108.
§ 96, ci-dessus, p. 108.
§ 97, ci-dessus, p. 108.
§ 98, ci-dessus, p. 108.

con-bûachaill   cacha   cethra, § 99 im
chien-pâtre   de tout   bétail,   à cause de

oirce,   § 100 im   archoin,   § 101 im
chien bichon,   pour   chien de garde,   pour

arrchocaid   têchta.
chien de combat et de chasse   légitime

§ 99, ci-dessus, p. 108.
§ 100, ci-dessus, p. 108.
§ 101, ci-dessus, p. 108-109.

CHAPITRE V.

SAISIE MOBILIÈRE AVEC DÉLAIS DE DEUX NUITS.

Art. 21 (p. 126).

Athgabâil   aile   itir   ûin   ocus   treise
Saisie   de deux [nuits] entre une   et   trois

ro-s-midir Sencha i rechtaib aicnid im
la jugea . Sencha en droits de nature pour

c[h]ach   m-bandte.
toute   féminine [propriété].

Art. 22 (p. 144).

Is   cose   conamus   athgabâil   hûine,
Est jusqu'ici a été traitée saisie d'une [nuit],

Art. 21, ci-dessus, p. 110.
Art. 22, ci-dessus, p. 111-113.

acht nî im-a-thormaig, cubus ocus
à moins que chose l'augmente, conscience et

aicned, la Fêne, a cosmailsib íar
nature, chez Féné, par analogies d'après

fîr ocus dlechta. Nî t[h]echtat for
vérité et droit. Ne possèdent pas sur

dâil, is for dâil an-dligid. Nach
jugement, est sur jugement leur droit. Toute

mîl conbeir deiche is c[h]oibne friu,
bête [qui] conçoit double portée est égale à eux,

ro-ucc Brîg Briuguid bûi i Fesen.
jugea Brig Briugaid qui fut à Fesen.

Cach athgabâil aile a-dligid for
Chaque saisie de deux [nuits] son droit sur

cethraimthain, a dathim for ochtmad.
quart, son répit en fourrière sur huitième.

Art. 23 (p. 146-148).

Athgabâil aile, § 1 do ingin im
Saisie de deux [nuits], par fille pour

Art. 23, ci-dessus, p. 113-117.

TITRE II, CHAP. V, ART. 24. DÉLAIS DE DEUX NUITS. 299

c[h]omorbus a mâthar, § 2 i mi-focul
héritage indivis de sa mère, pour injure verbale

mnâ di-araile, § 3 im dingbâil
de femme contre autre, pour débarras

m-bantellaig, ar nî bî i
de prise de possession car n' est pas pour
d'immeuble féminine.

m-bantellach acht co côir[ch]ib ocus
prise de possession sinon avec brebis et
féminine d'immeuble.

losat ocus criathar do c[h]ach mnâi for
pétrin et tamis pour chaque femme contre

araile.
autre.

Art. 24 (p. 150).

Athgabâil aile § 4 im lôg
Saisie de deux [nuits] pour prix

lâm-thoraid, § 5 im duilchine, § 6 im
de des mains fruit, pour salaire, pour

Art. 24, ci-dessus, p. 117-122. § 5, ci-dessus, p. 118.
§ 4, ci-dessus, p. 117-118. § 6, ci-dessus, p. 118.

fobrithe, § 7 im apartain mnâ di-araile,
tissage, pour bénédiction de femme à autre,

§ 8 im c[h]ach n-adbur bîs i feirtsib,
pour chaque matière qui est sur fuseaux,

§ 9 im fertais, § 10 im snimaire,
pour fuseau (à lin), pour fuseau (à laine),

§ 11 im pesbolg, § 12 im fêith-geir, § 13 im
pour sac à peigne, pour de nerf graisse, pour

aiced fige uile, § 14 im flesc lîn,
outil de tissage tout, pour baguette à lin,

§ 15 im c[h]uicil, § 16 im lugarmain, § 17 im
pour quenouille, pour dévidoir, pour

c[h]loidem corthaire, § 18 im abrus, § 19 im
fuseau de bordure, pour fil, pour

c[h]omopa[i]r n-abairse, § 20 im chort[h]air, § 21 im
outil de fil, pour bordure, pour

aiste lâm-thoraid, § 22 im iadag con-a-
patron de des mains fruit, pour sac avec son

§ 7-8, ci-dessus, p. 118. § 10-21, ci-dessus, p. 119.
§ 9, ci-dessus, p. 118-119. § 22, ci-dessus, p. 120.

TITRE II, CHAP. V, ART. 24. DÉLAIS DE DEUX NUITS. 301

ecortaig, § 23 im c[h]rîol, § 24 im c[h]rand-bolg,
contenu, pour panier, pour de bois sac,

§ 25 im rinde, § 26, im chusail, § 27 im
pour verges, pour cerceau, pour

snâthait, § 28 im snâithe lîga, § 29 im
aiguille, pour fil coloré, pour

scaideirc focoisle ben ar araile, § 30 im
miroir [que] prend femme à autre, pour

bairene cat bân, § 31 im oircne
femelle de chats blancs, pour chien bichon

rîgna, § 32 im t[h]incur rôe,
de reine, pour objets de champ de bataille,

§ 33 im t[h]airec n-airm, [ar is im
pour fourniture d'arme, [car [c']est pour

fir ban ciato imargaet
droit des femmes [que] d'abord fut combattu

rôe].
champ de bataille].

§ 23-32, ci-dessus, p. 120.
§ 33, ci-dessus, p. 120-122.

CHAPITRE VI.

SAISIE MOBILIÈRE AVEC DÉLAIS DE TROIS NUITS.

Art. 25 (p. 150-152).

Is co se conaimes athgabâil
Est jusqu' ici a été mentionnée saisie

aile : ro-s-uc Brîg Briugad bûi
de deux [nuits] : la jugea Brigh Briugaid qui fut

hi Feisin, ocus Sencha mac Ailella, mic
à Fesen, et Sencha fils d'Ailill, fils de

Culclain, fo-n-gelltais Ula[i]d. Is
Culclan, que jugeaient habitants d'Ulster. Est

íar-sund rolatha ðena tar aile,
après ceci que jetée une [nuit] au delà de deux,

Art. 25, ci-dessus, p. 125-127.

TITRE II, CHAP. VI, ART. 25. DÉLAIS DE TROIS NUITS. 303

ar « Itbath fîr Fêne ma-na tistais
car « Périssait justice de Fêné si ne fussent venues

treisi (cf. p. 347) », ar ni aircsenad nech a
trois [nuits] », car ne voyait personne son

dliged nach urdliged nach a gâis nach
droit ni droit de famille ni sa sagesse ni

a saidbre, cia beith dô îar cûl,
sa propriété, quoi que fut à lui derrière,

la ruirthiu âine ocus
à cause de rapides courses d'une [nuit] et

t[h]aul-bretha Ailella mic Magach,
de rapides jugements d'Ailill fils de Maga,

conid tâinic Coirpre Gnâthchoir, nad
jusqu'à ce que vint Coirpre Gnâthchoir, qui ne

ro-damair nach n-dligedh nad beith for
supporta aucun droit qui ne fût sur

ûin, acht a beith for treisi, ocus
une [nuit], sauf son être sur trois, et

c[h]ûicthi, ocus dechmaid, ara tisad a
cinq, et dix, afin que vînt son

fîr câch a inbuidib breithe. Is
droit à chacun de périodes de jugement. Est

[s]i athgabâil treisi ciata ragba[d]
elle saisie de trois [nuits] d'abord fut prise

in Eri[n] i meth slôigid
en Irlande dans défaut d'expédition militaire

Ailella mic Magach.
d'Ailill fils de Maga.

Art. 26 (p. 156-158).

Athgabâil treisi : § 1 slôiged,
Saisie de trois [nuits] : expédition militaire,

§ 2 cîss, § 3 congbail, § 4 dênum slige[d]
rente, assemblée, confection de grand'route,

§ 5 dênum raitte, § 6 dênam ôenaig,
confection de petite route, confection de foire,

§ 7 fuba ocus ruba, § 8 cin cach
attaque et défense, crime de chaque

Art. 26, ci-dessus, p. 128. § 5, ci-dessus, p. 130.
§ 1, ci-dessus, p. 128. § 6, ci-dessus, p. 130.
§ 2, ci-dessus, p. 128. § 7, ci-dessus, p. 131.
§ 3, ci-dessus, p. 130. § 8, ci-dessus, p. 132.
§ 4, ci-dessus, p. 130.

TITRE II, CHAP. VI, ART. 26. DÉLAIS DE TROIS NUITS.

eisrechta; § 9 im c[h]inaid do mic, do
petit animal; pour crime de ton fils, de ta

ingine, do hûai, do mnâ fochraice,
fille, de ton petit-fils, de ta femme de salaire,

do fir t[h]aistil, do muir-chuirt[h]i,
de ton homme de voyage, de ton naufragé,

do druith, do oblaire; § 10 i cinaid
de ton fou, de ton bouffon, pour crime

do lâime, do sûla, do thengad, do
de ta main, de ton œil, de ta langue, de ta

bêil, § 11 do flaithemnusa; § 12 i tuillem
lèvre, de ta seigneurie, pour rémunération

do febe, § 13 acht meth flede, nô
de ta dignité, sauf défaut de repas, ou

methle giallna : at[â] âena,
de moisson de vassalité; il est d'une [nuit],

cia beith itir treisib.
quoiqu'il soit parmi trois [nuits].

§ 9, ci-dessus, p. 134.   § 11-13, ci-dessus, p. 142.
§ 10, ci-dessus, p. 140.

Art. 27 (p. 162).

Athgabâil tre[i]si : § 14 i n-epi do
Saisie de trois [nuits] : pour coupure de ton

feda, § 15 im diubai do thîre, § 16 im
bois, pour brisement de ta terre, pour

chinaid do chlaid, § 17 im chinaid do
tort à ton fossé, pour tort à ton

slegad, § 18 hi t' air, § 19 hi t' aire,
poteau, dans ton labour, dans ton vivier,

§ 20 hi t' aurgaire, § 21 hi fuba
dans ta prohibition, pour [acte de] chasser

do grega, § 22 hi foxal do
ta troupe de chevaux, pour saisie de tes

eisrechta, § 23 hi tirad i t'
petits animaux, pour dessèchement dans ton

aith, § 24 i mbleith i t' muilund,
four, pour [acte de] moudre dans ton moulin,

Art. 27, ci-dessus, p. 143-148. § 18-22, ci-dessus, p. 145.
§ 14, ci-dessus, p. 143. § 23, ci-dessus, p. 146.
§ 15-17, ci-dessus, p. 144. § 24, ci-dessus, p. 146.

TITRE II, CHAP. VI, ART. 28. DÉLAIS DE TROIS NUITS. 307

§ 25 i n-aittreb do thigi, § 26 i n-a
pour habitation de ta maison, pour sa

folomrad, § 27 i n-a follscud, § 28 i n-a
mise à nu, pour son incendie, pour son

oslucud, § 29 hi foxal do moga, § 30 do
ouverture, pour saisie de ton esclave, de ta

chumaile, § 31 i n-apad do meicc,
femme esclave, pour commandement à (de) ton fils,

§ 32 i n-apad do ingine, § 33 hi
pour commandement à (de) ta fille, pour

sleith do mnâ, § 34 i n-a forcur.
tentative de viol de ta femme, pour son viol.

§ 35 Cach grês, cach enech-ruice is
Toute insulte, toute de visage honte [c']est

for cintaib treisi atá.
sur crimes de trois [nuits] [qu']elle est.

Art. 28 (p. 166, 168).

Athgabâil trise : § 36 i n-imrim do
Saisie de trois [nuits] : pour usage de ton

---

§ 25-29, ci-dessus, p. 146.   Art. 28, ci-dessus, p. 149-158.
§ 30-32, ci-dessus, p. 147.   § 36, ci-dessus, p. 149.
§ 33-35, ci-dessus, p. 148.

eich, do nôe, do c[h]lêib, do c[h]airr,
cheval, ton bateau, ta corbeille, ta charrette,

do charpait, § 37 hi fomailt do êne,
ton chariot, pour usure de ton vase,

do daibche, do scaibaile, do chaire,
ta cuve, ta chaudière, ton chaudron,

§ 38 i n-dîre do t[h]reibi, § 39 i
pour indemnité de ta maison, pour

folomrad do lob-guirt, § 40 i n-gait do
mise à nu de ton verger, pour vol de ton

muc[ce], do chairech, § 41 hi fomailt do
cochon, ta brebis, pour usure de ta

bêla, do fid-bai, § 42 im chaithem
hache, ta serpe, pour [acte de] manger

tascair do thuinne, § 43 im lot
rejet de ton eau, pour détérioration

do aibinne, § 44 i fothla t'
de ton lieu d'assemblée, pour vol de ta

§ 37, ci-dessus, p. 149.   § 43, ci-dessus, p. 151.
§ 38-42, ci-dessus, p. 150.   § 44, ci-dessus, p. 151.

airgetlaig, § 45 im t[h]urorgain do bech-din,
mine d'argent, pour pillage de ton rucher,

§ 46 im burach do thene, § 47 im rasas
pour fureur de ton feu, pour récolte

do mu[i]r-maige, § 48 im dire do
de ton de mer champ, pour indemnité de ta

daise arba, do fotbaig, do fochend,
meule de blé, de ton pré, de ton blé mûr,

do ratha, do atinn, do lûachra, dîa
de ta fougère, de ton genêt, de tes joncs, si

n-dichmairc, § 49 i l-lobud do châna, § 50 i
non permis, pour violation de ta loi, pour

l-lobud do chairde, § 51 im astad
violation de ton traité de paix, pour maintien

do urradais, § 52 so-altar,
de ton droit de citoyen, bonne éducation,

§ 53 mi-altar, § 54 iarrad fri-s
mauvaise éducation, prix de pension contre celui qui

§ 45-48, ci-dessus, p. 152.   § 52, 53, ci-dessus, p. 154.
§ 49-51, ci-dessus, p. 153.   § 54, ci-dessus, p. 155.

na   ro-altar,   § 55 êitiud   clêib, § 56 im
n'a pas nourri,   vêtements de berceau,   pour

t[h]obach   n-airde   comaithcesa,
  saisie   de dette de vassalité [servile] commune,

§ 57 im   t[h]obach   n-airde   comaltair,
  pour   saisie   de dette de contrat d'éducation
                                         en commun,

§ 58 im t[h]obach n-airde   lânamnasa   techta,
  pour saisie   de dette de relation sociale légitime,

§ 59 im   choibned   êitechta sar-chuimrech for
  pour   lien   illégal   outrageux lien sur

eochu, § 60 airbe (1) rîa   slabra   hi   fêr,
chevaux,   barrière   devant   vaches en   pré,

§ 61 aurb[a]   rîa   lâegaib   do   bûaib;
   barrière   devant   veaux   à   vaches;

§ 62 aithgin   mblechta (2) is   for   ûin
  restitution   de lait   [c']est pour une [nuit]

atâ.
[qu']elle est.

---

§ 55, ci-dessus, p. 155.   § 59, 60, ci-dessus, p. 157.
§ 56-58, ci-dessus, p. 156.   § 61, 62, ci-dessus, p. 158.

(1) Ed. : *airba*.
(2) Ed. : *mblechtat*.

Art. 29 (p. 174, 176).

Athgabâil treisi : § 63 i folomrad do
Saisie de trois [nuits] : pour dépouille de ton

mairb, § 64 i cosait t[h]uilche, § 65 i cumsana[d]
mort, pour rixe de colline, pour repos

dûnaid, § 66 im ainme, § 67 im
de forteresse, pour calomnie, pour

ecndach, § 68 imm on,
malédiction magique, pour insulte à l'honneur,

§ 69 im ainbed, § 70 im esbuid,
pour blessure cachée, pour mutilation,

§ 71 im marb-chnai n-âr-maige,
pour de mort vêtement de champ de bataille,

§ 72 folomrad catha, § 73 im chumluth
dépouille de bataille, pour mise en circulation

n-gû-scandail, § 74 i fubtud
de mensonger scandale, pour [acte d']effrayer

Art. 29, ci-dessus, p. 158-165.   § 67-69, ci-dessus, p. 160.
§ 63, 64, ci-dessus, p. 158.   § 70-73, ci-dessus, p. 161.
§ 65, 66, ci-dessus, p. 159.   § 74, ci-dessus, p. 162.

cach omnaig, § 75 i tabairt mic for muin
tout timide, pour mise de fils sur dos

i tech, § 76 i mîr mend, § 77 im
en maison, pour morceau de désir, pour

sarurrach m-ban fri ûathne, § 78 toirrched
viol de femmes en couches, cohabitation

tar apud i-neoch in
après signification avec personne dans quoi

atbala, § 79 êcen mire, § 80 ben na t[h]airic
[elle] meure, viol de folle, femme ne vient

a gnîmu, § 81 fuba n-imda, § 82 collud
ses actes, expulsion de lit, destruction

m-brethi, § 83 im archor auptha,
de faculté d'engendrer, pour pose d' enchantement,

§ 84 mi-mîr do c[h]or do c[h]oin,
mauvais morceau à mettre à chien,

§ 85 dant-mîr do breith ô fir
de héros morceau à enlever à homme

bês a âi.
de qui est son bien.

§ 75-78, ci-dessus, p. 162.   § 81-83, ci-dessus, p. 164.
§ 79, 80, ci-dessus, p. 163.   § 84, 85, ci-dessus, p. 165.

Art. 30 (p. 182).

Fid-bretha,		fine-bretha,		
De bois jugements,		de famille jugements,		

os-bretha,	muir-bretha,	do	neoch
d'eau jugements,	de mer jugements,	de	quelconque

do	ruirmius,	a	n-aithgin	for	ûin
j'ai	énuméré,	leur	restitution	sur	une [nuit]

a	n-dîre	for	treisi,	acht	nî
leur	amende	sur	trois [nuits],	à moins que	ne

focoisle	cûicthe	de	a
saisisse	[délai de] cinq [nuits]	de cela	par

cumlechtaib	Fêini.
assemblées	de Fêné?

Art. 30, ci-dessus, p. 165.

CHAPITRE VII.

SAISIE MOBILIÈRE AVEC DÉLAIS DE CINQ NUITS.

Art. 31 (p. 182).

Cin do ind-ûi,
Crime de ton descendant au quatrième degré,

cin do îarm-ûi cin
crime de ton descendant au troisième degré, crime

cacha comocais co a secht dêc it
de chaque parent jusque leur dix-sept sont

glêithi for cûict[h]i, ara
devant être éclaircis sur délaï de cinq [nuits], afin

Art. 31, ci-dessus, p. 168.

TITRE II, CHAP. VII, ART. 32. DÉLAIS DE CINQ NUITS. 315

n-ascnai cách a n-apad, ara
qu'obtienne chacun leur commandement, afin

toraib cách a slân.
qu'obtienne chacun leur indemnité.

ART. 32 (p. 184).

Athgabâil cûicthi : § 1 i marb-gabâil,
Saisie de cinq nuits : en de mort saisie,

§ 2 i tiug-lomrad, § 3 im nemthairecc
en dernière dépouille, pour non érection

ferta (1) do flatha, § 4 im accra itir
de tombe de ton chef, pour procès entre

crôaib, § 5 im t[h]obach do c[h]omorbaib fir
morts, pour saisie à héritiers d'homme

mairb, § 6 im a rindad íar
mort, pour sa malédiction magique après

n-a êcaib, § 7 im gû-mâideam mnâ
ses morts, pour mensongère-vanterie de femme

Art. 32, ci-dessus, p. 169-182. § 3-5, ci-dessus, p. 171.
§ 1, 2, ci-dessus, p. 169. § 6, 7, ci-dessus, p. 172.

(1) Ed. : fertad.

mairb[e], § 8 im   a   rindad   îar
morte,   pour   sa   malédiction magique   après

n-a   êcaib, § 9 im   dindis (1)   duine-thaide,
ses   morts,   pour   serment   de d'homme vol,

§ 10 im   a   êiric   îar   n-a
   pour   sa   réparation   après   sa

      fis,   § 11 im   foxal   camt[h]ire,
connaissance,   pour   enlèvement   de couverture
                                         de bête,

§ 12 im   c[h]rinad   cacha   feda, § 13 im
   pour   dessèchement de chaque   arbre,   pour

  dénum   liacc   bron,   § 14 im   aithne
confection de pierre de moulin,   pour   mandat

   n-aptha,   § 15 im   chinaid   do
de commandement,   pour   indemnité   de ta

      mi-m[h]aisc,   § 16 hi   foxal   ar   ães
mauvaise signification,   pour   saisie   à   gens

          § 8, 9, ci-dessus, p. 173.   § 12, 13, ci-dessus, p. 175.
          § 10, 11, ci-dessus, p. 174.   § 14-16, ci-dessus, p. 178.

       (1) Ed. : *dindas*.

TITRE II, CHAP. VII, ART. 32. DÉLAIS DE CINQ NUITS. 317

foraire,   § 17 im   c[h]laide   alla   for
de garde,   pour   creusement   de rocher   pour

ruth,   § 18 for   umad,   § 19 im
minerai de fer,   pour   minerai de cuivre,   pour

sisc   slabra   anindle,   § 20 im
sans lait (?)   vaches   qu'on ne peut atteler,   pour

eocha, § 21 im   damu   nad   be[t]   t[h]aircfesa (1),
chevaux,   pour   bœufs qui ne sont   pas prêts
                                                        au travail.

§ 22 im   fulusa   cacha   cethra
    pour   petits profits   de chaque   quadrupède

na   t[h]orbenat, § 23 im   rubu   foichlige,
qui ne   sont utiles,   pour   animaux qui fouillent,

§ 24 im   rubu   cethra, § 25 im   t[h]aistellach
    pour   animaux quadrupèdes, pour   messager

tûaithe, § 26 im   c[h]inaid   meic   deoraid, § 27 im
de cité,   pour   crime   de fils d'étranger,   pour

§ 17, 18, ci-dessus, p. 176.   § 23-25, ci-dessus, p. 178.
§ 19-22, ci-dessus, p. 177.   § 26, 27, ci-dessus, p. 179.

(1) Ed. : tairchesa.

dingbâil mic baitsige, § 28 im c[h]ert
éloignement de fils de prostituée, pour salaire

filid tar crîch, § 29 im imchomus
de poète au delà de frontière, pour grand pouvoir

n-aire, § 30 im on les-anma,
de malédiction magique, pour injure de sobriquet,

§ 31 im gû-liud me[i]c a orb[a],
pour injuste procès de fils son héritage,

§ 32 im c[h]ach n-adbur na ro-c[h]uindrigther
pour toute chose (qui) n' est pas faite
régulièrement

nô na ro-c[h]ruthaigther.
ou ne se forme pas légalement.

§ 28, ci-dessus, p. 180. § 31, ci-dessus, p. 182.
§ 29, 30, ci-dessus, p. 181. § 32, ci-dessus, p. 182.

CHAPITRE VIII.

SAISIE MOBILIÈRE AVEC DÉLAIS DE DIX NUITS.

Art. 33 (p. 192).

Fallach   cach   rudrad ;   § 1 athgabâil
Négligence   chaque   long délai ;   saisie

dechmaide fil   im   c[h]ach   rudrad, § 2 im
de dix nuits est dans chaque   long délai, pour

c[h]ach   n-dàil   criche,.   § 3 im
chaque   assemblée   hors de frontière,   pour

inbleogain   n-aitiri   c[h]airde,
saisie contre un parent   d'otage   de traité,

§ 4 im t[h]obach   a   slàin, § 5 athgabàil
   pour saisie   de son indemnité,   saisie

Art. 33, ci-dessus. p. 183-185.   § 2, ci-dessus, p. 184.
§ 1, ci-dessus, p. 183.   § 3-5, ci-dessus, p. 185.

lobuir	dia	m-be	fri	gaimniu, § 6 athgabâil
de malade	quand	il est	sur	peaux. saisie

lobuir	êcuind,	co	ro
de malade	privé de ses droits,	jusqu'à ce	qu'

glêitir	mâithre	ocus	aithre
éclaircissent	parents maternels	et	parents paternels

dûs	ce	dâ	lîna	no-do-gella.
à savoir	qui	des deux	parties	donne gages.

Art. 34 (p. 194).

§ 7 Athgabâil fir c[h]ethrachat aidche,
    Saisie   d'homme de quarante nuits,

§ 8 athgabâil fir t[h]airirid, cen air[f]is
  saisie d'homme de voyage, sans connaissance

fêcheman,   toich   fo-n-glen
de défendeur, rapidement sous lequel s'attache

noill âen fir ; § 9 athgabâil fir
serment d'un (seul) homme ; saisie d'homme

---

§ 6, ci-dessus, p. 185.   § 7-9, ci-dessus, p. 187.
Art. 34, ci-dessus, p. 187-190.

TITRE II, CHAP. VIII, ART. 34. DÉLAIS DE DIX NUITS. 321

mi-scîu[i]l, § 10 athgabâil fir for a
de calomnie, saisie d'homme sur qui

tuit rôi, § 11 athgabâil fir for a
tombe duel, saisie d'homme sur qui

nascar fîr caire, § 12 athgabâil fir
est liée épreuve de chaudron, saisie d'homme

bîs ben fri hûait[h]ne, § 13 athgabâil
dont est femme en couches, saisie

fir c[h]ongrenn fle[i]d flatha, § 14 athgabâil
d'homme qui réunit repas du chef saisie

fir a n-ûair udbarta, § 15 athgabâil
d'homme en heure d'offrande, saisie

fir suic, § 16 athgabâil fir im
d'homme de charrue, saisie d'homme pour

a tuit gort, § 17 athgabâil fir
qui tombe moisson, saisie d'homme

muides muilend, do na bî uiriasacht
qui détruit moulin, à qui n' est consentement

§ 10-13, ci-dessus, p. 188.   § 14-17, ci-dessus, p. 189.

do c[h]ách, § 18 a chumat a aith,
de chacun, son semblable de four,

§ 19 athgabáil briugaid ar
saisie de riche cultivateur à cause de

lín a t[h]ascair.
nombre de sa troupe (de convives).

Art. 35 (p. 200, 202).

§ 20 Athgabáil fir leth-c[h]uind cia
Saisie d'homme à demi capable afin

fo-díla la airecht, § 21 athgabáil dechmaide
qu'il paye par assemblée, saisie de dix [nuits]

im c[h]richad selba, § 22 im fuigell,
pour partager propriété, pour jugement,

§ 23 im dírind úas c[h]ách, § 24 im
pour montagne au-dessus de tout, pour

rodarc tunne, § 25 im sét
grande vue de vague, pour objet de prix

§ 18, 19, ci-dessus, p. 190.   § 21-23, ci-dessus, p. 191.
Art. 35, ci-dessus, p. 190-195.   § 24, 25, ci-dessus, p. 192.
§ 20, ci-dessus, p. 190.

TITRE II, CHAP. VIII, ART. 35. DÉLAIS DE DIX NUITS. 323

roderc, § 26 im diubu n-ûire, § 27 im
remarquable, pour fouille de cimetière, pour

c[h]omrorguin cnâma, § 28 im aire fri
bris d'os, pour barrage contre

sruth, § 29 im folach fiann do-
ruisseau, pour cachette de guerriers

thaiscelad, § 30 im c[h]rand n-gabâla
espionner, pour arbre de prise de possession

bîs i n-dîthrib, § 31 im c[h]ert cach
qui est en déserts, pour droit de chaque

fênneda, § 32 im orba mic niath do-
guerrier, pour héritage de fils de neveu

c[h]omruind, ar is foglaid selba
partager, car est dévastateur de propriété

cach mi-c[h]orach. Nî t[h]ualaing
chaque mauvais contractant. Non capable

ro-da-selba, sanna nech nô doren
[qu']il le possède, vend quiconque ou donne

nad-etairce.
ce qu'il n'aliène pas.

§ 26, ci-dessus, p. 192.   § 31, 32, ci-dessus, p. 194.
§ 27-30, ci-dessus, p. 193.

TITRE III.

SAISIE MOBILIÈRE IMMÉDIATE.

CHAPITRE IX.

SAISIE MOBILIÈRE IMMÉDIATE MAIS AVEC RÉPIT EN FOURRIÈRE, GÉNÉRALITÉS.

Art. 36 (p. 208).

Is   cosse   conamas   athgabâil
Est   jusqu'ici   a été mentionnée   saisie

hûine   ocus aile   ocus t[h]reisi ocus c[h]ûicthe
d'une[nuit]   et de deux   et de trois   et de cinq

ocus   dechmaide   la   Fêni[u],   a   comairleib
et   de dix[nuits]   chez   Féné,   d'   avis

Art. 36, ci-dessus, p. 196-197.

eclaisi, a n-nôisib tûath, a fîrechtaib
d'église, de coutumes de cités, de justes droits

filed, a comcêtfaidib flatha, a
de poètes, de communes opinions de nobles, de

comairle[ib] breitheman, acht nî im-a-
conseils de juges, à moins que ne les

t[h]ormaig cubus ocus aicne[d] a
augmente conscience et nature par

fîr-brethaib îar cubus (cf. art. 22).
justes jugements d'après conscience.

Art. 37 (p. 210).

Acht athgabâil tul-âine
Mais saisie [de répit] immédiat d'une [nuit]

ocus t[h]aul-treisi, ocus t[h]aul-chûicthi,
et immédiat de trois, et immédiat de cinq,

ocus t[h]aul-dechmaide na suidet for
et immédiat de dix ne sont assises sur

nadmand na anta a faithchib fri sa
obligations ni délais en clos contre qui

Art. 37, ci-dessus, p. 197-198.

n-gaibther, ach[t]   is   indib   domiditer
Il est saisi,   mais   [c']est en eux [que] sont mesurés

aimsera   a   n-dithma.   Is   in
temps   de leur   répit en fourrière. [C']est le

cách   no-ta-gaib,   is   fair   nascair
chacun [qui] les prend, [c']est sur lui [qu']est lié

a m-bith-uidib. Athgabáil i faithchi ar-c[h]inn
en   périodes.   Saisie en pré clos   pour

gill, ocus dligid   dib   i   forus   fri
gage,   et   droit pour elles en fourrière à

mbleith ocus   dithim   ocus   dílsi
manger   et   répit en fourrière et appropriation

co   dílmaine,   mani   gelltar   dib
jusque complète propriété, si n' est donné gage d'elles

cirt   côir, amail isberr   a m-Bráth-cae ;
à droit juste, comme est dit en Bráthcae ;

« Anad   cach athgabála   iar   fut
« Délai de chaque saisie   après longueur

is-edh   dithim   cach   athgabála
est cela délai en fourrière de chaque saisie

taulla   cen   anad   itir. »
immédiate sans délai du tout. »

CHAPITRE X.

SAISIE MOBILIÈRE IMMÉDIATE AVEC RÉPIT D'UNE NUIT EN FOURRIÈRE.

Art. 38 (p. 214, 216).

It-ê   athgabâla   tul-
Sont elles   saisies   d'immédiat [répit]

âine   inso : § 1 athgabâil   rainde   itir
d'une [nuit]   ici :   saisie   de partage   entre

comorbaib,   § 2 athgabâil   im   im[b]e,   im
cohéritiers,   saisie   pour   clôture,   pour

thairgille   fri   gurta,   fri   faithchi,
revenus   dans   champs de blé,   dans   pré clos,

§ 3 athgabâil   fêicheman   aslui   dligid,
saisie   de débiteur   qui fait défaut   à dette,

Art. 38, ci-dessus, p. 199-201.   § 1-3, ci-dessus, p. 199.

§ 4 athgabâil   nadma   do-nad   bat   nasce,
saisie   de contrat   auquel ne   sont pas   liens,

§ 5 athgabâil   fiadnaise   do-nad   bêt
saisie   de témoignage   de qui ne   sont

indraice, § 6 athgabâil   raithe   aslui
dignes,   saisie   de caution   qui fait défaut

côir, § 7 athgabâil   aitire   aslui
à droit,   saisie   de caution   qui fait défaut

fêile, § 8 athgabâil   crui   foreith
à honneur,   saisie   de meuble   qui secoure

a   saidbre, § 9 athgabâil   eistig
sa   fortune,   saisie   de celui sans maison

aslui   c[h]omalt, § 10 athgabâil
qui fait défaut   à la nourriture commune,   saisie

dênma   dûin, § 11 athgabâil   airlicthe,
de confection   de fort,   saisie   de prêt,

§ 12 athgabâil   comuine   iar   n-êlod,
saisie   d'échange   après   défaut,

§ 4-6, ci-dessus, p. 199.   § 7-12, ci-dessus, p. 200.

§ 13 athgabâil   *a)* raith   do-n-aurbiathar
    saisie   *a)* de cheptel   pour lequel nourriture
                                              est due.

b) ocus   iarraith   fri-s   na-r-altar,
b) et   prix d'éducation   contre qui   n'a pas nourri,

§ 14 athgabâil   comarba   con-randat
    saisie   de cohéritiers   afin qu'ils partagent

c[h]uru   a   n-athur, § 15 athgabâil *a)* chota
contrats   de   leur père,   saisie   de part

i   n-aith   muilend   i   n-dûnad, *b)* i
dans   four   de moulin   dans   forteresse,   dans

sen-chleithiu   c[h]untuit   itir
vieille poutre   qui tombe en commun . entre

comorbaib, *c)* i   sen-chairiu, *d)* ocus c[h]orus
cohéritiers,   dans vieux chaudron,   et   droit

bîd   flatha   ô   c[h]omorbaib.
de nourriture   de chef   par   cohéritiers.

§ 13, ci-dessus, p. 200.   § 14, 15, ci-dessus, p. 201.

Art. 39 (p. 226).

§ 16 Athgabâil aithne, § 17 athgabâil
    Saisie   de dépôt,   saisie

fothuda   cairr,   § 18 athgabâil
de nourriture   de guerrier,   saisie

dingbâla meic di marb- chîch a
d'éloignement de fils de morte mamelle de sa

mâthar, § 19 athgabâil huithir do dingbâil
mère,   saisie de malade pour éloignement

iar n-difoilgid.
après cessation de soins.

Art. 40 (p. 228).

Cid ar na anat na hathgabâla
Quoi est pour[quoi] n'ont délai les saisies

so? Ninse. Ar in dê- fasaigib
ci? Pas difficile. A cause des deux maximes

Art. 39, ci-dessus, p. 201-203.   Art. 40, ci-dessus, p. 203.
§ 16-19, ci-dessus, p. 201.

no-da-reithet :   « Ni   fognai   lâm   lâim. »
qui les protègent :   « Ne   sert pas   main   main. »

« Ni   daim   enech-land   anadh. »   Cach
« Ne   supporte   d'honneur prix délai. »   Chaque

les[s]   bês   dîr   aurfognum   ocus
profit   dont est   légitime   service   et

imchongnum,   ocus   nî   bês   dîr
aide,   et   chose   qui est   droit

enech-lainde.   It-ê   i   n-dâ   fasachaib
de d'honneur prix. Sont ils   en   deux   maximes

nu-da-reithet   uile.
qui les protègent   tous.

CHAPITRE XI.

SAISIE MOBILIÈRE IMMÉDIATE AVEC RÉPIT DE TROIS NUITS EN FOURRIÈRE.

Art. 41 (p. 230).

It-ê   athgabâla   taul-t[h]reise
Sont elles   saisies   d'immédiat répit de trois nuits

inso.   Cis   lir   congellait   for
ici.   Quels   nombreux   donnent gages   sur

tresi?   Ninse.   A[t]   trî :   recht   ocus
trois?   Pas difficile.   Ils sont   trois :   droit   et

enech   ocus   ainim.   Cid   a   recht?
honneur   et   âme.   Quoi est   leur   droit?

Ninse.   Flatha   ô-tha   airig-dêsa
Pas difficile.   De nobles   depuis qu'est   aire-desa

Art. 41, ci-dessus, p. 204-205.

co-ruice   rîg.   Cid   ar   in
jusqu'à ce qu'il atteigne roi. Quoi est pour ces

rechtai son?   Ninse.   Ar   is   rechtaid
chefs-ci?   Pas difficile. Car   est   chef

câch   for   a   dêis   fodeisin,
chacun sur   son ensemble de vassaux même,

cid   bec   cid   môr.
que soit petit que soit grand.

Art. 42 (p. 230, 232).

Cisne   les[s]a   donaibh-sen   tascnat
Quels   profits   auxquels-ci   atteignent

treise?
trois [nuits]?

§ 1 Slôged,   § 2 cîs,   § 3 congbâil,
Expédition militaire,   rente,   assemblée,

§ 4 fuba   ocus   ruba, § 5 meth   feise   la
attaque   et   défense,   défaut de repas à

rîg, § 6 slân   cairde   rîg,   § 7 slân
roi,   indemnité   de traité   de roi,   indemnité

Art. 42, ci-dessus, p. 205-209. § 1-7, ci-dessus, p. 205.

n-aitire, § 8 rôt, § 9 ramat, § 10 rath
de caution, petite route, grande route, cheptel

di-n-aurbiathar, § 11 folach cêt-muintire,
pour lequel support de première femme,
nourriture est due,

§ 12 folach -c[h]îs lobair, § 13 aer,
de support rente de malade, malédiction magique,

§ 14 airer, § 15 diburdud, § 16 mescbuid
injure, petite injure, trouble

áenaig, § 17 urgal c[h]uirm-thige, § 18 focra
de foire, rixe de brasserie, signification

n-aptha, § 19 amles[s] do flatha,
de commandement, tort de ton chef,

§ 20 foimrim eich búada, § 21 béim
usage de cheval de victoire, coup

naillech nad nertat (1) túatha, § 22 têcor
de serment que ne confirment pas cités, retenue

folad m-breitheman, § 23 bân-c[h]loth
de salaires de juge, brillante gloire

§ 8-18, ci-dessus, p. 206. § 19-23, ci-dessus, p. 207.

(1) Éd. : *nertad*.

briugad   for   tûatha   do   erdibdud (1),
de riche paysan sur   cités   pour   détruire,

§ 24 esorgain   do   mic, do   moga,   di
     blessure grave   de ton fils, ton   esclave,   ta

mnâ,   on   i   t'inchuib, § 25 athcuma do
femme, injure en tes honneurs,   blessure de ton

c[h]on lomnai, § 26 aidme   altôire, § 27 sêoit
chien de corde,   mobilier d'autel, objets mobiliers

âenaig,   § 28 lestra   cuirm-thige, § 29 meth
de foire,   vases   de brasserie,   défaut

maise, § 30 facbâil   obele   itir   bû
de beauté, acte de laisser ouverture entre vaches

ocus lâega, § 31 urba   itir   fêraib, § 32 airdbe
et   veaux,   clôture entre   prés,   coupure

nai n-deilg (2).
des épines.

§ 24-28, ci-dessus, p. 207.   § 29-32, ci-dessus, p. 208.

(1) Ed. : *erdidbud*.
(2) Ed. : *na indeilg*.

Art. 43 (p. 236).

Cid ara cuirther do t[h]rise
Quoi est à cause de qui est mis à trois [nuits]

ina les[s]a so? Co t[h]ardad neach cach
les intérêts-ci? Afin que donnât quelqu'un chaque

urcomded de. Cid ar na
parfaite sûreté de cela. Quoi est, pour que ne

ro metha fair, is ecen anad trise
manque sur cela, est nécessaire délai de trois

fris? Cid dono ar na
contre cela? Quoi est donc pour que n'

segat c[h]ûicthe no dechmad? Daig
atteignent pas cinq [nuits] ou dix [nuits]? Parce que

aene[i]ch na damet anad.
honneurs ne supportent pas délai.

Art. 43, ci-dessus, p. 209.

CHAPITRE XII.

SAISIE MOBILIÈRE IMMÉDIATE AVEC RÉPIT DE CINQ
NUITS EN FOURRIÈRE.

Art. 44 (p. 236).

It-ê   athgabâla   tul-c[h]ûicthe
Sont elles   saisies   d'immédiat [répit] de cinq
                                          [nuits]

inso : § 1 im   thobach   do   chomorba   fir
ici :   pour   saisie   de   cohéritier   d'homme

mairb, § 2 im   a   rindad   îar
mort,   pour   sa   malédiction magique   après

n-a êcaib, § 3 im   dindis   duine-thaide,
ses morts,   pour   serment   de d'homme vol,

Art. 44, ci-dessus, p. 210-212.   § 1-3, ci-dessus, p. 210.

§ 4 im   a   êiric   iar   n-a fis,
pour   sa   réparation   après   sa connaissance,

§ 5 im   foxal   cam*t*hir[e],   § 6 im
pour   enlèvement   de couverture de bête,   pour

dingbâil   me[i]c   buitsige, § 7 im   c[h]ert
éloignement   de fils   de prostituée,   pour   salaire

filed   tar   crich,   § 8 im   imc[h]omus
de poète   au delà   de frontière,   pour   grand pouvoir

n-airi,   § 9 im   on   les-anma,
de malédiction magique,   pour   injure   de sobriquet,

§ 10 im   gû-liud   me[i]c   a   horba.
pour   injuste procès   de fils   son   héritage.

Art. 45 (p. 238).

Hit-ê   athgabâla (1)   tul-chûicthe
Sont elles   saisies   d'immédiat [répit] de cinq
[nuits]

inso;   ro-c[h]êt : « Urdairc   de   cûicthe   i
ici;   fut chanté : « Célèbre   de cela cinq [nuits]   en

§ 4, 5, ci-dessus, p. 210.   Art. 45, ci-dessus, p. 212-213.
§ 6-10, ci-dessus, p. 211.   (1) Ed. : *Athgabâil.*

cûic » :   cu m-[b]u   la   cûic   cinta   dosliat
cinq » :   afin que soit dans   cinq   crimes   que méritent

câch   âe   ar   a   lâim,   co m-bi
chacun   d'eux   pour   sa   main,   afin que soit

c[h]ûicthe   cin   cûicir :   athair
délai de cinq [nuits] crime de cinq personnes :   père

ocus   mac,   ocus   ûa   ocus   brâthair
et   fils,   et   petit-fils   et   frère

ocus   ben.   Cûic cinaid   câch   âe   side :
et   femme. Cinq crimes chacun d'eux ceux-ci :

cin   lâime,   cin   coisi,   cin   tengad,
crime de main, crime de pied, crime de langue,

cin   bêl,   cin   sûla.   Cin   lâime
crime de lèvres, crime   d'œil.   Crime   de main

de   guin,   nô   gait,   nô   mi-im[b]irt ;   cin
par   meurtre,   ou   vol,   ou   abusif usage ; crime

coisi   di   bêmium   nô   forimt[h]echt   mide pied par   coup   ou   marche   de mé-

gnîma ;   cin   tengad   di   air,
fait ;   crime de langue par malédiction magique,

di　　anmet　　·　do　　　　'gû-forgill;　　　　cin
par　injustice　de ton　faux témoignage;　crime

bêl　·　di　　　ithi　　　meirle;·　　cin
de lèvres　par　acte de manger　d'objet volé;　crime

sûla　di　　aithniu　　nô　foircsiu　mi-gnîma.
d'œil　par　connaissance　ou　　vue　　de méfait.

Art. 46 (p. 240, 242).

§ 1 Ar　ataat　ceithre　sellaig　la　Fêne,
　　Car　sont　quatre　spectateurs　chez　Fêné,

i-sain　　　câch　　âe :　　sellach　　lân-
différemment　chacun　d'eux :　spectateur　de pleine

fêich,　　ocus　　sellach　　leith-fêich,　　ocus
dette,　　et　　spectateur　de demi-dette,　　et

sellach　　cethramthan fêich,　ocus　　sellach
spectateur　de quart de dette,　　et　　spectateur

slân. § 2 Sellach　dosli　lân-fiachu :　　fer
indemne.　Spectateur　doit　pleines dettes :　homme

· Art. 46, ci-dessus, p. 213-214.　§ 1, 2, ci-dessus, p. 213.

tairdelba, ocus c[h]onimt[h]êt, ocus doc[h]omthêt
excite,   et   accompagne,   et   escorte,

ocus bûadt[h]air a gnîm i tûaith, acht
et   glorifie son action dans cité, mais

nî-d-goin a lâm. § 3 Sellach dosli leth-
ne le tue pas sa main. Spectateur doit demi-

fiachu : nî t[h]airdelbai, nî goin, dogni
dettes : il n' excite pas, ne tue pas, il fait

gnîmu olchena, leth-fîach fair. § 4 Sellach
actions en outre, demi-dette sur lui. Spectateur

dosli c[h]ethramthain fêich : nî t[h]airdelbai,
doit   quart de dette :   il n'   excite pas,

nî dêna dona[ib] gnîmáib seo, acht
ne fait de cés   actes   ci,   mais

doc[h]aemthêt nam[m]â, ocus nad-n-urgair,
il accompagne seulement, et qui ne l'empêche pas,

ocus na t[h]essairg. § 5 Sellach slân : nî
et   ne sauve pas. Spectateur indemne : il n'

§ 3, 4, ci-dessus, p. 213.   § 5, ci-dessus, p. 214.

t[h]airdelb, ní dêne ní dinaib gnîmaib
a pas excité, il ne fait rien de ces actes

seo, ocus gaibes oca cach nirt ocus
là, et qui prend en cela toute force et

cach folud, acht doc[h]aemt[h]êt a heslinn
toute puissance, mais il accompagne de danger

co innill, co n-etarscarad friu i
jusqu'à sûreté, avec séparation d'eux en

n-in[n]ill. § 6 Bît sellaig slâna and chena
sûreté. Sont spectateurs indemnes là en outre

.i. clêirig ocus mnâ ocus me[i]c
c'est-à-dire clercs et femmes et fils

ocus âes nad meisi gona
et classe qui n'est pas capable de meurtre

na anaca[i]l na urgair[i], ocus eccuind,
ni protection ni prohibition, et incapables,

ocus escunid.
et déchus de droits.

§ 6, ci-dessus, p. 214.

CHAPITRE XIII.

SAISIE MOBILIÈRE IMMÉDIATE AVEC RÉPIT DE DIX NUITS EN FOURRIÈRE.

Art. 47 (p. 246).

It-hê inso aithgabhála tul-
Sont elles ici saisies d'immédiat [répit]

dechmaidi : § 1 athghabhâil ard-neimhe,
de dix [nuits] : saisie [contre] hauts-nobles,

§ 2 athgabâil sêt con-imclôi
saisie d'objets mobiliers dont a changé

dîlsi, § 3 athgabâil toba[i]g dar crîch,
propriété, saisie de prise au delà de frontière,

Art. 48, ci-dessus, p. 215-217. § 1-3, ci-dessus, p. 215.

§ 4 athgabhâil foindlethaigh fo-n-indle a
saisie de défaillant qui fait défaut à sa

fine, § 5 athgabâil foindlethaig fo-n-indle
famille, saisie de défaillant qui fait défaut

t[h]ûatha, § 6 marb-thobag, § 7 slân n-gêill,
à cités, de mort saisie, indemnité d'otage,

§ 8 slân n-gill, § 9 athgabâil-anfis.
indemnité de gage, de saisie ignorance.

§ 4-6, ci-dessus, p. 215.   p. 216, ligne 2, est le résultat
§ 7-9, ci-dessus, p. 216. La d'un *lapsus calami ;* lisez :
traduction « caution, » § 7, otage.

TITRE IV.

RECHERCHES SUR L'ORIGINE DE DEUX EXPRESSIONS ET D'UNE MAXIME CONCERNANT LA SAISIE.

CHAPITRE XIV.

ÉTYMOLOGIE DES MOTS *CUICTHE* « CINQ [NUITS], » ET *ATHGABAIL* « SAISIE. »

Art. 48 (p. 250).

Cid	fri-s	n-aragar	athgabâil
Quoi est	pourquoi	on observe [que]	saisie

cûicthi	in-dul	is	gnâthu
de cinq [nuits]	immédiatement	est	plus usitée

do-grês	oldâs	cach	athgabâil?	Fo-	bîth	na
toujours	qu'est	toute	saisie?	A	cause	du

Art. 48, ci-dessus, p. 218-219.

rôe	fechtae	itir	dîs	i	Maig inis?
combat	livré	entre	deux	en	Mag-inis?

O	t[h]âinic	co	tabairt	a n-airm
Dès que	vint	jusqu'à	don	de leur arme

doaib,	acht	fîadna	nam[m]â,	dofeisid
à eux,	sauf	témoins	seulement,	s'arrêta

ben	occaib	i. maigin na	rôe,	ocus
femme	près d'eux	en lieu	du combat,	et

guidsi-us	im anad	forru. Asbert :	« Mad	mo
pria eux	pour délai	sur eux. Elle dit :	« Si	mon

« chêile no-beth and, atêt[h]ad anad foraib. »
« mari était là, viendrait délai sur vous. »

« No-ainfaind se, » ol an d-alai n-âi,
« J'accorderais délai, » dit l'un de deux d'eux,

« acht is andsa dond-î (1) doboing ; is-hê
« mais est difficile à celui qui saisit ; est il

« a les[s] anas. » « Ainfait-se, »
« son intérêt [qui] subit délai. » « J'accorderai délai, »

(1) Éd. : *dondni*.

TITRE IV, CHAP. XIV, ART. 48. ÉTYMOLOGIES.

ol suide.	Immanad	didiu (1)	in	rôe,	acht
dit celui-ci.	Fut retardé	donc		le combat,	mais

nî	fetatar	cia	bad	airet	ar-a-
ils ne	surent pas	quelle	serait	durée	dont

curthe,	co	fuigled	Conchubur
serait retardé,	jusqu'à ce que	jugerait	Conchobar

imbi,	ocus	Senchae;	co-n-imchomarcair
là-dessus,	et	Sencha;	jusqu'à ce que demanda

Senchae :	« Cia	ainm	inna	mnâ	so ? »
Sencha :	« Quel	nom	de cette	femme	ci ? »

« Cûicthi, »	ol	si,	« mo	ainm	si. »
« Cuicthe, »	dit	elle,	« mon	nom	ci. »

« Imanad	in	rôi, »	ol	Sencha,	« in
« Que retarde	le	combat, »	dit	Sencha,	« en

anmaim	inna	mnâ	co	cûicthi. »
nom	de la	femme	jusqu'à	cinq [nuits]. »

Is	de	atâ :	« Adbath	fîr	Féini (2),
Est	de cela	[qu']est :	« Périrait	justice	des Féné,

---

(1) Éd. : *din.*
(2) Éd. : *Feiniu.*

ma-ni-pad C[h]ûicthi. »   Is [s]i Brîg inso
si n'eût été Cuicthe (1). »   Est elle Brig ici

fil   for   Cûict[h]i.
[qui] est sur Cuicthe.

. . . .

(1) Cf. ci-dessus, p. 303.

INDEX DES MOTS IRLANDAIS

CONTENUS

DANS LA QUATRIÈME PARTIE

PAR PAUL COLLINET

DOCTEUR EN DROIT, AVOCAT A LA COUR D'APPEL DE PARIS

L'auteur a pris pour base de son travail les dictionnaires irlandais de MM. Windisch et Atkinson, contenus, le premier dans *Irische Texte*, t. I, p. 337-886, le second dans le tome II des *Todd Lectures Series : The Passions and the Homilies from Leabhar Breac*, p. 515-958 ; enfin il s'est beaucoup servi de la liste des substantifs neutres irlandais publiée par le P. Hogan dans le t. IV des *Todd Lectures Series : Cath Ruis na Rig for Bóinn*, p. 108-208.

Nota : L'absence d'*a* grandes capitales circonflexes, d'*a* petites capitales circonflexes et d'*o* grandes capitales circonflexes est du à une lacune de la fonte.

ABRÉVIATIONS

acc.	accusatif.	Dér., dér.	dérivé.
adj.	adjectif.	éd.	édition.
adv.	adverbe.	F., fém.	féminin.
art.	article.	fol.	folio.
C. I. L.	*Corpus Inscriptionum latinarum*.	fut.	futur.
		gén.	génitif.
Cf., cf.	*confer*.	gl.	glose.
col.	colonne.	gouv.	gouvernant.
comb.	combiné.	I, II, III (après un verbe) 1re, 2e ou 3e conjugaison.	
Comp., comp.	composé.		
conj.	conjonction.	Inf., infin.	infinitif.
dat.	datif.	invar.	invariable.
dép.	déponent.	l.	ligne.

lat.	latin.
litt., litt^t.	littéralement.
M., masc.	masculin.
Milan.	Manuscrit de la Bibliothèque Ambroisienne de Milan, coté C 301.
N.	neutre.
n.	nom.
nom.	nominatif.
O'Don.	O'Donovan. Supplément à *An irish-english Dictionary* d'O'Reilly.
p.	page.
parf.	parfait.
part.	participe.
pass.	passif.
pers.	personnel.
pl.	pluriel.
pl. 3	3ᵉ personne du pluriel.
poss.	possessif.
pr.	pronom.
pr. (après un numéro d'article)	*principium*.
Pr. sec.	présent secondaire.
préf.	préfixe.
prép.	préposition.
prés.	présent.
prét.	prétérit.
prim.	primaire.
Priscien de St-Gall.	Manuscrit de la Bibliothèque du Chapitre de St-Gall, n° 904.
pron.	pronom.
rel.	relatif.
Rev. Celt.	Revue Celtique.
sec.	secondaire.
sg.	singulier.
sg. 3	3ᵉ personne du singulier.
subj.	subjonctif.
subst.	substantif.
t.	tome.
v.	verbe.
v°	*verbo*.
voy.	voyez.
Wurzbourg.	Manuscrit des Epitres de saint Paul à Wurzbourg, coté M. th. f. 12.
Zeuss².	*Grammatica Celtica*, par Zeuss, 2ᵉ édition, par Ebel.

A

A (pr. poss. sg. 3; litt^t gén. sg. du pr. pers. É) son, sa, ses. — Art. 1; 3, § 7, § 8; 6; 11; 15; 17; 18; 20, §§ 25-28, § 59, § 77; 22; 23, § 1; 24, § 22; 25; 27, §§ 26-28, § 34; 29, § 80, § 85; 31; 32, § 6, § 8, § 10, § 31; 33, § 4; 34, § 18, § 19; 38, § 8; 39, § 18; 41; 44, § 2, § 4, § 10; 45; 46, § 2; 47, § 4; 48.

A, pr. poss. pl. 3. — Voy. A ɴ-.

1. A. 2. A ɴ-. 3. A ᴍ-. 4. Sᴀɴ. 5. -ɴ- (= *san*). 6. -ᴍ- (= *san*). 7. -s- (= *san*). 8. -sᴀ (= *san*). 9. -sɴ- (= *san*) (pr. rel. invariable) lequel, qui, quoi. — 1. A, art. 17; 18; 20, § 77; 34, § 10, § 11, § 16; 43; 48; combiné avec prép. : *ara* sous Aʀ. — 2. A ɴ-, art. 1; combiné avec les prép. : *ara n-* sous

Ar; Día n-. — 3. A m-, art. 20, § 77. [Cf. Día m-]. — 4. San, art. 37. — 5. -N- : (co)- n- (imclói), art. 47, § 2. [Cf. Cornchlóim] ; (co)n(ad) ; (co)n(id). [Voy. ces mots] ; (di)- n- (aurbiathar), art. 42, § 10. [Cf. Aur- diathaim] ; (fo)-n- (indle), art. 47, §§ 4-5. [Cf. Fo- indlim]. — 6. -M- : (co)-m-(bi) ; cumu = *(co)- m-(ba). [Voy. ces mots]. — 7. -S-, dans (fri-) s- (na- r- altar), art. 38, § 13. — 8. -Sa, comb. avec prép. fri : art. 18. — 9. -Sn-, avec prép. fri : art. 48.

A, prép. — Voy. I.

1. A. 2. A n- (prép. gouv. le dat.) de, à cause de, par. — 1. A, art. 1; 18; 20, § 81; 22; 25; 30; 34, § 18; 36; 46, § 5. — 2. A n-, art. 36.

Abrus, M., fil. — Sg. gén. abairse, art. 24, § 19; acc. abrus, art. 24, § 18.

1. Acht. 2. Ach[t] (conjonction), sauf, mais, que, à moins que, sinon. — 1. Acht, art. 3, § 8; 15; 22; 23, § 3; 25; 26, § 13; 30; 36; 37; 46, § 2, § 4, § 5; 48. — 2. Ach[t], art. 7; 37.

Acre, acrai, N. (sert d'infinitif à Ad-garim), demande, procès. — Sg. nom. acrai, art. 13; acc. acora, art. 32, § 4.

Adaig, F., nuit. — Sg. dat. aidchi, art. 1; pl. gén. aidche, art. 34, § 7.

Adastor, licou. — Sg. acc. adastor, art. 20, § 70.

Adbar, adbur, N. (Hogan, 161), matière, chose. — Sg. acc. adbur, art. 24, § 8; 32, § 32.

Ad-garim, I, je forme une demande. — Prés. sg. 3, acair, art. 14. — Inf. Acre.

Aen (n. de nombre cardinal), un. — Voy. Oen.

Aenach, foire. — Voy. Oenach.

Aenech, honneur. — Voy. Enech.

AER, AIR, N. (Hogan, 155), malédiction magique. — Sg. nom. *aer*, art. 42, § 13; gén. *aire*, art. 32, § 29; *airi*, art. 44, § 8; dat. *air*, art. 45. — Cf. Ascoli, « Glossarium, » p. XVIII.

AES, N. (Hogan, 163) (litt^t « âge »), classe, gens. — Sg. nom. *des*, art. 46, § 6; acc. *des*, art. 32, § 16. — Cf. Ascoli, « Glossarium, » p. XVIII.

AETAIM = *aith-dam*, réparation. — Sg. dat. *aetaim*, art. 15. — Cf. AITITIU.

AI (pron. poss. sg. 3 accentué), son bien. — Art. 29, § 85.

AIBINN? lieu d'assemblée (d'après la glose, p. 170, l. 15 : *suide dala*). — Sg. gén. *aibinne*, art. 28, § 43.

AICED, outil. — Sg. acc. *aiced*, art. 24, § 13.

AICNE, mieux AICNED, N., nature. — Sg. nom. *aicne*, art. 36; *aicned*, art. 22; gén. *aicnid*, art. 21. — Cf. Ascoli, « Glossarium, » p. XLIV.

AIDIM, mobilier. — Pl. nom. *aidme*, art. 42, § 26. — Cf. Ascoli, « Glossarium, » p. XLVI.

AIEL, fourchette. — Sg. nom. *aiel*, art. 20, § 15.

AIGE, course de chevaux. — Sg. acc. *aige*, art. 20, § 3.

AIGNED, M., avocat. — Sg. gén. *aigneda*, art. 6.

AILE (pron. faisant fonction de subst., litt^t « autre »), deux (nuits). — Sg. nom. *aile*, art. 3, § 5; gén. *aile*, art. 21; 22; 23; 24; 25; 36; acc. *aile*, art. 19, § 1; 25. — Comparez : AILE DÉC, AR-AILE. — Cf. AN D-ALAI N-AI.

AILE DÉC (litt^t « autre dix »), douze (nuits). — Sg. nom. *aile déc*, art. 3, § 6.

AIMSER, F., temps. — Sg. dat. *aimsir*, art. 20, § 75; Pl. nom. *aimsera*, art. 37; dat. *aimseraib*, art. 20, § 32, § 33. — Cf. Ascoli, « Glossarium, » p. XLI.

AINBED, blessure cachée. — Sg. acc. *ainbed*, art. 26, § 69.

AINIM, F., âme. — Sg. nom. *ainim*, art. 41.

AINM, N., nom. — Sg. nom. *ainm*, art. 48; dat. *anmaim*, art. 48. — Composé : LESS-AINM.

AINME, calomnie. — Sg. acc. *ainme*, art. 29, § 66. — Cf. *Anim*, Ascoli, « Glossarium, » p. XXXV, XXXVI.

AIR-, AUR-, ER-, OR-, UR- préf. se combinant avec les subst. et les verbes.

AIR-BE, UR-BA, N. (Hogan, 183), clôture, barrière. — Sg. nom. *urba*, art. 42, § 31; acc. *airbe*, art. 28, § 60, *aur-b[e]*, art. 28, § 61.

AIR-CSENAIM (v. dérivé de AIRCSIU, « vue »), je vois. — Pr. sec. sg. 3, *aircsenad*, art. 25.

AIR-CSIU, F., vue. — Sg. dat. *aircsiu* pour *aircsin*, art. 1. — Dérivé : AIR-CSENAIM.

AIR-D-BE, N. (Hogan, 182) (sert d'infin. à *air-di-benim*), coupure. — Sg. nom. *airdbe*, art. 42, § 32.

AIRDE, N. (litt[t] « signe »), dette. — Sg. gén. *airde*, art. 28, §§ 56-58. — Cf. Ascoli, « Glossarium, » p. XXVIII.

AIRE, M., chef. — Sg. gén. *aireoh*, art. 20, § 9, § 17, § 48, § 82. — Comparez : AIRE DÉSA. — Cf. Ascoli, « Glossarium, » p. XXV.

AIRE, vivier, barrage. — Sg. dat. *aire*, art. 27, § 19; acc. *aire*, art. 35, § 28.

AIRECHT, assemblée judiciaire. — Sg. gén. *airechta*, art. 4; 5; 19, § 3; acc. *airecht*, art. 35, § 20.

AIRE DÉSA, M. (composé syntactique de AIRE « chef, » et du

sg. gén. de Déis, « ensemble de vassaux »). — Pl. nom. *airig désa*, art. 41.

Airer, injure (donnant droit à une indemnité du 7° de l'*enechlann*). — Sg. nom. *airer*, art. 42, § 14.

Airet, N. (Hogan, 138), durée. — Sg. nom. *airet*, art. 48.

Air-fius, connaissance. — Sg. dat. *air[f]is*, art. 6 ; acc. *air[f]is*, art. 34, § 8. — Cf. Fius.

Air fo-rigim, je retiens. — Prés. sg. 3 *aurfuirig*, art. 19, § 3. — Cf. Ascoli, « Glossarium, » p. ccxiii.

Airget-lach (composé de *airget* et du suffixe *lach*), mine d'argent. — Sg. gén. *airgetlaig*, art. 28, § 44.

Air-gninim, je sais. — Parf. sg. 3 *ergeoin*, art. 4.

Airigim, III, je remarque. — Pass. prés. sg. 3 *aragar*, art. 48 (glosé *argither*, « Ancient Laws of Ireland, » t. I, p. 252, l. 1) ; prés. sec. sg. 3 *airi[g]the*, art. 4.

Air-lécud, M., prêt. — Sg. gén. *airlicthe*, art. 38, § 11. — Cf. Ascoli, « Glossarium, » p. clx.

Airlim, je veux, je conseille. — Pass. prét. sg. 3 *ro airled*, art. 20. — Cf. *arle* sous Com-airle. — Cf. Ascoli, « Glossarium, » p. cxliii.

Airnes, outil. — Pl. acc. *airnisi*, art. 20, § 40, § 41.

Aiste, patron (c'est-à-dire « modèle »). — Sg. acc. *aiste*, art. 24, § 21.

Aith-, ath-, préfixe.

Aith-benim, I, je péris. — Prés. sec. sg. 3 *adbath*, art. 48 ; *it-bath*, art. 25. — Infin. Epi. — Cf. Windisch, *atbath*, p. 377, col. 2 ; l'opinion qui rapporte ces formes à *aith-benim* s'appuie sur Milan, 35°, gl. 1, où *co du-fu-bath* glose « incideret » (éd. Ascoli, p. 110) (cf. Thurneysen dans « Zeitschrift de Kuhn, » nouvelle série, t. XI, p. 85). L'opinion contraire est soutenue par Zimmer (même revue, même série, t. X, p. 140).

A<small>ITHCES</small>, vassalité. — Voyez C<small>OM-AITHCES</small>.

A<small>ITH-CUMCAIM</small>, je trouve. — Prés. subj. sg. 3 *ecmai*, art. 3, § 8. — Voy. Thurneysen, « Rev. celt., » VI, 140, et Zimmer, « Keltische Studien, » II, 74-80.

A<small>ITHECH</small>, vassal, voyez C<small>OM-AITHECH</small>; cf. A<small>ITHE</small>, *foenus*, Ascoli, « Glossarium, » p. XLVIII. — A<small>ITHECH</small> est proprement celui qui doit des intérêts, une redevance.

A<small>ITH-ERRACH</small> (adv. ; litt' sg. dat. de *aitherrech*, « répétition, ») de nouveau. — Art. 6. — Cf. Ascoli, « Glossarium, » p. cc.

A<small>ITH-GIN</small>, N. (Hogan, 200; Atkinson), restitution. — Sg. nom. *aithgin*, art. 28, § 62; 30.

A<small>ITH[G]NE</small>, N. (Hogan, 195), connaissance. — Sg. dat. *aithniu*, art. 45.

A<small>ITHNE</small>, N. (Hogan, 196), dépôt, mandat. — Sg. gén. *aithne*, art. 39, § 16; acc. *aithne n-*, art. 32, § 14. — Ce mot provient de la même racine que *timne*, « mandatum, » seconde partie du composé *ard-thimna*, « testament, » sur lequel on peut consulter le présent volume, p. 115-116, et le précédent, p. 354, note 5; la racine apparaît d'une façon plus complète dans les formes verbales *imm-r-áni*, « legavit, assignavit, » *imm-r-ansat*, « legaverunt, » « Livre d'Armagh, » fol. 17ᵇ a (éd. Hogan, p. 99-100; éd. Whitley Stokes, « The tripartite life, » p. 340); *imme-r-áni* glosant « delegatum, » *co-imm-ánad* glosant « delegaret, » *an-imm-án-antis* glosant « delegantes, » Bède de Carlsruhe, fol. 39ᵈ (Zimmer, « Glossae Hibernicae, » p. 249). — Cf. Ascoli, « Glossarium, » p. XXXIV.

Aithre (dérivé de Athir), parent paternel. — Pl. nom. *aithre*, art. 33, § 6.

Aitire, caution. — Sg. gén. *aitiri*, art. 33, § 3 ; *aitire*, art. 38, § 7 ; 42, § 7.

Aititiu, F. = *aith-dam-tiu*, ratification. — Sg. dat. *aititiu* pour *aititinn*, art. 1. — Cf. Aetaim.

Ait-treb, N., habitation. — Sg. dat. *aittreb*, art. 27, § 25.

Al, il dit. — Voy. Ol.

Alaim, I, je nourris. — Dép. prés. sg. 3 (*na-*) *r- altar*, art. 38, § 13 *b* ; *ro altar*, art. 28, § 54. — Dérivés : *alt* sous Com-alt, Altar.

All, N., rênes. — Sg. acc. *all*, art. 20, § 69.

All, N., rocher. — Sg. gén. *alla*, art. 32, § 17. — Cf. Ascoli, « Glossarium, » p. xx.

Allmuire, étranger. — Pl. acc. *allmuire*, art. 20, § 84.

Altar (dér. de Alaim, « je nourris »), éducation. — Sg. acc. (*mi-*)*altar*, art. 28, § 53 ; (*so-*)*altar*, art. 28, § 52. — Composés : Com-altar, Mi-altar, So-altar.

Altóir, F. (= lat. altare), autel. — Sg. gén. *altóire*, art. 42, § 26.

Am-, an-, and- (particule privative ; cf. lat. in-), voy. Am-less ; Andsa, Ansa, pour An-assa ; An-fiss ; An-indle ; An-saire. — Cf. Ê-, Es-.

A m-, pr. rel. — Voy. A.

A m-, prép. — Voy. I.

Am, je suis. = Sg. 3 *is*, art. 3, § 1 ; 4 ; 6 ; 16 ; 17 ; 20 ; 22 ; 24, § 33 ; 25 ; 28, § 62 ; 35, § 32 ; 36 ; 37 ; 41 ; 43 ; 48 ; *is(- hé)*, art. 48; *iss*, art. 18; *as*, art. 6; pl. 3, *a*[*t*], art. 41; *it*, art. 31; *it*(- *é*), art. 38; 40; 41; 44; *it*(- *hé*), art. 47; *hit*(- *é*), art. 45. — Cf. Biu, Itau.

Amail (conj.), comme. — Art. 37.

Am-less (« comp. de Am, privatif, et de Less « profit »), tort. — Sg. nom. *amles*[*s*], art. 42, § 19.

1. A n-, 2. A (pr. poss. pl. 3), leur. — 1. A n-, art. 1; 15; 22; 30; 31; 37; 38, § 14; 48. — 2. A, art. 1; 3, § 2, § 8; 15; 16; 30; 31; 41.

A n-, pr. rel. — Voy. A.

A n-, (prép.) de — Voy. A.

An pour In (prép.) en. — Art. 34, § 14, *an-ûair*, en heure.

Anacul (sert d'infin. à Anaigim), N., protection. — Sg. gén. *anaca*[*i*]*l*, art. 46, § 6.

Anad, N. (sert d'infin. à Anaim), délai entre la saisie et l'enlèvement. — Sg. nom. *anad*, art. 37; 43; 48; acc. *anad*, art. 19, § 2; 37; 43; 48; *anadh*, art. 40; pl. acc. *anta*, art. 37.

Anaigim, angim, I, je protège. — Prés. sg. 3 *anaig*, art. 7; inf. Anacul. — Cf. Ascoli, « Glossarium, » p. xxxvi.

Anaim, II, je subis délai, j'accorde délai. — Prés. sg. rel. 3, *anas*, art. 48; pl. 3 *anat*, art. 40; fut. prim. sg. 1 *ainfait-se*, art. 48; fut. sec. sg. 1 (*no-*) *ainfaind*(*-se*), art. 48; inf. Anad. — Cf. Ascoli, « Glossarium, » p. xxxiii.

Anbobracht, épuisée. — Sg. dat. *anbobracht*, art. 20, § 80. — Le glossaire d'O'Clery (« Rev. Celt., » t. IV, p. 366) donne *anbhobracht*; le glossaire de Cormac (Whitley Stokes, « Three Irish Glossaries, » p. 3) donne *anforbracht*, leçon conforme au *Leabhar Breacc*, p. 263, col. 1, l. 57, corrigé par M. Whitley Stokes, dans son édition de la traduction anglaise, p. 6, en *anfobracht*, d'après le *Senchus Môr*.

AN D-, art. — Voy. IN.

AND (adv.), là. — Art. 3, § 1 ; 20 ; 48.

AN D-ALAI N-AI (Comp. de *an d-*, sg. nom. de l'art., *alai n-* pour *ala n-*, variante indéclinable de AILE ; *ái*, sg. gén. du pron. É, employé pour les deux nombres), un des deux. — Art. 48. — Cf. Windisch, p. 636, col. 2 ; Zeuss[2], p. 309, 337, 359-360.

ANDCHENA (adv. comp. de AND, « là, » CEN, « sans, » A pour É, « cela »), en outre. — Art. 46, § 6. — Cf. OLCHENA.

ANDLONN, assaisonnement. — Sg. Dat. *handlonn*, art. 15.

AN-FIUS (comp. de AN, privatif, et de FIUS, « science »), ignorance. — Sg. nom. *anfis*, art. 47, § 9.

AN-INDLE (comp. de AN, privatif, et de *indle* ? dérivé de *indell*, infin. d'*indlim*, « j'attelle »), qu'on ne peut atteler. — Pl. gén. *anindle*, art. 32, § 19. — Cf. Ascoli, « Glossarium, » p. LXXXIX.

ANMET (probablement pour *an-maith*), injustice. — Sg. dat. *anmet*, art. 45.

AN-SA, AND-SA pour *an-assa* (comp. de AN, privatif, et de ASSA, « facile, » s'oppose à NINSE), difficile. — Sg. nom. *andsa*, art. 48.

AN-SAIRE, F. (comp. de AN, privatif, et de *sáire*, *sóire*, « liberté »), servitude. — Sg. dat. *ansáire*, art. 1.

APAD, commandement (dans le sens juridique) ; délai qui suit ce commandement. — Sg. gén. *aptha*, art. 32, § 14 ; 42, § 18 ; dat. *apad*, art. 27, § 31 ; § 32 ; acc. *apad*, art. 31 ; *apud*, art. 29, § 78.

Apartain, opartain, F., bénédiction. — Sg. acc. *apartain*, art. 24, § 7; *opartain*, art. 20, § 39. — Cf. *con-opartatar*, Windisch, p. 723, col. 1.

Ar, M. ou N., acte de labourer. — Sg. nom. *ar*, « Ancient Laws of Ireland, » t. II, p. 366, l. 18; acc. *h-ar*, art. 20, § 4; « Ancient Laws, » t. II, p. 370, l. 7, 10; glossaire de Cormac, v° *Conair*. — Composé : Com-ar.

Ar, F., labour, ou mieux « terre labourée. » — Sg. dat. *air*, art. 27, § 18. — Ce mot peut être identique à l'adj. *air*, « ploughed » d'O'Reilly.

Ar (prép. avec dat. et acc.), devant, pour, pour que, à, par, à cause de. — Art. 1; 3, § 7; 17; 20, § 62, § 77; 24, § 29; 32, § 16; 34, § 19; 40; 41; 43; 45; 48. — Comb. avec le pr. rel. : *ar a, ar a n-* [Voy. ces mots]; comb. avec le pr. pers. 3, sg. neutre acc. *aire*, art. 17-18.

Ar (conj.), car. — Art. 3, § 8; 4; 6; 20, § 59, § 77; 23, § 3; 24, § 33; 25; 35, § 32; 41; 46, § 1.

1. Ara, 2. Ara n- (conj. comp. de la prép. Ar et du pron. rel.), afin que. — 1. Ara, art. 25, 31. — 2. Ara n-, art. 3, § 8; 31.

Arach, N. (Hogan, 147), cautionnement. — Sg. nom. *arach*, art. 18.

Ar-aile, autre. — Sg. dat. *araile*, art. 23, § 2, § 3; 24, § 7; acc. *araile*, art. 24, § 29.

Arbe, N. (Hogan, 124), blé. — Sg. gén. *arba*, art. 28, § 48. — Cf. Ascoli, « Glossarium, » p. xxx.

Ar c[h]inn (prép. avec gén.; plus souvent, *tar cenn*, litt[t] « sur tête, » Windisch, p. 809, col. 1), pour. — Art. 37. — Cf. *ar ceann*, dans O'Donovan, « A grammar of the irish language, » p. 289.

Ar-chor, N. (Composé de prép. Ar et de Cor), pose. — Sg. acc. *archor*, art. 29, § 83.

Ar-chu, M., chien de garde. — Sg. acc. *archoin*, art. 20, § 100. — Cf. O'Don., suppl. ; Ascoli, « Glossarium, » p. xxiv.

Ard (adj.), haut. — Invariable en composition dans Ard-nemed. — Composé : Com-ard.

Ard-nemed (adj.), haut noble. — Pl. gén. *ard-neimhe*, art. 47, § 1.

[Ard-thimna, litt^t : « noble testament, » mot oublié à la p. 246. — Voir le présent volume, p. 116 note, et le précédent volume, p. 354, note 5. — Cf. Ascoli, « Glossarium, » p. xxxiv].

Arm, N. (Hogan, 171), arme. — Sg. nom. *arm*, art. 20, § 2; gén. *airm*, art. 24, § 33; 48.

Ar-mag, N. (comp. de *ár* « massacre, » et de *mag* « champ ») champ (de bataille). — Sg. gén. *ár-maige*, art. 29, § 71.

Arr-chocaid (litt^t « grand combattant, » comp. de *ar*, préfixe employé ici avec sens augmentatif, et de *cocaid*, dérivé de *cocath* « combat »), chien de combat et de chasse. — Sg. acc. *arrchocaid*, art. 20, § 101.

Ar-réir, (prép. avec gén., litt^t « en volonté de, » composé de *ar* = *ir* = In, prép., et de Réir, dat. sg. de *ríar* « volonté, » Windisch, p. 759, col. 2), selon. — *A[r]-réir*, art. 20, § 29.

As (prép. avec dat.), de. — Art. 1.

As-biur, as-berim, I, je dis. — Prét. en t sg. 3 *asbert*, art. 48. — Pass. prés. sg. 3 *isbeir*, dans l'édition, mieux *isberr*, art. 37. (Cf. Zeuss², p. 471, *asberr*).

Asonaim, II, j'obtiens. — Prés. subj. sg. 3 *ascnai*, art. 31. — Cf. Ascoli, « Glossarium, » p. colxxxviii.

CONTENUS DANS LA QUATRIÈME PARTIE. 361

Aslui, asluiset. — Voy. Élaim.

As-renim, I, je paye. — Prés. sg. 3 *asren*, art. 17. — Pass. prés. sg. 3 *asrenar*, art. 6.

Assa, asse (adj.), facile. — Composés : *an-assa, sous And-sa, Ninse.

Astad, M., maintien. — Sg. acc. *astad*, art. 28, § 51. — Cf. Ascoli, « Glossarium, » p. xxxii.

At-bail, I, il meurt. — Prés. sg. 3 *atbaill*, art. 18. — Prés. subj. sg. 3 *atbala*, art. 29, § 78. — Cf. Atkinson, v° *albela*, p. 549, col. 1.

Atenn, genêt. — Sg. gén. *atinn*, art. 28, § 48.

At-éthaim (dérivé de Etha), II, j'arrive. — Prés. sec. sg. 3, *at-ét[h]ad*, art. 48.

Ath, F. (conformément au dictionn. de la « Highland Society, » et non M., comme le dit O'Reilly), four. — Sg. dat. *aith*, art. 27, § 23 ; 34, § 18 ; 38, § 15 a. — Cf. Ascoli, « Glossarium, » p. xlix.

Ath-cuma (comp. de *ath*, préfixe employé ici avec sens augmentatif, et de *cuma*, « chagrin, »), blessure. — Sg. nom. *athcuma*, art. 42, § 25.

Ath-gabail, ath-gabal F. (litt* « res-saisie »), saisie. — Sg. nom. *athgabáil*, art. 21; 22; 23; 24; 25; 26; 27; 28; 29; 32; 33, § 1, § 5, § 6; 34, § 7, § 9, § 10, §§ 11 à 17, § 19; 35, § 20, § 21; 36; 37; 38, §§ 3 à 15; 39, §§ 16 à 19; 47, §§ 1 à 5; 48; *aithgabáil*, art. 34, § 8; 48; *athgabháil*, art. 38, § 1, § 2; *athghabháil*, art. 47, § 1; gén. *athgabála*, Rubrique du ch. Ier; art. 37; *hathgabála*, art. 6; 7; dat. *athgabáil*, art. 1; 2; 14; acc. *athgabáil*, art. 4; Pl. nom. *athgabála*, art. 38 pr.; 41; 44 pr.; 45 pr.; *hathgabála*, art. 40; *aithgabála*, art. 47 pr.;

athgabáil, art. 45; gén. *athgabála*, art. 16. — Invar. en composition, *athgabáil-anfis*, « ignorance de saisie, » art. 47, § 9.

Athir, M., père. — Sg. nom. *athair*, art. 45; gén. *athar*, art. 20, § 60; *athur*, art. 38, § 14. — Dérivé : Aithne.

Au-gaire, M. (composé de *au*, *ói*, « ovis, » et de *goire*, forme masculine du fém. *goire*, « acte de prendre soin »), berger. — Sg. nom. *augaire*, art. 15. — L'orthographe aujourd'hui reçue est *aodhaire*; on la trouve chez O'Reilly, dans le Dictionn. de la « Highland Society, » et dans la « Bible : » c'est une orthographe défectueuse pour *aoghaire*. Cf. Thomas de Vere Coneys, « An irish-english Dictionary, » p. 18, et O'Donovan au mot *augaire*. — Voir aussi Ascoli, « Glossarium, » p. xix.

Aur-, préfixe. — Voy. Air-.

Aurbe, barrière. — Voy. Airbe.

Aur-biathàim, II, je dois nourriture. — Pass. prés. sg. 3, *aurbiathar*, art. 38, § 13 a; 42, § 10.

Aur-cuillte (part. passé de *ercoillim*), exclu de, défendu. — nom. pl. *aurcuillte*, art. 5; gén. *aurcuillte*, art. 20, § 29.

Aur-focre, N. (sert d'infin. à *aur-fo-od-gairim*), commandement (au sens juridique). — Sg. nom. *aurfocra*, art. 16.

Aur-fo-gnum, M. (sert d'infin. à *aur-fo-gnim*), service. — Sg. nom. *aurfognum*, art. 40.

Aur-gaire, N. (sert d'infin. à *aur-gairim*), prohibition. — Sg. gén. *urgair*[i], art. 46, § 6; dat. *aurgaire*, art. 27, § 20.

Aurla, fin. — Sg. acc. *aurlaind*, art. 7. — O'Donovan traduit à tort *urlainn*, *aurlainn* (a dithma), « expiration de son répit en fourrière, » par « a lawn, yard, green. » — Cf. Ascoli, « Glossarium, » p. cxlviii.

B

-Ba = *bion*, de la même racine que be-nim = *bi-na-mi*.
— Composés : Air- be, Air- d- be, Diuda, Fid-ba, Fu-ba, Ru-ba.

Bac-lam, F. (comp. de *bac*, « empêchement, » et lam, « main, ») manchotte. — Sg. dat. *baclaim*, art. 20, § 80.

Baegul, M., danger. — Pl. nom. *báegail*, art. 6.

Baile, M., lieu. — Sg. nom. *baile*, art. 20, § 14.

Bairone, F., femelle. — Sg. acc. *bairone*, art. 24, § 30. — Cf. glossaire de Cormac dans Whitley Stokes, « Three Irish Glossaries, » p. 6.

Bairgen, F., pain. — Sg. nom. *bairgen*, art. 15.

Baitsech, F., prostituée. — Sg. gén. *baitsige*, art. 32, § 27; *buitsige*, art. 44, § 6.

Ball, M., membre. — Pl. acc. *bullu*, art. 20, § 77.

Ban- = Ben, « femme, » en composition.

Ban (adj.), blanc; — Sg. gén. masc. *bán*, art. 24, § 30. — Invar. en composition *bán(-c[h]loth)*, « brillante gloire, » art. 42, § 23. — Comp. Ban- c[h]loth.

Ban-c[h]loth, brillante gloire. — Sg. nom. *bán-c[h]loth*, art. 42, § 23.

Bandte (dér. de Ben), propriété féminine. — Sg. acc. *bandte*, art. 24. — Ce mot est probablement identique à l'adj. *bandha*, qui serait ici employé substantivement.

Ban-tellach, prise de possession d'immeuble par une femme. — Sg. gén. *bantellaig*, art. 23, § 3; acc. *bantellach*, art. 23, § 3.

Ban-trebthach (adj.), femme qui cultive, fermière. — Sg. gén. fém. *ban-trebthaige*, art. 20, § 74.

Bec[c] (adj.), petit. — Sg. nom. *bec*, art. 41.

Bech-den (comp. de *bech*, « abeille, » et de *den*, « protection, ») rucher. — Sg. gén. *bechdin*, art. 28, § 45. — Cf. O'Davoren dans Whitley Stokes, « Three Irish Glossaries, » p. 79.

Béim, N. (sert d'infin. à Benim), comp. — Sg. nom. *béim*, art. 42, § 21; dat. *bémium*, art. 45.

Bél, M., lèvre. — Sg. gén. *béil*, art. 26, § 10; pl. gén. *bél*, art. 1; 45. — Invar. en composition *bél*(- *buide*), art. 1. — Composés : Bél-buide, O-bele.

Bél-buide (adj.), à la lèvre jaune (surnom d'Echad). — Sg. gén. masc. *Bél-buide*, art. 1.

Ben, F., femme. — Sg. nom. *ben*, art. 24, § 29; 29, § 80; 34, § 12; 45; 48; gén. *mná*, art. 23, §.2; 24, § 7; 26, § 9, 27, § 33; 32, § 7; 46, § 24; 48 ; dat. *mnái*, art. 23, § 3; pl. nom. *mná*, art. 46, § 6; gén. *ban*, art. 24, § 33; 29, § 77; dat. *mnáib*, art. 3, § 5. — En composition : Ban- dans Ban-tellach, Ban-trebthach. — Dérivé : Bandte.

Benim, I, je frappe. — Infin. Béim. — Composés : *air- benim* sous Air-be, *air-di- benim* sous Airdbe, Aith-benim, *di-od-benim* sous Diubu, Tor-benim.

Benn, F. (litt. « corne »), bête à cornes. — Pl. acc. (*il-*)*benda*, art. 1.

Berim, I, je porte, je prends. — Prét. en ta sg. 3 *berta*, art. 1; 2 ; pass. part. passé *bretha*, art. 1; 3, § 1. — Inf. Breith, Breth. — Comp. As-biur, Con-berim, *fo-berim* sous Fo-brithe, *idpraim* = *aith-od-berim* sous Udbairt.

Biad, N., nourriture. — Sg. gén. *bíd*, art. 20, § 26; 38, § 15 *d*. — Dérivé : Biathaim.

Bıail, F., hache. — Sg. gén. *béla*, art. 28, § 41; acc. *bidill*, art. 20, § 71.

Bìathad (sert d'infin. à Bìathaim), nourriture, ravitaillement. — Sg. nom. *biathad*, art. 20, § 9 ; acc. *biathad*, art. 15; 20, § 56.

Bìathaim, II (dérivé de bìad), je nourris. — Infin. Bìathad. — Composé : Aur- bìathaim.

Bıth, beıth (sert d'infin. au verbe subst. Bıu), être. — Sg. acc. *beith*, art. 25. — Voy. Es-buid, Mesc-buid.

Bıth (adv. litt^t « toujours »), long. — En comp. *bith(-uidib)*, art. 37. — Composé : Bıth-uıde.

Bıth-uıde, N. (comp. de Bıth, « long, » et de Ude, « course, voyage, espace de temps, »), délai. — Pl. dat. *bithuidib*, art. 37.

Bıu, je suis. — Prés. ind. sg. 3 *bi*, art. 8; 13; 20, § 97; 23, § 3; 34, § 17 ; *bid*, art. 20, § 14 ; rel. *bis*, art. 20, § 81 ; 24, § 8 ; 34, § 12 ; 35, § 30 ; *bés*, art. 29, § 85 ; 40 ; pl. 3 *bat*, art. 38, § 4 ; *bét*, art. 38, § 5 ; *bé[t]*, art. 32, § 21 ; *bit*, art. 46, § 6 ; prés. sec. sg. 3 *bad*, art. 48 ; (*no*) *beth*, art. 48 ; subj. sg. 3 abs. *beith*, art. 25 ; 26, § 13 ; rel. *be*, art. 19, § 3 ; 33, § 5 ; (*co- m-*) *bi*, *cumu* = *(*co-m-*) *ba* [voy. ces mots] ; parf. sg. rel. *búi*, art. 2 ; 22 ; 25 ; fut. sec. sg. 3 (*ma-ni-*) *pad*, art. 48 ; infin. Bıth. — Cf. Am, I tau.

Blıcht, mblıcht, M., lait. — Sg. gén. *mblechta*, art. 28, § 62 ; acc. *blicht*, art. 20, § 5.

Bó, F., vache. — Sg. nom. *bó*, art. 20, § 5; pl. gén. *bá*, art. 1 ; dat. *búaib*, art. 28, § 61 ; acc. *bú*, art. 42, § 30. — Dérivé : Bóın.

Bochtan (adj.) (dérivé de *bocht*), pauvre. — Sg. acc. *bochtan*, art. 15.

Bodar (adj.), sourd. — Sg. dat. fém. *buidir*, art. 20, § 80.

Bóin (dérivé de Bó), vache. — Sg. acc. *bóin*, art. 20, § 55.

Bolg, bolg, M., sac. — Composés : Crand-bolg, Pes-bolg.

Braigh[e], F., cou. — Sg. nom. *bráigh[e]*, art. 15.

Brathir, M., frère. — Sg. nom. *bráthair*, art. 45.

Breith, F. (sert d'infin. à Berim) : 1) enlèvement. — Sg. dat. *breith*, art. 29, § 85. — 2) faculté d'engendrer. — Sg. gén. *brethi*, art. 29, § 82. — Cf. au point de vue du sens Conberim.

Breth (part. passé pass. de Berim), F., jugement. — Sg. nom. *breth*, art. 17 ; gén. *breithe*, art. 25 ; pl. nom. *(fid-) bretha*, *(fine-) bretha*, *(muir-) bretha*, *os-bretha*, art. 30 ; acc. *(cét-) bretha*, art. 2. — Composés : Cét-breth, Fid-breth, Fine-breth, Fir-breth, Muir-breth, Os-breth, Tul-breth. — Dérivé : Brithem.

Brithem, M. (dérivé de Breth), juge. — Sg. gén. *bretheman*, art. 42, § 22 ; pl. gén. *breitheman*, art. 36.

Briugad, M. (dérivé de Briugu), riche paysan. — Sg. gén. *briugaid*, art. 34, § 19 ; *briugaidh*, art. 20, § 83. — Voy. le nom propre Briugaid.

Briugu, M., riche paysan. — Sg. gén. *briugad*, art. 42, § 23. — Dérivé : Briugad.

Bró, moulin. — Sg. gén. *brón*, art. 32, § 13.

Bruig, *mruig* (Windisch, p. 697, col. 1), pâturage éloigné. — Sg. gén. *broga*, art. 20, § 35, § 67.

Búachail, M., pâtre. — Sg. nom. *búachail*, art. 5 ; 15 ; acc. *(con-) búachaill*, art. 20, § 98.

Búadur (dérivé de Búaid, « victoire »), (v. dép.), je glorifie. — Prés. sg. 3 *búadtair*, art. 46, § 2. — Le ms. porte *buacdtair*, que nous corrigeons, d'après la gl. *buadaighidh* des « Ancient Laws of Ireland, » t. I, p. 242, l. 28.

Búaid, N., victoire. — Sg. gén. *búada*, art. 42, § 20. — Dérivé : Búadur.

Buide (adj.), jaune. — Sg. gén. masc. (*Bél*)-*buide*, art. 1.

Burach, fureur (d'après la gl. *bor-fad;* « Ancient Laws of Ireland, » t. I, p. 170, l. 20-21). — Sg. dat. *burach*, art. 28, § 46.

C

Cach (pr. indéf. adj.), chaque, tout. — Sg. nom. *cach*, art. 22 ; 27, § 35 ; 40 ; 48 ; gén. *cacha*, art. 7 ; 20, § 98 ; 31 ; 32, § 12, § 22 ; acc. *c[h]ach m-*, art. 21 ; *c[h]ach n-*, art. 24, § 8 ; 32, § 32 ; 33, § 2 ; pl. gén. *cach n-*, art 16. — En composition invariable : *cach-recht*, art. 3, § 8 ; *cach-troiscthe*, art. 18 ; *cach-ciú[i]l*, art. 20, § 12 ; *cach-áin*, art. 20, § 24 ; *cach-raithe*, art. 20, § 43 ; *c[h]ach-lestar*, art. 20, § 47 ; *cach-tairétechtu*, art. 20, § 63 ; *c[h]ach-mnái*, art. 23, § 3 ; *cach-eisrechte*, art. 26, § 8 ; *cach-omnaig*, art. 29, § 74 ; *cach-rudrad*, art. 33 pr. et § 1 ; *cach-fénneda*, art. 35, § 31 ; *cach-mic[h]orach*, art. 35, § 32 ; *cach-athgabála*, art. 37 ; *cach-urcomded*, art. 43 ; *cach-nirt, cach-folud*, art. 46, § 5.

Cach (pr. indéf. subst.), chacun. — Sg. nom. *cách*, art. 3, § 8 ; 11 ; 25 ; 31 ; 37 ; 41 ; 45 ; 46, § 1 ; gén. *cáich*, art. 20, § 13, § 91 ; dat. *cách*, art. 34,§ 17 ; 35, § 23 ; acc. *cách*, art. 3, § 8.

Caech (adj.), borgne. — Sg. dat. *chaich*, art. 20, § 80. — *Caech* glose « luscus » dans le ms. de Saint-Gall 24[b] (éd. Ascoli, p. 26) ; O'Reilly donne le sens récent d' « aveugle. » Il paraît y avoir eu un autre sens, « fou, » qui est celui du dérivé *caichen* = « cerritus » dans le Priscien de Carlsruhe 64[a] (Zimmer, « Glossae Hibernicae, » p. 225, et Whitley Stokes, « Old Irish Glosses, » p. 209 et 343).

CAELAN, dér. de *côel*, « maigre. » — Comp. UR-CHAELAN.

CAERA, CAURU, bête ovine, brebis. — Sg. nom. *cáuru*, art. 20, § 7; gén. *cháirech*, art. 28, § 40; pl. dat. *côir[ch]ib*, art. 23, § 3; acc. *cáerchu*, art. 20, § 96.

CAIN, F., loi, droit. — Sg. gén. *chána*, art. 28, § 49; acc. *cháin n-*, art. 20, § 23.

CAINDELBRA (= lat. candelabrum), chandelier. — Sg. acc. *chaindelbra*, art. 20, § 91.

CAIRDE, F., traité de paix (entre deux cités). — Sg. gén. *cairde*, art. 42, § 6; *chairde*, art. 28, § 50; *c[h]airde*, art. 33, § 3.

CAIRE, chaudron. — Voy. COIRE.

CAITHEM, F. (sert d'infin. à *caithim*) (acte de) manger. — Sg. dat. *chaithem*, art. 28, § 42.

CAMTHIR? couverture de bête. — Sg. gén. *camthir[e]*, art. 44, § 5; *camt[h]ire*, art. 32, § 11.

CAMUS, *com-mus* = **com-med-tu-*, territoire subordonné, seigneurie. — Sg. acc. *camus*, art. 3, § 7. — Comp. IMM-CHOMMUS.

CANIM, I, je chante. — Pass. prét. sg. 3, *ro c[h]ét*, art. 45. — Comp. FO-CHANIM.

CARPAT, M., chariot. — Sg. gén. *charpait*, art. 28, § 36. — Dér. COIRPRE (n. propre).

CARR, M., char, charette. — Sg. gén. *c[h]airr*, art. 28, § 36; Acc. *charr*, art. 20, § 32.

CARR, M., guerrier. — Sg. gén. *cairr*, art. 39, § 17; pl. acc. *carru*, « Ancient Laws, » t. I, p. 228, l. 3. — Ce mot, qui ne doit pas être confondu avec *cur*, *caur*, « héros » (Windisch, p. 461, col. 1), se trouve sous la forme *carrus*, dans une dédicace au dieu Mars *Carrus* (Inscript. des Basses-

Alpes, C. I. L., XII, 356), et dans un nom d'homme de Grande-Bretagne (C. I. L., VII, 1336, 248); c'est la première partie du nom de lieu *Carrodunum* (auj. Krappitz sur Oder, en Silésie; Karnberg, en Bavière; Pitomaza, en Croatie; et un dernier dans la Russie méridionale). Cf. « Rev. Celt., » t. XVI, p. 111-112.

CARRUDH (dér. de *caur*, gén. *caurad*), champion. — Sg. nom. *carrudh*, art. 20, § 55.

CARTAD, M., nettoiement. — Sg. nom. *cartad*, art. 20, § 18, § 19.

CAT, M., chat. — Pl. gén. *cat*, art. 24, § 30.

CATH, M., bataille. — Sg. gén. *catha*, art. 29, § 72.

CAURU, bête ovine. — Voy. CÁERA.

CE (pron. interr.), qui. — Art. 33, § 6. — Cf. CIA.

CEITHRE, quatre (forme indécl. des deux genres du n. de nombre cardinal qui a, dans l'ancienne langue, les deux nom. déclin. *cethir*, masc., *cetheoir*, fém). — Art. 46, § 1.

CÉILE, M. (litt^t « compagnon »), mari. — Sg. nom. *chéile*, art. 48.

CEN (prép. gouv. l'acc.), sans. — Art. 6; 34, § 8; 37. — Voy. AND-CHEN-A, OL-CHEN-A.

CEND, CENN, M. (litt^t « tête »), chef, fin. — Sg. dat. *cend*, art. 15; acc. *c[h]end*, art. 20, § 62. — Se combine avec la prép. *tar*, et signifie « pour; » voy. AR o[H]INN.

CENÉL, N., race. — Pl. acc. *cenéla*, art. 2.

CÉOL, N., musique. — Sg. gén. *ciú[i]l*, art. 20, § 12.

CERT, M., droit, honoraire, salaire. — Sg. nom. *cert*, art. 20,

§ 59; dat. *cirt*, art. 37; acc. *c[h]ert*, art. 32, § 28 ; 35, § 31, 44, § 7 ; pl. dat. *certaib*, art. 20, § 59.

Cét- (n. de nombre ordinal, premier terme invariable d'un composé), premier. — Comp. : Cét-breth, Cét-faid, Cét-muinter, et le nom propre Cét-chorach.

Cét-breth, F. (comp. de Cét, « premier, » et de Breth, « jugement »), premier jugement. — Pl. acc. *cét-bretha*, art. 2.

Cét-faid, Cét-baid, F., opinion. — Comp. Com-cétfaid.

Cethar- (forme du n. de nombre *cethir*, en composition), quadruple. — Voy. Cethar-slicht. — Cf. « Zeitschrift de Kuhn, » t. XXV, p. 43-49.

Cethar-slicht, M., quadruple espèce. — Sg. dat. *chethar-slicht*, Rubrique du livre Ier. — L'édition porte à tort *cethir* (Rectification de M. Whitley Stokes). — Ce mot serait neutre, suivant le P. Hogan, p. 205; mais l'accusat. pl. *sclictu* (Ms. de Cambrai, fol. 37, col. 3, l. 6) pour *slictu* (Zeuss [2], p. 240 ; Zimmer, « Glossae Hibernicae, » p. 214), établit que ce nom est masculin.

Cethir, quadrupède, bétail. — Sg. gén. *cethra*, art. 20, § 98 ; 32, § 22 ; pl. acc. *cethra*, art. 32, § 24 ; *c[h]ethra*, art. 20, § 85.

Cethorcha (n. de nombre cardinal, dérivé de Cethir), quarante. — Gén. *c[h]ethrachat*, art. 34, § 7.

Cethraimthiu (dér. de *cethramad*, dérivé de Cethir), quart. — Sg. gén. *cethramthan(-féich)*, art. 46, § 1 ; acc. *cethraimthain*, art. 22; *c[h]ethramthain(-féich)*, art. 46, § 4. — Le nom. est donné dans « Ancient Laws, » t. I, p. 258, l. 29, corrigé par gl. p. 272, l. 32-33.

Cét-muinter, F. (comp. de Cét, « premier, » et de Muinter, « famille »), première femme, mater familias. — Sg. gén. *cét-muintire*, art. 42, § 11.

Chom, cf. Co n-.

Cia (pron. interr.), quel. — Art. 48. — Cf. Ce.

Cia (conj.), 1) quoique, 2) afin que. — 1) art. 25; 26, § 13. — 2) art. 35, § 20.

Ciato, ciata (adv.), d'abord. — Art. 24, § 33; 25.

Cich, mamelle. — Sg. dat. *chich*, art. 20, § 78; (*marb-*)*chich*, art. 29, § 18. — Comp. : Marb-chich.

Cid (comp. du pr. interr. Ce, cia, avec la désinence absolue du pr. sg. 3 du v. subtantif, quoi est. — Art. 40; 41; 43; 48.

Cid... cid... (conj.; litt^t. : « quoi est »), soit... soit... — Art. 41.

Cimbid, M. (dér. de *cimb*, « tribut »), prisonnier. — Sg. gén. *cim[b]eda*, art. 20, § 37.

Cin, M., crime, composition, indemnité, dette. — Sg. nom. *cin*, art. 26, § 8; 31; 45; dat. *cinaid*, art. 26, § 10; *c[h]inaid*, art. 26, § 9; acc. *cinaid*, art. 6; *chinaid*, art. 6; 27, § 16, § 17; 32, § 15; *c[h]inaid*, art. 32, § 26; pl. nom. *cinaid*, art. 45; dat. *cintaib*, art. 27, § 35; acc. *cinta*, art. 45; (*mdr-*)*cinta*, art. 1.

Cis, M. = (lat. *census*), rente. — Sg. nom. *cis*, art. 42, § 2, § 12; *ciss*, art. 26, § 2; gén. *cisa*, « Ancient Laws, » t. I, p. 232, l. 25.

Cis (comp. du pr. interr. ce, cia, avec la désinence du prés^t sg. 3 du v. subst. *is*), quel (est). — Art. 41.

Cisne, cf. *feissne* (Zeuss [2], p. 367) (pr. interr.) quel? — Art. 42 pr. — Cf. Cis.

Clad, M., fossé. — Sg. gén. *chlaid*, art. 27, § 16. — Dérivé : Claide.

Claide (sert d'infin. à *claidim*, dér. de Clad), acte de creuser. — Sg. acc. *c[h]laide*, art. 32, § 17.

CLAIDEB, CLOIDEM, M. (litt¹ « épée »), balancier. — Sg. acc. *cloidem*, art. 24.

CLAM (adj), lépreuse. — Sg. dat. *c[h]laim*, art. 20, § 80.

CLEITHE, N. (Hogan, 189), poutre. — Sg. dat. *(sen-)chleit[h]iu*, art. 38, § 15 b. — Comp. SEN-CLEITHE.

CLÉRECH, M. (= lat. clericus), clerc. — Pl. nom. *cléirig*, art. 46, § 6.

CLÍAB, corbeille, berceau. — Sg. gén. *c[h]léib*, art. 28, § 36, § 55.

CLOC, M., cloche. — Sg. acc. *chloc*, art. 20, § 85.

CLOIDEM, balancier. — Voy. CLAIDEB.

CLÓIM, III, je triomphe. — Comp. CO-EM-CHLÓIM.

CLOTH, N? (identique au part. passé passif de *cluinim*, « j'entends, ») gloire. — Sg. nom. *(bán-)c[h]loth*, art. 42, § 23. — Comp. BAN-C[H]LOTH.

CNAI, vêtement. — Sg. acc. *(marb-)chnái n-*, art. 29, § 71. — Comp. MARB-CHNAI. — Le mot *cnái*, expliqué par *etaig*, « vêtement, » se trouve dans le « Liber Hymnorum, » fol. 7ᵇ, chez Whitley Stokes « Gôidelica, » 2ᵉ éd., p. 67, l. 1.

CNAIM, M., os, jambe. — Sg. gén. *cnáma*, art. 35, § 27; pl. gén. *cnáima*, art. 10.

CO (prép. avec acc.), jusqu'à. — Art. 2; 7; 14; 25; 34; 37; 46, § 5; 48. — Voy. CO(-M-BI), COSE, CUMU = *co-(m-ba)*.

CO (prép.) — Voy. CO N-.

CO (conj.) — Voy. CO N-.

COBAIR, aide. — Sg. acc. *chobair*, art. 20, § 63. — Cf. Whitley Stokes, « Urkeltischer Sprachschatz, » p. 169.

COBRANN, partage. — Voy. CÓM-RANN.

Co-em-chlôim, III, je change, j'échange. — Prés. sg. 3, caemcldi, art. 14 ; prét. en s conj. sg. 3, combiné avec le pr. rel. co(-n-)imclói = co-im-clói plus -n-, art. 47, § 2. — Voy. Clôim, « je triomphe ; » la différence de sens est due au préfixe im.

Coibne (adj.), égal. — Sg. nom. c[h]oibne, art. 22. — Employé ici comme adj. est ailleurs subst. ; il paraît signifier 1) un ensemble de parents, com-fine : « Ancient Laws of Ireland, » t. II, p. 358, l. 2 ; 2) le droit de la famille sur une terre ; « Ancient Laws, » t. IV, p. 30, l. 4-5, p. 38, l. 9, p. 40, l. 1. — Comparez Zimmer dans « Zeitschrift de Kuhn, » nouvelle série, t. VII, p. 460 et Whitley Stokes, « Urkeltischer Sprachschatz, » p. 270.

Coibned, lien. — Sg. acc. choibned, art. 28, § 59.

Côic, Cûic (n. de nombre cardinal), cinq. — Art. 6 ; 7 ; 45. — — Dér. Côicer, Cûicthe.

Côicer, N. (Hogan, 159), réunion de cinq personnes. — Sg. gén. cúicir, art. 45. — Cf. Windisch, « Indogermanische Forschungen, » t. IV, p. 296.

Coillim, III, je détruis. — Infin. Collud. — Comp. er-coillim, sous Aur-cuillte.

Côir (adj.), juste. — Sg. dat. côir, art. 37. — Composés : E-choir, Gnath-choir. — Cf. Côr.

Coire, caire, chaudron. — Sg. nom. caire, art. 20, § 15 ; gén. caire, art. 34, § 11 ; chaire, art. 28, § 37 ; dat. (sen-)chairiu, art. 38, § 15 c ; acc. chaire, art. 20, § 42. — Comp. Sencaire.

Collud, N. (Hogan, 142) (sert d'infin. à Coillim), destruction. — Sg. acc. collud m-, art. 29, § 82.

Com-, Chom-, Cuim-, prép. Co n- en composition.

Com-airle, F. (dér. de Airlim), avis, conseil. — Pl. dat. com-airleib, art. 36 ; comairle[ib], art. 36.

Com-aithces (dér. de Com-aithech), vassalité en commun. — Sg. gén. *comaithcesa*, art. 28, § 56 ; acc. *comaithces*, art. 20, § 87.

Com-aithech, M., vassal en commun (« voisin » dans Windisch, p. 439, col. 2). — Pl. gén. *comuithech*, art. 20, § 88. — Dérivé : Com-aithces.

Com-alt, nourriture commune. — Sg. acc. *c[h]omalt*, art. 38, § 9. — Cf. *com-alta*, Windisch, p. 439, col. 2. — Dérivé : Com-altar.

Com-altar (dér. de Com-alt), contrat d'éducation en commun. — Sg. gén. *comaltair*, art. 28, § 57.

Com-ar, M. ou N., labourage en commun. — Sg. gén. *comair*, « Ancient Laws, » t. I, p. 142, l. 17 ; *comuir*, « Anc. Laws, » t. II, p. 358, l. 1 ; acc. *chomar*, art. 20, § 86.

Com-ard (litt' « également haut »), régulier. — Pl. dat. *comardaib*, art. 12.

Combi (conj. composée de *co* prép., -m- pron. rel., et *bi* subj. sg. 3 du verbe subs. Biu), afin que soit. — Art. 45. — Cf. Cumu.

Com-cétfaid, F. (*com-chétbuid*, « consensus » Windisch, p. 440, col. 2), commune opinion. — Pl. dat. *comcétfaidib*, art. 36.

Com-détiu, F., protection collective. — Sg. dat. *chomdétiu* pour *chomdétin*, art. 1.

Com-ét (sert d'infin. à con-óim) (cf. Windisch, p. 441, col. 1), soin. — Sg. acc. *comét*, art. 20, § 77. — Dérivé : *comded* dans le comp. Ur-chomded.

Com-grad (adj.), égal. — Pl. nom. *comgrad*, art. 3, § 8.

Com-lepad, F., lit commun. — Pl. acc. *chomleptha*, art. 20, § 88.

Com-less, profit commun. — Sg. acc. c[h]omles, art. 11.

Comm, baratte. — Sg. acc. chomm, art. 20, § 44.

Com-main, F., échange. — Sg. gén. comuine, art. 38, § 12.

Com-ocus, *com-focus* (litt[t] « proche »), parent. — Sg. gén. comocais, art. 31. — Cf. « Priscien de Saint-Gall, » p. 6, col. 1, gl. 3 (éd. Ascoli, p. 14).

Com-opair, coopération, outil. — Sg. nom. comopuir, art. 20, § 12; acc. comopa[i]r n-, art. 24, § 19.

Com-orbus (M., Atkinson), (dér. de Com-orpe) héritage indivis. — Sg. acc. c[h]omorbus, art. 23, § 1.

Com-orpe, M. (*com-arbe*, Windisch, p. 439, col. 2), cohéritier. — Sg. dat. comorba, art. 1; chomorba, art. 44, § 1; pl. gén. comarba, art. 38, § 14; dat. comorbaib, art. 20, § 31; 38, § 1, § 15 b; c[h]omorbaib, art. 32, § 5; 38, § 15 d. — Dérivé : Com-orbus.

Com-rann, cobrann, F. (sert d'infin. à *com-rannaim* = *cobraim*), partage. — Sg. dat. c[h]omruind, art. 35, § 32; chobraind, art. 20, § 54.

Com-rech, *cum-rech*, N., lien. — Sg. acc. (*sar-*)chuimrech, art. 28, § 59. — Comp. Sar-com-rech. — Cf. Ascoli, « Glossarium, » p. ccxiv.

Com-r-orgun, F. (comp. de *com-* prép., *ro-* préf., et de *orgun*, « meurtre »), bris. — Sg. acc. c[h]omrorguin, art. 35, § 27. — Cf. Ascoli, « Glossarium, » p. cxxii, sens différent.

Com-thétim, I, j'accompagne. — Prés. sg. 3 comthéit, art. 4.

1. Co n-, 2. Co (en composition Com-, Cuin-, Cuim-) (prép. avec dat.), avec. — 1. Co n-, art. 15; 20, § 6; 24, § 22; 46, § 5. — 2. Co, art. 1; 20, § 7; 23, § 3.

1. Co n-, 2. Co (conj.), afin que, en sorte que, jusqu'à ce que.

1. Co n-, art. 38, § 14; 48. — 2. Co, art. 1; 6; 33, § 6; 43; 48.

Con- (forme de Cú en composition), chien. — Art. 20, § 98 : con-(búachaill).

Conad (forme récente de Conid) (conj.), jusqu'à ce que. — Art. 15.

Con-ad-midiur (v. dép. comp. des prép. Con et Ad et du v. dép. Midiur, « je juge »), je juge, je mentionne. — Parf. sg. 3 conamidir, art. 19, § 1; pass. prét. sg. 3 conamas, art. 36; conamus, art. 22; conaimes, art. 25. — Le v. act. con-admidim n'existe pas; on trouve dans le ms. de Wurzbourg, fol. 26[b], gl. 21 (éd. Whitley Stokes, p. 153) conammadarsa = con-ad-madar-sa que l'éditeur (p. 307) traduit par « I have adjuged. »

Con-berim, I. (litt[t] « avec, je porte »), je conçois. — Prés. sg. 3 conbeir, art. 22. — Cf. au point de vue du sens Breith).

Cond, capable. — Voy. Conn.

Con-digim, Cuin-digim, I, je demande, j'attaque en justice. — Pass. prés. sg. 3 cuindegar, art. 3, § 3; 42, § 3.

Con-gbail, F. (= con-gabáil), assemblée. — Sg. nom. congbáil, art. 26, § 3; 42, § 3.

Con-gellaim, II, je donne gage. — Prés. pl. 3 congellait, art. 41.

Con-grenim, je réunis. — Prés. sg. 3 c[h]ongrenn, art. 34, § 13.

1. Conid, 2. Conad (conj. comp. de co prép., -n- pr. rel., et -id, désinence absolue du prés. sg. 3 du v. subst.), en sorte que, jusqu'à ce que. — 1. Conid, art. 4; 25. — 2. Conad, art. 15.

Con-im-thétim, I, j'accompagne. — Prés. sg. 3 conimthét, art. 46, § 2. — Cf. Com-thétim, Do-com-thétim.

CONN, COND (adj.), capable, homme « sui juris. » — Sg. nom. *cond*, art. 10; gén. (*leth-*)c[h]*uind*, art. 35, § 20; acc. *cond*, art. 3, § 3. — Comp. EC-CONN, LETH-C[H]ONN.

CON-ÓIM, I, je garde. — Prés. sg. 3 *condi*, art. 20, § 84. — Inf. COM-ÉT. — Cf. Ascoli, « Glossarium, » p. CIX.

CON-TUITIM, I, je tombe, je viens en commun. — Prés. sg. 3 *cuntuit*, art. 38, § 15 *b*. — Cf. Ascoli, « Glossarium, » p. LXXIV.

COR, N. (sert d'infin. à CUIRIM), mise, pose. — Sg. dat. *c*[*h*]*or*, art. 29, § 84. — Composés : AR-CHOR, FOR-CUR, IMM-OR-CHOR, TAS-COR, TE-COR, TIN-COR, TO-CHOR.

CÓR, M., règle, droit, contrat. — Sg. nom. *cóir*, art. 18; acc. *cóir*, art. 38, § 6; pl. acc. *c*[*h*]*uru*, art. 38, § 14. — Dérivés : CORACH, CORUS. — Cf. CÓIR.

CORACH, CORAIG (adj. dér. de CÓR), contractant. — Sg. gén. (*Cét-*)*choraig*, art. 1. — Comp. CÉT-CHORACH (n. propre), MI-CORACH.

CORTHAIR, bordure. — Sg. gén. *corthaire*, art. 24, § 17; acc. *chort*[*h*]*air*, art. 24, § 20.

CORRICE (vieil irl. *corrici, conrici*; comp. de *co n-* conj., *ro-* préf., *ic*, prés. sg. 3 de *iccim*, « je viens, » et *e* ou *i*, prolept. pron. sg. ms. acc. 3), jusqu'à ce qu'il l'atteigne. — Art. 41.

CÓRUS (dér. de CÓR), droit. — Sg. dat. *c*[*h*]*órus*, art. 38, § 15 *d*; acc. *c*[*h*]*órus*, art. 20, § 30, § 31, § 57; *chórus*, art. 20, § 22, § 33, § 49.

Cos, pied. — Voy. Coss.

CO-SAL (sert d'infin. à *CO-SLIM), saisie. — Comp. FOXAL = *fo-co-sal*, *tairm-cho-sal*, Windisch, p. 803, col. 2, TOXAL = *do-co-sal*. — Cf. Whitley Stokes, « Urkeltischer Sprachschatz, » p. 291, au mot *Salió*.

Cosat (= *debaidh*, « Ancient Laws of Ireland, » t. I, p. 176, l. 10, gl.), rixe. — Sg. dat. *cosait*, art. 29, § 64.

1. Cose, 2. Cosse (comp. de Co, prép. et Se, pron. dém. acc.), jusqu'ici. — 1. Coss, art. 22. — 2. Cosse, art. 36.

Co-smailius, M. (dér. de *co-smail*, « semblable »), analogie. — Pl. dat. *cosmailsib*, art. 22.

Coss, F., pied. — Sg. nom. *cos*, art. 15 ; gén. *coisi*, art. 45.

Crand, Crann, M. ou N. (Hogan, 166), arbre, bois. — Sg. acc. *c[h]rand n-*, art. 35, § 30. — Comp. Crand-bolg.

Crand-bolg, M. (comp. de Crand, « bois, » et Bolg, « sac »), sac de bois. — Sg. acc. *c[h]randbolg*, art. 24, § 24.

Crette-cuaine, M. (comp. de *crette*, sg. gén. de *cret*, « char, » et *cuaine*, glosé par *gilla*, « valet, » « Ancient Laws of Ireland, » t. II, p. 106, l. 10), valet de char. — Sg. nom. *crette-cuaine*, art. 15.

Criathar, tamis, crible. — Sg. nom. *criathar*, art. 20, § 16 ; dat. *criathar*, art. 23, § 3, acc. *criathar*, « Ancient Laws of Ireland, » t. IV, p. 8, l. 23.

Crich, F., frontière. — Sg. gén. *criche*, art. 33, § 2 ; *crichi*, art. 2 ; acc. *crich*, art. 3, § 8 ; 32, § 28 ; 44, 7 ; 47, § 3. — Dér. Crichad.

Crichad, M. (dér. de crich, sert d'infin. à *crichaim*, « je partage »), acte de partager. — Sg. acc. *c[h]richad*, art. 35, § 21.

Crinad, M. (sert d'infin. à *crinaim*), desséchement. — Sg. acc. *c[h]rinad*, art. 32, § 12.

Criol, panier. — Sg. acc., *c[h]riol*, art. 24, § 23.

Cro, bétail, meubles. — Sg. gén. *crui*, art. 38, § 8 ; pl. dat. *croib*, art. 14.

Cró, 1) (subst.) mort ; 2) (adj.) mort. — 1) Sg. dat. *chrú*, art. 20, § 79. — 2) Pl. dat. *cróaib*, art. 32, § 4.

Croman, crochet. — Sg. acc. *chroman*, art. 20, § 74.

Cruthaigim, III (dérivé de *cruth*, « forme »), je fais légalement (une chose). — Pass. prés. sg. 3 *ro c[h]ruthaigther*, art. 32, § 32.

Cú, M., chien. — Sg. gén. *c[h]on*, art. 42, § 25; dat. *c[h]oin*, art. 29, § 84; acc. *c[h]oin*, art. 20, § 97. — En composition Con-. — Comp. Ar-chu.

Cúbus, conscience. — Sg. nom. *cúbus*, art. 22; 36; dat. *cúbus*, art. 36.

Cuicel = lat. conucula, et franç. quenouille. — Sg. acc. *c[h]uicil*, art. 24, § 15.

Cúicthe, F. (dér. de *cóiced*, « cinquième ») (délai de) cinq (nuits). — Nom. *cúicthe*, art. 3, § 3; 30; 45; gén. *c[h]úicthe*, art. 36; (*tul-*)*c[h]úicthe*, art. 44; (*tul-*)*chúicthe*, art. 45; *cúicthi*, art. 32; 48; (*taul-*) *chúicthi*, art. 37; dat. *cúict[h]i*, art. 31; acc. *c[h]úicthe*, art. 43; *c[h]úicthi*, art. 25; *cúicthi*, art. 48. — Comp. Tul-chúicthe.

Cuim- = prép. co n- en composition. — Voy. Com-.

Cuin- = prép. co n- en composition. — Voy. Con-.

Cuin-drigim, III (= *con*, « avec, » *dirgim* = *di-rigim*, « je redresse »), je fais redressement de tort, je fais régulièrement (une chose). — Inf. *cuindrech*, « castigatio, » Zeuss[1], p. 873; pass. prés. sg. 3 *cuindrigther*, art. 15; *ro-c[h]uindrigther*, art. 32, § 32. — Cf. Ascoli, « Glossarium, » p. cxcvii.

Cuirim, III, je place, je retarde. — Inf. Cuiriud, Cor; pass. prés. sg. 3 *cuirther*, art. 43; prés. sec. sg. 3 *curthe*, art. 48; part. passé Cuirt[h]e.

CUIRIUD, M. (sert d'infin. à CUIRIM) (acte de) mettre. — Sg. acc. *cuiriud*, art. 14.

CUIRT[H]E, part. passé passif de CUIRIM, je pose. — Sg. gén. ms. *(muir)chuirt[h]i*, art. 26, § 9. — Comp. MUIR-CHUIRT[H]E.

CUIRM-THECH, N. (comp. de *cuirm*, « bière, » et de TECH, « maison »), brasserie. — Sg. gén. *cuirmthige*, art. 42, § 28; *c[h]uirmthige*, art. 42, § 17.

CUIT, F. (Atkinson), part. — Sg. gén. *chota*, art. 38, § 15 *a*; pl. dat. *cuitib*, art. 20, § 76.

CULLACH, M., cochon mâle (et en général tout mâle d'animal). — Sg. acc. *(ech)ccullach*, art. 20, § 94; *(muc)cullach*, art. 20, § 95. — Comp. ECH-COULLACH, MUC-CULLACH.

CUMAL, F., femme esclave. — Sg. gén. *chumaile*, art. 27, § 30; *cumalae*, art. 20, § 77. — Composé : CUP-COMLA.

CUM-LECHTE, assemblée. — Pl. dat. *cumlechtaib*, art. 30. — La traduction anglaise des « Ancient Laws of Ireland, » porte (t. I, p. 183, l. 5) « exception; » mais le sens certain du mot est donné par O'Davoren (« Old irish Glossaries, » éd. Whitley Stokes, p. 70) : *comleachta* est glosé par *comluighi no comliud*, « confédération; » de plus le mot *comslechtib*, qui glose dans les « Anc. Laws » notre dat. pl., est un composé de *sleachd*, « troupe, » O'Reilly. — Cf. *Slechte* « segmenta, » Ascoli, « Glossarium, » p. CCLXXVI.

CUM-LUTH (composé du préf. *com*, et de *luth* ou *lud*, « rapidité; » Windisch, p. 672, col. 1, et 673, col. 2), mise en circulation. — Sg. acc. *chumluth n-*, art. 29, § 73. — Cf. E-LOD; Ascoli, « Glossarium, » p. CLXXVIII, CLXXIX.

CUMAT (variante de *cumma*; Windisch, p. 459, col. 2), semblable. — Sg. nom. *chumat*, art. 34, § 18.

CUM-SANAD, M. (sert d'infin. à CUMSANAIM), repos. — Sg. dat. *cumsana[d]*, art. 29, § 65.

Cum-sanaim II (avec tmèse, *con-osnaim* pour *con-od-senaim*; Zimmer, « Keltische Studien, » II, 81-82 ; cf. Thurneysen, « Rev. Celt., » VI, 139), je m'arrête. — Prés. sec. sg. 3 *c[h]umsanad*, art. 20, § 47 ; infin. Cumsanad. — Cf. Ascoli, « Glossarium, » p. ccxxvi.

Cumu (= *co-m-ba*, comp. de *co* prép., -*m*- pr. rel., et *ba* subj. sg. 3 du v. subst. Biu), afin que soit. — Art. 45. — Cf. Combi.

Cup-comla, *cup cumle* (comp. de *cup*, noté *cub* par O'Reilly, infin. de *cubaim*, « je m'incline, » et de *comla*, pour *cumle*, génitif de *cumal*, « femme esclave »), trémie. — Sg. nom. *cup-comla*, art. 20, § 77.

Cusail, cerceau. — Sg. acc. *chusail*, art. 24, § 26.

D

D', prép. — Voy. Di.

Da (n. de nombre cardinal), deux. — Masc. nom. *dá*, art. 3, § 8 ; gén. *dá*, art. 33, § 6 ; en comp. *dé*-, art. 40.

Dabach, F., cuve. — Sg. gén. *daibche*, art. 28, § 37.

Daig (conj.), parce que. — Art. 43.

Dais, F. (en général « tas »), ici « meule » (de foin ou de paille). — Sg. gén. *daise*, art. 28, § 48.

Dal, F., assemblée, procès, jugement. — Sg. acc. *dáil*, art. 2 ; 33, § 2 ; dat. ou acc. *dáil*, art. 22. — Le sens est donné par plusieurs gloses : *dail .i. airecht*, « assemblée qui juge, » O'Davoren, p. 75 ; *.i. aenuigh*, « foire », « Anc. Laws of Ireland, » t. II, p. 270, l. 3 ; *.i. aenaigh*, « ibid., » t. III, p. 22, l. 16.

Dall (adj.), aveugle. — Fém. sg. dat. *daill*, art. 20, § 80.

Dam, M., bœuf. — Sg. nom. *dam*, art. 20, § 4; pl. acc. *damu*, art. 32, § 21.

*Dam-, racine de Dam-im. — Comp. * *aith- dam* = Aetaim, * *aith-dam-tiu* = Aititiu.

Damim, I, je supporte. — Prés. sg. 3 *daim*, art. 19 § 2 ; 40; pl. 3 *damet*, art. 43; dép. parf. sg. 3 *ro damair*, art. 25.

Dant-mîr, N., morceau de héros. — Sg. acc. *dant-mir*, art. 29, § 85. — On peut se demander si *dant* ne serait pas une faute pour *Setanta*, nom primitif de *Cúchulainn*.

Dasachtach, insensé. — Sg. dat. *dasachtaig*, art. 20, § 80.

De, prép. — Voy. Di. — Dé n. de nombre, voy. Da.

Déc (n. de nombre cardinal indécl.), dix. — Art. 3, § 6, § 8. — Doublet de *deich n-*, dont est dér. Dechmad. — Comp. Aile Déc, Treise Déc.

Dechmad, F. (n. de nombre ordinal; « dixième, » sous-ent. *adaig*, « nuit »), (délai de) dix (nuits). — Nom. *dechmad*, art. 3, § 4; gén. *dechmaide*, art. 33, § 1 ; 35, § 21 ; 36 (t[h]aul-) *dechmaide*, art. 37 (tul-) *dechmaidi*, art. 47 ; acc. *dechmad*, art. 43; *dechmaid*, art. 25. — Comp. Tul-dechmad.

Declam, malade. — Sg. dat. *decldim*, art. 20, § 80.

Deich, double portée. — Sg. acc. *deiche*, art. 22.

Déis, F. (ensemble de) vassaux. — Sg. dat. *déis*, art. 41. — Comp. Aire-désa.

Deithbire (s'oppose à Saidbre), nécessité. — Sg. nom. *deithbeire*, art. 7.

Delech, vache laitière. — Pl. dat. *delechaib*, art. 1.

Delg, N., épine. — Pl. gén. *deilg*, art. 42, § 32.

Dénim, III, je fais. — Prés. sg. 3 *déna*, art. 46, § 4 ; *déne*, art. 46, § 5 ; inf. Dénum. — Cf. Do-gniu.

Dénum, M. (sert d'infin. à Dénim), action. — Sg. nom. *dénum*, art. 26, § 4, § 5 ; *dénam*, art. 26, § 6 ; gén. *dénma*, art. 38, § 10 ; acc. *dénum*, art. 32, § 13.

Deo-rad, M. (comp. de di priv. et de rad ou rath « caution ; » cf. Urrad, « citoyen »), étranger, exilé. — Sg. nom. *deorad*, art. 3, § 8 ; gén. *deoraid*, art. 32, § 26. — Comp. Deorad Dé.

Deorad Dé, M. (litt[t] « exilé de Dieu »), pèlerin. — Sg. nom. *deorad Dé*, art. 3, § 8.

Derc, F., œil. — Voy. les comp. Ro-darc, Ro-derc, Ur-dairc.

Der-legaim (comp. de *der*, part. intensive et de *legaim*, « je fonds, je dissous »), je paye. — Pass. prés. sg. 3 *derlai[g]ther*, art. 6. — Cf. Ascoli, « Glossarium, » p. cxlix.

1. Di ; 2. De. 3. D'. (prép. avec dat.) 1) de, 2) par, 3) pour, 4) à cause de. — 1, Di 1) rubrique du ch. 1er ; art. 1 ; 14 ; 17 ; 20, §§ 79-80 ; 39, § 18. — Comb. avec l'art. pl. *dinaib*, art. 46, § 5 ; avec le pr. pers. 3 Sg. M. *de* = * *di-e*, art. 30 ; 43 ; 45 ; 48 ; pl. 3 *dib* = * *di-ib*, art. 37 ; avec le pr. rel. *día m-*, art. 33, § 5 ; *día n-*, art. 6 ; 28, § 48 ; *di-n-*, art. 42, § 10. — 2) art. 45. — 3) art. 1 ; 3, § 2. — Comb. avec le pr. pers. pl. 3 *dib*, art. 1 ; 37 ; avec le pr. poss. pl. 3, *día*, art. 3, § 2. — 4) art. 16. — 2. De 2) art. 45. — 3. D' 1) art. 3, § 8. — Voy. Di pour Do, Do pour Di, Día m-, Día n-.

Di (prép. empl. pour Do), 1) à 2), contre. — 1) art. 24, § 7. — 2) art. 23, § 2. — Cf. Di, Do.

Di, pr. pers. 2. — Voy. Do.

Di, d'e, deo, privatif.

Día, M., Dieu. — Sg. gén. (*deorad-*) *dé*, art. 3, § 8 ; dat. *día*, art. 16. — Comp. Deorad Dé.

Diabul (adj.), double. — Sg. acc. *diabul*, art. 17.

1. Día m-. 2. día n- (conj. comp. de *di*, prép., et du pr. rel.), quand, si. — 1. Día m-, art. 33, § 5. — 2. Día n-, art. 6; 28, § 48.

Días, F., deux personnes. — Acc. *dís*, art. 48.

Diburdud, M., injure (donnant droit à une indemnité du 21e de l'*enech-lánn*). — Sg. nom. *diburdud*, art. 42, § 15.

Di-chmairc (pour *di-com-airc*; litt¹ « sans demande [de permission] »), non permis. — Sg. nom. *dichmairc*, art. 28, § 48. — Cf. *com-aircim*, « je demande », Windisch, p. 439, col. 1.

Didiu (conj.), donc. — Art. 48.

Di-faésam (composé de Di, prépos., et de Faésam « protection »), [homme] de protection. — Sg. nom. *difaésam*, art. 13; *difaesaim*, art. 5.

Di-fo-leciud, M., (sert d'infin. à *di-follécim*), cessation de soins. — Sg. dat. *difoilgid*, art. 39, § 19.

Di-gal, F., vengeance. — Sg. dat. *digail*, art. 1.

Dil (adj.), juste. — Dérivés : *dilaim* sous Fo-dílaim; *díles* d'où vient Dílse. — Comp. Díl-maine.

Díl-maine (dérivé de *dílmain*, « légitime »), complète propriété. — Sg. acc. *dilmaine*, art. 37.

Dílse, F. (dérivé de *díles*, « propre »), propriété, appropriation. — Sg. nom. *dílsi*, art. 37; 47, § 2.

Dindis, serment purgatoire (cf. gl. *luigi*, « Anc. Laws of Ireland, » t. I, p. 188, l. 13, et p. 238, l. 2). — Sg. acc. *dindis*, art. 32, § 9; 44, § 3.

Dingbail, F. (= *do-ind-gabáil*), éloignement, débarras, écart.

— Sg. gén. *dingbála*, art. 39, § 18; dat. *dingbáil*, art. 39, § 19; acc. *dingbáil*, art. 20, § 20, § 29, § 34, §§ 78 à 80; 32, § 27; 44, § 6; (*moch-)dingbáil*, art. 3, § 7; *dingbáil m-*, art. 23, § 3. — Comp. MOCH-DINGBAIL.

DIR 1) (adj.), convenable, légitime; 2) (empl. subs¹), droit. — Sg. nom. *dír*, 1) art. 20, § 14; 40; 2) art. 40.

DIRE, F. (dérivé de DIR), composition, indemnité, amende. — Sg. nom. *díre*, art. 30; dat. *díre*, art. 28, § 38; acc. *díre*, art. 28, § 43.

DI-RENIM, I, je paye. — Pass. prés. sg. 3 *dírenar*, art. 16.

DIRIND, montagne. — Sg. acc. *dírind*, art. 35, § 23.

DITHIM, N., délai en fourrière. — Sg. nom. *dithim*, art. 22; 37; gén. *dithma*, art. 7; 37.

DITHRE (adj.), exclu de. — Sg. nom., *dithre*, art. 4.

DI-THREB, N. (Hogan, 170; litt¹ : « sans maison, ») désert. — Sg. dat. *díthrib*, art. 35, § 30.

DITIU, DÉTIU, F. (= * *do-em-tiu*; sert d'infin. à *do-emim*), protection. — Cf. Ascoli, « Glossarium, » p. LXV, LXVI. — Sg. gén. *diten*, art. 6; dat. *détiu* pour *détin*, art. 1. — Comp. COM-DÉTIU.

DIUBA, N. (Hogan, 182; sert d'infin. à *di-od-benim*, « je brise, ») rupture, brisement. — Sg. acc. *diubai*, art. 27, § 15; *diubu n-*, art. 35, § 26. — Cf. -BA et EPI.

DLECHTE (part. passé pass. de DLIGIM, employé adjectivement et substantivement), droit, (dû). — Sg. dat. *dlechta*, art. 22.

DLIGED, N. (sert d'infin. à DLIGIM), devoir, droit, obligation (envisagée du côté actif, — créance, — ou passif, — dette). — Sg. nom. *dligid*, art. 18; 20, § 77; 22; 37; acc. *dliged*,

art. 25; *dligedh*, art. 25; *dligid*, art. 15; 38, § 3. — Comp.
Ur-dliged.

Dligim, I, j'ai droit à. — Prés. pl. 3 *dlegait*, art. 15. — Inf.
Dliged. — Pass. part. passé Dlechte.

1) Do, 2) Di, 3) T' (pr. pers. 2), ton, ta, tes. — 1. Do, art. 26,
§ 9 à 12; 27, § 14, § 16, § 17, § 21, § 22, § 25, §§ 29-33; 28,
§§ 36-51; 29, § 63; 31; 32, § 3, § 15; 42, § 19, § 24, § 25; 45.
— 2. Di, art. 27, § 15; 42, § 24. — 3. T', art. 27, §§ 18-20,
§ 23, § 24; 28, § 44. — Comb. avec la prép. *i* « en » : *it'*,
art. 42, § 24.

Do (prép. avec dat.), 1) pour, 2) à, 3) contre. — 1) Art. 3,
§ 1; 19, § 1; 20, § 62; 23, § 3; 35, § 29, § 32; 42, § 23. —
— 2) Art. 19; 20, § 54, § 63; 28, § 61; 29, § 84, § 85; 32,
§ 5; 34, § 17; 38, § 4; 43. — Comb. avec l'art. pl. sans distinction de genre *do(naibh)*, art. 42; avec le pr. pers. 3 Sg.
M. *dó* = **do(-u)*, art. 18; 25; pl. *do(aib)*, art. 48. — Cf. Di
pour Do, Do pour Di.

Do (prép. empl. pour Di), de, par. — Art. 3, § 7; 16; 18; 20,
§ 78; 30; 34, § 17; 38, § 5; 44, § 1. — Comb. avec l'art.
Sg. M. *don*, art. 6; pl. sans distinction de genre *dona[ib]*,
art. 46, § 4; avec le pr. pers. 3 Sg. M. *dó* = **do(-u)* « par
lui, » art. 3, §§ 7-8; pl. *dó(ib)*, art 3, § 6. — Cf. Di, Do.

Do-, To-, T-, préfixe. — Voy. Tor- = *do- for-*, Tu- = *do- fo-*.

Do-agim, I, j'emmène. — Prét. en t sg. 3 *do- (sn-) acht*, art. 1.
— Infin. *táin*.

Do-airmim, III, j'énumère. — Prét. en s sg. 1 *do ruirmius*,
art. 30. — Cf. *ni ruirmiu*, Windisch, p. 750, col. 2; *do-
rimim* et *tuirmim*, ibid., p. 500; 856. — Cf. Ascoli, « Glossarium, » p. ccx.

Do-bongim, I, je saisis, j'obtiens. — Prés. sg. 3 *do-boing*,
art. 48; fut. en s sg. 3 *toraib*, art. 31. — Inf. Tobach.

Do-com-thétim, I, j'accompagne. — Prés. sg. 3 *docomthét*, art. 46, § 2; *docaemthét*, art. 46, § 4; *docaemt[h]ét*, art. 46, § 5. — Cf. Com-thétim, Con-im-t[h]étim.

Do-crinim, I, je meurs. (Cf. *arachrinim*, Zeuss[2], 429 a). — Parf. sg. 3 *do-ceirr*, art. 1. — Cf. *do-cérr*, Zeuss[1], 449 b, et *torchar* = *do-ro-char*, Windisch, p. 840, col. 1.

Do-fedaim, I (litt[t] « je conduis »), je précède. — Prés. sg. 3 *dofet*, art. 16 ; 20, § 59 ; *tofet*, art. 16. — Cf. Fedan.

Do-gellaim, II, je donne gage. —. Subj. sg. 3 *(no-)do-gella*, art. 33, § 6.

Do-gniu, III, je fais. — Prés. sg. 3 *dogni*, art. 46, § 3. — Cf. Dénim.

Do-grés (adv.), toujours. — Art. 48.

Do-midin, III, je mesure. —. Pass. prés. pl. 3 *do miditer*, art. 37. — Cf. Midiur.

Dono (conj.), donc. — Art. 43.

Do-renim, I, je donne. — Prés. sg. 3 *doren*, art. 35, § 32.

Do-selbaim, II, je possède. — Prés. sg. 3 *(ro-)da-selba*, art. 35, § 32.

Dosli, il doit, il mérite. — Sg. 3 *dosli*, art. 46, §§ 2-4; pl. 3 *dosliat*, art. 45. — La racine d'où vient ce verbe est inconnue : *dosli* est glosé par *tuillis no airiltnigis* (« Anc. Laws, » t. I, p. 242, l. 23-24 ; p. 244, l. 7, l. 13) ; *dosliat*, par les mêmes verbes (ibid., p. 238, l. 22-23) et par *airillit*, dans O'Don. Supp. 625. — Cf. Ascoli, « Glossarium, » p. cclxvii.

Droichet, pont. — Sg. gén. *droichitt*, art. 20, § 53.

Druth, M., fou. — Sg. gén. *druith*, art. 20, § 58 ; 26, § 9.

Duilchine, salaire. — Sg. acc. *duilchine*, art. 20, § 37; 24, § 5.

Duine, M., homme. — Sg. dat. *duine*, art. 16. — Comp. Duine-thaide.

Duine-thaide (comp. de Duine, « homme, » et de *taide*, « acte de voler, » dérivé de *taid*, « voleur »), vol d'homme. — Sg. gén. *duinethaide*, art. 32, § 9; 44, § 3.

Dûn, N., fort. — Sg. gén. *dúin*, art. 20, § 30; 38, § 10. — Dérivé : Dûnad.

Dûnad, N. (Hogan, 143 ; dérivé de Dûn), forteresse. — Sg. gén. *dúnaid*, art. 20, § 56; 29, § 65; dat. *dúnad*, art. 38, § 15 *a*.

Dûs (adv.) (= *do*, prép. « lat. ad » et de *fius*, sg. dat. de Fius, « science »), à savoir. — Art. 33, § 6.

E

E, hé, M., si, i, F., ed, edh, N., é, hé; Pl. (pr. pers. 3e pers.), il, elle, cela, ils, eux.

I) Sg. M. nom. *hé*, art. 15; prolept. (*is-*)*hé*, art. 48 ; acc. prolept. (*coruic*)*e*, art. 41. — Fém. nom. (*is-*)[*s*]*i*, art. 17 ; 25; 48; (*ol*) *si*, art. 48. — N. nom. *ed*, art. 18; *edh*, art. 37; acc. (*and-chen*)-*a*, (*ol-chen-*)*a* [Voy. ces mots]. — Pl. nom. prolept. (*it-*)*é*, art. 38; 40; 41; 44 ; (*hit-*)*é*, art. 45 ; (*it-*)*hé*, art. 47; gén. *de*, art. 45 ; 46, § 1 ; (*and-alai n-*)*di*, art. 48.

II) Pron. suff. avec les prép. — Sg. dat. M. N. *dó* = *do-u, art. 3, §§ 7, 8 ; 18 ; 25 ; *fair* = *for-i, art. 37 ; 43 ; 46, § 3 ; *oca*, art. 46, § 5 ; acc. N. *aire* = *ar-e, art. 17 ; 18 ; *imbi*, art. 48 ; *fris* = *fri-sin, art. 43. — Pl. dat. *dib* = *di-ib, art. 1 ; 37 ; *doaib*, art. 48 ; *dóib*, art. 3, § 6 ; *indib*, art. 37 ; *occaib*, art. 48 ; *huadaib*, art. 1 ; acc. *forru* = *for-sus, art. 48 ; *friu*, art. 22 ; 46, § 5 ; *leo*, art. 3, § 1.

III) Pron. suff. avec un verbe. — Pl. acc. enclit. *guidsi-us*, art. 48.

IV) Pron. infixes. — 1) D : M. *ni-d-goin*, art. 46, § 2 ; fém. *ro-d-gaba*, art. 4. — 2) S : Sg. M. *mani-s*, art. 4; fém. *ni-s-gaibet*, art. 5 ; *ni-s-gaib*, art. 5 ; *ro-s-midir*, art. 21 ; *ro-s-uc*, art. 25. — 3) S<small>N</small>- : Pl. fém. *do-sn-acht*, art. 1. — 4) A : Sg. fém. *im-a-thormaig*, art. 22 ; *im-a-t[h]ormaig*, art. 36. — 5) D<small>A</small> : Pl. fém. *no-da-reithet*, art. 40 ; *nu-da-reithet*, art. 40 ; *no-ta-gaib*, art. 37. — 6) N : Sg. M. N. : *fo-n-gelltais*, art. 25 ; *fo-n-glen*, art. 34, § 8 ; *nad-n-urgair*, art. 46, § 4. — 7) I<small>D</small> : Sg. fém. *nad-i[d]-fornaisc*, art. 4 ; *nad-i[d]-f[h]ornaisc*, art. 9 ; *nad-i[d]-ergéoin*, art. 4.

É-, Es-, Eis-, Ei-, part. privat. = lat. ex. — Voy. les mots E<small>C</small>-<small>CONN</small>, É-<small>COIR</small>, E<small>IS</small>-<small>TECH</small>, E<small>I</small>-<small>TÉCHTE</small>, E<small>S</small>-<small>BUID</small>, E<small>S</small>-<small>LINN</small>. — Cf. A<small>M</small>-, A<small>N</small>-, A<small>ND</small>-.

Éc, M., la mort. — Pl. dat. *écaib*, art. 32, § 6, § 8 ; 44, § 2.

E<small>C</small>-<small>CONN</small>, É-<small>CONN</small>, E<small>S</small>-<small>CONN</small> (adj.), privé de ses droits, incapable. — Sg. gén. *écuind*, art. 33, § 6 ; Pl. nom. *écuind*, art. 46, § 6 ; *escunid*, art. 46, § 6.

É<small>CEN</small> (adj.), nécessaire. — Sg. nom. *écen*, art. 43. — Ascoli, « Glossarium, » p. <small>LXIX</small> ; Whitley Stokes, « Urkeltischer Sprachschatz, » p. 32.

É<small>CEN</small>, F. (adj. empl. subst^t), viol (litt^t « nécessité »). — Sg. acc. *écen*, art. 29, § 79.

E<small>CH</small>, M., cheval, jument. — Sg. nom. *ech*, art. 20, § 3 ; gén. *eich*, art. 28, § 36 ; 42, § 20 ; Pl. acc. *eocha*, art. 32, § 20 ; *eochu*, art. 20, § 94 ; 28, § 59. — Dérivé : E<small>CHAID</small> (nom propre). — Composé : E<small>CH</small>-<small>COULLACH</small>.

E<small>CH</small>-<small>COULLACH</small>, M. (comp. de E<small>CH</small>, « cheval, » et de C<small>ULLACH</small>, « cochon »), étalon. — Sg. acc. *ech-coullach*, art. 20, § 94.

E<small>CLAIS</small>, F. (= lat. ecclesia), église. — Sg. gén. *ecalsa*, art. 20, § 11 ; *eclaisi*, art. 36.

Éondach, N. (Hogan, 173), malédiction magique. — Sg. acc. *éondach*, art. 29, § 67.

É-coir (adj.), incapable. — Pl. nom. *écoir*, art. 5.

Ecortach, F., contenu. — Sg. dat. *ecortaig*, art. 24, § 22.

Écuma (adj.), incapable. — Pl. nom. *écuma*, art. 5.

Eis-tech (adj.), sans maison. — Sg. gén. *eistig*, art. 38, § 9.

É-laim, III, j'échappe, je fais défaut. — Prés. sg. 3 *aslui*, art. 38, § 3, § 6, § 7, § 9 ; *elai*, art. 18 (peut-être le futur) ; prét. en s pl. 3 *asluiset*, art. 1 ; infin. Elod.

É-lod, Élud (sert d'infin. à Élaim), défaut. — Sg. dat. *élod*, art. 38, § 12. — Dérivé : Éluthach. — Cf. Cum-luth.

É-luthach (adj. dérivé de Élod), défaillant. — Sg. nom. *élutach*, art. 16.

Enech, visage, honneur. — Sg. nom. *enech*, art. 41 ; gén. (*lóg n-*)*ené[i]ch*, art. 6 ; (*lóg n-*)*ene[i]ch n-*, art. 20, § 36 ; Pl. nom. *aene[i]ch*, art. 43 ; dat. *inchuib*, art. 42, § 24. — Comp. : Enech-lann, Enech-ruice ; Lóg n-enech. — Whitley Stokes, « Urkeltischer Sprachschatz, » p. 48, considère comme non résolue la question de savoir si ce mot est masc. ou fém. Le P. Hogan, p. 178, le déclare neutre, mais les textes auxquels il renvoie ne paraissent pas justifier cette opinion. — Sur le sens de ce mot, voyez Ascoli, « Glossarium, » p. LXIII.

Enech-lann, F., prix d'honneur (élément variable de l'*éric*). — Sg. nom. *enechland*, art. 19, § 2 ; 40 ; gén. *enechlainde*, art. 40.

Enech-ruice, F., honte de visage. — Sg. nom. *enechruice*, art. 27, § 35.

Epaid, F., enchantement. — Sg. gén. *auptha*, art. 29, § 83.

Ep<small>I</small> = A<small>ITH</small>-<small>BE</small> (sert d'infin. à A<small>ITH</small>-<small>BENIM</small>), coupure. — Sg. acc. *epi*, art. 27, § 14. — Cf. -B<small>A</small>.

E<small>PSCOP</small>, M. (= lat. episcopus), évêque. — Sg. nom. *epscop*, art. 3, § 8.

E<small>R</small>-<small>DIBDUD</small>, M. (sert d'infin. à *air-dibdim*), acte de détruire. — Sg. dat. *erdidbud*, art. 42, § 23.

Ê<small>R</small>-<small>IC</small>, F., réparation, composition (formée d'un élément fixe : *coirp-dire* et d'un élément variable : *cnech-lann* ou *lóg n-enech*). — Sg. acc. *éiric*, art. 32, § 10 ; 44, § 4. — Pour l'étymologie de ce mot, voy. le précédent volume, p. 88. — Cf. Ascoli, « Glossarium, » p. LVIII.

E<small>RINTIU</small>, support de l'arbre d'une meule. — Sg. nom. *herintiu*, art. 20, § 77.

E<small>RNIM</small>, 1 (= *es-renim*), je paye. — Pass. futur. sg. 3 *ru-irther*, art. 4.

E<small>S</small>-<small>BUID</small>, F. (comp. de Es, priv., et de *buid*, infin. du v. subst. Bíu), défaut, mutilation. — Sg. nom. *esbuid*, art. 20, § 10 ; acc. *esbuid*, art. 29, § 70.

E<small>S</small>-<small>LINN</small> (adj. empl. subst[t] = *es-innill*, composé de Es priv. et de I<small>NNILL</small>, « sûr »), danger. — Sg. dat. *heslinn*, art. 46, § 5.

E<small>S</small>-<small>ORGAIN</small>, F. (anc[t] *es-orcun*), blessure grave. — Sg. nom. *esorgain*, art. 42, § 24.

E<small>SRECHT</small>, petit animal, jouet. — Sg. gén. *eisrechta*, art. 26, § 8 ; Pl. gén. *eisrechta*, art. 27, § 22 ; acc. *essrechta*, art. 20, § 66.

Ê<small>TACH</small>, N., vêtement. — Sg. nom. *étach*, art. 20, § 1. — Voy. É<small>TIUD</small>. — Cf. Ascoli, « Glossarium, » p. LXXIV.

Ê-<small>TAIRCIM</small>, III, j'aliène. — Pr. sg. 3 *étairce*, art. 35, § 32. — Le sens est donné par la gl. « Anc. Laws, » t. I, p. 206, l. 30 : *.i. na taircenn a muich*, « c'est-à-dire ne fait [aller] dehors. »

Etar-soarad, M. (sert d'infin. à *etar-scaraim*, comp. de *eter*, prép. « entre » et de *scaraim*, « je sépare »), séparation. — Sg. dat. *etarscarad*, art. 46, § 5.

É-techte, Ei-techte (adj.), illégal. — Sg. dat. *étechta*, art. 6 ; acc. *éitechta*, art. 28, § 59. — Comp. Tair-e-techte.

Eter, Etir, Etar (prép). entre. — Voy. Itir.

Etha, part. passé passif de la racine réduite *i*, « aller. » — Employé dans l'art. 1 avec le sens de « on alla, il alla. » — Cf. Zeuss², p. 256 ; Beiträge de Kuhn, VII, p. 26 ; Zeitschrift de Kuhn, XXVIII, p. 363-370 ; XXX, p. 71-78. — Dérivé : At-éthaim.

Ethar, N. (Hogan, 159), bac. — Sg. acc. *ethur*, art. 20, § 81.

Étiud, M. (sert d'infin. à *étim*), vêtement. — Sg. acc. *éitiud*, art. 28, § 55. — Cf. Étach.

F

Fabra, *abra* (littᵗ : « sourcil, paupière »), fanons (de baleine). — Pl. acc. *fabra*, art. 20, § 54. — Cf. Whitley Stokes, « A medieval tract of latine declension, » p. 5 et 45, n° 79.

Facabaim, I (= *fo-aith-gabim*), je laisse. — Prét. en s pl. 3, *facubsat*, art. 1 ; inf. Facbail.

Facbail, F. (sert d'infin. à Facabaim), acte de laisser. — Sg. nom. *facbáil*, art. 42, § 30.

Faesam, foesam, protection, adoption : *cor faesma*, « contrat d'adoption, » « Anc. Laws of Ireland, » t. III, p. 60, l. 13 ; *mac faesma, faesama, fuesma, faosma*, « ibid., » t. III, p. 52, l. 23, 24 ; p. 60, l. 3 ; t. IV, p. 206, l. 10, 12, 18 ; p. 208, l. 21, 36 ; p. 284, l. 16 ; p. 288, l. 15, 18, 19, 20 ; p. 290, l. 4. — Composé : Di-faesam.

FAITHCE, F. (*faidche*, Windisch, p. 536, col. 1), clos, pré clos. — Sg. gén. *faith[c]e*, art. 20, § 34; dat. *faithci*, art. 6; *faithchi*, art. 37; acc. *faithchi*, art. 38, § 2; Pl. dat. *faithchib*, art. 37. — Cf. Windisch, « Irische Texte, » I, p. 76, l. 1.

FALLACH, négligence. — Voy. FOLLACH.

FASACH, maxime, brocard. — Pl. dat. *fasachaib*, *fasaigib* (pour l'acc.), art. 40.

FEB, F., dignité. — Sg. gén. *febe*, art. 26, § 12.

FÉCHEM, M. (dérivé de FIACH), débiteur, défendeur. — Sg. gén. *fécheman*, art. 34, § 8; *féicheman*, art. 38, § 3. — Ce mot a dû avoir la même fortune que le latin « reus; » il désignait d'abord les deux parties dans un procès, demandeur et défendeur; c'est encore le sens qu'il a dans « Anc. Laws, » t. I, p. 258, l. 21; t. II, p. 84, l. 23; la preuve en résulte aussi du fait que le « demandeur » s'appelle *fechem toicheda* = « reus persecutionis » (« Anc. Laws », t. I, p. 294, l. 15-16; l. 29-30; t. II, p. 18, l. 6; p. 84, 23). Mais le sens le plus fréquent est celui de « défendeur » ou « débiteur » : par exemple, *at fechem dom*, « es debitor ad me, » glose « mihi debes » dans Wurzbourg 32ᵃ gl. 21 (éd. Whitley Stokes, p. 186; Zeuss², p. 18ᵇ); *diar fechemnaib* traduit « debitoribus nostris » du « Pater noster » dans le *Leabhar Breac*, p. 248, col. 1 (O'Donovan, « A Grammar of Irish Language, » p. 442); *fecheman .i. bibdaid*, glose « obnoxii » dans Milan cité par Whitley Stokes (« Gòidelica »², p. 25).

FEDAN, F. (dérivé de *fedaim*, « je transporte »), charroi. — Sg. gén. *fedna*, art. 20, § 32. — Cf. DO-FEDAIM.

FÉINE (littᵗ nom. des habitants de l'Irlande), roturier. — Pl. dat. *féinib*, art. 16. — Voy. le n. propre FÈNE.

FEIS, F., repas. — Sg. gén. *feise*, art. 42, § 5.

FÉITH-GEIR (comp. de *féith*, « nerf, » et de *geir*, « graisse »), graisse de nerf. — Sg. acc. *féithgeir*, art. 24, § 12.

FÉLE, F., honneur. — Sg. acc. *féile*, art. 38, § 7.

FÉNNID, M., guerrier. — Sg. gén. *fénneda*, art. 35, § 31. — Cf. FÍAN.

FER, M., homme. —. Sg. nom. *fer*, art. 5; 46, § 2; gén. *fir*, art. 26, § 9; 32, § 5; 34, §§ 7 à 17; 35, § 20; 44, § 1; dat. *fir*, art. 29, § 85. — En composition : FER-ÉCHTUS.

FÉR, N. (Hogan, 155), pré. — Sg. dat. *fér*, art. 28, § 60; Pl. dat. *féraib*, art. 42, § 31. — En composition : FÉR-GLETHECH (nom propre).

FERAIM, II, je fais. — Prét. en s sg. 3 *ferais*, art. 1.

FERB, F., vache. — Pl. acc. *ferba*, art. 1.

FER-ÉCHTUS (comp. de FER, « homme, » et de *échtus*, dérivé de *écht*, « meurtre »), homicide. — Sg. acc. *feréchtus*, art. 1.

FERTAS, fuseau à lin. — Sg. acc. *fertáis*, art. 24, § 9; Pl. dat. *feirtsib*, art. 24, § 8.

FERTE, F., tombeau. — Sg. gén. *ferta*, art. 32 § 3. — Voy. FERTA (nom propre). — Sur ce mot, voy. Hogan, « Vita sancti Patricii, « p. 174; Whitley Stokes, « Tripartite Life, » p. 649. — On trouve aussi le mot *fert*, N., Hogan, 206.

FETAR (prét. dép. de la rac. *vid-*), je sais. — Pl. 3 *fetatar*, art. 48. — Inf. FIUS. — Sur le *t* de *fetar*, cf. DO-FEDAIM.

FÍACH, M., dette. — Sg. nom. *fiach*, art. 46, § 3; gén. *féich*, art. 46, § 1, § 2, § 4; Pl. acc. *fiachu*, art. 46, § 2, § 3. — Dérivé : FÉCHEM. — Comp. : LAN-FIACH, LETH-FIACH.

FÍADNAISE, N. (dér. de FÍADU), témoignage. — Sg. nom. *fiadnaise*, art. 3, § 8; gén. *fiadnaise*, art. 38, § 5; acc. *fiadnaise*, art. 14; 20, § 62.

Fīadu, M., témoin. — Pl. acc. *fiadna*, art. 48. — Dérivé : Fīadnaise. — Voici des indications complémentaires sur la déclinaison de ce mot : Sg. acc. *fiadain*, ms. de Milan cité par Wh. Stokes, « Urkeltischer Sprachschatz, » p. 264 ; Pl. nom. *fiadain*, « Anc. Laws of Ireland, » t. I, p. 268, l. 9 ; p. 300, l. 30 ; t. II, p. 326, l. 13-14 ; p. 332, l. 15 ; gén. *fiadan*, t. IV, p. 18, l. 24, 27 ; dat. *fiadnaib*, t. II, p. 308, l. 21 ; p. 328, l. 16 ; *fiadnuib*, t. II, p. 18, l. 4, 17 ; acc. *fiadna*, t. II, p. 328, l. 10 ; *fiadnu*, t. II, p. 306, l. 19, 28. — Ces formes s'expliquent par un thème en *n* ; il faut un thème en *io* pour expliquer le duel nom. *fiadne*, t. IV, p. 4, l. 5.

Fīam, chaîne. — Sg. dat. *fiam*, art. 15.

Fīan, M., guerrier. — Pl. gén. *fiann*, art. 35, § 29. — Cf. Fēnnid.

Fichim, I, je livre un combat. — Part. passé passif *fechtae*, art. 48.

Fid, N. (Hogan, 203), F. (art. 32, § 12), arbre, bois, forêt. — Sg. gén. *feda*, art. 27, § 14 ; 32, § 12 ; acc. *fid*, art. 20, § 52. — Composés : Fid-ba, Fid-breth, Fid-chell.

Fid-ba, N. (comp. de Fid, « bois, » et de -B.), serpe. — Sg. gén. *fidbai*, art. 28, § 41 ; acc. *fidbae*, art. 20, § 72. — C'est le lat. « vidubium, » v. fr. « vouge. » — Cf. -Ba, Benim et Epi.

Fid-breth, F. (comp. de Fid, « bois, » et de Breth, « jugement »), jugement [rendu en matière] de bois. — Pl. nom. *fidbretha*, art. 30.

Fid-chell, F., jeu d'échecs. — Sg. acc. *fi[d]chill*, art. 20, § 82. — Cf. Whitley Stokes, « Urkeltischer Sprachschatz, » p. 280.

Fige, F., tissage. — Sg. gén. *fige*, art. 24, § 13.

Fil (v. unipersonnel), est. — Prés. sg. *fil*, art. 7; 33, § 1; 48.

File, M., poète. — Sg. gén. *filed*, art. 44, § 7; *filid*, faute pour *filed*, art. 32, § 28; Pl. gén. *filed*, art. 36.

Find (adj.), blanc. — Sg. nom. ms. *find*, art. 1.

Fine, F., famille. — Sg. acc. *fine*, art. 47, § 4. — Composé : Fine-breth. — Personnifié dans le nom propre Finech.

Fine-breth, F. (comp. de Fine, « famille, » et de Breth, « jugement »), jugement de famille. — Pl. nom. *finebretha*, art. 30

Fir 1) (adj.), vrai, juste. — Sg. nom. N., *fir*, art. 19, § 1. — Superl. *firium*, art. 15. — Composés : Fir-breth, Fir-recht. — Dérivé : Firinde. — 2) (employé substantiv^t), justice, droit, vérité, épreuve judiciaire. — Sg. nom. *fir*, art. 25; 34, § 14; 48; gén. *fira*, « Anc. Laws of Ireland, » t. III, p. 20, l. 21; dat. *fir*, art. 22; acc. *fir*, art. 24, § 33.

Fir (adj.), blanc. — Pl. acc. fém. *fira*, art. 1.

Fir-breth, F. (comp. de Fir, « juste, » et de Breth, « jugement »), juste jugement. — Pl. dat. *firbrethaib*, art. 36.

Firinde, F. (dér. de Fir, « vrai »), sincérité. — Sg. dat. *firinde*, pour *firindi*, art. 1.

Fir-recht, N. (comp. de Fir, « juste, » et de Recht, « droit »), juste droit. — Pl. dat. *firechtaib*, art. 36.

Fius (sert d'infin. à Fetar), connaissance. — Sg. dat. *fis*, art. 32, § 10; 44, § 4. — Composés : Air-fius, Cubus = *com-fius*, Dús = *do-fius*.

Flaith, lait, bière, tout liquide en général. — Sg. nom. *flaith*, art. 1 (l'édition des « Anc. Laws, » t. I, p. 68, porte *laith*; la bonne leçon est donnée par le « Glossaire de Cormac » au mot *Flaith*, article premier de la lettre F).

Flaith, F., chef, noble. — Sg. gén. *flatha*, art. 32, § 3; 34, § 13; 38, § 15 d; 42, § 19; Pl. gén. *flatha*, art. 36, 41. — Dérivé : Flaithemnus.

Flaithemnus, M. (dérivé de Flaith), seigneurie. — Sg. gén. *flaithemnusa*, art. 26, § 11.

Fled, F., repas. — Sg. gén. *flede*, art. 26, § 13; *fledi*, art. 20, § 10; acc. *fle[i]d*, art. 34, § 13.

Flesc, F., baguette. — Sg. acc. *flesc*, art. 24, § 14.

Fo (prép. avec dat. et acc.) 1) sous, 2) selon. — 1) Art. 1. — 2) Art. 15. — S'emploie en composition avec les verbes et subst.

Fó (adj.), capable de. — Sg. nom. *fó*, art. 4.

Foaim, je dors. — Parfait pl. 3 *foetar*, art. 1.

Fo-bíth, à cause de. — Art. 48.

Fo-brithe (dérivé de *fo-berraim*, composé dont le second terme est *berraim*, « je tonds ») (acte de) raser, tondre (le drap). — Sg. acc. *fobrithe*, art. 20, § 38; 24, § 6.

Focenn, blé mûr. — Sg. gén. *fochend* (semble une faute pour *fochind*), art. 28, § 48; acc. *focenn*, art. 20, § 51.

Fo-c[h]anim, I, je chante sous, je sonne sous. — Prés. sg. 3 *foc[h]ain*, art. 20, § 85.

Fo-chraic, F., salaire. — Sg. gén. *fochraice*, art. 26, § 9.

Fo-co-slim, je prends, je saisis (sens donné par la glose *beris*, « Anc. Laws, » t. I, p. 152, l. 32). — Prés. sg. 3 *focoisle*, art. 24, § 29; 30. — Infin. Foxal =* *fo-co-sal*. — Cf. Co-sal.

Focra n-, *focre*, N. (sert d'infin. à *fo-od-gairim*), signification, commandement (terme de procédure). — Sg. nom. *focra n-*, art. 42, § 18. — Comp. Aur-focre. — Cf. Gairim.

Fo-deisin (pronom) (= *bad*, « serait, » *e*, « lui, » *sin*, « ci ») même. — Art. 41.

Fo-dilaim (dér. de Díl « juste »), je paye. — Subj. sg. 3 *fo-dila*, art. 35, § 20.

Fo-gellaim, Fuiglim, I, je juge. — Prés. sec. sg. 3 *fuigled*, art. 48; pl. 3 *fo-(n)-gelltais*, art. 25. — Inf. Fui-gell.

Fo-glaid, M. (dér. de *fo-gal*), dévastateur. — Sg. nom. *foglaid*, art. 35, § 32.

Fo-gniu, III, je sers. — Prés. sg. 3 *fognai*, art. 40; pl. 3 *fognat*, art. 20, § 77. — Composé *aur-fo-gniu* sous Aur-fo-gnum.

Foichlige (adj.), qui fouille. — Pl. acc. *foichlige*, art. 32, § 23.

Fo-imm-rimm, N. (sert d'infin. à *fo-imm-rethim*), usage d'un cheval. — Sg. nom. *foimrim*, art. 42, § 20. — Cf. Fo-rethim, Imm-rimm ; et, quant au sens juridique, Fo-mailt.

Fo-indlethach (dér. de Fo-indlim), défaillant. — Sg. gén. *foindlethaig*, art. 47, § 4; § 5.

Fo-indlim, je fais défaut à. — Prés. sg. 3 *fo-(n)-indle*, art. 47, § 4, § 5. — Dérivé : Fo-indlethách.

Foircsiu, F. (= *for-aith-cestiu*), vue. — Sg. dat. *foircsiu* (mieux *foircsin*), art. 45. — Cf. Aircsiu et Taircsiu.

Fo-lach (sert d'infin. à *fo-laigim*), cachette. — Sg. acc. *folach*, art. 35, § 29.

Fo-lach (var. de *fulang*, sert d'infin. à Fo-longim), entretien, support. — Sg. nom. *folach*, art. 42, § 14. — Premier terme de composé : Folach-c[h]ís, art. 42, § 12.

Folach-c[h]ís, M. (composé asyntactique dont le premier terme détermine le second), rente de support. — Sg. nom. *folach-cís*, art. 42, § 12. — Il serait inexact de rendre ce composé (ci-dessus, p. 335) par « support de rente. »

Folad, N. (substance), salaire. — Sg. acc. *folud*, art. 46, § 5 ; Pl. gén. *folad m-*, art. 42, § 22.

Fol-derb (comp. de *fol*, « poignée, » et de *derb*, « baratte »), tasse. — Sg. acc. *folderb*, art. 20, § 46.

Follach (sert d'infin. à Follaigim), négligence. — Sg. nom. *fallach*, art. 33.

Follaigim, je néglige. — Pass. prés. sg. 3 *ro-follaigther*, art. 7 ; Inf. Follach.

Follscud, M. (sert d'infin. à *fo-loiscim*), incendie. — Sg. dat. *follscud*, art 27, § 27.

Fo-lomrad, M. (sert d'infin. à *fo-lomraim*), dépouille, mise à nu. — Sg. dat. *folomrad*, art. 27, § 26 ; 28, § 39 ; 29, § 63, § 72.

Fo-longim, I, je supporte. — Prés. sg. 3 *foluing*, art. 16.

Fo-mailt (sert d'infin. à *fo-melim*), usure (c'est-à-dire acte d'user une chose). — Sg. dat. *fomailt*, art. 28, § 37, § 41. — Cf. Mbleith, et quant au sens juridique, Fo-imm-rim.

For (prép. avec dat. et acc.) 1) sur, 2) dans, 3) contre, 4) pour, 5) en vertu de, 6) conformément à. — 1) Art. 1 ; 2 ; 3, § 8 ; 14 ; 18 ; 22 ; 25 ; 27, § 35 ; 28, § 59 ; 29, § 75 ; 30 ; 31 ; 34, § 10, § 11 ; 37 ; 41 ; 42, § 23 ; 48. — Comb. avec le pr. pers. 3 Sg. M. N. *fair* = **for-(i)*, art. 37 ; 43 ; 46, § 3 ; Pl. acc. *forru* = **for-(sús)*, art. 48. — 2) Art. 12 ; 28, § 62. — 3) Art. 16 ; 23, § 3. — 4) Art. 20, §§ 93-97 ; 32, § 17, § 18. — 5) Art. 22. — 6) Art. 22.

For-aire, F., garde. — Sg. gén. *foraire*, art. 32, § 16.

For-brisim, III, j'écrase. — Prés. sg. 3 *forbrise*, art. 3, § 8.

For-cur, *for-cor*, N. (Hogan, 163), viol. — Sg. dat. *forcur*, art. 27, § 34.

Fo-rethim, *fo-riuth*, I, (comp. de *fo*, prép. « sous, » et de *rethim*, « je cours, ») je secours. — Prés. sg. 3 *foreith*, art. 38, § 8 ; Pl. 3 *(no-da-)reithet* = *(no-da-)[fo]-reithet*, art. 40 *(nu-da-)reithet* = *(no-da-)[fo]-reithet*, art. 40. — Cf. Fo-imm-rimm.

For-gabail, F., saisie en sus. — Sg. dat. *forgabáil*, art. 6.

For-gell, N. (sert d'infin. à For-gellaim), témoignage. — Sg. nom. *forgell*, art. 3, § 8 ; dat. *(gú)-forgill*, art. 45. — Comp. Gú-forgell.

For-gellaim, *fuirglim*, II, je témoigne. — Prés. sg. 3 *fuirgle*, art. 4. — Inf. For-gell.

For-imm-thecht, F. (composé des préfixes *for* et *imm* et de *techt*, subst. abstrait servant d'infin. au verbe *tiagaim*, « je vais »), marche. — Sg. dat. *forimt[h]echt*, art. 45.

For-nascim, I, je lie. — Prés. sg. 3 *fornaisc*, art. 4 ; *f[h]ornaisc*, art. 9.

For-recht, N., obligation collective. — Pl. acc. *forrechtu*, art. 15.

Forus = * *for-foss*, M. (serait N. suivant Hogan, 165), fourrière. — Sg. gén. *forais*, art. 14 ; dat. *forus*, art. 37. — Cf. *arus*, Windisch, « Irische Texte, » t. I, p. 375.

Fo-suidim, III, j'entretiens. — Pass. prés. sg. 3 *fosuidethar*, art. 20 § 55.

Fot, longueur. — Sg. dat. *fut*, art. 37.

Fót-bach, N. (Hogan, 171 ; le sens est donné par la glose *mona*, gén. de *móin*, « Ancient Laws, » t. I, p. 172, l. 4), pré marécageux. — Sg. gén. *fótbaig*, art. 28, § 48. — Ce mot est composé de *fót*, « pré, » et de *bach* servant d'infin. à *bongim*, « je brise, je moissonne ; » voir Zimmer, « Revue de Kuhn, » t. XXX, pp. 9-13. — Cf. To-bach.

Fo-thla (sert d'infin. à *fo-thlenim*), vol. — Sg. dat. *fothla*, art. 28 § 44. — On trouve le verbe *fo-thlenim* au prés. sg. 3 *fo-tlcan*, « Anc. Laws, » t. II, p. 282, ll. 8, 17.

Fo-thugad, M. (sert d'infin. à *fo-thaigim*), (acte de subvenir en général aux besoins de quelqu'un), entretien, nourriture. — Sg. gén. *fothu[g]da*, art. 39, § 17.

Foxal, Foxul (= * *fo-co-sal*, sert d'infin. à *fo-co-slim*), enlèvement, saisie. — Sg. nom. *foxul*, art. 20, § 17; dat. *foxal*, art. 27, § 22, § 29 ; 32, § 16 ; acc. *foxal*, art. 32, § 11 ; 44, § 5.

Fres-lige, N. (Hogan, 184), compagnie de lit. — Sg. dat. *freislige*, art. 15.

Fri = Frith (prép. avec l'acc.), 1) contre, 2) pour, 3) en, dans, 4) à, 5) sur. — 1) Art. 4 ; 15 ; 35, § 28 ; 37. — Comb. avec le pr. pers. 3 Sg. N. *fris* = * *fri-sin*, art. 43. — 2) Art. 6 ; 15 ; 20, §§ 1-5. — 3) Art. 15 ; 29, § 77 ; 34, § 11 ; 38, § 2. — 4) Comb. avec le pr. pers. 3 pl. *fri-(u)*, art. 22 ; 46, § 5. — 5) Art. 33, § 5. — Comb. avec le pr. rel., voy. Fris.

1. Fris 2. Fris-sa- 3. Fri-sn- (pour Frith prép. préfixe et San, forme du pr. rel.), 1) contre qui, contre quoi, 2) pour qui. — 1. Fris 1) Art. 28, § 54 ; 38, § 13 *b*. — 2) Art. 48. — 2. Fris-sa 1) Art. 18. — 3. Fri-sn- 1) Art. 48.

Fu-ba, N., attaque, (acte de) chasser, expulsion. — Sg. nom. *fuba*, art. 26, § 7 ; 42, § 4 ; dat. *fuba*, art. 27, § 21 ; acc. *fuba n-*, art. 29 § 81. — Cf. -Ba et Epi.

Fubtud, M., (acte d') effrayer. — Sg. dat. *fubtud*, art. 29, § 74.

Fuidir, serf (pendant les trois premières générations). — Sg. nom. *fuidir*, art. 5 ; 15 ; dat. *fuidir*, art. 20, § 63. — Voy. plus haut, p. 250. — *Fuidir* = *fo-dair* ?

Fui-gell, N. (sert d'infin. à Fo-gellaim), jugement. — Sg. dat. *fuigiull*, art. 18 ; acc. *fuigell*, art. 35, § 22.

Fuiglim, je juge. — Voy. Fo-gellaim.

Fu-illim, III, je gagne. — Prés. consuétudinal sg. 3 *fuillend*, art. 10.

Fuirglim, je témoigne. — Voy. For-gellaim.

Fulla, fou. — Sg. nom. *fulla*, art. 5; 15.

Fu-lus (comp. de *fo*, « sous, » et de *los*, « produit »), petit profit. — Pl. acc. *fulusa*, art. 32, § 22.

G

Gabal, Gabail, F. (sert. d'infin. à Gabim), saisie, prise de possession. — Sg. nom. *gabáil*, art. 1; gén. *gabála*, art. 35, § 30; dat. *gabáil*, art. 1 ; 6; (*marb-*)*gabáil*, art. 32, § 1. — Composés : Ath-gabail, Con-gbail, Dingbail, Facbail, For-gabail, Marb-gabail, Tocbail.

Gabim, I, je saisis, je prends. — Prés. sg. 3 (*ni-s-*)*gaib*, art. 5; (*no-ta-*)*gaib*, art. 37; (*a-sap-*)*gabaid*, art. 1; rel. *gaibes*, art. 46, § 5; pl. 3 *ni-s-gaibet*, art. 5 ; subj. sg. 3 *ro(-d-)gaba*, art. 4 ; pass. prés. sg. 3 *ro(-n-)gabthar*, art. 6 ; *gaibther*, art. 15 ; 37; subj. pl. 3 *ro gabaiter*, art. 6 ; *ragba[d]*, art. 25. — Inf. Gabal. — Comp. Facabaim.

Gaire, soins, entretien. — Voy. Goire.

Gairim, Garim, I, je crie. — Voy. les comp. Ad-garim, *aur-food-gairim* sous Aur-focre, *aur-gairim* sous Aur-gaire, *food-gairim* sous Focra n-, Ur-garim.

Gais, sagesse. — Sg. acc. *gáis*, art. 25.

Gait, F. (Atkinson) (sert d'infin. à *gataim*), vol. — Sg. dat. *gait*, art. 28, § 40 ; 45.

Gamen, M., peau. — Pl. acc. *gaimniu*, art. 33, § 5.

Gal, F., bravoure. — Voy. les comp. Di-gal, *fo-gal* sous Fo-glaid, Ur-gal.

Gell, N., gage. — Sg. nom. *gell*, art. 18 ; gén. *gill*, art. 37 ; 47, § 8 ; Pl. dat. *geallaib*, art. 18. — Dérivé : Gellaim. — Comp. For-gell, Fui-gell.

Gellaim, II (v. dérivé de Gell), je donne gage. — Prés. sg. 3 *gella*, art. 16 ; pass. prés. sg. 3 *gelltar*, art. 37 ; part. passé *gellta*, art. 1. — Comp. Con-gellaim, Do-gellaim, Fo-gellaim, For-gellaim.

Giall, M., otage. — Sg. gén. *géill*, art. 47, § 7.

Giallna, vassalité servile. — Sg. gén. *gtallna*, art. 26, § 13. — Cf. « Anc. Laws of Ireland, » t. II, p. 222, l. 2.

Glass, M. (Atkinson), (serrure), entrave. — Sg. dat. *glais*, art. 15 ; acc. *glas*, art. 20, § 84.

Glêim, III, j'éclaircis. — Dép. subj. sg. 3 *ro gléitir*, art. 33, § 6 ; pass. part. fut. *gléithi*, art. 31.

Glenim, I, je reste fixé. — Voy. le comp. *fo-glenim* dans les additions.

Glethech (adj. dérivé de *gelim*), mangeur. — Sg. nom. (*Fér*)-*glethech*, art. 1. — Voy. Fér-glethech (nom propre).

Gnath (adj.), accoutumé à, usité. — Comparatif *gnáthu*, art. 48. — Composé : Gnath-choir (nom propre), « habituellement juste », « coutumier de justice » (ci-dessus, p. 12).

Gnia, M. (dérivé de Gnîm), ouvrier, cultivateur (sens donné par la gl. *briugud*, « Anc. Laws, » t. I, p. 134, l. 1 ; cf. Briugu). — Sg. gén. *gniad*, art. 20, § 42, § 73.

Gnîm, III, je fais. ⚹ Inf. Gnîm. — Dérivé : Gnia. — Comp. *aur-fo-gniim* sous Aur-fo-gnum, Fo-gniu.

Gnîm, M. ou N. (Hogan, 207 ; sert d'infin. à Gnîm), acte, action.

— Sg. acc. *gnim*, art. 46, § 2 ; Pl. dat. *gnimaib*, art. 46, § 4 ; § 5 ; acc. *gnimu*, art. 29, § 80 ; 46, § 3. — Comp. : Aur-fo gnum, Imm-chon-gnum, Mi-gnîm.

Gninim, je sais. — Comp. Air-gninim.

Gnius, F., visage. — Sg. dat. *gnius*, art. 1.

Gô, F., mensonge. — Sg. nom. *gô*, art. 19, § 3. — En comp. Gû dans Gû-forgell, Gû-liud, Gû-maideam, Gû-scandail.

Goba, M., forgeron. — Sg. gén. *gobann*, art. 20, § 41.

Goire, Gaire, F., soins, entretien. — Sg. acc. *gaire*, art. 20, § 59, § 61 ; *gaire n-*, art. 20, § 58, § 60. — Comp. Au-gaire.

Gonim, I, je tue, je blesse. — Prés. sg. 3 *goin*, art. 46, § 3, (*ni á-)goin*, art. 46, § 2 ; inf. Guin. — Comp. Imm-ar-gonim.

Gort, M., champ, champ de blé, moisson. — Sg. nom. *gort*, art. 34, § 16 ; gén. (*lob*)-*guirt*, art. 28, § 39 ; Pl. acc. *gurta*, art. 38, § 2. — Comp. Lub-gort.

Graig, N., troupe de chevaux. — Sg. gén. *grega*, art. 27, § 21.

Grèss, injure, insulte. — Sg. nom. *grés*, art. 27, § 35 ; gén. *gréisi*, art. 1. — Comp. Trom-grèss.

Gû-, mensonger, faux (adj). — Voy. Gô.

Gû-forgell, N., faux témoignage. — Sg. dat. *gú-forgill*, art. 45.

Guidim, III, je prie. — Prét. sg. 3 *guidsi*(*-us*), art. 48.

Guin, N. (sert d'infin. à Gonim), meurtre, blessure. — Sg. gén. *gona*, art. 46, § 6 ; dat. *guin*, art. 1 ; 45.

Gû-liud, M. (comp. de *gú* = Gô en comp. « mensonge, » et de Liud servant d'inf. à *llim*, « j'actionne »), injuste procès. — Sg. acc. *gúliud*, art. 32, § 34 ; 44, § 10.

Gû-MAIDEAM, F. (comp. de *gû* = Gô en comp. « mensonge, » et de *máideam* servant d'infin. à *móidim*), vanterie mensongère. — Sg. acc. *gûmáideam*, art. 32, § 7.

Gû-SCANDAL (comp. de *gû* = Gô en comp. « mensonge, » et de SCANDAL, « scandale »). — Sg. gén. *gû-scandail*, art. 29, § 73.

H

H. — Les mots commençant par cette lettre doivent être cherchés aux voyelles qui la suivent. — Ex. : HI, voy. I, etc...

I

1. I, 2. HI, 3. A, 4. I N-, 5. IND, 6. IL, 7. A M- (prép. avec dat. et acc.), 1) en, dans, 2) à, 3) pour, 4) sur, 5) avec. — 1. I. 1) Art. 20, § 76, § 81; 21; 25; 27, § 23, § 24; 29, § 75, § 76; 32, § 1, § 2; 37; 38, § 15 *b*, § 15 *c*; 45; 46, § 2; 48. — 2) Art. 22. — 3) Art. 23, § 2; 26, § 10, § 12; 28, § 39, § 44, § 50; 29, §§ 63-65, § 74. — 4) Art. 24, § 8. — 5) Art. 29, § 78. — 2. HI. 1) Art. 3, § 7; 7; 28, § 60. — 2) Art. 25. — 3) Art. 20, §§ 25-28; 27, §§ 18-23, § 29, § 33; 28, § 37, § 41; 32, § 16. — 6) Art. 1; 6. — 3. A. 1) Art. 15; 37. — 4. I N-. 1) Art. 1; 2; 15; 20, § 33, § 75; 25; 35, § 30; 38, § 15 *a*; 40; 46, § 5. — 2) Art. 48. — 3) Art. 20, § 32, § 33, § 69; 27, §§ 25-28, § 31, § 32, § 34; 28, § 36, § 38, § 40. — 5. IND. 1) Comb. avec le pr. pers. 3 pl. dat. *ind(ib)*, art. 37. — 6. IL. 2) Art. 1. — 3) Art. 28, § 49. — 7. A M-. 1) Art. 37.

I. (abréviation d'*idôn*) (conj.), c'est-à-dire. — Art. 46, § 6.

I, particule démonstrative. — Voy. INT-î.

IADAG, *iadach*, sac. — Sg. acc. *iadag*, art. 24, § 22.

IADAIM, II, j'enferme. — Impér. sg. 3 *iadad*, art. 12.

IAN, F., vase. — Sg. gén. *êne*, art. 28, § 37.

1. Iar, 2. Iar n- (prép. avec dat.), 1) après, 2) d'après. —
1. Iar. 1) Art. 25; 37. — 2) Art. 22; 36. — 2. Iar n-.
1) Art. 32, § 6, § 8, § 10; 38, § 12; 39, § 19; 44, § 2, § 4.
— Voy. Iar cûl, Iarm-ûa, Iar-rad, Iarum.

Iar cûl (adv.) (littᵗ « après dos »), derrière. — Art. 25.

Iarm-ûa, M. (comp. de *iarm* « après, » et de *ûa*, « petit-fils »),
descendant au 3ᵉ degré. — Sg. gén. *iarmúi*, art. 31.

Iar-rad (comp. de *iar*, « après, » et de *rath*, ordinairement
« animaux donnés en cheptel »), prix d'éducation. — Sg.
gén. *iarraith*, art. 38, § 13 *b*; acc. *iarrad*, art. 28, § 54.

Iarrair (sert d'infin. à *iarraim*), demande. — Sg. acc. *iar[r]air*,
art. 1.

Iarum (adv. considéré comme le superlatif de Iar n-), après
cela. — Art. 1.

Ic, paiement. — Voy. Eric.

Id-, Ed-, Ud-, préfixe = Aith-.

Il (adj.), beaucoup. — En composition *il-(benda)*, art. 1.

Il (prép. pour *i n-*). — Voy. I.

Illim, Ill, je mérite. — Composés : Fu-illim, *tu-illim* sous
Tu-illem. — Cf. Ascoli, « Glossarium, » p. lxxxi.

Imb (prép.), autour. — Voy. Imm.

Imbe, Imme, Imb, N. (Hogan 184), F. (Whitley Stokes, « Urkeltischer Sprachschatz, » p. 34-35 ; Ascoli, « Glossarium, »
p. xcii), clôture. — Sg. acc. *im[b]e*, art. 38, § 2.

Imda, F., lit. — Sg. gén. *imda*, art. 29, § 81.

1. Imm, 2. Im, 3. Imb (prép. avec l'accus.) (littᵗ « autour »). —
1) pour, 2) à propos de, 3) dans. — 1. Imm. 1) Art. 29, § 68.
— 2. Im. 1) Art. 20, §§ 20-24, §§ 29-68, §§ 70-101 ; 21 ; 23, § 1,
§ 3 ; 24, §§ 4-33 ; 26, § 9 ; 27, §§ 15-17, §§ 42-43, §§ 47-48,

§ 51, §§ 56-59 ; 28, §§ 42-43, §§ 45-48, § 51, §§ 56-59 ; 29, §§ 66-67, §§ 69-71, § 73, § 77, § 83 ; 32, §§ 3-15, § 17, §§ 19-32 ; 33, §§ 2-4 ; 35. §§ 21-32 ; 38, § 2 ; 44, §§ 1-10 ; 48. — 2) Art. 3, § 6. — 3) Art. 33, § 1. — 3. Imb. En composition avec le pron. pers. 3 sg. N. : *imb-i*, « sur cela, » art. 48. — Se combine avec les verbes et les noms dans le sens de « autour, » ou comme augmentatif.

Imm-anaim, II, je retarde. — Imp. sg. 3 *imanad*, art. 48 ; pass. prét. sg. 3 *immanad*, art. 48. — Cf. Windisch, p. 621, col. 1.

Imm-ar-gonim, I, (je tue), je combats. — Pass. prét. sg. 3 *imargaet*, art. 24, § 33.

Imm-chom-arcim, I, je demande. — Dép. parf. sg. 3 *imchomarcair*, art. 48.

Imm-chomus, grand pouvoir. — Sg. acc. *imc[h]omus n-*, art. 44, § 8 ; *imchomus n-*, art. 32, § 29. — Cf. Camus.

Imm-chon-gnum, M. ou N., aide. — Sg. nom. *imchongnum*, art. 40.

Imm-or-chor, N., acte de jeter, d'aller, de naviguer alternativement de la rive d'un fleuve à l'autre. — Sg. dat. *imorcor*, art. 20, § 81. — Cf. Windisch, p. 621, col. 1-2.

Imm-rimm, N. (sert d'inf. à *imm-rethim*) (litt¹ « acte de faire courir »,) usage. — Sg. dat. *imrim*, art. 28, § 36. — Cf. Fo-imrim.

Imm-tho-[fo]r-maigim, I, j'augmente. — Prés. sg. 3 *im-(a-)thormaig*, art. 22 ; 36 ; Inf. *imm-thormach*, Windisch, p. 629, col. 2.

Imurro (conj.), cependant. — Art. 1.

I n- (prép.), en. — Voy. I.

In, Ind, Int (art.), le, la, les ; ce, ces. — Sg. nom. ms. *in*, art. 37 ; fém. *in*, art. 48 ; gén. ms. *in*, art. 6 ; 14 ; [*i*]*n*, art. 6 ; *t* (= *in t-*), art. 20, § 40 ; fém. *inna*, art. 48 ; *ina*, art. 48 ; *na*, art. 6, 48 ; dat. sans distinction de genre (*do*)*n* = (*do-*)*in*, art. 6 ; acc. fém. *in*, art. 2 ; Pl. fém. ou N. *ina*, art. 43 ; fém. *na*, art. 16 ; 40 ; N. *in*, art. 41 ; gén. sans distinction de genre *na n-*, art. 16 ; *nai -n*, art. 42, § 32 ; dat. sans distinction de genre (*di*)*naib*, art. 46, § 5 ; (*do*)*na*[*ib*], art. 46, § 4 ; (*do*)*naibh*, art. 42 ; acc. sans distinction de genre *na*, art. 16 ; Duel dat. *in*, art. 40. — Voy. les pron. IN-SEN, IN-SO, INT-i et les adv. IN DUL, I SAIN.

1. IN, 2. IM (pron. rel. dans le sens locatif), 1) dans quoi, 2) où. — 1. IN, 1) Art. 29, § 78. — 2. IM, 2) Art. 20, § 14. — Voy. A.

IN-BER, N. (Hogan, 161), rivière. — Sg. gén. *inbir*, art. 20, § 23. — Cf. Whitley Stokes, « Urkeltischer Sprachschatz, » p. 30, 169.

IN-BLEOGAIN (subst. masc. d'après glose « Ancient Laws, » t. I, p. 160, ll. 20-21), saisie contre un parent. — Sg. acc. *inbleogain n-*, art. 33, § 3. — Le sens de ce mot est donné par le glossaire de Cormac (p. 98 de la traduction de M. Whitley Stokes) : *inbleogan .i. toxal .i. athgabáil ind fir fine do gabáil a cinaid in cintaig co ro toxla side ar in cintach* : « Inbleogan, c'est-à-dire enlèvement, c'est-à-dire acte de pratiquer saisie sur l'homme de la famille pour le crime du criminel jusqu'à ce que l'homme de la famille pratique en dédommagement saisie sur le criminel. » — *Inbleogain* est l'infinitif d'un verbe *in-blegim*, qu'on rencontre à la 3ᵉ ps. du sg. du prés. de l'indic. passif, *in-om-blegar*, « ce qui est saisi » dans « Ancient Laws, » t. III, p. 22, l. 12. — C'est à tort qu'à la p. 251, col. 1 du présent volume on a admis, d'accord avec le traducteur anglais (« Anc. Laws, » t. I, p. 161, ll. 29 et 31), qu'*inbleogain* signifierait « parent ».

INBUID, période. — Pl. dat. *inbuidid*, art. 25.

INDEÓIN (littᵗ « enclume »), meule de dessous. — Sg. nom. *indeóin*, art. 20, § 77.

Indlim, j'attelle. — Dérivés : Fo-indlim, *indle*? sous An-indle.

Ind-ricc (adj.) 1) digne, 2) (pris subst^t) dignité. — 1) Pl. nom. *indraice*, art. 38, § 5 ; 2) dat. *inraicaib*, art. 3, § 8. — Ascoli, « Glossarium, » p. ccix.

Ind-ûa, M. (comp. de *ind*, « fin, » et de Ua, « petit-fils), descendant au 4e degré. — Sg. gén. *indúi*, art. 31.

In-dul (adv. formé de l'art. In et de l'adj. *dul* = Tul, taul), immédiatement. — Art. 48.

Inge (litt^t « exception, » subst. devenu particule d'exception), sauf. — Art. 6 ; 16.

Ingen, F., fille. — Sg. gén. *ingine*, art. 26, § 9 ; 27, § 32 ; dat. *ingin*, art. 23, § 1.

Inis, F., île. — Sg. acc. *indsi*, art. 2.

Innill (adj. empl. substantiv^t), sûreté. — Sg. dat. *in[n]ill*, art. 46, § 5 ; acc. *innill*, art. 46, § 5. — Comp. Es-linn.

Inraic, dignité. — Voy. Ind-ricc.

In-sen (pr. démonstr. comp. de l'art. In et de la partic. dém. indécl. Sen), -ci. — Art. 6.

In-so (pr. démonstr. comp. de l'art. In et de la partic. dém. indécl. So), ici. — Art. 38 ; 41 ; 44 ; 45 ; 47 ; 48.

Int-î (pr. démonst. comp. de l'art. et de la partic. démonstr. î), celui. — Sg. nom. ms. *intí*, art. 16 ; 17 ; 18 ; dat. *dondí*, art. 48.

Intreb n-, N., mobilier. — Sg. nom. *intreb n-*, art. 20, § 11.

I-sain (adv. comp. de l'art. In et de l'adj. *sain*), différemment. — Art. 46, § 1. — Cf. Zeuss², p. 608 : *intsain*.

Itau, je suis. — Prés. sg. 3 rel. *atá*, art. 27, § 35 ; 28, § 62 ;

48; *at[d]*. art. 26, § 13 ; pl. 3 *ataat*, art. 46, § 1 ; *atait*, art. 6. — Cf. Am, Bíu.

Iᴛʜ, blé. — Sg. gén. *etha*, art. 20, § 49, § 75. — Cf. Iᴛʜ-ʟᴀ.

Iᴛʜᴇ (sert d'infin. à *ithim*) (acte de), manger. — Sg. dat. *ithi*, art. 45.

Iᴛʜ-ʟᴀ, aire. — Sg. acc. *ith-laind*, art. 20, § 76. — Zeuss [2], p. 264, et Windisch, p. 647, col. 1, donnent le nom. *ithla ;* mais Windisch, p. 886, corrige *ithlann*, d'après Whitley Stokes ; nous suivons ici la notation conforme à Zeuss [2] qui se trouve aux « Anc. Laws of Ireland, » t. I, p. 140, l. 12. — Cf. Ascoli, « Glossarium, » p. cxlviii ; Whitley Stokes, « Urkeltischer Sprachschatz, » p. 239.

Iᴛɪʀ, *eter, etir*, ᴇᴛᴀʀ, 1) (prép. avec l'acc., le dat. dans les textes plus récents), entre. — Art. 20, § 31 ; 21 ; 26, § 13 ; 32, § 4 ; 38, § 1, § 15 *b* ; 42, §§ 30-31 ; 48. — 2) (adv.) du tout. — Art. 37.

L

Lᴀ (prép. avec l'acc.), 1) chez, 2) par, 3) à cause de, 4) à, 5) dans. — 1) Art. 4 ; 16 ; 17 ; 18 ; 22 ; 36 ; 46, § 1. — 2) Art. 1 ; 2 ; 6 ; 35, § 20. — 3) Art. 25. — 4) Art. 42, § 5. — 5) Art. 45. — Comb. avec le pr. pers. 3 pl. *leó*, « par eux, » art. 3, § 1.

Lᴀ, voy. Iᴛʜ-ʟᴀ.

Lᴀᴀɪᴍ, je jette. — Pass. prés. sec. sg. 3 *ro_latha*, art. 25.

Lᴀᴇɢ, M., veau. — Pl. dat. *láegaib*, art. 28, § 61 ; acc. *láega*, art. 42, § 30 ; *láegu*, art. 1.

Lᴀɪɴɴɪɴ, cuiller de gril. — Sg. acc. *lainnin*, art. 20, § 90.

Lᴀᴍ, F., main. — Sg. nom. *lám*, art. 40 ; 46, § 2 ; gén. *láime*, art. 26, § 10; 45; dat. *láim*, art. 45; acc. *láim*, art. 40. — Comp. Bao-lam, Lam-thorad.

Lam-thorad, N. (comp. de *lám*, « main, » et de *torad*, « fruit »), fruit de mains. — Sg. gén. *lámthoraid*, art. 24, § 4, § 21.

Lan (adj.), plein. — En comp. invariable : *lán(-féich)*, art. 46, § 1; *lán(-fiachu)*, art. 46, § 2. — Dérivé : *lánamain*, « paire, » d'où Lanamnus. — Comp. Lan-fiach.

Lanamnus, M. (dér. de *lánamain*, « paire, » dérivé de Lan, « plein »), relation sociale (d'où « société, mariage »). — Sg. gén. *lánamnasa*, art. 28, § 58.

Lan-fiach, M., pleine dette. — Sg. gén. *lán-féich*, art. 46, § 1; Pl. acc. *lán-fiachu*, art. 46, § 2.

Lann, gril. — Sg. acc. *laind*, art. 20, § 89. — Cf. Lainnin.

Lathe, N., jour. — Sg. gén. (*húasal-*)*laithe*, art. 15. — Comp. Uasal-lathe.

Le (prép.), voy. La.

Lécim, III, je laisse. — Comp. *air-lécim* sous Air-lecud, *di-fo lécim* sous Di-fo-leciud, Follaigim, *ód-ess-lécim* sous Os-lucud, *leilcim* = *do-ess-lécim* sous Telcud.

Ler, mer. — Sg. gén. *lir*, art. 20, § 20.

Less, profit, intérêt, bénéfice. — Sg. nom. *les[s]*, art. 40; 48; Pl. nom. *les[s]a*, art. 42 pr.; 43; dat. *les[s]aib*, art. 4. — Dérivé Lessach; comp. Am-less, Com-less.

Lessach (adj. dérivé de Less), profitant. — Sg. nom. *les[s]ach*, art. 8.

Less-ainm, N. (comp. de *less* et de Ainm, « nom »), sobriquet. — Sg. gén. *les-anma*, art. 32, § 30; 44, § 9. — La particule *less-* se trouve dans *less-athair*, *less-mac*, *less-máthair*, « beau-père, beau-fils, belle-mère. »

LESTAR, N. (= franç. vaisseau, sens de « vase » et de « navire »), vase. — Sg. acc. *lestar*, art. 20, § 47 ; Pl. nom. *lestra*, art. 42, § 28.

LETH, N., moitié. — En comp. *leth(-c[h]uind)*, art. 35, § 20 ; *leth-(fiach), leth(-fiachu)*, art. 46, § 3 ; *leith(-féich)*, art. 46, § 1. — Comp. LETH-C[H]OND, LETH-FÍACH.

LETH-C[H]OND (adj.), demi-capable. — Sg. gén. *leth-c[h]uind*, art. 35, § 20.

LETH-FÍACH, M., demi-dette. — Sg. nom. *leth-fiach*, art. 46, § 3 ; gén. *leith-féich*, art. 46, § 1 ; Pl. acc. *leth-fiachu*, art. 46, § 2.

Lí, gloire, toison (de brebis). — Sg. dat. *li*, art. 20, § 7.

LIA, M., pierre. — Sg. gén. *liacc*, art. 32, § 13.

LIAE, meule de dessus. — Sg. nom. *liae*, art. 20, § 77. — Probablement le même mot que le précédent.

LÍAIG, M., médecin. — Sg. gén. *léga*, art. 20, § 25, § 29.

LÍGA pour *líg[d]a* (adj. dérivé de *líg*), coloré. — Sg. acc. *líga*, art. 24, § 28.

LIN, lin. — Sg. gén. *lín*, art. 24, § 14.

LÍN, N. (Hogan, 166), nombre. — Sg. dat. *lín*, art. 34, § 19.

LÍN, N. (Hogan, 200), partie. — Duel gén. *lína*, art. 33, § 6.

LINN, *lind*, N., étang. — Sg. gén. *linde*, art. 20, § 77 ; *lin[n]*, art. 20, § 22. — Le sens est donné par la gl. « Anc. Laws of Ireland, » t. I, p. 130, l. 2 : *uisci no eisc itir comorbaib*, « eau ou poisson entre cohéritiers. »

LIR (adj.), nombreux. — Sg. nom. *lir*, art. 41.

LITH, M., fête. — Sg. acc. *lith*, art. 20, § 1.

Liud, M. (sert d'infin. à *liim*), demande (en justice). — Sg. dat. *liud*, art. 20, § 62 ; acc. (*gû-*)*liud*, art. 32, § 31 ; 44, § 10. — Comp. Gû-liud.

Lobud, M., violation, déchéance. — Sg. dat. *lobud*, art. 7, 28, § 49, § 50.

Lobur, Lobar (adj.), malade. — Sg. gén. *lobair*, art. 42, § 12 ; *lobuir*, art. 33, § 5, § 6.

Loch, N. (Hogan, 201), lac. — Sg. dat. *loch*, art. 1.

Lôg, N., prix. — Sg. nom. *lôg n-*(*ene*[*i*]*ch*), art. 6 ; acc. *lôg*, art. 24, § 4 ; *lôg n-*(*ene*[*i*]*ch n-*), art. 20, § 36. — Composé syntactique : Lôg n-eneich.

Lôg n-eneich (litt^t « prix de visage »), prix de l'honneur (élément variable de l'*éric* ou composition pour crimes en Irlande). — Sg. nom. *lôg n-ene*[*i*]*ch*, art. 6 ; acc. *lôg n-ens*[*i*]*ch n-*, art. 20, § 36.

Loingim, I, je supporte. — Prés. sg. 3 rel. *loinges*, art. 17. — Comp. Fo-longim.

Loman, F., corde. — Sg. acc. *lomain*, art. 20, § 73. — Dérivé : Lomna.

Lomna (dérivé de Loman), corde. — Sg. gén. *lomnai*, art. 42, § 25.

Losad, *losai*, pétrin. — Sg. nom. *losad*, art. 20, § 16 ; dat. *losat*, art. 23, § 3.

Lot (sert d'infin. à *loitim*), détérioration. — Sg. dat. *lot*, art. 28, § 43.

Lûachair, jonc. — Sg. gén. *lûachra*, art. 28, § 48.

Lub-gort, M. (comp. de *lub*, « arbrisseau, » et de *gort*, « jardin »), verger. — Sg. gén. *lob-guirt*, art. 28, § 39.

Lugarman, dévidoir. — Sg. acc. *lugarmain*, art. 24, § 16.

M

-M-, pr. rel. — Voy. A.

Ma (conj.), si. — Art. 16. — Cf. Ma-d, Ma-na, Ma-ni, Ma-ni-pad, Ma-ni-s.

Mac, Macc, M., fils. — Sg. nom. *mac*, art. 2 ; 25 ; 45 ; gén. *me[i]c*, art. 32, § 31 ; 44, § 6, § 10 ; *meic*, art. 32, § 26 ; 39, § 18 ; *meicc*, art. 27, § 31 ; *mic*, art. 20, §§ 78-80 ; 25 ; 26, § 9 ; 29, § 75 ; 32, § 27 ; 35, § 32 ; 42, § 24 ; acc. *mac*, art. 1 ; Pl. nom. *me[i]c*, art. 46, § 6. — Dérivé : Macc-rad.

Macc-rad, F. (dér. de Macc), (ensemble d') enfants. — Sg. gén. *maccru* pour *maccrad*, art. 20, § 66.

Ma-d (conj. comp. de *má*, « si, » et de *d*, désinence du prés. sg. 3 du verbe substantif), si est. — Art. 6 ; 48.

Mag, N., champ. — Sg. gén. (*ár*)-*maige*, art. 29, § 71 ; (*mu[i]r*)-*maige*, art. 28, § 47. — Comp. : Ar-mag, Mag-inis (nom propre), Muir-mag.

Maidsam, F. (sert d'infin. à *móidim*), vanterie. — Composé : Gú-maidsam.

Maigen, F., lieu. — Sg. dat. *maigin*, art. 48.

Main, F., objet précieux. — Composé : Com-main.

Maisse, F., beauté. — Sg. gén. *maise*, art. 42, § 29.

Maithre (dér. de Mathir), (parents) maternels. — Pl. nom. *máithre*, art. 33, § 6.

Mam, obligation. — Pl. acc. *máma*, art. 15.

Ma-na (conj.), si ne. — Art. 25. — Cf. Ma-ni.

Ma-ni (conj.), 1) si ne; 2) sinon. — 1) *máni-(s)*, art. 4; *máni-(pad)*, art. 48. — 2) Art. 37. — Cf. Ma-na.

Ma-ni-pad (comp. de la conj. *má-ni* et de *pad*, fut. sec. sg. 3 du v. subst. Bíu), si n'eût été. — Art. 48. — Cf. Fod(-ei-sin).

Ma-ni-s (comp. de la conj. *má-ni* et du pr. pers. sg. 3 infixe *s*), si ne le. — Art. 4.

Marb (adj.), mort. — Sg. gén. ms. *mairb*, art. 29, § 63 ; 32, § 5 ; 44, § 1 ; fém. *mairb[e]*, art. 32, § 7. — En comp. invariable : *marb(-chich)*, art. 39, § 18 ; *marb(-chnai n-)*, art. 29, § 71 ; *marb(-gabáil)*, art. 32, § 1 ; *marb(-thobag)*, art. 47, § 6. — Dérivés : Marbad, Marbaim.

Marbad, M. (dérivé de Marb, « mort, » sert d'infin. à Marbaim), (action de) tuer, meurtre. — Sg. dat. *marbad*, art. 1.

Marbaim, II (dérivé de Marb, « mort »), je tue. — Infin. Marbad.

Marb-chích, F. (comp. de Marb, adj. invariable, « mort, » et de Cích, « mamelle »), mamelle [de femme] morte. — Sg. dat. *marb-chích*, art. 39, § 18.

Marb-chnai (comp. de Marb, adj. invariable, « mort, » et de Cnai, « vêtement »), vêtement de mort. — Sg. acc. *marb-chnai n-*, art. 29, § 71.

Marb-gabail, F. (comp. de Marb, adj. invariable, « mort, » et de Gabail, « saisie »), saisie de mort. — Sg. dat. *marbgabáil*, art. 32, § 1.

Marb-thobag, N. (comp. de Marb, adj. invariable, « mort, » et de Tobag, Tobach, « saisie »), saisie de mort. — Sg. nom. *marb-thobag*, art. 47, § 6.

Mathir, F., mère. — Sg. gén. *máthar*, art. 20, § 61 ; 23, § 1 ; 39, § 18. — Dérivé : Maithre.

MBLEITH, *bleith*, F. (sert d'infin. à MELIM), (acte de) moudre, (de) manger. — Sg. dat. *mbleith*, art. 27, § 24; acc. *mbleith*, art. 37.

MEISE (adj.), capable. — Sg. nom. *meisi*, art. 46, § 6.

MELIM, je mouds, je mange. — Inf. MBLEITH. — Comp. *fo-melim* sous FO-MAILT.

MER, F., folle. — Sg. gén. *mire*, art. 20, § 59; 29, § 79; dat. *mir*, art. 20, § 80.

MERLE, objet volé. — Sg. gén. *meirle*, art. 45.

MESC-BUID (comp. de *mesc*, N., « mélange» [thème *mik-sko*], et de *buid*, infin. du v. subst. Biu], trouble. — Sg. nom. *mescbuid*, art. 42, § 16.

MESS, fruit d'arbre. — Sg. acc. *mes*, art. 20, § 50.

METH, N. (Hogan, 202), défaut. — Sg. nom. *meth*, art. 26, § 13; 42, § 5, § 29; dat. *meth*, art. 25. — Dérivé : METHAIM.

METHAIM, II (dérivé de *meth*, « défaut »), je manque. — Subj. prés. sg. 3 (*na-*)*ro-metha*, art. 43.

METHLE, moisson. — Sg. gén. *methle*, art. 26, § 13. — Cf. « Anc. Laws of Ireland, » t. II, p. 194, l. 11.

MI- (partic. péjorative), voy. MI-ALTAR, MI-CHORACH, MI-FOCUL, MI-GNÍM, MI-IMBERT, MI-MAISC, MI-MIR, MI-SCÉL.

MÍACH, N. (Hogan, 171), sac. — Sg. gén. *méich*, art. 20, § 17.

MI-ALTAR, mauvaise éducation. — Sg. acc. *mi-altar*, art. 28, § 53.

MIAN, N., désir. — Sg. gén. *mend*, art. 29, § 76.

MI-CHORACH (adj.), mauvais contractant. — Sg. nom. *mi-c[h]orach*, art. 35, § 32.

Midiur (v. dép.), je juge. — Parf. sg. 3 *ro midir*, art. 7; *ro(-s-)midir*, art. 21. — Comp. : Con-ad-midiur. — Cf. Do-midim.

Mi-focul (litt^t « mauvaise parole »), injure verbale. — Sg. acc. *mi-focul*, art. 23, § 2.

Mi-gnîm, M. ou N., méfait. — Sg. gén. *mi-gnima*, art. 45.

Mi-imbert, F., mauvais usage. — Sg. dat. *mi-im[b]irt*, art. 45.

Mîl, N., bête. — Sg. nom. *mil*, art. 22. — Comp. : Mîl mòr.

Milaire, arbre de la roue (d'un moulin). — Sg. nom. *milaire*, art. 20, § 77. — O'Donovan, « Suppl. », donne *miolaire*, « pivot de la meule. »

Mîl mòr, N. (litt^t « bête grande »), baleine. — Sg. gén. *mil móir*, art. 20, § 54.

Mi-mhaisc (sans doute pour *mi-fhasc*), mauvaise signification. — Sg. gén. *mi-m[h]aisc*, art. 32, § 15. — O'Donovan, « Suppl. », donne *mimaisc* glosé par *droch-fasc*, « signification après transport en fourrière. »

Mi-mîn, N., mauvais morceau. — Sg. acc. *mimir*, art. 29, § 84.

Mîr, N., morceau. — Sg. dat. *mir*, art. 29, § 76. — Comp. Dant-mîr, Mi-mîr.

Mi-scél, N. (litt^t « mauvaise histoire »), calomnie. — Sg. gén. *misciu[i]l*, art. 34, § 9.

Mo (pr. poss. sg. 1), mon, ma, mes. — Art. 48.

Moch (adj.), rapide. — En comp. invariable : *moch(-dingbáil)*, art. 3, § 7.

Moch-dingbail, F. (comp. de Moch, adj. invariable, et de Dingbail), rapide débarras. — Sg. acc. *moch-dingbáil*, art. 3, § 7.

Mol, arbre de la meule. — Sg. nom. *mol*, art. 20, § 77.

Mór (adj.), grand. — Sg. nom. *mór*, art. 41 ; gén. (*mil*) *móir*, art. 20, § 54. — Comp. Míl mór.

Mucc, F., cochon. — Sg. nom. *mucc*, art. 20, § 6; gén. *muc[ce]*, art. 28, § 40 ; Pl. acc. *muc[c]u*, art. 20, § 95. — Comp. Muc-cullach.

Muc-cullach, M. (comp. de Mucc, « cochon, » et de Cullach, « cochon mâle »), porc. — Sg. acc. *muccullach*, art. 20, § 95.

Mug, M., esclave. — Sg. nom. *mug*, art. 5 ; 15 ; gén. *moga*, art. 27, § 29 ; 42, § 24. — Comparez le nom propre Mug.

Muidim, I, je détruis. — Prés. sg. 3 rel. *muides*, art. 34, § 17.

Muilend (= lat. « molendinum »), moulin. — Sg. gén. *muilend*, art. 38, § 15 *a* ; dat. *muilund*, art. 27, § 24 ; acc. *muilend*, art. 34, § 17 ; Pl. nom. *muillond*, art. 20, § 77.

Muin, dos. — Sg. acc. *muin*, art. 29, § 75.

Muinter, F., famille. — Sg. gén. (*cét-*)*muintire*, art. 42, § 11. — Comp. Cét-muinter.

Muir, N., mer. — Comp. : Muir-breth, Muir-chuirthe, Muir-mag.

Muir-breth, F. (comp. de Muir, « mer, » et de Breth, « jugement »), jugement (concernant les choses) de mer. — Pl. nom. *muirbretha*, art. 30.

Muir-chuirthe, M. (comp. de Muir, « mer, » et de Cuirthe, part. passé passif de Cuirim, « je pose »), naufragé. — Sg. gén. *muirchuirt[h]i*, art. 26, § 9.

Muir-mag, N. (comp. de Muir, « mer, » et de Mag, « champ »), champ de mer. — Sg. gén. *mu[i]rmaige*, art. 28, § 47.

N

-N-, pr. rel. — Voy. A.

Na 1. (négation dans les propositions incidentes) 1) ne, 2) ni.
— 1) Art. 15; 28, § 54; 29, § 80; 32, § 32; 43; 46, § 4;
(ma-)na, art. 25. — 2) Art. 5; 15; 16; 37; 46, § 6. — 2. (négation dans les propositions relatives) (que) ne, (qui) ne. —
Art. 32, § 32; 34, § 17; 40; 43; na(-r-altar), art. 38, § 13 b;
na(-ro-metha), art. 43. — Comp. Na-d, Ma-na. — Cf. Ni.

Na, pour *inna*, sg. gén. fém., pl. nom. fém. n., acc. de l'art.
— Voy. In.

Nac, Nach (pr. indéf. adj.), aucun, quelqu'un. — Sg. nom.
nac, art. 8; *nach*, art. 22; acc. *nach n-*, art. 25. — Cf. Nech.

Nach (conj.), ni. — Art. 25.

1. Na-d. 2. Na-t (comp. de la particule négative Na et de *d*,
désinence du prés. sg. 3 du verbe substantif), (que) ne, (qui)
ne. — 1. Nad, art. 4; 9; 14; 16; 17; 18; 20, § 47; 25; 32,
§ 21; 35, § 32; 38, §§ 4-5; 42, § 21; 46, § 6; *nad(-n-urgair)*,
art. 46, § 4. — 2. Nat, art. 19, § 1.

Naidm, N., contrat. — Sg. gén. *nadma*, art. 5; 20, § 62; 38,
§ 4; Pl. acc. *nadmand*, art. 37.

Namma (adv.), seulement. — Art. 46, § 4; 48.

Nasc, lien de droit. — Dérivés : *nascaire* sous Nasce, Nasce,
Nascim.

Nasce (dérivé de *nasc*, « lien de droit »), témoignage du *nascaire*, dont la présence assure la validité du contrat (d'après
gl. « Anc. Laws of Ireland, » t. I, p. 246, l. 24). — Pl. nom.
nasce, art. 38, §.4.

Nascim (dérivé de *nasc*, « lien »), je lie. — Pass. prés. sg. 3
nascair, art. 37; *nascar*, art. 34, § 11. — Composé : Fornascim.

Nech (pr. indéf. subst.), quelqu'un, quiconque, quoi; (avec une négation) personne. — Sg. nom. *nech*, art. 4; 16; 25; 35, § 32; *neach*, art. 43; *neich*, art. 4; gén. *ne[i]ch*, art. 18; *neich*, art. 17; dat. *neoch*, art. 3, § 1; 29, § 78; 30. — Cf. Nac.

Nem-, *neb-*, *neph-* (forme de la négation dans certains composés), non-. — Comp. : Nem-thairec.

Nemed, *nemid* (adj.), noble, privilégié. — Sg. gén. (*úasal-*)*nemid*, art. 6; Pl. gén. (*ard-*)*neimhe*, art. 47, § 1; dat. *nemthib*, art. 16. — Composés : Ard-nemed, Uassal-nemed.

Nem-thairec (comp. de Nem, forme de la négation et de Tairec, infin. de *taircim*, « je prépare »), non érection. — Sg. acc. *nemthairecc*, art. 32, § 3.

Nert, N., force. — Sg. acc. *nirt*, art. 46, § 5. — Dérivé : Nertaim.

Nertaim, II (dérivé de Nert, « force »), je confirme. — Prés. pl. 3 *nertat*, art. 42, § 21.

Ness (adj.), proche, pressé. — Superl. *nesom*, art. 3, § 1.

Ní, N., chose, (au sens négatif) rien. — Sg. nom. *ni*, art. 40; acc. *ni*, art. 4; 19, § 3; 46, § 5.

Ni (négation dans les propositions principales) 1) non, ne, 2) ni. — 1) Art. 4; 5; 7 à 10; 13 à 15; 16; 19, §§ 2-3; 22; 23, § 3; 25; 30; 35, § 32; 36; 40; 46, §§ 3-5; 48; (*ma-*)*ni*, art. 4; (*ma-*)*ni*(*-s*), art. 4; *ni*(*-d-goin*), art. 46, § 2; *ni*(*-s-gaib*), art. 5; *ni*(*-s-gaibet*), art. 5. — 2) Art. 15; 22; (*ma-*)*ni*, art. 37. — Composés : Ma-ni, Na-ni-s, Ni con, Ninse. — Cf. Na.

Nia, M., neveu par une sœur, fils de sœur. — Sg. gén. *niath*, art. 35, § 32.

Ni con, ne (que). — Art. 7.

Ninse, *ninsa* (= *ni-insa* ou Ansa), pas difficile (formule pour répondre à une question). — Art. 40; 41.

Nith, bataille. — Sg. acc. *nith*, art. 20, § 2.

Nô (conj.), ou. — Art. 3, § 8; 6; 15; 16; 18; 26, § 13; 32, § 32; 35, § 32; 43; 45.

No-, Nu-, Na- (particule verbale) : *no(-ainfaind-se)*, art. 48, voy. Anaim; *no(-beth)*, art. 48, voy. Biu; *no(-da-reithet)*, art. 40; *nu(-da-reithet)*, art. 40, voy. Fo-rethim; *no(-la-gaib)*, art. 37, voy. Gabim; *no(-do-gella)*, art. 33, § 6, voy. Gellaim.

Nô, F., bateau. — Sg. gén. *nóe*, art. 28, § 36.

Noch (adv.), encore. — Art. 7.

Noill, *naill*, serment du cojureur. — Sg. nom. *noill*, art. 34, § 8; gén. *naillech*, art. 42, § 21.

Nôs, N. (Hogan, 163), coutume. — Pl. dat. *nóisib*, art. 36.

O

1. O, *ûa*, 2. ûad (prép. avec le dat.), 1) de, 2) à. — 1. Ô 1) Art. 4; 14; 16; 29, § 85; 38, § 15 *d*. — 2. ûad 2) Comb. avec le pr. pers. 3 Pl. *húad(aib)*, art. 1.

O (conj. = prép. ô), dès que. — Art. 48. — Comp. : ó-tha.

Obele, ouverture. — Sg. gén. *obele*, art. 42, § 30. — Cf. *óibela*, Windisch, p. 720, col. 1.

Oblair, M., bouffon. — Sg. gén. *oblaire*, art. 26, § 9.

Oc (prép. avec le dat.), 1) auprès de, à, 2) en. — 1) Art. 20, § 81; comb. avec le pr. pers. 3 Pl. *occ(aib)*, art. 48. — 2) Comb. avec le pr. pers. 3 Sg. N. *oc(a)*, art. 46, § 5.

Ochtmad (n. de nombre ordinal dérivé de Ocht n-), huitième. — Art. 22.

OCHT N- (n. de nombre cardinal), huit. — Art. 20, § 77. — Dérivé : OCHTMAD.

OCUS (conj.), et. — Art. 6 ; 20, §§ 15-16 ; 21 ; 22 ; 23, § 3 ; 25 ; 26, § 7 ; 33 § 6 ; 36 ; 37 ; 38, § 13 *b*, § 15 *d* ; 40 ; 41 ; 42, § 4, § 30 ; 45 ; 46, §§ 1-6 ; 48.

OEN, AEN, OIN (n. de nombre cardinal), un. — Sg. nom. *óen*, art. 34, § 8 ; gén. *óin*, art. 20, § 24 ; dat. *úin*, art. 30 ; *húin*, art. 19, § 3 ; acc. *úin*, art. 21 ; 25 ; 28, § 62. — Dérivés : ÓENACH, ÓENE.

OENACH, *óenach* (dérivé de ÓEN, « un »), foire. — Sg. gén. *óenaig*, art. 26, § 6 ; *óenaig*, art. 20, § 19 ; 42, § 16, § 27.

OENE, F. (dérivé de ÓEN), (délai d') une (nuit). — Sg. nom. *óena*, art. 3, § 1 ; 25 ; *óena*, art. 19, § 1 ; 26, § 13 ; gén. *húine*, art. 22 ; 36 ; *óine*, art. 25 ; (*tul-*)*óine*, art. 37 ; 38. — Composé : TUL-ÓENE.

OG (adj.), entier, vierge. — Sg. gén. fém. *óige*, art. 20, § 36. — Dérivé : ÓIGIM.

OIGIM (dérivé de ÓG, « entier »), je remplis. — Prés. sg. 3 *óige*, art. 17.

OIRCE, *orce* (peut être une prononciation affaiblie de OIRCNE), chien bichon. — Sg. acc. *oirce*, art. 20, § 99.

OIRCÉL, roue du moulin. — Sg. nom. *oircél*, art. 20, § 77.

OIRCNE, *orcne*, chien bichon. — Sg. acc. *oircne*, art. 24, § 31. — Cf. OIRCE.

1. OL, 2. AL (v. défectif), il dit. — 1. OL, art. 48. — 2. AL, art. 48.

OL CHENA (adv. comp. de *ol* = lat. « ultra », *cen* « sans », *a* pour *e* « cela »), en outre. — Art. 46, § 3. — Cf. ANDCHENA.

OL-DAS (littt « ultra quam est » ; comp. de *ol* = « ultra », *dás* pour *tás*, sg. rel. 3 de *táu*), que (après un comparatif). — Art. 48.

OMNACH (adj. dérivé de *óman*, « crainte »), timide. — Sg. gén. *omnaig*, art. 29, § 74.

ON, injure, insulte. — Sg. nom. *on*, art. 42, § 24 ; acc. *on*, art. 29, § 68 ; 32, § 30 ; 44, § 9.

OPARTAIN, bénédiction. — Voy. APARTAIN.

ORB (probablement faute pour *orba*), héritage. — Voy. ORPE.

ORGIM, I, je tue, je blesse. — Inf. ORGUN. — Comp. TESS-ARGIM.

ORGUN, ORGAIN, F. (sert d'infin. à ORGIM), meurtre, blessure. — Comp. COM-R-ORGUN, ES-ORGAIN, TUR-ORGAIN.

ORPE, *orbe*, N. (Hogan, 183), héritage. — Sg. acc. *orb*[a], art. 32, § 31 ; *orba*, art. 35, § 32 ; *horba*, art. 44, § 10. — Composés : COM-ORPE, COM-ORBUS.

OS-BRETH, F. (comp. de *os*, « eau, » et de BRETH, « jugement »), jugement d'eau. — Pl. nom. *osbretha*, art. 30.

OS-LUCUD, M. (sert d'infin. à *osslaicim* = * *ód-ex-lécim*, comp. des préf. *ód* (= ÚAD) et *ex* et de LÉCIM, « je laisse » ; une autre étymologie est proposée par M. Ascoli, « Glossarium, » p. ccxxiv-ccxxv, et par M. Thurneysen, « Rev. Celt., » V, 148), ouverture, acte d'ouvrir. — Sg. dat. *oslucud*, art. 27, § 28.

O-THA (comp. de la prép. *ó* et du sg. 3 de *táu*, « je suis »), depuis qu'est. — Art. 41.

OTHAR, malade. — Sg. gén. *huithir*, art. 39, § 19. — Dérivé : OTHRUS.

OTHRUS (dér. d'OTHAR), maladie. — Sg. acc. *othrus*, art. 20, § 24.

OTTRACH, N. (Hogan, 179), fumier. — Sg. nom. *ottrach*, art. 20, § 37.

P

Pes-bolg, M., sac (glosé « Anc. Laws of Ireland, » t. I, p. 152, l. 12, par *cir-bolc* « sac à peigne »). — Sg. acc. *pesbolg*, art. 24, § 11.

Port (= lat. « portus »), 1) rive, 2) pré. — Sg. gén. *puirt*, 2) art. 20, § 33; dat. *port*, 1) art. 20, § 81 ; acc. *port*, 1) art. 20, § 81.

R

Rait, route. — Sg. gén. *raite*, art. 20, § 18. — Dérivés : Raite, Raitech.

Raite (dér. de Rait), petite route. — Sg. gén. *raitte*, art. 26, § 5.

Raitech (adj. dér. de Rait), routier. — Sg. gén. *raitig*, art. 20, § 21.

Raith, caution. — Sg. nom. *raith*, « Anc. Laws », t. I, p. 218, l. 5; t. II, p. 406, l. 23; gén. *ratha*, art. 5 ; *raithe*, art. 38, § 6; t. II, p. 282, l. 24; dat. *(so)-raith*, art. 18; Pl. dat. *rathaib*, t. III, p. 6, l. 25 ; *rathuib*, t. I, p. 266, l. 7 ; p. 294, l. 3 ; acc. *rathu*, t. II, p. 282, l. 11 ; *ratha*, t. 1, p. 294, l. 4. — Cf. Ascoli, « Glossarium », p. cxc. — Comp. So-raith.

Raith, fougère. — Sg. gén. *ratha*, art. 28, § 48.

Ramat, grand'route. — Sg. nom. *ramat*, art. 42, § 9.

Rann, F., partage. — Sg. gén. *rainde*, art. 38, § 1. — Dérivé : Rannaim. — Composé : Com-rainn.

Rannaim, II (dér. de Rann), je partage. — Subj. pl. 3 *randat*, art. 38, § 14; prét. en s pl. 3 *randsat*, art. 2. — Composé : *cobraim* = *com-rannaim* sous Com-rainn.

Rasas, récolte. — Sg. acc. *rasas*, art. 28, § 47.

Rath, N. (Hogan, 202), cheptel. — Sg. nom. *rath*, art. 42, § 10; gén. *raith*, art. 38, § 13 *a* ; « Anc. Laws », t. II, p. 194, l. 2, 3. — On trouve aussi le gén. sg. *ratha* dans la gl. « Anc. Laws », t. I, p. 188, l. 3 ; t. II, p. 194, l. 4. — Cf. Ascoli, « Glossarium », p. cxc. — Voy. Iar-rad.

Raths, saison. — Sg. gén. *raithe*, art. 20, § 43.

Recht, N., droit. — Sg. nom. *recht*, art. 41 ; dat. *recht*, art. 3, § 8 ; Pl. dat. *rechtaib*, art. 21. — Dérivés : Rechtaid, Rechte. — Composés : Fir-recht, For-recht.

Rechtaid, M. (dér. de Recht), chef. — Sg. nom. *rechtaid*, art. 41.

Rechte (dér. de Recht), chef. — Pl. acc. *rechtai*, art. 41.

Réim, N. (sert d'infin. à Rethim), course. — Composés : Fo-im-rim, Imm-rimm.

Réir (prép. nominale, litt^t dat. sg. de *riar* « volonté »), selon, conformément à. — Art. 17 ; 18. — Voy. Ar-réir.

Reithe, bélier. — Sg. acc. *reithi*, art. 20, § 96.

Renim, I, je paye. — Composés : As-renim, Di-renim, Do-renim, Ernim = As renim. — Cf. Ascoli, « Glossarium », p. cxciii.

Rethim, I, je cours. — Inf. Réim. — Composé : Fo-rethim. — Dérivé : *rethe* sous Ruirthe.

Rí, M., roi. — Sg. nom. *rí*, art. 3, § 8 ; gén. *ríg*, art. 42, § 6 ; *rí[g]*, art. 20, § 8 ; dat. *ríg*, art. 3, § 7 ; acc. *ríg*, art. 41 ; 42, § 5. — Dérivé : Rígan.

Ría (prép. avec dat.), devant. — Art. 28, §§ 60-61.

Rígan, F., reine. — Sg. gén. *rigna*, art. 24, § 31.

Rigim, je dirige. — Composés : Air-fo-rigim, Cuin-drigim = *con-di-rigim*.

RINDAD (sert d'infin. à *rindaim*, Windisch, p. 742, col. 2), malédiction magique. — Sg. acc. *rindad*, art. 32, § 6, § 8; 44, § 2. — Sur ce mot, voy. Glossaire de Cormac dans « Three Irish Glossaries », p. 38, et trad. de M. Whitley Stokes, p. 141 ; mais la glose des « Anc. Laws of Ireland » est plus claire : t. I, p. 188, l. 8 : *rindad*.... *i. aer* ; ibid., l. 12-13 : *rindad... di na haerad, .i. athcantain aire*. — Voy. AER.

RINDE, verges. — Sg. acc. *rinde*, art. 24, § 25.

Ro-, RU-, R-, partic. verbale servant à indiquer le passé. — *Ro (airled)*, art. 20, voy. AIRLIM ; *ro (altar)*, art. 28, § 54, (*na-*) *r(-altar)*, art. 38, § 13 *b*, voy. ALAIM ; *ro (c[h]ét)*, art. 45, voy. CANIM ; *ro (c[h]ruthaigther)*, art. 32, § 32, voy. CRUTHAIGIM ; *ro (c[h]uindrigther)*, art. 32, § 32, voy. CUINDRIGIM ; *ro (damair)*, art. 25, voy. DAMIM ; (*do*) *ruirmius*, art. 30, voy. DO-AIRMIM ; *ro (da selba)*, art. 35, § 32, voy. DO-SELBAIM ; *ru(irther)*, art. 4, voy. ERNIM ; *ro (follaigther)*, art. 7, voy. FOLLAIGIM ; *ragba[d]* = *ro(-gabad)*, art. 25, *ro-(d-gaba)*, art. 4, *ro-(n-gabthar)*, art. 6, *ro (gabaiter)*, art. 6, voy. GABIM ; *ro (gléitir)*, art. 33, § 6, voy. GLEIM ; *ro (latha)*, art. 25, voy. LAAIM ; *ro (midir)*, art. 7, *ro(- s-midir)*, art. 21, voy. MIDIUR ; *ro (sáerad)*, art. 6, voy. SÓ-ER-AIM ; *ro (ucc)*, art. 22, *ro(-s-)uc*, art. 25, voy. UCCAIM.

Ro-, RU-, (particule intensive devant les subst. et adj.). — *Ro(-darc)*, art. 35, § 24 ; *ro(-derc)*, art. 35, § 25 ; *rorgun* = * *ro-orgun*, sous COM-R-ORGUN ; *ru(-ba)*, art. 26, § 7 ; 42, § 4 ; *rudrad* = * *ro-thráth*, art. 3, § 4 ; 33 pr. et § 1 ; *ruirthiu* = * *ro-rethe*, art. 25.

Ro-DARC, grande vue. — Sg. acc. *rodarc*, art. 35, § 24.

Ro-DERC (adj. comp. de Ro-, partic. intensive et d'un dérivé de la racine *derc*, « voir » ; doublet de UR-DAIRC, « remarquable »,) précieux. — Sg. acc. *roderc*, art. 35, § 25.

RÓE, F., champ, champ de bataille, duel, combat. — Sg. nom.

róe, art. 24, § 33 ; 48 ; *rói*, art. 34, § 10 ; 48 ; gén. *róe*, art. 24, § 32 ; 48 ; acc. *róe*, art. 3, § 6.

Rop, animal. — Pl. acc. *rubu*, art. 32, §§ 23-24.

Rosc, M., œil. — Sg. acc. *rosc*, art. 4.

Rót, petite route. — Sg. nom. *rót*, art. 42, § 8.

Ru-ba, N. (comp. de Ro-, partic. intensive et de *ba*, de la même racine que *benim*, « je coupe »), défense. — Sg. nom. *ruba*, art. 26, § 7 ; 42, § 4. — Cf. -Ba et Epi.

Rud (litt[t] « rouge »), minerai de fer. — Sg. dat. *rud*, art. 32, § 17.

Ru-drad, N. (= * *ro-thrath*, comp. de Ro-, partic. intensive et de Trath, « heure »), long délai. — Sg. nom. *rudrad*, art. 33, pr. et § 1 ; acc. *rudrad*, art. 3, § 4.

Rui-nthe (= * *ro-rethe*, comp. de Ro-, partic. intensive et de *rethe*, dér. de Rethim, « je cours »), course rapide. — Pl. acc. *ruirthiu*, art. 25.

S

-s, pr. rel. — Voy. A.

Saball, grange. — Sg. acc. *saball*, art. 20, § 75.

Saer, M., charpentier. — Sg. gén. *sáir*, art. 20, § 40.

Sa-er (adj.), libre. — Voy. Só-er.

Sa-er-aim, II, j'affranchis. — Voy. Só-er-aim.

Saidbre (s'oppose à Deithbire) (d'après O' Donovan, « Suppl. » : « la fortune d'une personne d'un certain rang, faute de laquelle elle déchoit »), bien, propriété, fortune. — Sg. acc. *saidbre*, art. 3, § 8 ; 25 ; 38, § 8. — Cf. Adbar.

Sagim, Segim, I, je cherche, j'atteins. — Subj. pl. 3 *segat*, art. 43 ; impér. sg. 3 *saigeth*, art. 11 ; fut. en s rédupl. sg. 3 *shasai = seasai = sisai*, art. 19, § 1.

Saland, sel. — Sg. acc. *saland*, art. 20, § 83.

San, pr. rel. — Voy. A.

Sannaim, II, je vends. — Prés. sg. 3 *sanna*, art. 35, § 32. — Probablement de la même racine que *sain*, adj. « différent », en latin « alius, alienus », d'où « alienare », en français « aliéner »; cf. Ascoli, « Glossarium, » p. ccxxvi; Whitley Stokes, « Urkeltischer Sprachschatz, » p. 289.

Sar-, insulte. — Composés : Sar-chomrech, Sar-urrach.

Sar-chom-rech, *sâr-cuim-rech*, N. (Hogan, 180) (comp. de Sar, « insulte, » et de Com-rech, « lien »), lien excessif. — Sg. acc. *sâr-chuimrech*, art. 28, § 59.

Sar-urrach (comp. de Sar, « insulte, » et de *urrach*), viol. — Sg. acc. *sâr-urrach m-*, art. 29, § 77.

Scaball, F. (le datif singulier, *scabull*, se trouve dans le glossaire de Cormac, au mot *leithech* : Whitley Stokes, « Three Irish Glossaries, » p. 27, l. 21), chaudière. — Sg. gén. *scaibaile*, art. 28, § 37.

Scabul, chaudron. — Sg. acc. *scabul*, art. 20, § 43.

Scadarc, Scaiderc, miroir. — Sg. acc. *scadarcc*, art. 20, § 65 ; *scaideirc*, art. 24, § 29.

Scandal (= lat. « scandalum »), scandale. — Sg. gén. (*gû-*)*scandail*, art. 29, § 73.

Scélad, dérivé de *scél* « récit ». — Composé : Tai-scelad.

Scian, F., couteau. — Sg. acc. *scin*, art. 20, § 64.

Se (pron. dém., litt* « cela »), ici. — Art. 22 : (*co*)*se*; art. 36 *cos*(*se*).

-Se, part. dém. de la 1re pers. sg. : (no-ainfaind-)se, « j'accorderais délai »; (ainfait-)se, « j'accorderai délai », art. 48. — Cf. Zeuss², p. 459ª. — Voy. Sɪ.

Sé (n. de nombre cardinal), six. — Art. 1.

Sech, difformité. — Sg. gén. sich, art. 1. — Cf. saich opposé à maith, « bon, » dans Wurzbourg, f° 8° gl. 20 (éd. Whitley Stokes, p. 45, et traduit par l'anglais « evil », « mal, mauvais, » même ouvrage, p. 261). Le glossateur du Senchus Môr (« Ancient Laws, » t. I, p. 68, ll. 18-19) a compris que sich était le prés. sg. 3 de saigim, « je dis, » et a prétendu l'expliquer par les prés. secondaires seched et indsaiged ; mais cette doctrine paraît inadmissible ; si tel était le sens, il faudrait la forme absolue saigid et non la forme conjointe sich ou saig.

Secht (n. de nombre cardinal), sept. — Art. 20, § 48.

Secht déc (n. de nombre cardinal ; littᵗ « sept dix »), dix-sept. — Art. 31.

Selb, F., propriété, possession. — Sg. gén. selba, art. 35, §§ 21-22 ; acc. selba, art. 1. — Dérivé : Do-selbaim.

Sellach (adj. dér. de sell, « œil »), spectateur. — Sg. nom. sellach, art. 46, §§ 1-5 ; Pl. nom. sellaig, art. 46, § 1, § 6 ; sellaigh, art. 46, § 6.

Sen (= sin, pron. dém), -ci. — Art. 42. — Voy. In-sen, Sund.

Sen (adj.), vieux. — En comp. invariable : sen(-chleithiu), art. 38, § 15 b ; sen(-chairiu), art. 38, § 15 c. — Comp. : Sen-chleithe, Sen-choire.

Sen-chleithe (littᵗ « vieille poutre »), sorte de serf. — Sg. dat. senchleithiu, art. 38, § 15 b. — Sur le sencleithe, voy. « Ancient Laws, » t. IV, p. 282, l. 16.

Sen-choire, Sen-chaire, vieux chaudron. — Sg. dat. senchairiu, art. 38, § 15 c.

Sernad, M., sert d'infin. à *sernim*, « j'adresse la parole ». — Sg. gén. *searnad*, art. 4.

Set, M., bête à cornes, objet mobilier, objet précieux. — Sg. acc. *sét*, art. 35, § 25 ; Pl. nom. *séoit*, art. 6, 7, 42, § 27 ; gén. *sét*, art. 47, § 2 ; acc. *séota*, art. 7 ; *séotu*, art. 20, § 48.

Si, particule dém. de la 1re pers. = Se. — Art. 48 : (*mo ainm*) *si*.

Sí (pr. pers. 3 fém.), elle, lui. — Art. 17, (*is-*)[*s*]*í-a-*(*breth*) ; art. 48, (*ol*)*si*, (sous-ent. *Cuicthe*). — Voy. É.

1) Side, 2) Saide, 3) Suide (pron. dém.), celui-ci. — 1) Art. 45. — 2) Art. 16. — 3) Art. 48.

Sír (adj.), long. — Compar. sg. N. *síru*, art. 19, § 3.

Sisc? sans lait ? — En comp. : (*sisc-*)*slabra*, art. 32, § 19. — Composé : Sisc-slabra.

Sisc-slabra, vaches sans lait. — Pl. acc. *sisc-slabra*, art. 32, § 19.

Slabra, vache (le sens de « douaire » indiqué par M. Ascoli, « Glossarium, » p. cclxxv, est un sens dérivé). — Pl. acc. *slabra*, art. 20, § 93 ; 28, § 60 ; (*sisc-*)*slabra*, art. 32, § 19. — Composé : Sisc-slabra.

Slan 1) (adj.), indemne, 2) (subst.) N., indemnité. — 1) Sg. nom. M., *slán*, art. 46, § 1, § 5 ; Pl. nom. *slána*, art. 46, § 6. — 2) Sg. nom. *slán*, art. 42, § 6 ; *slán n-*, art. 42, § 7 ; 47, §§ 7-8 ; gén. *sláin*, art. 33, § 4 ; acc. *slán*, art. 31.

Slat, (brigandage), tentative de viol. — Sg. gén. *sleithe*, « Anc. Laws of Ireland, » t. II, p. 404, l. 14 ; dat. *sleith*, art. 27, § 33.

Slega (dérivé de *sleg*), poteau. — Sg. gén. *slegad*, art. 27, § 17.

Slicht, M., espèce. — Sg. dat. (*chethar-*)*slicht*, Rubrique du ch. Ier. — Pour le genre, cf. Cethar-slicht.

Slige, grand'route. — Sg. gén. *slige[d]*, art. 26, § 4.

Slóged, Slóiged, expédition militaire. — Sg. nom. *slóiged*, art. 26, § 1 ; *slóged*, art. 42, § 1 ; gén. *slóigid*, art. 25.

Snadud, M. (sert d'inf. à *snádim*), protection. — Sg. gén. *snáithe*, art. 6 ; *snáite*, art. 6 ; dat. *snádud*, art. 6.

Snath, fil. — Dérivés : Snathat, Snathe.

Snathat, F. (dérivé de Snath, « fil »), aiguille. — Sg. acc. *snáthait*, art. 24, § 27.

Snathe (dérivé de Snath, « fil »), fil. — Sg. acc. *snáithe*, art. 24, § 28.

Snimaire, fuseau à laine. — Sg. acc. *snimaire*, art. 24, § 10.

1) So, 2) Seo (particule dém.), -ci. — 1) Art. 2 ; 40 ; 43 ; 48. — 2) Art. 46, §§ 4-5. — Voy. In-so.

So-, préfixe qui indique la bonté, s'oppose à *do*. — Voy. So-altar, Só-er, Só-er-aim, So-rath ; cf. Saidbre.

So-altar, bonne éducation. — Sg. acc. *sóaltar*, art. 28, § 52.

Soco, charrue. — Sg. gén. *suic*, art. 34, § 15.

Só-er, Sa-er (adj.) (= *su-viros*, « bon homme, » s'oppose à *dó-er* = *du-viros*, « mauvais homme, ») libre. — Pl. acc. N., *sáera*, art. 2. — Dérivés : Saeraim, *sáire* sous An-saire.

Só-er-aim, Sa-er-aim, II (dér. de Sa-er, « libre »), j'affranchis. — Pass. prét. sg. 3 *ro-sáerad*, art. 6.

-Som (particule enclitique augment. du sg. 3), lui. — Art. 3, § 8.

Son (pron. dém.), -ci. — Art. 41.

So-raith, bonne caution. — Sg. dat. *soraith*, art. 18.

Srían (= lat. « frenum »), bride. — Sg. acc. *srían*, art. 20, § 68.

SRUITH, seigneur. — Sg. gén. *srotha*, art. 20, § 92.

SRUTH, N. (Hogan, 203), ruisseau. — Sg. acc. *sruth*, art. 35, § 28.

STÚAGACH (dérivé de *stúag*, « arche »), cruche. — Sg. acc. *stúagach*, art. 20, § 45.

SÚANACH (adj. dérivé de *súan*), dormeur. — Sg. nom. *súanach*, art. 8.

SUI, savant. — Sg. nom. *sui*, art. 3, § 8 ; *sui(-tengthad)*, art. 4. — Composé : SUI-TENGTHAD.

SUIDIM, III, je m'assieds. — Prés. pl. 3 *suidet*, art. 37. — Composé : FO-SUIDIM.

SÚIL, F., œil. — Sg. gén. *súla*, art. 26, § 10 ; 45.

SUI-TENGTHAD, savant parleur. — Sg. nom. *sui-tengthad*, art. 4.

SÚITH, retour. — Sg. acc. *suith*, art. 6.

SUND (cf. le pr. dém. SEN), ceci. — Art. 25.

T

T', pr. poss. 2. — Voy. DO.

TABAIRT, F. (sert d'infin. à *tabraim* = *do-berim*), transport, mise, don. — Sg. nom. *tabqirt*, art. 6 ; dat. *tabairt*, art. 29, § 75 ; acc. *tabairt*, art. 48. — Cf. BERIM, UDBAIRT.

TAIRCFESA, prêt au travail. — Art. 32, § 21, *t[h]aircfesa*.

TAIR-CSIU, F. (= *do-are-cestiu*), offre. — Sg. acc. *taircsin*, art. 18. — Cf. AIR-CSIU, FOIR-CSIU.

TAIR-DELBAIM, II (comp. du préf. *tair* = *do-air*, et de *delbaim*, « je forme »), j'excite. — Prés. sg. 3 *tairdelba*, art. 46, § 2 ; *t[h]airdelbai*, art. 46, §§ 3-4 ; prét. en s sg. 3 *t[h]airdelb*, art. 46, § 5.

Tairec (sert d'infin. à *taircim*), (acte de) procurer. — Sg. acc. *tairec*, art. 20, §§ 25-28; *t[h]airec n-*, art. 24, § 33; *thairec*, art. 20, § 62; *(nem-)thaireoc*, art. 32, § 3. — Comp. Nemthairec. — Cf. Ascoli, « Glossarium, » p. xcvii.

Tair-é-techte, N. (comp. des préf. *tair* = * *do-air*, *é* négatif, et Techte, « légitime »), injustice. — Sg. dat. *tairétechtu*, art. 20, § 63.

Tair-gille, N. (Hogan, 194), revenus. — Sg. acc. *thairgille*, art. 38, § 2.

Tair-icim, I, je viens. — Prés. sg. 3 *t[h]airic*, art. 29, § 80. — Cf. Ascoli, « Glossarium, » p. xcvii.

Tairired ? voyage (d'après la gl. *turus*, « Anc. Laws of Ireland, » t. I, p. 196, ll. 13-14). — Sg. gén. *t[h]airirid*, art. 34, § 8. — Chez O'Donovan, « Suppl., » *taiririud .i. turus* paraît être un datif.

Tair-tuigiud, M. (litt[t] « couverture »), défense. — Sg. gén. *turtaigthi*, art. 6.

Tai-scelad, M., (acte d') observer. — Sg. dat. *thaiscelad*, art. 35, § 29. — Cf. Ascoli, « Glossarium, » p. ccxciii.

Tais-icim (= *do-as-icim*), je reviens, je suis restitué. — Prés. sg. 3 *taisic*, art. 1.

Taistel, voyage. — Sg. gén. *t[h]aistil*, art. 26, § 9. — Dérivé : Taistellach.

Taistellach (dér. de Taistel, « voyage »), messager. — Sg. acc. *t[h]aistellach*, art. 32, § 25.

Tanaise, second. — Pl. dat. *tánaisib*, art. 3 § 2.

1. Tar, 2. Dar (prép. avec acc.), 1) au delà de, 2) après. — 1. Tar, 1) Art. 3, § 8; 19, § 1, § 3; 25; 32, § 28; 44, § 7. — 2) Art. 18; 29, § 78. — 2. Dar, 1) Art. 47, § 3.

TARAT (v. défectif), il donna. — Prés. sec. sg. 3 t[h]ardad, art. 43. — Cf. Ascoli, « Glossarium, » p. cxci ; Whitley Stokes, « Urkeltischer Sprachschatz, » p. 225.

TARB, M., taureau. — Sg. acc. tharb, art. 20, § 93.

TASCNAIM (= do-ad-scannaim), j'atteins. — Prés. pl. 3 tascnat, art. 42 pr. — Cf. Ascoli, « Glossarium, » p. cclxxxix.

TASCOR, N. (= do-ass-cor), rejet (par la mer), troupe (venue par mer). — Sg. gén. tascair, art. 28, § 42 ; 34, § 19 ; tascuir, art. 20, § 20.

TECH, N., maison. — Sg. gén. tige, art. 20, §§ 48, §§ 73-74, § 91 ; t[h]ige, art. 20, § 28 ; tigi, art. 20, § 13, § 42, §§ 82-83, § 92 ; thigi, art. 27, § 25 ; acc. tech, art. 29, § 75. — Composés : CUIRM-TECH, ÉIS-TECH.

TECHTAIM, II (dér. de TECHTE, « légitime »), je possède. — Prés. pl. 3 t[h]echtat, art. 22.

TECHTE (adj.), légitime. — Sg. gén. téchta, art. 20, § 28 ; 28, § 58 ; dat. téchta, art. 14 ; acc. masc. téchta, art. 20, § 101 ; Pl. acc. téchta, art. 15. — Dérivés : TECHTAIM. — Composés : É-TECHTE, TAIR-É-TECHTE.

TÉCOR, N. (= do-aith-cor), retenue. — Sg. nom. técor, art. 42, § 22.

TEISIDIM (= *di-ess-sedim), je m'arrête. — Prés. en s sg. 3 do feisid, art. 48. — Cf. con desid, « jusqu'à ce qu'il arriva. » « Chronicon Scotorum, » éd. Hennessy, p. 142, l. 17, et Ascoli, « Glossarium, » p. colii.

TELCUD, TELGUD, M. (sert d'infin. à teilcim =* do-ess-lécim ou dollécim, variante de do-lécim, d'après le Leabhar na h-Uidre, cité par Zimmer dans « Zeitschrift de Kuhn, » XXVIII, 529 ; cf. Ascoli, « Glossarium, » p. clxi), (acte de) chasser. — Sg. acc. t[h]elcud m-, art. 20, § 67 ; t[h]elgud m-, art. 20, § 35.

TELLACH, prise de possession. — Sg. gén. *(ban-)tellaig*, art. 23, § 3; acc. *(ban-)tellach*, art. 23, § 3. — Comp. BAN-TELLACH. — Cf. « Ancient Laws, » t. IV, p. 4, l. 17-18; p. 6, l. 7-8; p. 8, l. 18, 20, 22.

TELLRACH, terre. — Sg. dat. *tellraig*, art. 1.

TEN, N. (Hogan, 131), feu. — Sg. gén. *thene*, art. 28, § 46.

TENGE, langue. — Sg. gén. *tengad*, art. 45; *thengad*, art. 26, § 10. — Dérivé : TENGTHAD.

TENGTHAD (adj. dér. de TENGE, « langue »), parleur. — Sg. nom. *(sui-)tengthad*, art. 4.

TERC (adj.), (rare), peu encombré. — En comp. invariable : *terc-(trebaib)*, art. 12. — Comp. TERC-TREB.

TERC-TREB, maison peu encombrée. — Pl. dat. *terc-trebaib*, art. 12.

TESS-ARGIM, I (= *di-ess-orcim*), je sauve. — Prés. sg. 3 *tessairg*, art. 46, § 4. — Cf. TUR-ORGAIN et *ess-orcim*, Ascoli, « Glossarium », p. CXIX.

TÉTIM, I, je viens. — Composés : COM-THETIM, CON-IM-THETIM, DO-COM-THETIM.

TICCIM, I, (= *do-iccim*), je viens. — Parf. sg. 3 *táinic*, art. 25; 48; fut. sec. sg. 3 *tisad*, art. 25; pl. 3 *tistais*, art. 25. — Cf. Ascoli, « Glossarium », p. CIII.

[TIMNE, mandat, testament. — Voy. ARD-THIMNA.]

TIN-COR, N. (= *do-ind-cor*), mobilier, objet. — Sg. nom. *tincur*, art. 20, § 13; gén. *thincuir*, art. 20, § 27; acc. *t[h]incur*, art. 24, § 32.

TIR, N., terre. — Sg. nom. *tir*, art. 1; 20, § 77; *thir*, art. 1; gén. *thire*, art. 27, § 15.

Tírad, M., desséchement. — Sg. dat. *tírad*, art. 27, § 23.

Tiug, fin. — En composition : *tiug-(lomrad)*, art. 32, § 2. — Composé : Tiug-lomrad.

Tiug-lomrad, M., (comp. de Tiug, « fin, » et de Lomrad), dernière dépouille. — Sg. dat. *tiuglomrad*, art. 32, § 2.

To-bach, N. (Hogan, 172) (sert d'infin. à Do-bongim), saisie, prise. — Sg. nom. (*marb-*)*thobag*, art. 47, § 6 ; gén. *tobai[i]g*, art. 47, § 3 ; acc. *tobach*, art. 16 ; *thobach*, art. 44, § 1 ; *t[h]obach*, art. 32, § 5 ; 33, § 4 ; *t[h]obach n-*, art. 28, §§ 56-58. — Composé : Marb-thobag.

To-cbail, F. (= *do-od-gabáil*), élévation. — Sg. acc. [*th*]*ocbáil*, art. 20, § 53.

To-chor, N. (= *do-cor*), récolte. — Sg. gén. *tochuir*, art. 20, § 33.

Toich (adv.), rapidement. — Art. 34, § 8.

Toichned, jeûne. — Sg. nom. *toichned*, art. 20, § 8.

Toidrech, point du jour. — Sg. dat. *toidriuch*, art. 1.

Toirrched, cohabitation. — Sg. acc. *toirrched*, art. 29, § 78.

Tonn, F., vague, eau. — Sg. gén. *tuinne*, art. 35, § 24 ; *thuinne*, art. 28, § 42.

Topur, M. (= *do-aith-bur*), source. — Sg. nom. *topur*, art. 20, § 77.

Tor-, Tur-, (= *do-for-*), préfixe.

Tor-benim, I, je suis utile. — Prés. pl. 3 *t[h]orbenat*, art. 32, § 22.

To-xal (= *do-com-sal*), enlèvement. — Sg. gén. *toxal*, art. 9 ; dat. *toxal*, art. 1. — Cf. Whitley Stokes, « Urkeltischer Sprachschatz, » p. 291-292.

TRATH, N., heure, période. — Sg. gén. *tráth*, art. 12; *trátha*, art. 7. — Composé : RUDRAD = *ro-thrath.

TREB, maison. — Sg. gén. *treibe*, art. 20, § 31 ; *treibi*, art. 18 ; *t[h]reibi*, art. 28, § 38 ; dat. *treibi*, art. 1 ; Pl. dat. (*terc-*)*trebaib*, art. 12. — Composés : AIT-TREB, DI-THRED, INTREB N-, TERC-TREB. — Dérivé : TREBTHACH.

TREBTHACH (adj. dérivé de TREB), fermier. — Sg. gén. fém. (*ban-*)*trebthaige*, art. 20, § 74. — Composé : BAN-TREBTHACH.

TREFET, soufflet. — Sg. acc. *t[h]refet*, art. 20, § 92.

TREISE, F. (dérivé de *tris*, n. de nombre ordinal, sous-entendu *adaig*, « nuit ») (délai de) trois (nuits). — Sg. nom. *treise*, art. 3, § 8 ; 42 pr. ; *treisi*, art. 3, § 2, § 7 ; gén. (*taul-*)*treise*, art. 41 ; *treisi*, art. 25 ; 26 ; 29 ; (*taul-*) *treisi*, art. 37 ; *tre[i]si*, art. 27 ; *t[h]reisi*, art. 36 ; *trise*, art. 28 ; 43 ; dat. *treisi*, art. 30 ; *tresi*, art. 41 ; *trise*, art. 43 ; acc. *treise*, art. 21 ; *treisi*, art. 25 ; Pl. nom. *treisi*, art. 25 ; dat. *treisib*, art. 26, § 13. — Composés : TREISE DÉC, TUL-TREISE.

TREISE DÉC, F. (litt[t] « troisième » plus « dix, » sous-entendu *adaig*, « nuit »), (délai de) treize (nuits). — Sg. nom. *treise déc*, art. 3, § 8.

TRI (n. de nombre cardinal), trois. — Nom. masc. *tri*, art. 6 ; M. et N. *tri*, art. 41 ; acc. fém. *teora*, art. 1 ; M. et N. *tri*, art. 2 ; 7. — Dérivé : TREISE.

TROM (adj.), lourd. — En comp. invariable : *throm(-gréisi)*, art. 1. — Composé : TROM-GRÉSS.

TROM-GRÉSS, lourde injure. — Sg. gén. *throm-gréisi*, art. 1.

TROSCIM, III, je jeûne. — Prés. sg. 3 rel. *troiscess*, art. 18 ; pass. prés. sg. 3 *troiscther*, art. 17 ; *troiscither*, art. 18. — Infin. TROSCUD.

Troscud, M. (sert d'infin. à Troscim), jeûne. — Sg. nom. *troscud*, art. 16; gén. *troiscthe*, art. 18; dat. *troscud*, art. 16-17.

Tû (pr. pers. 2), tu. — Pl. *(for)aib* = *(for)sib*, art. 48.

Tûalaing (adj.), capable. — Sg. nom. *tûalaing*, art. 3, § 8; 4; 6; 9; 35, § 32.

Tûath, F., cité, territoire. — Sg. gén. *tûaithe*, art. 15; 32, § 25; dat. *tûaith*, art. 3, § 7; 46, § 2; Pl. nom. *tûatha*, art. 42, § 21; gén. *tûath*, art. 36; acc. *tûatha*, art. 42, § 23; 47, § 5.

T-uccim (comp. du préf. Do et de Uccim), j'emmène. — Pass'. part. passé pl. nom. (employé comme prét. passif) *tocta*, art. 1. — Cf. Thurneysen, « Rev. Celt., » V, 151.

Tuidme, lien. — Sg. nom. *tuidme*, art. 6.

Tû-illem (sert d'infin. à *tuillim* = *do-ellim*), rémunération. — Sg. dat. *tuillem*, art. 26, § 12. — Cf. Ascoli, « Glossarium, » p. LXXXII.

Tuinide, cours d'eau. — Sg. nom. *tuinide*, art. 20, § 77.

Tuinide, mieux Tuinnige, prise de possession. — Sg. acc. *tuinide*, art. 20, § 21. — Cf. tome précédent, p. 280, note 1; p. 289, note 1.

Tuitim, I, je tombe. — Prés. sg. 3 *tuit*, art. 34, § 10, § 16. — Composé : Con-tuitim. — Cf. Ascoli, « Glossarium, » p. LXXIII, LXXIV, et Thurneysen, « Rev. Celt., » V, 148.

Tul, Taul, Dul (adj.), rapide, immédiat. — Sg. nom. *taul*, art. 37; gén. fém. *taulla*, art. 37. — En comp. invariable : *t[h]aul(-bretha)*, art. 25; *t[h]aul(-treisi)*, *t[h]aul(-chûicthi)*, *t[h]aul(-dechmaide)*, art. 37; *taul(-treise)*, art. 41; *tul(-âine)*, art. 37; 38 pr.; *tul(-c[h]ûicthe)*, art. 44; *tul(-chûicthe)*, art. 45; *tul(-dechmaidi)*, art. 47. — Pris adverbial[t] : In dul, art. 48. — Composés : Tul-aine, Tul-breth, Tul-chûicthe, Tul-dechmad, Tul-treise.

TULACH, F., colline. — Sg. gén. t[h]uilche, art. 29, § 64.

TUL-AINE, F. (délai) immédiat (d')une (nuit). — Sg. gén. tul-dine, art. 37 ; 38.

TUL-BRETH, F., rapide jugement. — Pl. acc. t[h]aul-bretha, art. 25.

TUL-CHÚICTHE, F., (délai) immédiat (de) cinq (nuits). — Sg. gén. t[h]aul-chúicthi, art. 37 ; tul-c[h]úicthe, art. 44 ; tul-chúicthe, art. 45.

TUL-DECHMAD, F., (délai) immédiat (de) dix (nuits). — Sg. gén. t[h]aul-dechmaide, art. 37 ; tul-dechmaidi, art. 47.

TUL-TREISE, F., (délai) immédiat (de) trois (nuits). — Sg. gén. t[h]aul-treisi, art. 37 ; taul-treise, art. 41.

TUR-ORGAIN, F. (comp. du préf. tur = *do-for, et de ORGAIN), pillage. — Sg. acc. t[h]urorgain, art. 28, § 45.

U

UA, M., petit-fils. — Sg. nom. úa, art. 45 ; gén. húai, art. 26, § 9 ; (tarm-)úi, art. 31 ; (ind-)úi, art. 31. — Composés : IARM-ÚA, IND-ÚA.

UAD, forme complète de la prép. O.

UAR, F., heure. — Sg. dat. úair, art. 34, § 14.

UAS (prép. avec dat.), au-dessus de. — Art. 35, § 23. — Dérivés : UAS, UASSAL.

UAS (dér. de la prép. UAS, « au-dessus de »), chef. — Pl. nom. úais, art. 5.

UASSAL (adj. dér. de la prép. UAS), haut, noble. — En composition invariable : úasal(-nemid), art. 6 ; húasal(-laithe), art. 15. — Comp. UASSAL-LATHE, UASSAL-NEMED.

Uassal-lathe, N. (litt¹ « noble jour »), jour de fête. — Sg. gén. húasal-laithe, art. 15.

Uassal-nemed (adj.), haut privilégié. — Sg. gén. úasal-nemid, art. 15.

Uathaid (adv.; litt¹ datif de úathad, « unité, »), seulement. — Art. 3, § 7.

Uathne, Uaithne, accouchement. — Sg. acc. úathne, art. 29, § 77; húait[h]ne, art. 34, § 12.

Uccim (litt¹ « je porte »), je juge. — Prét. en s sg. 3 ro uco, art. 22; ro(-s-)uc, art. 25. — Comp. : Tuccim = *do-uċcim.

Ud-bairt, ed-pairt, id-puirt, F. (sert d'inf. à id-praim = *aith-od-berim), offrande. — Sg. gén. udbarta, art. 34, § 14. — Cf. Berim, Tabairt.

Uide, N. (Hogan, 188) (litt¹ « voyage »), période. — Pl. dat. (bith-)uidib, art. 37. — Composé : Bith-uide.

Uiriasacht (glosé par aontugad, O'Donovan, « Suppl. », p. 568), consentement. — Sg. nom. uiriasacht, art. 34, § 17.

Ule, Uile (adj.), tout. — Sg. gén. ule, art. 24, § 13; acc. (na) huile, art. 16; Pl. nom. uile, art. 40; gén. (na n-)uile, art. 16.

Umad (doublet de umé), minerai de cuivre. — Sg. dat. ou acc. umad, art. 32, § 18.

Ur-, préfixe. — Voy. Air.

Ur, F. (litt¹ « terre »), cimetière. — Sg. gén. úire, art. 35, § 26.

Ur, graisse. — Sg. dat. úr, art. 20, § 6.

Ur-chaelan (comp. du préf. ur et de cáelan, dér. de cáel, adj. « maigre ») (pain) très mince. — Sg. nom. urchdelan, art. 15.

Ur-chomded (dér. de Comét, « garde »), parfaite sûreté. — Sg. acc. *urc[h]omded*, art. 43.

Ur-dairc (adj. comp. du préf. *ur* et de *dairc*, dér. de *derc*, « œil ») (doublet de Ro-derc), célèbre. — Sg. nom. *urdairc*, art. 45.

Ur-dliged. N. (comp. du préf. *ur* et de Dliged, « droit ou dette »), droit de famille, dette de famille. — Sg. acc. *urdliged*, art. 25 ; *urdligid*, art. 15.

Ur-gal, F. (comp. du préf. *ur* et de Gal, « bravoure »), rixe. — Sg. nom. *urgal*, art. 42, § 17.

Ur-gaire, N. (sert d'inf. à Ur-garim), prohibition. — Voy. Aur-gaire.

Ur-garim, I (comp. du préf. *ur* et de Garim, Gairim, « je crie »), j'empêche. — Prés. sg. 3 *urgair*, art. 46, § 4, § 6. — Inf. Ur-gaire.

Ur-rad (comp. du préf. *ur* et de Rad ou Rath, « caution » ; s'oppose à Deo-rad), citoyen. — Dérivé : Ur-radas.

Ur-radas (dérivé de Ur-rad), droit de citoyen. — Sg. gén. *urradais*, art. 28, § 51.

ADDITION

Fo-glenim, I, je reste fixé sous. — Prés. sg. 3 *fo-glen*, art. 34, § 8.

NOMS PROPRES [1]

Aige (n. d'homme ; litt^t « chef »), Aige, père de Sean. — Gén. *Aige*, art. 2.

*Ailill (n. d'homme), 1) Ailill, fils de Culclan et père de Sencha ; 2) Ailill, fils de Maga. — Sg. gén. *Ailella*, art. 25.

*Assal (n. d'homme). — Nom. *As[s]al*, art. 1.

Bêl-buide (surnom d'homme ; comp. de Bêl, « lèvre, » et de Buide, « jaune »), (Echaid) à la lèvre jaune. — Gén. *Bêl-buide*, art. 1.

Boind (n. de rivière), la Boyne. — Dat. *Boind*, art. 1.

Brath-chae, (n. d'un traité de droit ; comp. de Brath, « jugement, » et du n. pr. *Cae*). — Art. 37. — Cf. p. 258.

*Brig (litt^t « courageux »). 1) (nom d'homme), 2) nom de femme. — Nom. *Brig*. 1) art. 22, 25. — 2) art. 48.

1) Briugad, 2) Briuguid (litt^t « riche cultivateur »), surnom de Brig. — 1) Art. 25. — 2) Art. 22.

Cêt-chorach (surnom d'homme ; comp. de Cêt, « premier, » et de Corach, « contractant »), (Conn) au premier contrat. — Gén. *Cêt-choraig*, art. 1.

---

(1) Sont précédés d'un astérisque les noms déjà compris dans l'Index qui commence à la page 262.

NOMS PROPRES. 443

* Coirpre (n. d'homme ; litt^t « celui qui va en char »), Coirpré, surnommé « coutumier de justice. » — Nom. *Coirpre*, art. 25 ; acc. *Coirpre n-*, art. 1. — Cf. dans le même sens, le lat. « carpentarius » dans Orose, « Histoires, » III, 21, 6.

* Conchobar (n. d'homme). — Nom. *Conchubur*, art. 48.

* Conn (nom d'homme ; litt^t « capable, homme sui juris »), Conn, surnommé « premier contractant. » — Gén. *Cuind*, art. 1 ; *Chuind*, art. 1.

Cúicthe (n. de femme ; litt^t « délai de cinq nuits »). — Nom. *Cúicthi*, art. 48 ; dat. *Cúict[h]i*, art. 48.

Culclan (n. d'homme), Culclan, père d'Ailill. — Gén. *Culclain*, art. 25.

Dorn (n. de femme). — Nom. *Dorn*, art. 1.

* Echaid (n. d'homme ; litt^t « cavalier »), Echaid, surnommé « à la lèvre jaune. » — Gén. *Ech[d]ach*.

Eriu (n. de pays), l'Irlande. — Acc. *Eri[n]*, art. 25.

Féne (n. de peuple), les Féné, les Irlandais, et par extension les « roturiers. » — Pl. gén. *Féiniu*, art. 48 ; *Féini*, art. 30 ; *Féne*, art. 18 ; 25 ; dat. *féinib*, art. 16 ; acc. *Féni[u]*, art. 17 ; 36 ; *Féine*, art. 4 ; 6 ; 16 ; 18 ; *Féne*, art. 22 ; 46, § 1. — Cf. p. 269.

Fér-glethech, (surnom d'homme ; comp. de Fér, « pré, » et de Glethech, « mangeur »), (Fergus) mangeur de pré. — Sg. nom. *Férglethech*, art. 1.

* Fergus (n. d'homme), Fergus, surnommé « Mangeur de pré ». — Nom. *Fergus*, art. 1 ; gén. *Fergusa*, art. 1.

Ferta (n. de lieu, litt^t « tombe »). — Dat. *Fertai*, art. 1. — Voy. le n. commun Ferte. — Cf. p. 269.

Fesen (n. de lieu). — Dat. *Feisin*, art. 25 ; acc. *Fesen*, art. 22. — Cf. p. 269.

*Fine (n. d'homme, dérivé du n. commun Fine « famille »).
— Gén. *Finech*, art. 1.

Gnath-choir (surnom d'homme, comp. de Gnath, « accoutumé à » et Coir, « juste, », « justice »), (Coirpré) coutumier de justice. — Sg. nom. *Gnáthchoir*, art. 25 ; acc. *Gnáthcho[i]r*, art. 1.

Maga (n. d'homme), Maga, père d'Ailill. — Gén. *Magach*, art. 25.

Mag-inis (n. de lieu, litt^t « île du champ »). — Dat. *Maig inis*, art. 48. — Cf. p. 269.

*Morann (n. d'homme). — Nom. *Morand*, art. 7.

Mug (n. d'homme, litt^t « esclave »), Mug, fils de Nuadu. — Acc. *Mug*, art. 1.

*Núadu (n. d'homme), Nuadu, père de Mug. — Gén. *Núadat*, art. 1.

Rudraide (n. d'un lac d'Irlande ; auj. Dundrum-bay). — Acc. *Rudraide*, art. 1. — Cf. p. 270.

*Sean (n. d'homme, litt^t « vieux »), Sean, fils d'Aige. — Nom. *Sean*, art. 2. — Cf. Sen.

Sen (n. d'homme, litt^t « vieux »). — Dat. *Sin*, art. 19, § 1. — Cf. Sean.

*Sencha (n. de personne, litt^t « antiquaire, ») fils d'Ailill et petit-fils de Culclan. — Nom. *Sencha*, art. 24 ; 25 ; 48. — Cf. le mot *Senchus* dans le titre du traité de droit appelé *Senchus Mór*, « grand recueil d'antiquités. »

Ulad (n. de peuple), les Ulates, habitants du royaume d'Ulster. — Pl. nom. *Ula[i]d*, art. 25.

TABLE DES MATIÈRES

PRÉFACE. VI
ERRATA. XI

TROISIÈME PARTIE.

TRADUCTION ET COMMENTAIRE DE LA PREMIÈRE SECTION DU TRAITÉ DE LA SAISIE MOBILIÈRE PRIVÉE DANS LE *SENCHUS MOR*. 1

Observations préliminaires, divisions du *Senchus Môr*. . . 1

TITRE I. — GÉNÉRALITÉS. 9

CHAPITRE PREMIER (art. 1-3). — Origine légendaire de la saisie mobilière. Combien d'espèces de saisie mobilière faut-il distinguer ? 9

CHAPITRE II (art. 4-15). — Recueil de principes généraux applicables aux différentes espèces de saisie mobilière. . . 22

CHAPITRE III (art. 16-18). — Du jeûne qui précède la saisie mobilière en certains cas. 46

TITRE II. — SAISIE MOBILIÈRE SANS ENLÈVEMENT IMMÉDIAT ET AVEC DÉLAIS, TANT APRÈS LE COMMANDEMENT QU'APRÈS LA SIGNIFICATION DE LA SAISIE. 55

CHAPITRE IV (art. 19-20). — Saisie mobilière avec délais d'une nuit. 55

CHAPITRE V (art. 21-24). — Saisie mobilière avec délais de deux nuits. 110

TABLE DES MATIÈRES.

CHAPITRE VI (art. 25-30). — Saisie mobilière avec délais de trois nuits. 125

CHAPITRE VII (art. 31-32). — Saisie mobilière avec délais de cinq nuits. 168

CHAPITRE VIII (art. 33-35). — Saisie mobilière avec délais de dix nuits. 183

TITRE III. — SAISIE MOBILIÈRE AVEC ENLÈVEMENT IMMÉDIAT. 196

CHAPITRE IX (art. 36-37). — Introduction au traité de la saisie mobilière avec enlèvement immédiat. 196

CHAPITRE X (art. 38-40). — Saisie mobilière immédiate avec une nuit de fourrière. 199

CHAPITRE XI (art. 41-43). — Saisie mobilière immédiate avec trois nuits de fourrière. 204

CHAPITRE XII (art. 44-46). — Saisie mobilière immédiate avec cinq nuits de fourrière. 210

CHAPITRE XIII (art. 47). — Saisie mobilière immédiate avec dix nuits de fourrière. 215

TITRE IV. — RECHERCHES SUR L'ORIGINE DE DEUX EXPRESSIONS ET D'UNE MAXIME CONCERNANT LA SAISIE. 218

CHAPITRE XIV (art. 48-49). — Etymologie des mots *cuictche* « cinq nuits, » *athgabâil* « saisie. ». 218

CONCLUSION. 220

TABLES ALPHABÉTIQUES DES PREMIÈRE, DEUXIÈME ET TROISIÈME PARTIES. 223

I. — Index des noms français de choses. 223
II. — Index des noms irlandais de choses. 245
III. — Index des noms gaulois de choses. 254
IV. — Index des noms gallois de choses. 255
V. — Index des noms bretons de choses. 255
VI. — Index des noms latins classiques et bas latins de choses. 256
VII. — Index des noms germaniques de choses. 257
VIII. — Index des noms grecs de choses. 257
IX. — Index : 1° des noms d'auteurs de l'antiquité et du moyen âge; 2° des titres d'ouvrages antérieurs aux temps modernes. 258

X. — Index des noms d'hommes et de dieux. 262
XI. — Index des noms géographiques.. 268

QUATRIÈME PARTIE.

SENCHUS MOR. TEXTE ORIGINAL ET TRADUCTION JUXTA-LINÉAIRE DES QUARANTE-HUIT PREMIERS ARTICLES.. 271

TITRE I. — GÉNÉRALITÉS.. 271

CHAPITRE PREMIER (art. 1-3). — Origine légendaire de la saisie mobilière. Combien d'espèces de saisie mobilière faut-il distinguer?. 271
CHAPITRE II (art. 4-15). — Recueil de principes généraux applicables aux diverses espèces de saisie mobilière.. . . . 276
CHAPITRE III (art. 16-18). — Du jeûne qui précède la saisie mobilière en certains cas.. 283

TITRE II. — SAISIE MOBILIÈRE SANS ENLÈVEMENT IMMÉDIAT ET AVEC DÉLAIS.. 286

CHAPITRE IV (art. 19-20). — Saisie mobilière avec délais d'une nuit.. 286
CHAPITRE V (art. 21-24). — Saisie mobilière avec délais de deux nuits.. 297
CHAPITRE VI (art. 25-30). — Saisie mobilière avec délais de trois nuits.. 302
CHAPITRE VII (art. 31-32). — Saisie mobilière avec délais de cinq nuits.. 314
CHAPITRE VIII (art. 33-35). — Saisie mobilière avec délais de dix nuits.. 319

TITRE III. — SAISIE MOBILIÈRE AVEC ENLÈVEMENT IMMÉDIAT. 324

CHAPITRE IX (art. 36-37). — Introduction au traité de la saisie mobilière avec enlèvement immédiat.. 324
CHAPITRE X (art. 38-40). — Saisie mobilière immédiate avec une nuit de fourrière.. 327
CHAPITRE XI (art. 41-43). — Saisie mobilière immédiate avec trois nuits de fourrière.. 332

CHAPITRE XII (art. 44-46). — Saisie mobilière immédiate avec cinq nuits de fourrière................ 337

CHAPITRE XIII (art. 47). — Saisie mobilière immédiate avec dix nuits de fourrière................. 343

TITRE IV. — RECHERCHES SUR L'ORIGINE DE DEUX EXPRESSIONS ET D'UNE MAXIME CONCERNANT LA SAISIE....... 345

CHAPITRE XIV (art. 48). — Etymologie des mots *cuicthe* « cinq nuits, » *athgabáil* « saisie »................ 345

INDEX DES MOTS IRLANDAIS CONTENUS DANS LA QUATRIÈME PARTIE, par Paul Collinet. — Première section...... 349
Seconde section. — Noms propres............. 442

ERRATA DU VOLUME PRÉCÉDENT

P. 189, l. 3, *otez* : la femme et.

P. 191, note, l. 6, *au lieu de* « succession du texte, *lisez* : « succession » du texte.

P. 324, l. 14, *au lieu de* acte d'Aige, *lisez* : acte de Sen, fils d'Aige.

P. 331, l. 18, au lieu de *brithemon*, lisez *brithemain*.

En vente à la librairie THORIN et FILS, A. FONTEMOING, Successeur.

Etudes sur la saisie privée (Droit romain, chartes et coutumes du nord de la France), par Paul Collinet, in-8°, 184 pages. Prix : 5 francs.

TOULOUSE. — IMP. A. CHAUVIN ET FILS, RUE DES SALENQUES, 28.

www.ingramcontent.com/pod-product-compliance
Lightning Source LLC
Chambersburg PA
CBHW070537230426
43665CB00014B/1723